W0197734

Über den Verfasser

Stephen Read ist Dozent für Logik und Metaphysik und Fachbereichsleiter für Philosophische und Anthropologische Studien an der Universität von St. Andrews (GB). Er ist der Autor von *Relevant Logic: A Philosophical Examination of Inference* (1988) und Herausgeber von *Sophisms in Medieval Logic and Grammar: Acts of the Ninth European Symposium for Medieval Logic and Semantics* (1993).

Stephen Read

PHILOSOPHIE DER LOGIK

Eine Einführung

Deutsch von Martin Suhr

rowohlts enzyklopädie

Log

rowohlts enzyklopädie
Herausgegeben von Burghard König

Deutsche Erstausgabe
Veröffentlicht im Rowohlt Taschenbuch Verlag GmbH,
Reinbek bei Hamburg, April 1997
Copyright © 1997 by Rowohlt Taschenbuch Verlag GmbH,
Reinbek bei Hamburg
Copyright © Stephen Read 1995
Diese Übersetzung von *Thinking About Logic*, 1995 als Originalausgabe
auf englisch veröffentlicht, erscheint in Zusammenarbeit mit
der Oxford University Press.
This translation of *Thinking About Logic*, originally published in
English in 1995, is published by arrangement with Oxford University Press.
Umschlaggestaltung Jens Kreitmeyer
Satz Aldus (Linotronic 500)
Gesamtherstellung Clausen & Bosse, Leck
Printed in Germany
2690-ISBN 3 499 55581 6

Für
Eleanor und Megan

Danksagungen

An erster Stelle möchte ich mich bei meinen Kollegen im *Department of Logic and Metaphysics* in St. Andrews dafür bedanken, daß sie es mir im Herbst 1992, als der größte Teil dieses Buchs niedergeschrieben wurde, ermöglichten, einen Forschungsurlaub zu nehmen. Ebenso herzlich danke ich den Studenten, die im Frühjahr 1993 den Kursus über Philosophie der Logik besuchten, daß sie mir geholfen haben, diese Themen gründlich zu durchdenken und die Form der Darstellung zu verbessern. Besonderer Dank gilt Christina Altseimer, Darragh Byrne, Adrian Crofton, Michele Friend, Lars Gundersen, Anja Schwager und Allan Taggart.

Andere, für deren individuelle Kommentare zu verschiedenen Teilen dieses Buchs ich dankbar bin, sind: Paul Castell, Peter Clark, Roy Dyckhoff, André Fuhrmann, Bob Hale, Geoff Keene, Neil Leslie, David Miller, Mark Sainsbury, Dalbir Singh, John Skorupski und Crispin Wright.

Dank auch an Anne Cameron für ihre Hilfe beim Tippen des Manuskripts sowie an Catherine Clarke und Simon Mason von der Oxford University Press, die erste, weil sie mich ermutigt hat, dieses Projekt in Angriff zu nehmen, den zweiten, weil er es auf seinen späteren Stufen begleitet hat.

Inhalt

Einleitung

Dieses Buch ist eine Einführung in die Philosophie der Logik. Es ist nicht ungewöhnlich, daß ein bestimmtes Teilgebiet der Philosophie als Philosophie der Logik und Sprache bezeichnet wird; und es bestehen tatsächlich enge Verbindungen zwischen logischen Themen und Themen der Sprachanalyse. Aber sie sind auch ganz deutlich unterschieden. In der Philosophie der Sprache liegt der Schwerpunkt auf Bedeutung und Gegenstandsbezug, auf dem, was als semantische Beziehungen zwischen Sprache und Welt bezeichnet wird.

Im Gegensatz dazu ist das zentrale Thema der Philosophie der Logik das Schließen, das heißt die logische Folgerung oder die Frage: Was folgt korrekt aus was? Welche Schlußfolgerungen dürfen legitim aus welchen Prämissen gezogen werden? *Eine* Antwort auf diese Frage betont den Begriff der Erhaltung der Wahrheit: Gültig sind diejenigen Argumente, in denen die Wahrheit erhalten bleibt, in denen die Wahrheit der Prämissen die Wahrheit der Schlußfolgerung garantiert. Da Wahrheit selbst mit gutem Grund als das dritte Element einer eng miteinander verbundenen Dreiheit gelten kann, die Bedeutung, Gegenstandsbezug und Wahrheit umfaßt, ist die Verbindung mit der Philosophie der Sprache unmittelbar gegeben.

Trotzdem blickt Wahrheit in zwei Richtungen. Bedeutung und Gegenstandsbezug sind wesentlich linguistische Begriffe, eine Funktion der bestimmten Art und Weise, wie die Sprache oder der Sprachbenutzer eine bestimmte Idee ausdrücken will. Wer fragt, was gemeint ist, wen oder was man bezeichnet, sieht sich nach einer Erläuterung in der Sprache um. Im Gegensatz dazu löst sich die Wahrheit von der Sprache und lenkt unsere Aufmerksamkeit auf die Welt. Wahrheit erfordert, daß das, was

11

gesagt wird, der Realität entspricht, daß, wie es in der berühmten Wendung heißt, die Dinge so sind, wie sie ausgesagt werden.

Vielleicht ist diese Trennung zwischen der Frage, wie die Dinge sind, also den Problemen von Wahrheit und Folgerung einerseits, und der Frage, wie sie ausgesagt werden, Sprache, Bedeutung und Gegenstandsbezug andererseits, künstlich. Es wird deshalb auch das Thema des Schlußkapitels dieses Buches sein, daß die Auffassung der Welt als einer unterschiedenen Realität, die von unserer Erkenntnis und unserem Verstehen unabhängig ist und vielleicht für immer darüber hinausgeht, einfach inkohärent ist. Aber ein großer Teil der Arbeit auf dem Gebiet der Philosophie der Logik beruht auf der realistischen Annahme, daß die Wahrheit, unerachtet unserer Fähigkeit, sie zu erkennen, bestimmt, wie die Dinge sind, und genau so werden wir es einen großen Teil des Buches über halten.

Es gibt viele Bücher über die Philosophie der Sprache, einschließlich vieler ausgezeichneter Einführungen. Es gibt weit weniger über die Philosophie der Logik. Einer der Gründe ist eine weitverbreitete, aber gleichwohl bedauerliche Einstellung zur Logik, eine Haltung der Ehrerbietung und unkritischen Hinnahme. Sie beruht auf der irrtümlichen Annahme, daß die grundlegenden Prinzipien der Logik nicht in Frage gestellt werden dürfen, daß die Begriffe der Folgerung, der logischen Wahrheit und des korrekten Schließens nicht diskutiert und einer philosophischen Prüfung unterzogen werden können, weil die Logik es mit Notwendigkeiten zu tun hat, mit der Art, wie die Dinge sein müssen, mit dem, was unter allen Umständen folgen muß. Der Philosophieunterricht in philosophischen Seminaren überall auf der Welt macht diese Schizophrenie deutlich: Das dogmatische Herangehen an die Logik steht in einem auffälligen Gegensatz zu der unaufhörlichen kritischen Prüfung, welche die Philosophie sonst ermutigt und verlangt.

Diese Ehrerbietung gegenüber der Logik ist grundfalsch. Daß ein Prinzip, wenn es wahr ist, notwendig wahr ist, ist keine Garantie gegen Irrtum. Zwar sind die Folgerungen aus jemandes Behauptungen tatsächlich deren Folgerungen, ob wir es nun anerkennen oder nicht. Aber die Prinzipien, die wir herausarbeiten und zum Ausdruck bringen und durch die wir jene Folgerungen zu bestimmen suchen, können ebenso fehlerhaft sein wie die kontingentesten und riskantesten empirischen Behauptungen. Logiker haben keine privilegierte Einsicht in die wesentlichen Eigenschaften ihres Handwerks, die den bescheideneren Naturwissenschaftlern oder Historikern oder Psychologen verwehrt wäre.

Mit diesen Fragen der Wahrheit und korrekten Folgerung beschäftigen wir uns in diesem Buch; und zentral für diese Beschäftigung ist, wie wir finden werden, die Paradoxie. Die Paradoxie ist der Zauber der Philosophen, ihr Fetisch. Sie zieht sie an wie das Licht die Motten. Aber gleichzeitig ist sie nicht zu ertragen. Alle verfügbare Kraft muß aufgewendet werden, um sie zu beseitigen. Der Philosoph ist der Schamane, der die Aufgabe hat, uns von diesem üblen Dämon zu befreien und zu retten.

Die Paradoxie kann an vielen Orten entstehen, aber wir konzentrieren uns hier vor allem auf zwei Komplexe, den einen, der durch semantische Fragen zusammengehalten wird, und einen anderen, der durch eine gewisse Unschärfe, die gewissen Begriffen eigen ist, charakterisiert ist. In beiden Fällen entsteht die Verwirrung dadurch, daß natürliche, einfache und scheinbar vernünftige Annahmen sehr schnell zu Widerspruch, Verwirrung und Verlegenheit führen. Ihre Durchsichtigkeit hat zugleich etwas Erschreckendes und Faszinierendes, und ein Blick auf ihre Vielfalt, die üppige Verschiedenheit von Beispielen, kann durchaus vergnüglich sein.

Aber ihr wahrer philosophischer Wert liegt in der Klärung der unbegründeten und unkritischen Annahmen, die zu ihnen geführt haben. Sie verlangen nach einer Auflösung, und bei ihrer Auflösung lernen wir mehr über die Natur der Wahrheit, die Natur der Folgerung und die Natur der Realität als bei jedem großangelegten Überblick über grundlegende Prinzipien. Erst wenn diese scheinbar unschuldigen Prinzipien auf die Herausforderung stoßen, die von der Paradoxie ausgeht, und einer Prüfung unterzogen werden, die vom Bewußtsein ihrer Folgen geleitet wird, sehen wir wirklich die Probleme, die latent in ihnen stecken.

Wir beginnen deshalb im Innersten der Philosophie der Logik, bei dem Begriff der Wahrheit, und prüfen diejenigen grundlegenden Prinzipien, die für die Art und Weise, wie sich Sprache der Welt anzupassen sucht, zwingend zu sein scheinen. Aber ich vermeide einen einfachen Katalog von Positionen, die von den Großen und Guten vertreten werden. Das könnte sehr langweilig sein und ist vielleicht auch nicht wirklich lehr-reich. Vielmehr versuche ich, eine Geschichte zu erzählen, zu zeigen, wie natürliche Auffassungen entstehen, wie sie artikuliert werden können und wie es dazu kommt, daß sie scheitern. Ich hoffe, daß die Probleme selbst die Phantasie des Lesers ergreifen und ihn zu weiterer, detaillierterer Lektüre anregen, auf die in der Zusammenfassung jedes Kapitels hingewiesen wird. Es soll ein zusammenhängendes Bild eines Flechtwerks von Ideen gezeichnet werden, die um ihrer selbst willen und in ihren eigenen engen Beziehungen, ohne Rücksicht auf historische oder technische Details, behandelt werden.

Diese philosophische und kritische Erzählung führt von natürlichen Gedanken über Wahrheit und Schließen zu Problemen der Sprache, der Welt und ihrer Beziehung zueinander. Wir reden ganz natürlich darüber, wie Dinge sein müssen, wenn gewisse Annahmen wahr sind, und auf diese Weise führt die Erwägung der Folgerung ebenso natürlich zur Überprüfung dessen, was die Logiker Bedingungssätze nennen – ‹wenn . . . dann›-Aussagen. Bedingungssätze sprechen von Möglichkeiten, und mögliche Welten scheinen dieser Sprechweise einen Inhalt zu geben. Aber wie die Dinge sind und wie sie sein können, sind ontologische Fragen – Fragen nach dem, was es gibt –, die zu wirklichen Problemen führen. Kann man jemandem ein Pferd versprechen, ohne ihm ein bestimmtes Pferd zu versprechen? Kann man ein Einhorn jagen, selbst wenn es keine Einhörner gibt – oder auch nur sinnvoll über das reden, was es nicht gibt?

Es gibt viele technische und formale Wege, sich mit diesen Problemen zu befassen, und die Hinweise auf weitere Lektüre sollen den Leser darauf hinlenken. Aber all diesen technischen Einzelheiten liegen oft philosophische Annahmen und Einsichten zugrunde, die erklärt und bewertet werden können, ohne daß es dazu größerer technischer Einzelheiten bedarf. In dem Maße, wie das Buch voranschreitet, wird der Leser hoffentlich die Gründe hinter diesen formalen Techniken und sogar im Umriß deren Details zu verstehen beginnen. Diese werden freilich nicht vorausgesetzt, und den Leitfaden bilden die philosophische Motivation, die Voraussetzungen und die Konsequenzen dieser Schlüsselideen. Es gibt in der Logik viele esoterische technische Details. Aber der

Ton liegt hier auf jenen Fragen in der Logik, die zu allgemein zugänglichen und aufregenden Streitfragen in der Philosophie führen.

Wie gesagt, die Tendenz in der philosophischen Lehre (außer dort, wo Logik ohnehin ganz weggelassen wird) geht dahin, Einführungskurse in Logik formal und dogmatisch zu gestalten. Diskussionen der Probleme, die in diesem Buch aufgeworfen werden, bleiben größtenteils späteren Untersuchungen vorbehalten. Ich hoffe, es ist mir hier gelungen, diese Probleme dem Anfänger verständlich zu machen. Damit möchte ich dem gegenwärtigen Lehrstil entgegenwirken. Dem Logiklehrer empfehle ich, diese Fragen neben dem formalen Kurs zu behandeln, so daß der Student die Gründe begreift, warum die Logik sich so entwickelt hat, wie sie es getan hat, und verstehen lernt, inwiefern ihre Entwicklung ein Resultat von Entscheidungen ist, die in Frage gestellt und bezweifelt werden können – selbst wenn die Antwort am Ende darin besteht, mit diesen Entscheidungen übereinzustimmen. Dem Studenten sage ich: Hier geht es um wichtige philosophische Fragen. Wer sie aufregend findet, sollte den nächsten Schritt tun und zum formalen Studium der Logik weitergehen, um das hier Gesagte mit Fleisch zu versehen und sich die Werkzeuge für die formale Analyse der logischen Folgerung zu verschaffen. Aber der Student sollte lernen, das, was ihm der Logiklehrer als eine Tatsache mitteilt, von den Kommentaren zu unterscheiden, das, was Logik ist, von deren philosophischer Interpretation. Mit Hilfe dieses Buches und mit Hilfe der Logiker, die ihm vorangegangen sind, sollte jeder Student seine Logik neu durchdenken und durcharbeiten, so daß sie seine Zustimmung findet und seinen Stempel trägt.

1 Die reine und schlichte Wahrheit: Sprache und Welt

Was ist Wahrheit? Diese Frage kann als eines der charakteristischsten philosophischen Probleme angesehen werden. Wir gebrauchen den Begriff häufig und ohne Probleme – wir fragen ‹Ist das wahr?›, wir verkünden ‹Es ist wahr›, wir schwören, die Wahrheit zu sagen, die ganze Wahrheit und nichts als die Wahrheit. Manchmal ist die Wahrheit schwer zu fassen – wir finden es mühsam, die wirkliche Wahrheit hinter den Erscheinungen zu entdecken, die Wahrheit kann absichtlich verborgen oder verdunkelt sein oder einfach über unsere Fähigkeit hinausgehen, sie zu entdecken. Politiker versuchen, die Wahrheit zu verbergen, Wissenschaftler streben danach, die Wahrheit hinter den Erscheinungen zu entdecken, Historiker brüten über den Überlieferungen und Manuskripten, um herauszufinden, was die Wahrheit über Julius Caesar oder Napoleon ist.

In all diesen Beispielen der Suche nach Wahrheit wird die Natur der Wahrheit selbst freilich nicht in Frage gestellt. Vielleicht entgeht uns die Wahrheit, aber wir sind nicht im Zweifel über das, was wir wissen wollen. Aber wenn wir mit dieser Frage konfrontiert werden, ‹Was ist Wahrheit?›, dann ist unser Denken wie betäubt – was bedeutet diese Frage? Wir haben das Gefühl, wir wüßten, wie die Antwort lautet, trotzdem können wir sie nicht in Worte fassen. So ist es mit vielen philosophischen Fragen: Was ist Zeit? Was ist Wissen? Was ist Geist? Normalerweise haben wir keine Probleme, Begriffe wie Zeit, Wissen und Geist anzuwenden – wir können auf die Uhr schauen, um zu sehen, welche Zeit es ist, wir wissen, wann der nächste Zug abfahren wird, wir haben in unserem Geist die Erinnerung, daß wir unseren Koffer von der Gepäckaufbewahrung abholen sollen. Aber wenn wir aufgefordert werden zu erklären, was die Zeit selbst oder das Wissen oder der Geist oder die Wahrheit ist, können wir nicht weiter. Wie Augustinus über die Zeit gesagt hat, ‹wenn mich niemand danach fragt, weiß ich es; will ich einem Fragenden es erklären, weiß ich es nicht› (Bekenntnisse 11, 14).

Der Versuchung, zum Wörterbuch zu stürzen, sollte man nicht nachgeben. Es gibt zwar, selbst in der Philosophie, technische Ausdrücke, für deren Verständnis das Wörterbuch benötigt wird. Wörter wie ‹Isobar›, ‹Arkanum› oder ‹Dualismus› können dem Anfänger mit seiner Hilfe sehr wohl erklärt werden. Aber die typischen philosophischen Probleme sind nicht dieser Art. Wir wissen sehr wohl, was Wahrheit, Wissen, Zeit sind – bis zu einem gewissen Punkt. Aber können wir eine Möglichkeit finden, es zum Ausdruck zu bringen?

Wenn wir den Begriff gebrauchen können, warum sollten wir uns darüber Gedanken machen, ob wir ihn wirklich vollständig verstanden haben? Abgesehen von der Aufgabe selbst – es kann eine tiefe Befriedigung darin liegen, eine solche Schranke zu überwinden – gibt es eine weitere Motivation. Obgleich wir unter den meisten Umständen vielleicht keine Schwierigkeit haben, solche Begriffe zu gebrauchen, gibt es immer wieder Augenblicke, wo Fragen auftauchen. Man nehme nur die Zeit: Ein Science-fiction-Autor beschreibt vielleicht den Fall einer Zeitreise, wo der Held in die ferne Vergangenheit oder Zukunft reist. Wir fragen uns, ob das wirklich möglich ist. Jetzt müssen wir tiefer über die Natur der Zeit selbst nachdenken. Oder nehmen wir die Erkenntnis: Der Skeptiker stellt uns vor eine Herausforderung – Tschuang Tsu träumte, er sei ein Schmetterling und wußte, als er erwachte, nicht, ob er ein Mensch war, der geträumt hatte, er sei ein Schmetterling, oder ein Schmetterling, der jetzt träumt, er sei ein Mensch. Aber wenn das ganze Leben ein Traum ist, können wir gar nichts erkennen, denn Träume sind Illusionen. Was in Träumen geschieht, ist nicht wirklich. Was ist wirklich? Was ist Wahrheit? Was ist Erkenntnis?

Die Wahrheit gibt uns viele Rätsel auf. Wir werden in einem späteren Kapitel einen Blick auf die berühmte Lügner-Paradoxie werfen (Würdest du mir glauben, wenn ich dir sage, daß ich immer lüge?). Eine weitere und die vielleicht herausforderndste Paradoxie ist die Behauptung des Skeptikers oder Relativisten, daß es so etwas wie die absolute Wahrheit überhaupt nicht gibt – alle Wahrheit ist relativ auf den Urteilenden. Für mich fühlt sich das Wasser warm an, für dich kalt – gibt es hier irgendeine Tatsache hinsichtlich der Frage, ob es wirklich warm oder kalt ist? Der Tisch sieht solide aus, aber der Physiker sagt, daß er zum größten Teil aus leerem Raum besteht – gibt es irgendeine Tatsache bezüglich dieser Frage? Vielleicht gibt es keine absolute Wahrheit, sondern nur das, was wahr für mich ist, wahr für dich usf.

Ein schrankenloser Relativismus widerlegt sich selbst, wie Platon in seinem Dialog *Theaitetus* (170e–171c) beobachtete. Er unterliegt dem *ad hominem*-Einwand, daß ich, nach seinen eigenen Voraussetzungen, recht habe, ihn zu verwerfen, wenn ich ihn verwerfe. Er muß einräumen, daß er für mich falsch ist; und ich – der ich als jemand spreche, der kein Relativist ist – sage, er ist falsch. Also ist der Relativismus auf jeden Fall falsch. Die Wahrheit ist nicht relativ, sondern absolut. Jeder von uns hat Wahrnehmungen, fällt auf ihrer Basis Urteile, sieht die Welt aus seiner eigenen Perspektive. Aber die Welt ist aus all diesen verschiedenen Gesichtspunkten verschieden. Die Wahrheit ist objektiv. Die Welt ist eine Welt von Fakten, die unsere Urteile objektiv wahr oder falsch machen. Zumindest ist sie ein Ideal, das unsere Urteile zu spiegeln suchen.

Die Korrespondenztheorie der Wahrheit

Dies ist der entscheidende Aspekt am Begriff der Wahrheit. Wahrheit korrespondiert dem, was wirklich ist, den Tatsachen. Wenn wir aufgefordert werden, die Wahrheit herauszufinden, müssen wir herausfinden, was der Fall ist, die Tatsachen. Diese Idee liegt einer weit verbreiteten Wahrheitstheorie zugrunde, der Korrespondenztheorie der Wahrheit. Nach dieser ist Wahrheit, wie beispielsweise ‹Onkel›, ein relationaler Begriff, der in einer Korrespondenzbeziehung zu einer Tatsache besteht. (Man wird Onkel dadurch, daß man einen Neffen oder eine Nichte hat.) Ein Gedanke oder eine Aussage ist wahr in den Fällen, wo es eine korrespondierende Tatsache gibt. (Ein Mann ist ein Onkel in den und nur den Fällen, wo es einen entsprechenden Neffen oder eine passende Nichte gibt.)

Eine Antwort auf *eine* dieser Fragen wirft unmittelbar weitere auf. Hier werden wir zu den weiteren Fragen geführt: Was ist eine Tatsache? Was ist diese Korrespondenzbeziehung? Und so drängend diese auch sein mögen, eine weitere ist gleichwohl drängender – was ist das, was da wahr oder falsch ist? Wir haben hier gesagt ‹ein Gedanke oder eine Aussage› – aber sind es Gedanken oder Aussagen oder Sätze (Zeichenketten) oder Meinungen oder was sonst, was den Tatsachen entsprechen soll, wenn sie wahr sind?

Natürlich können es auch mehrere davon sein und weitere darüber hinaus. Wenn es zum Beispiel Aussagen sind, die wahr (oder falsch) sind, und wenn das, was gemeint wird, Aussagen sind, dann sind folglich Meinungen wahr, wenn sie Meinungen von wahren Aussagen sind, und falsch, wenn sie Meinungen von falschen Aussagen sind. Dasselbe gilt von Gedanken, wenn der Gegenstand eines Gedankens eine Aussage ist. Aber was genau ist eine Aussage – insbesondere, ist sie dasselbe wie ein Satz?

Gewiß wird ‹Aussage› manchmal gebraucht, um einen Aussagesatz zu bezeichnen, einen Satz, in dem etwas festgestellt wird (im Gegensatz etwa zu einer Frage oder einem Befehl). Aber es können nicht Sätze sein, die wahr oder falsch sind, auf jeden Fall nicht ohne weiteres. Sätze können von verschiedenen Sprechern oder zu verschiedenen Zeiten oder an verschiedenen Orten geäußert werden, und sie können manchmal wahr und manchmal falsch sein. Wer zum Beispiel vor dem November 1963 ‹Kennedy ist Präsident› äußerte, sagte die Wahrheit, aber wer denselben Satz nach diesem Datum geäußert hätte, hätte etwas Falsches gesagt. Hätte Kennedy gesagt ‹Ich bin Präsident›, hätte er die Wahrheit gesagt, aber wenn Chruschtschow denselben Satz gesagt hätte, wäre er falsch gewesen. Es genügt hier nicht zu sagen, daß Sätze, wie andere Gegenstände, von Zeit zu Zeit aus wahren zu falschen werden können und wieder zurück – Kennedy war zu einer bestimmten Zeit Senator, zu einer anderen Präsident, kann also nicht der Satz ‹Kennedy ist Präsident› zu einer Zeit wahr und zu einer anderen falsch sein? Trotzdem hätten Kennedy und Chruschtschow gleichzeitig ‹Ich bin Präsident› äußern können, und in dem einen Fall wäre es wahr, in dem anderen falsch gewesen. Statt zu sagen, daß der Satz für den einen wahr, für den anderen falsch war, daß die Wahrheit relativ ist – was an der Tatsache vorbeigeht, daß dieser Satz, von Chruschtschow gesprochen, für jedermann falsch war –, sollten wir unser Augenmerk auf eben dieses Verschiedene richten, was jeder von ihnen sagte, das in dem einen Fall wahr, in dem anderen falsch war. Kennedy sagte, daß er, Kennedy, Präsident sei, und das war wahr; wenn Chruschtschow diese Worte geäußert hätte, hätte er gesagt, daß er, Chruschtschow, Präsident sei, und das war falsch. Philosophen gebrauchen den Ausdruck ‹Aussage›, um die verschiedenen Dinge zu bezeichnen, die jeder von ihnen sagte. Derselbe Satz kann benutzt werden, um zwei verschiedene Aussagen auszudrücken, um zwei verschiedene Dinge zu sagen. Umgekehrt können verschiedene Sätze verwendet werden, um dasselbe zu sagen, zum Beispiel ‹Es regnet› und ‹it is raining› oder ‹Kennedy ist Präsident›, geäußert im Jahre 1963, und ‹Kennedy war Präsident im Jahre 1963›, geäußert nach jenem Datum.

Wenn ein Satz im Indikativ geäußert wird, wird unter gewöhnlichen Umständen eine Aussage geäußert – etwas ist gesagt worden. Manchmal tritt das nicht ein – einigen Sätzen gelingt es nicht, irgendeine bestimmte Aussage zu machen, obwohl sie grammatisch zweifellos gut gebildet sind, wie etwa ‹drei ist glücklich› oder das berühmte ‹farblose grüne Ideen schlafen wütend›; andere Sätze können, auch wenn sie durchaus sinnvoll sind, unter Umständen geäußert werden, die ihnen jeden Sinn nehmen, zum Beispiel ‹Der Präsident von England flog nach Genf›, der einfach deshalb nichts sagt, weil es keinen Präsidenten von England gibt. Eben deshalb führen die Philosophen die Idee der Aussage ein. Eine Aussage macht aus der Vorstellung dessen, was durch die Äußerung einer bestimmten Art von Satz gesagt oder ausgedrückt wird, nämlich einem Satz im Indikativ, der sinnvoll ist und etwas bezeichnet, einen Gegenstand. Dementsprechend kann die Aussage zum Gegenstand des Denkens und Glaubens werden, dem gemeinsamen Faktor zwischen verschiedenen Personen und verschiedenen Sprachen.

Andere Philosophen erheben gegen diesen Abstraktionsschritt, der ein abstraktes Objekt bildet, die Aussage, die verschiedenen Sätzen korrespondiert, Einwände. Aber ihr Einwand ist verfehlt. Selbst wenn wir es mit Sätzen zu tun haben, abstrahieren wir von den vielen verschiedenen, aber ähnlichen Äußerungen desselben Satztyps durch die Sprecher. In der Terminologie, die von dem amerikanischen Logiker C. S. Peirce im späten neunzehnten Jahrhundert erfunden wurde, werden diese physikalischen Ereignisse, das Aussprechen oder Aufschreiben eines Satzes, die verschiedenen *token* [Beispiele, individuelle Realisierungen eines Typs] desselben *type* [Typus] genannt. Derselbe Unterschied zwischen Typ und Beispiel kann im Fall von Wörtern, Handlungen, Träumen usf. gemacht werden. Peirce sagte, der Typ ‹existiere› nicht; und er ist gewiß kein konkreter Gegenstand wie das Beispiel. Aber es gibt Worttypen, Satztypen und Aussagen, die allen Äußerungen gemeinsam sind (ob sie nun vom selben Satztyp sind oder nicht), die dasselbe sagen. Selbstverständlich müssen wir diese Äquivalenzbeziehung (dasselbe sagen) klären, über die wir abstrahieren; aber diese Aufgabe ist selbst für Satztypen nötig, wenn man artikuliert, was verschiedenen Äußerungen desselben Satzes (etwa durch einen Geordie*, einen Cockney und einen Amerikaner aus den Südstaaten) gemeinsam ist. Seine Vertrautheit läßt uns die theoretischen Schwierigkeiten übersehen; sie sind nicht größer im Fall von Aussagen.

Man erinnere sich des Einwandes gegen Sätze als Wahrheitsträger, nämlich, daß dabei ein Relativismus der Wahrheit auf Ort, Sprecher und Zeit drohe. Aussagen können unsere Wahrheitsträger sein, das heißt die beiden Wahrheitswerte, wie sie genannt werden, wahr und falsch annehmen. Eine andere Möglichkeit wäre, Satzbeispiele als das zu nehmen, was fundamental wahr oder falsch ist, und Satztypen oder Aussagen nur im abgeleiteten Sinn, wenn alle Beispiele der angemessenen Klasse denselben Wert haben. Es gibt keinen schlagenden Einwand dagegen, und viele Philosophen haben sich tatsächlich für diesen Standpunkt entschieden. Aber das ignoriert einen wichtigen vereinheitlichenden Zug, den der Begriff der Aussage unterstreicht, nämlich, daß alle Beispielsätze deshalb denselben Wert haben, weil in jedem von ihnen dieselbe Sache ausgedrückt wird, nämlich dieselbe Aussage. Sobald wir uns klar auf das konzentrieren, was ausgedrückt wird – die Aussage –, ist klar, daß sie einen Wahrheitswert besitzt. Gewiß kann es sich unter Umständen unserer

* Bewohner von Nordumbrien (*A. d. Ü.*)

21

Kenntnis entziehen, welcher Wahrheitswert es ist. Vielleicht sind wir nicht imstande zu sagen, ob ‹Oswald tötete Kennedy› wahr oder falsch ist, oder ähnlich für ‹Jede gerade Zahl größer als zwei ist die Summe zweier Primzahlen› oder ‹Am ersten Tag des Dunhill Cup im nächsten Jahr wird es regnen›. Nichtsdestoweniger ist eine klare Aussage gemacht worden, etwas, was als wahr oder falsch bewertet werden kann.

Wir werden deshalb Aussagen als die Träger von Wahrheitswerten auffassen. Aber jetzt müssen wir zu den anderen Fragen zurückkehren: Was gibt einer Aussage den Wahrheitswert, den sie hat? Was sind Tatsachen, und was ist die Korrespondenzbeziehung zwischen wahren Aussagen und Tatsachen?

Ich werde ein bestimmtes Paradigma der Korrespondenztheorie beschreiben. Sobald einmal klar ist, was eine solche Theorie ist, können Varianten erwogen und die Frage aufgeworfen werden, wie nahe sie der zentralen Idee der Korrespondenztheorie sind. Aber wir wollen mit der Korrespondenztheorie in ihrer reinsten, einfachsten und nacktesten Form beginnen. Die Korrespondenztheorie ist in zweierlei Hinsicht eine realistische Theorie – ontologisch und epistemologisch, das heißt sowohl in ihren Implikationen für die Existenz wie in ihren Konsequenzen für die Erkenntnis. Nach dieser Ansicht wird die Welt durch Fakten, Tatsachen, konstituiert, deren Existenz unabhängig davon ist, ob wir uns ihrer bewußt sind.

Ontologie ist die Untersuchung, welche Arten von Dingen existieren. Es handelt sich dabei nicht um eine empirische, naturwissenschaftliche Untersuchung – nicht um eine Art Naturgeschichte. Es handelt sich um eine theoretische oder begriffliche Untersuchung, eine Betrachtung der Implikationen für das, was es geben muß, wenn wir unsere Erfahrung systematisch darstellen. Um für menschliche Handlung und Wahrnehmung eine Erklärung zu geben, sagt der eine Philosoph vielleicht, daß es ebenso Geist wie Körper gibt – er ist Dualist. Ein anderer bestreitet vielleicht die abgesonderte Existenz des Geistes und erklärt Handeln und Wahrnehmen einzig als komplexe Operationen physikalischer Materie. Ein dritter bestreitet vielleicht die Existenz der Materie selbst und macht den Vorschlag, daß unsere Erfahrung ohne sie erklärt werden kann, einfach als Erfahrung des Geistes. Diese beiden letzten Theorien sind monistisch, insofern sie die grundlegende Existenz von nur einem Typ von Ding annehmen; im ersten Fall ist die Theorie physikalistisch, im zweiten Fall idealistisch. Der Streitpunkt ist ontologischer Natur, er dreht sich darum, welche Arten von Dingen es gibt.

Der Korrespondenztheoretiker der Wahrheit behauptet, es müsse mehr als dies – sei es Geist und / oder Materie – geben. Außer dem individuellen Geist und / oder Körper muß es Tatsachen geben – Tatsachen, die den Geist und / oder Körper betreffen. Geist und Körper sind einfach nur – zusätzlich muß es sie betreffende Tatsachen geben. Die Existenz von Tatsachen macht wahre Aussagen wahr. Das ist eine realistische ontologische Behauptung.

Außerdem ist sie epistemologisch realistisch. Die Tatsachen, die wahre Aussagen wahr machen, bestehen unabhängig von unserer Fähigkeit, sie zu entdecken. Einige entdecken wir – wir wissen, daß Kennedy Präsident war. Von anderen wissen wir, daß sie keine Tatsachen sind – Kennedy amtierte kein zweites Mal. Die eine Tatsache, daß er Präsident war, existierte, die andere, daß er ein zweites Mal amtierte, nicht. Wir kennen die eine Tatsache und das Nicht-Bestehen der anderen. Aber andere Tatsachen haben wir nicht entdeckt – vielleicht werden wir sie sogar niemals entdecken. Die Warren-Kommission kam zu dem Ergebnis, daß Oswald allein Kennedy getötet hat. Vielleicht war es so – aber wir werden es niemals mit Sicherheit wissen. Nichtsdestoweniger muß es nach der Korrespondenztheorie eine Tatsache in dieser Frage geben: Entweder war es eine Tatsache, daß Oswald Kennedy getötet hat, oder nicht. Die Aussage, daß Oswald Kennedy getötet hat, ist wahr, wenn es eine solche Tatsache gegeben hat, falsch, wenn nicht. Wir können nicht sicher sein, daß es eine Tatsache war. Aber entweder gab es eine solche Tatsache oder nicht. Deshalb ist die Aussage entweder wahr oder falsch. Das heißt, ob eine Aussage wahr oder falsch ist, hängt nach der Korrespondenztheorie davon ab, ob es eine korrespondierende Tatsache gibt – von der Existenz einer bestimmten Art Objekt. Aber entweder existiert die Tatsache oder nicht. Deshalb ist die Aussage entweder wahr oder falsch. Die Ordnung der Erklärung ist folgende: Es ist natürlich zu glauben, daß ein Objekt entweder existiert oder nicht – das ist es, was der Bezug auf eine korrespondierende Tatsache der Korrespondenztheorie gibt. Durch die Verknüpfung der Wahrheitsbedingung einer Aussage mit einem korrespondierenden Objekt – der Tatsache – werden wir also auf natürliche Weise zur Zweiwertigkeit geführt – entweder ist die Aussage wahr (denn es gibt eine ihr korrespondierende Tatsache), oder sie ist falsch (denn es gibt kein derartiges Objekt). Deshalb ist jede Aussage entweder wahr oder falsch – und ist es unerachtet unserer Fähigkeit, es zu entdecken. Ihre Wahrheit hängt einfach von der Frage ab, ob es ein derartiges Objekt gibt, die korrespondierende Tatsache. Auf diese Weise führt die Korrespondenztheorie der Wahrheit auf natürlichem Weg zu einem epistemologischen Realismus.

Der epistemologische Realismus der Korrespondenztheorie besteht deshalb in seiner Bindung an das sogenannte Gesetz der Zweiwertigkeit: Jede Aussage ist wahr oder falsch. Jede Aussage – das heißt das, was durch einen sinnvollen Satz ausgedrückt wird, der unter angemessenen Umständen geäußert wird – hat entweder eine korrespondierende Tatsache, die sie wahr macht, oder ihr fehlt eine korrespondierende Tatsache, und sie ist deshalb falsch. Dadurch, daß die Theorie die Wahrheit zu einer Sache der Existenz einer bestimmten Art von Objekt macht, legt sie sich selbst auf die Möglichkeit fest, daß Aussagen wahr oder falsch sein können; aber welche es sind, können wir nicht feststellen. Vielleicht hätten wir dank eines glücklichen Zufalls darüber Gewißheit erlangen können, ob Oswald Kennedy getötet hat. Aber die Umstände haben dieses Ereignis in Wolken gehüllt. Nichtsdestoweniger hat er es entweder getan oder nicht – die Aussage ist entweder wahr oder falsch. (Wir werden Einwände gegen diesen Aspekt des Realismus hinsichtlich der Wahrheit bis Kapitel 8 aufsparen.)

Auf diese Weise sind es die Tatsachen, die Aussagen wahr oder falsch machen – aber was ist das für eine Relation? Wie kann eine Tatsache eine Aussage wahr machen? Was ist die Korrespondenz zwischen Aussagen und Tatsachen?

Die Korrespondenz ist die Achillesferse der Korrespondenztheorie. Entweder ist diese Beziehung substantiell und interessant, in welchem Fall es unplausibel scheint, daß sie besteht; oder sie ist trivial und automatisch, in welchem Fall sich die Theorie in Luft auflöst. G. E. Moore, einer der Hauptbefürworter dieser Theorie, war hinsichtlich der Schwierigkeiten, denen er sich gegenübersah, bezaubernd direkt: ‹Die Schwierigkeit [besteht darin], diese Relation [die jede wahre Überzeugung zu einer und nur einer Tatsache hat] zu definieren. Gut, ich gebe zu, ich kann sie nicht definieren, im Sinn einer vollständigen Analyse ... Aber ... daraus folgt nicht, daß wir nicht sehr gut erkennen können, *welche* Beziehung es ist› (*Some Main Problems of Philosophy*, S. 267). Hier sollten die Alarmglocken schrillen. Wenn es so klar ist, daß die Beziehung bestehen muß, es aber trotzdem unmöglich ist, sie zu beschreiben, ist sie vielleicht nur eine Einbildung der Philosophen. Wir wollen zwei Darstellungen der Korrespondenzbeziehung einander gegenüberstellen, um die beiden Hörner des hier drohenden Dilemmas klarzumachen: zuerst Bertrand Russells Auffassung von Aussagen und Tatsachen, in der diese Unterscheidung zusammenzubrechen droht; und zweitens Ludwig Wittgensteins Darstellung, in der die Unbescheidenheit des Realismus unsere Gutgläubigkeit strapaziert.

Wittgenstein begann seine Arbeit als Student bei Russell in Cambridge 1911. Ihre Ideen entwickelten sich parallel, aber von 1913 an trafen sie sich nicht mehr, und während des Ersten Weltkriegs korrespondierten sie kaum miteinander. Russells Realismus war im Grunde immer durch Erkenntnistheorie gefärbt; Wittgensteins nicht – für ihn zählte allein die korrekte analytische Struktur, wie psychologisch unplausibel sie auch ausfallen mochte.

Beiden war die Idee gemeinsam, die vollkommene Kongruenz zwischen sprachlicher Struktur und der Struktur der Welt nachzuweisen. Sie war Teil einer metaphysischen Methode, welche die Natur der Realität dadurch zu erkennen suchte, daß sie die Art und Weise, wie diese Realität beschrieben wurde, untersuchte. Soweit es uns hier betrifft, enthüllte die Struktur der Aussagen die Struktur der korrespondierenden Tatsache. Beide teilten die Idee, daß komplexe Aussagen in elementare oder atomare Aussagen analysiert und im wesentlichen auf sie zurückgeführt werden sollten. Wie also sind atomare Aussagen beschaffen? Für Russell bestanden sie aus einem oder mehreren Einzeldingen und einem Universale; zum Beispiel enthält die Aussage, die durch den Satz ‹Kennedy ist Präsident› ausgedrückt wird, zwei Objekte: Kennedy, eine bestimmte Person, und ‹Präsidentschaft›, das Attribut, das allen Dingen gemeinsam ist, die Präsident sind (Eisenhower, Reagan usf.). Die Aussage muß vom Satz unterschieden werden, weil zum Beispiel ‹Kennedy ist Präsident› und ‹JFK ist Präsident› dieselbe Aussage ausdrücken, so daß allen Sätzen, die dieselbe Aussage ausdrücken, gemeinsam ist, daß sie sich auf dieselben Einzeldinge beziehen. Für Russell folgte daraus, daß die Einzeldinge selbst in der Aussage vorhanden sein müssen und ihnen dasselbe Universale zugeschrieben wird.

Wenn die Aussage aus den Einzeldingen und den Universalien selbst besteht, was ist dann die Tatsache? Für Russell war sie von der Aussage verschieden. Zum einen gibt es falsche Aussagen, aber keine ‹falschen Tatsachen›. Tatsachen sind das wirkliche Sosein der Dinge, also gibt es korrespondierend zu jeder Tatsache verschiedene Aussagen, die eine, welche die Tatsache wahr macht, und all diejenigen, die sie falsch macht. Aber man kann an diesem Punkt mit Recht fragen, wie sich Tatsache und Aussage denn nun genau unterscheiden. Es ist sicherlich unproblematisch, sie zu verbinden – die Aussage enthält genau dieselben Objekte, die die Tatsache ausmachen, folglich ist die Korrespondenzbeziehung erklärt. Aber die Kosten dieser Erklärung bestehen darin, daß sie die Unterscheidung von Sprache und Welt untergräbt.

Wittgensteins Auffassung von der Aussage war anders – für ihn war sie weit insubstantieller. Wir wollen mit seiner Darstellung von Tatsachen beginnen. Tatsachen sind Tatsachen, die sich auf Gegenstände beziehen; also ist für die Wirklichkeit, für das wirkliche Sosein der Dinge charakteristisch, was für Tatsachen es gibt. Die Gegenstände müssen allen Möglichkeiten gemeinsam sein. Wir wollen diese Möglichkeiten Sachverhalte nennen, die Art und Weise, wie die Gegenstände – dieselben in allen möglichen Welten – angeordnet sind. Die wirkliche Welt besteht aus diesen existierenden Sachverhalten, das heißt den Tatsachen. Elementare Aussagen erhalten ihren Sinn durch ihre Verbindung – durch ihre Korrespondenz – mit besonderen Sachverhalten. Der sichtbare (oder hörbare) Teil einer Aussage ist ein Satz, eine Zeichenfolge. Diese Zeichen werden durch einen willkürlichen Akt, sie Gegenständen zuzuordnen, zu Symbolen. Tatsachen, die diese Symbole betreffen, bilden dann konventionell gewisse Sachverhalte ab, welche die korrespondierenden Gegenstände betreffen. Auf diese Weise liegt der Wittgensteinschen Korrespondenztheorie der Wahrheit eine Abbildtheorie der Bedeutung zugrunde. Elementaraussagen sind Tatsachen über Namen und bilden dadurch atomare Sachverhalte, das heißt gewisse Kombinationen von Gegenständen, ab (oder bedeuten sie). Im allgemeinen bilden Aussagen (durch die Verknüpfung von Elementaraussagen und atomaren Tatsachen auf der Basisebene) angenommene Tatsachen oder Sachverhalte ab.

Die Idee ist also, die Bedeutungstheorie zu benutzen, um die Lücke zwischen Sprache und Welt zu überbrücken und jede Aussage mit einem korrespondierenden Sachverhalt in Beziehung zu setzen, wobei diese Beziehung die Bedeutung oder den Sinn der Aussage ausmacht. Wahre Aussagen sind dann einfach diejenigen Aussagen, deren abgebildeter Sachverhalt wirklich existiert, das heißt, eine Tatsache ist. Wahre Aussagen korrespondieren den Tatsachen.

Wittgensteins Abbildtheorie ist ohne Zweifel von allen Versionen der Korrespondenztheorie die am besten durchdachte und entwickelte – oder zumindest, um die spätere Diskussion vorwegzunehmen, von allen Versionen, in denen wahre Aussagen direkt Tatsachen korrespondieren. Nichtsdestoweniger weckt sie starke Bedenken. Wir wollen uns der Reihe nach drei Einwänden zuwenden.

Erstens, wie oben erwähnt, ist die Korrespondenztheorie eine realistische Theorie. Das ist ein Aspekt, auf den wir erst am Ende des Buches zurückkommen werden. Im letzten Kapitel werden wir uns dem Problem zuwenden, daß ein Realismus dieser Art inkohärent ist, insofern seine Auffassung von Wahrheit mit bestimmten, sehr plausiblen Einschränkungen der Theorie der Bedeutung unvereinbar ist. Wir haben bemerkt, daß der Realismus der Korrespondenztheorie uns dazu nötigt, das Gesetz der Zweiwertigkeit zu akzeptieren und infolgedessen zu akzeptieren, daß es Aussagen geben kann, über die wir im Prinzip nicht sagen können, ob sie wahr oder falsch sind. In der Fachsprache sind dies verifikationstranszendente Aussagen – ihre Wahrheit (oder Falschheit) überschreitet unsere Möglichkeiten der Überprüfung. Wir müssen uns später im Buch die Frage stellen, wie solche Aussagen verstanden werden können. Denn Aussagen sind das, was durch sinnvolle Sätze (die unter angemessenen Bedingungen geäußert werden) ausgedrückt wird, und sinnvoll ist das, was verstanden werden kann. Es ist keine leichte Aufgabe, eine Darstellung von Bedeutung und Verstehen zu geben, welche die Verifikationstranszendenz berücksichtigt. Der Realismus hat diese Herausforderung noch zu bestehen.

Diese Herausforderung muß warten. Den Rest dieses Kapitels über möchte ich den zweiten und den dritten Einwand entwickeln und aus ihnen alternative Darstellungen der Wahrheit gewinnen.

Reduktionismus

Der zweite Einwand betrifft den Reduktionismus, der für Wittgensteins Auffassung zentral ist. Hier bestand ein merklicher Gegensatz zu Russells Theorie. Für Russell war es ganz klar, daß zum Beispiel die Annahme, es gebe außer den Tatsachen, die zwei wahren Aussagen korrespondieren, etwa ‹Kennedy ist Präsident› und ‹Oswald tötete Kennedy›, noch eine dritte Tatsache, eine Art von konjunktiver Tatsache, welche die verbundene Aussage ‹Kennedy war Präsident, und Oswald tötete ihn›, wahr mache, absurd verschwenderisch war. Wenn man erst einmal die beiden getrennten Tatsachen kennt, dann erhält man keine neue Information, wenn man ihre Konjunktion kennenlernte. ‹Das wußte ich schon›, wäre die knappe Antwort. Es gibt hinter der Verbindung ‹A und B› zweier wahrer Aussagen A und B keine Extratatsache, die zu den getrennten Tatsachen, die A und B wahr machen, hinzukommt. Ähnlich bei Disjunktionen. Wenn eine von zwei Aussagen A und B wahr ist, dann ist die disjunktive Aussage ‹A oder B› wahr. Aber was ‹A oder B› wahr macht, ist keine weitere seltsame disjunktive Tatsache, sondern ganz genau dieselbe Tatsache, die eines der beiden disjunktiven Glieder (die konstituierenden Aussagen in der disjunktiven Aussage) wahr macht. Jede andere Auffassung wäre für Russell eine Sünde gegen Ockhams Rasiermesser, ein weit verbreitetes methodologisches Prinzip in der Metaphysik, das, wenn es nicht auf William von Ockham allein (einen berühmten Denker des vierzehnten Jahrhunderts), so doch wenigstens auf seine Zeit zurückgeht. Es lautet: Postuliere in einer Erklärung nicht mehr Arten von Dingen als absolut notwendig. Im vorliegenden Fall können wir im Rahmen der Korrespondenztheorie erklären, warum eine konjunktive Aussage wahr ist, ohne einen dritten zusätzlichen Faktor über die beiden gesonderten Tatsachen hinaus zu postulieren, der die Konjunktionsglieder (die konstituierenden Aussagen in der konjunktiven Aussage) wahr macht.

Darüber hinaus gibt es eine weitere Erwägung, die uns davor warnt, konjunktive und disjunktive Tatsachen zuzulassen. Angenommen, es gäbe konjunktive Tatsachen und man hätte zwei wahre Aussagen, A und B. Dann müßte es außer den beiden getrennten Tatsachen, die A und B wahr machen, eine dritte Tatsache geben, welche die Konjunktion von A und B, ‹A und B›, wahr macht. Aber dann könnten wir nach der Beziehung zwischen den beiden ersten Tatsachen und der dritten fragen. Wie zwingen die beiden ersten die dritte dazu, zu bestehen? Muß es eine weitere Tatsache geben, die sie in Beziehung setzt? Auf diesem Weg gelangt man zu einem fehlerhaften Regreß: um die Beziehung zwischen den beiden ersten Tatsachen und der dritten zu erklären, würden wir auf eine vierte Tatsache zurückgreifen, die sie in Beziehung setzt; um die Beziehung zwischen diesen vier Tatsachen zu erklären, würden wir den Rückgriff auf eine fünfte benötigen usf. Die Erklärung käme niemals zu einem Ende. Der leitende Gedanke des Atomismus lautet, daß Tatsachen autonom sind: Keine Tatsache sollte von einer anderen abhängen. Es sollte keine internen Beziehungen – logische Beziehungen wie die Folgebeziehung – zwischen verschiedenen existierenden Gegenständen geben. Die ‹konjunktive Tatsache› wäre die Folge aus den beiden Tatsachen, die ihren Komponenten entsprechen, und kann also keine getrennte Entität sein.

Im besten Fall können wir behaupten, daß die vierte Tatsache unnötig wäre, denn die dritte Tatsache war selbst einfach die ‹Konjunktion› der ersten beiden. Vielleicht meinen wir hier mit ‹Konjunktion› (das Wort ist metaphorisch, weshalb es in Anführungszeichen erscheint; denn in Wirklichkeit sind Konjunktionen sprachliche Objekte, und der Begriff hat sich jetzt auf die weltliche Seite der Korrespondenz ausgedehnt), daß die dritte Tatsache die beiden ersten als Teile enthält. Aber jetzt sehen wir, daß die dritte Tatsache ebenfalls überflüssig ist. Wir brauchen keine Tatsachenstruktur zu errichten, die der Struktur der Aussagen entspricht. Wir können die Wahrheit der Konjunktion ‹A und B› einfach als Ergebnis der Wahrheit jedes Gliedes der Konjunktion erklären, sie also darauf reduzieren, und keine weitere Erklärung über die Erklärung ihrer

Wahrheit hinaus ist nötig, nämlich, daß jedes einer Tatsache korrespondiert.

Der Traum der logischen Atomisten, Russell und Wittgenstein, war, daß auf diese Weise die Wahrheit jeder Aussage auf die Wahrheit von atomaren oder elementaren Aussagen reduziert werden könnte. Die Korrespondenz zwischen wahren Aussagen und Tatsachen (oder zwischen Aussagen und Sachverhalten, ob diese nun bestehen oder nicht) wurde in zwei Schritten erreicht: Erstens, die Wahrheit komplexer Aussagen wurde auf die Wahrheit elementarer Aussagen reduziert; zweitens, die Korrespondenz zwischen elementaren Aussagen und Sachverhalten wurde so hergestellt, wie wir es früher beschrieben haben. Die Erkenntnis, daß die Reduktion auf die atomare Ebene nicht funktionieren würde, führte Wittgenstein schließlich dazu, den Logischen Atomismus (wie die Korrespondenztheorie und den Realismus) aufzugeben.

Russell war der erste zu akzeptieren, daß die Reduktion aller Aussagen auf atomare Aussagen nicht erreicht werden konnte. Die problematischen Fälle für ihn waren die negativen Aussagen wie etwa ‹Oswald tötete Kennedy nicht›, allgemeine Aussagen wie ‹Irgend jemand hat Kennedy getötet› oder ‹Keiner tötete Eisenhower› und Glaubensaussagen oder Aussagen, die epistemische Einstellungen zum Ausdruck bringen wie ‹Ruby glaubte, daß Oswald Kennedy getötet habe› und ‹Oswald wußte, daß Kennedy in Dallas war›. Nehmen wir einmal die erste Art, negative Aussagen. Ein offensichtlicher Reduktionsschritt bestünde darin, die Wahrheit einer negativen Aussage wie ‹Ruby hat Kennedy nicht getötet› als Ergebnis der Wahrheit einer anderen Aussage zu erklären, die mit ‹Ruby tötete Kennedy› unvereinbar wäre. Angenommen, Oswald hat Kennedy tatsächlich getötet. Dann machte diese Tatsache die Aussage ‹Oswald tötete Kennedy› wahr, und diese Aussage ist, falls wir über einsame Revolverhelden reden, unvereinbar mit ‹Ruby tötete Kennedy›. Also wäre ‹Ruby tötete Kennedy› falsch, und folglich wäre ‹Ruby tötete Kennedy nicht› wahr.

Russell wandte gegen eine solche Erklärung ein, daß hier ein fehlerhafter Regreß droht. Die Erklärung hat die Form (wir wollen für die negative Aussage ‹Ruby tötete Kennedy nicht› ‹nicht-A› schreiben), daß ‹nicht-A› wahr ist, wenn es eine wahre Aussage B gibt, die mit A unvereinbar ist.

Aber ‹B ist unvereinbar mit A› ist selbst eine negative Aussage. Um ihre Wahrheit zu erklären, bräuchten wir eine dritte Aussage C, die unvereinbar wäre mit ‹B ist vereinbar mit A› und so weiter, was bedeutet, daß die Wahrheit von ‹nicht-A› niemals eine volle Erklärung erhalten würde.

Das ist ein seltsamer Einwand. Denn derselbe Einwand würde ebenso für Konjunktionen gelten. Erinnern wir uns, daß wir die Wahrheit von ‹A und B› so erklärt haben, daß diese Aussage wahr ist, wenn A wahr ist und wenn B wahr ist. Hier ist die Wahrheitsbedingung ‹A ist wahr und B ist wahr› (das heißt, die Bedingung, die wir für die Wahrheit von ‹A und B› spezifiziert haben) selbst eine Konjunktion. Ähnlich wird die Wahrheitsbedingung für disjunktive Aussagen selbst eine Disjunktion sein. Wenn der Einwand gültig ist, daß die Wahrheitsbedingung für negative Aussagen nicht selbst eine negative Aussage sein darf, dann darf die Wahrheitsbedingung für konjunktive und disjunktive Aussagen nicht konjunktiv bzw. disjunktiv sein. Wenn es negative Tatsachen geben muß, um die Wahrheit negativer Aussagen zu erklären, dann muß es konjunktive und disjunktive Tatsachen geben, um die Wahrheit von konjunktiven und disjunktiven Aussagen zu erklären.

Tatsächlich stehen wir im Begriff, uns an den Hörnern eines Dilemmas aufzuspießen. Der Rückgriff auf negative und konjunktive Tatsachen, um die Wahrheit von Aussagen dieser Art zu erklären, kann keine vollständige Erklärung sein, denn dann brauchen wir eine Darstellung der Beziehung zwischen solchen Tatsachen und den Tatsachen oder dem Fehlen von Tatsachen, die ihren Komponenten entsprechen; während der Rückgriff auf eine Wahrheitsbedingung, welche die Wahrheit solcher Aussagen auf die Wahrheit ihrer Aussagenkomponenten reduziert, keine vollständige Erklärung geben kann, bis wir eine Darstellung dessen haben, was die Wahrheitsbedingung, eine Aussage von derselben Qualität, wahr macht.

Es ist an diesem Punkt hilfreich, einen Schritt von den mittlerweile etwas verwirrenden Details der Korrespondenztheorie zurückzutreten und zu versuchen, etwas allgemeiner über unser Ziel nachzudenken, eine philosophische Darstellung der Natur der Wahrheit zu geben. Das ist der Punkt, wo der dritte Zweifel an der Korrespondenztheorie einsetzt.

Wahrheitstheorien

Unsere ursprüngliche Frage lautete: Welcher Unterschied besteht zwischen wahren und falschen Aussagen? Der Gedanke, wir sollten, um herauszufinden, ob eine Aussage wahr ist, auf die Tatsachen blicken, veranlaßte uns, als generelle Theorie vorzuschlagen, daß wahre Aussagen den Tatsachen entsprechen, während falsche das nicht tun. Aber vielleicht hat uns hier eine Metapher in die Irre geführt. Es sieht nämlich jetzt ganz so aus, als ob hier ein sehr verbreiteter philosophischer Fehler begangen worden ist.

Betrachten wir die Aussage ‹Der Wal ist ein Säugetier›. Offensichtlich sprechen wir in einem bestimmten Sinn über Wale – jeder Wal ist ein Säugetier. Aber warum steht der Satz im Singular? Über welchen Wal reden wir? Über keinen Wal im besonderen. Nichtsdestoweniger ist es verlockend, die Aussage so zu verstehen, als beziehe sie sich auf einen Archetyp. Erinnern wir uns der Erzählungen von Rudyard Kipling, wie das Kamel zu seinem Höcker kam und der Elefant zu seinem Rüssel. In diesen Geschichten steht ein bestimmter Elefant stellvertretend für die gesamte Spezies. Auf diese Weise merken wir, daß wir reden, als gäbe es außer jedem einzelnen Wal noch einen Gattungswal, der die Eigenschaften besitzt, die für alle Wale wesentlich sind – als einen Repräsentanten ihrer Natur. Ja, wir könnten sagen, daß dies die Spezies Wal ist. Genau genommen ist die Spezies über die Ozeane der Welt und durch die Jahrtausende hindurch verteilt. Deshalb ist die Spezies Wal nicht selbst buchstäblich ein Wal. Aber wenn wir vom Pferd als einem Vierfüßler reden, vom Dodo als ausgestorben, von der Haselmaus als einem Nachttier, dann werden wir durch eine Redefigur ganz natürlich dazu verführt, diese Sätze so zu verstehen, als prädizierten sie eine Eigenschaft von irgendeinem generischen Individuum.

Gilbert Ryle bezeichnete in seiner Rezension von Carnaps *Bedeutung und Notwendigkeit* einen ähnlichen Fehler in der Bedeutungstheorie als das ‹Fido›-Fido-Prinzip. Weil der Name ‹Fido› seine Bedeutung daher erhält, daß er sich auf ein einzelnes Individuum, Fido, bezieht (und das gilt für eine große Klasse von Wörtern), sind wir versucht anzunehmen, daß andere Wörter auf dieselbe Weise funktionieren. Russell tappte in seiner Darstellung von Universalien in diese Falle: Wir haben schon früher bemerkt, daß nach seiner Auffassung atomare Aussagen aus einer Anzahl von Individuen und einem Universale bestehen. Betrachten wir den Satz ‹Fido ist ein Hund›. ‹Fido› bezieht sich auf ein einzelnes Individuum. Worauf bezieht sich ‹Hund›? Bestimmt auf eine Menge von Individuen – auf alle Hunde. Aber nach der ‹Fido›-Fido-Theorie muß es seine Bedeutung daher erhalten, daß es einem einzelnen Ding zugeordnet ist – der Hundheit oder dem Universale, Hund. Fido ist ein Einzelding; Hundheit ist ein Universale, das vielen Dingen gemeinsam ist, etwas, das wahrhaft von allen Hunden prädizierbar ist. Russells Aussagen waren von ihm so konzipiert worden, daß sie die Bedeutung von Sätzen ausmachen. Folglich, sagte er, müssen sie diese generischen Entitäten, Universalien, enthalten.

Das ist ein nicht gerechtfertigter Schritt; aber eine ähnliche Versuchung lauert auf uns im Fall von Tatsachen. Wenn wahr diejenigen Aussagen sind, die zu den Tatsachen passen, gibt es dann nicht bestimmte Tatsachen, die Stück für Stück zu jeder wahren Aussage passen? Das Wort ‹Tatsache› in einem solchen Satz wie ‹Es ist eine Tatsache, daß Kennedy getötet worden ist› scheint dann seine Bedeutung daher zu erhalten, daß es sich auf eine Tatsache bezieht, irgendein weltliches Korrelat der Aussage ‹Kennedy wurde getötet›. Vielleicht begeht die Korrespondenztheorie der Wahrheit ebenfalls den Fehler, der im ‹Fido›-Fido-Prinzip steckt.

Betrachten wir ganz allgemein, was wir tun, wenn wir sagen, daß eine Aussage wahr ist, und welche Fragen wir stellen, wenn wir überlegen, was Wahrheit ist. Es sind semantische Fragen, Fragen also, die mit der Beziehung zwischen Sprache und Welt zu tun haben. Nach allgemeiner Auffassung hat es die Semantik insbesondere mit drei Aspekten zu tun: mit Wahrheit, Bedeutung und Gegenstandsbezug. Gegenstandsbezug ist natürlich das Verhältnis zwischen einem Wort oder einer Wendung und irgendeinem Gegenstand in der Welt. Zum Beispiel ist ein paradigmatischer Fall von Gegenstandsbezug die Verwendung einer demonstrativen Wendung wie ‹jene Gurke› oder ein Eigenname wie ‹Kennedy›. Eine derartige Wendung wird benutzt, um sich auf eine bestimmte Gurke oder eine bestimmte Person zu beziehen. Etwas umstrittener ist es, wenn einige Philosophen glauben, daß sich andere Arten von Wörtern auf andere Arten von Dingen beziehen. Wir haben zum Beispiel bemerkt, daß Russell glaubte, Prädikatausdrücke, Verben und Adjektive bezögen sich auf Universalien, so daß ‹ist Präsident› sich auf Präsidentschaft bezieht, und ‹läuft› auf das, was allen Dingen gemeinsam ist, die laufen. Aber viele Philosophen bestreiten, daß der Begriff des Gegenstandsbezugs auf derartige Redeteile angewendet werden kann.

Über Bedeutung allgemeine Bemerkungen zu machen, ist schwieriger. Russell und andere identifizieren einfach Bedeutung und Gegenstandsbezug, so daß die Bedeutung von ‹jene Gurke› identisch mit dem ist, worauf es sich bezieht, nämlich der Gurke. Es folgte, daß für Russell die Bedeutung eines Satzes die durch ihn ausgedrückte Aussage ist, die selber aus den Gegenständen besteht, auf die sie sich bezieht – die Einzeldinge und das Universale. Aber im allgemeinen unterscheiden die meisten Theoretiker der Semantik Bedeutung von Gegenstandsbezug. Einige unterscheiden sie zwar vom Gegenstandsbezug, denken sie aber weiterhin als einen Gegenstand, der mit dem Satz verbunden ist, sei es als geistiger Gegenstand, eine Idee im Geist, oder als abstrakter Gegenstand, etwas Immaterielles und Nicht-Physisches, das gleichwohl in diesem Fall von individuellem Geist und Bewußtsein unterschieden ist. Es ist etwas, worüber wir alle nachdenken können, und hat folglich eine objektive Existenz, die vom Geistigen unabhängig ist. Andere Philosophen bestreiten, daß die Bedeutung in irgendeiner Weise eine Korrelation eines Satzes mit einem Gegenstand ist. Sie ist eher eine Eigenschaft des Satzes – daß er sinnvoll ist.

Drittens gibt es den semantischen Begriff der Wahrheit, wieder einer Eigenschaft eines Ausdrucks, dieses Mal eines Satzes, in seiner Beziehung zur Welt. Einige Philosophen verstehen diese Beziehung nach dem Modell des Gegenstandsbezugs, so daß (für Gottlob Frege) wahre Sätze sich auf das Wahre beziehen, falsche Sätze auf das Falsche. Diese Gegenstände, das Wahre und das Falsche, sind Wahrheitswerte. Russell, der Freges sauberes Schema nicht akzeptieren konnte, fand den Gedanken verlockend, daß die Korrespondenzbeziehung eine Art Gegenstandsbezug ist. Aber wenn das so ist, dann, so glaubte er, bezögen sich wahre Aussagen auf Tatsachen: Die Aussage, daß Kennedy Präsident war, würde sich auf die Tatsache beziehen, daß Kennedy Präsident war; in welchem Fall sich die Frage erhebt: Worauf beziehen sich falsche Aussagen? Unbeeindruckt von dem Vorschlag, daß sie sich auf nicht-existente Sachverhalte beziehen, gab Russell den Gegenstandsbezug als Modell auf und versuchte, eine andere Erklärung der Korrespondenzbeziehung zu geben.

Wir haben einige der Probleme gesehen, die in dem Versuch enthalten sind, eine Korrespondenztheorie der Wahrheit zu entwickeln. Unsere gegenwärtige Aufgabe besteht darin, einen Rahmen für eine semantische Theorie zu erstellen, insbesondere, um eine Theorie der Wahrheit auszuarbeiten. Erinnern wir uns an das Problem, das wir hatten: Die Wahrheitsbedingung für eine negative Feststellung der Form ‹nicht-A› ist selbst negativ – ‹nicht-A› ist wahr, wenn A nicht wahr ist; die Wahrheitsbedingung für eine Konjunktion von der Form ‹A und B› ist selbst eine Konjunktion – ‹A und B› ist wahr, wenn A wahr ist und wenn B wahr ist. Liegt hier ein fehlerhafter Regreß oder sogar eine Zirkularität vor? Setzen wir schon voraus, was wir zu erklären versuchen – setzen wir ein Verständnis negativer Aussagen voraus, wenn wir eine Erklärung negativer Aussagen geben, und ebenso im Fall von Konjunktionen, Disjunktionen usf.? Müssen wir auf negative Tatsachen, konjunktive Tatsachen usf. zurückgreifen, um die Wahrheit von negativen und konjunktiven Aussagen zu erklären? Wenn wir zum Beispiel sagen, daß ‹nicht-A› genau dann wahr ist, wenn A nicht wahr ist, ist das eine adäquate Erklärung, oder müssen wir die ‹Wahrheitsbedingung›, ‹A ist nicht wahr›, durch einen Gegenstandsbezug auf eine negative Tatsache ersetzen, wie etwa ‹es ist eine Tatsache, daß nicht-A›?

Es ist hilfreich, hier auf eine Unterscheidung zurückzugreifen, die von Alfred Tarski stammt, die Unterscheidung zwischen Objektsprache und Metasprache. Tarskis eigene Theorie ist keine Korrespondenztheorie, wie wir unten sehen werden. Aber neben einer eigenen Wahrheitstheorie entwickelte Tarski eine Theorie der Wahrheitstheorien. Offensichtlich brauchen wir, wenn wir eine semantische Theorie entwickeln, eine Sprache, in der wir jene Theorie ausdrücken können, eine Sprache, die von der Sprache, deren Semantik wir zu beschreiben versuchen, verschieden sein kann oder auch nicht. Die letztere, das Objekt unserer

Theorie, nannte Tarski Objektsprache; die erstere, die Sprache, in der die Theorie formuliert wird, nannte er Metasprache. Zum Beispiel könnte die Objektsprache Polnisch sein, während die Metasprache Deutsch ist, oder die Objektsprache könnte Englisch sein und die Metasprache Französisch. Wir könnten sogar versuchen, die Semantik der Objektsprache in dieser Sprache selbst zu entwickeln –, so daß sowohl Objekt- wie Metasprache beispielsweise Englisch sind. Nichtsdestoweniger verrichtet dieselbe Sprache verschiedene Aufgaben. So war es auch bislang in diesem Kapitel.

Tarski sah in diesem letzteren Weg ein unüberwindliches Problem, das sich aus der Existenz von semantischen Paradoxien ergab, die wir in Kapitel 6 behandeln werden. Er empfahl, die Sprache zumindest in Schichten zu zerlegen: Man nehme alle Aussagen, die keine semantischen Begriffe enthalten – das möge die grundlegende Objektsprache sein; man erweitere die Sprache so, daß sie semantische Begriffe enthält, die sich auf die Basisebene beziehen, jene Objektsprache, aber nicht auf ihre eigene Ebene. Das ist die erste Metasprache oder die Metaebene. Wenn wir eine semantische Theorie für diese Ebene entwickeln wollen, die semantische Begriffe für die Basisebene enthält, müssen wir zu einer Metametasprache weitergehen, die semantische Begriffe für die erste Ebene enthält, aber nicht für sich selbst; und so fort. Auf diese Weise erscheint jede Sprache als in Schichten zerlegt, in eine Hierarchie von Sprache und Metasprache.

Wir werden in Kapitel 6 prüfen, ob diese Reglementierung nötig ist oder auch nur praktikabel. Aber sie gibt uns an diesem Punkt eine Antwort auf unser gegenwärtiges Problem. Bei der Entwicklung jeder Theorie brauchen wir eine Sprache für diese Theorie, und wir müssen voraussetzen, daß sie verständlich und kohärent ist. Negationen und Konjunktionen in der Metasprache sind uns gegeben – wir versuchen nicht, die Semantik der Metasprache selber zu entwickeln. Wir nutzen die Hilfsmittel der Metasprache, um die Wahrheitsbedingungen der Aussagen der Objektsprache zu formulieren.

Es ist eine nützliche Übung herauszuarbeiten, welche Hilfsmittel wir in der Metasprache benötigen, um dies zu tun. Zunächst müssen wir imstande sein, uns auf die Aussagen der Objektsprache zu beziehen.

Wenn wir zum Beispiel sagen sollen ‹«Kennedy ist Präsident» ist wahr, wenn . . .›, dann müssen wir imstande sein, uns auf die Aussage der Objektsprache ‹Kennedy ist Präsident› zu beziehen. Wir wollen auch sagen ‹«nicht-A» ist wahr, wenn . . .›; also brauchen wir ein Mittel, um uns auf verschiedene Formen der objektsprachlichen Aussagen, ‹nicht-A›, ‹A und B› usf. zu beziehen. Allgemein gesagt, wir brauchen eine Möglichkeit, um uns auf die Ausdrücke der Objektsprache zu beziehen, denn wir bestimmen die Aussagen der Objektsprache (die abstrakten Aussagen, die durch verschiedene bestimmte Sätze ausgedrückt werden) indirekt mittels der Bezugnahme auf die Sätze und Ausdrücke der Objektsprache. Das Mittel, das wir im Augenblick benutzen und das sehr weit verbreitet ist, besteht darin, Namen mit Hilfe von Anführungszeichen zu bilden. Wir präsentieren den in Anführungszeichen eingeschlossenen Ausdruck selbst als Namen für jenen Ausdruck. Wenn wir zum Beispiel Deutsch als Metasprache benutzten, um die Semantik des Englischen zu beschreiben, würden wir den in Anführungszeichen gesetzten englischen Ausdruck im Deutschen als Namen für jenen englischen Ausdruck benutzen, zum Beispiel ‹«Snow is white» ist wahr, wenn . . .›.

Es gibt andere Mittel des Benennens, aber durch Anführungszeichen gebildete Namen sind sehr bequem und werden leicht entschlüsselt. Wir könnten uns dafür entscheiden, uns auf Worte mittels ihrer Position in einem bestimmten Wörterbuch zu beziehen, zum Beispiel ‹die Aussage, die durch das erste Wort auf S. 659, gefolgt vom 16. Wort auf S. 674, gefolgt vom 16. Wort auf S. 823 des Duden gebildet wird›. Oder wir könnten Namen dadurch bilden, daß wir jeden Buchstaben mit einer ungeraden Zahl verknüpfen und jeden Satz mit dem Produkt einer Reihe von Primzahlen, wobei jede Primzahl zu jener Potenz erhoben worden ist, die gleich der Zahl des entsprechenden Buchstabens ist. (Kurt Gödel führte diese Methode des Benennens in einem berühmten Aufsatz über Logik im Jahre 1931 ein, sie wird jetzt oft die Methode der ‹Gödelnumerierung› genannt.) Nach einem solchen Schema erhält der kürzeste Satz in der Bibel eine Gödelzahl von der Ordnung 10^{332}. Diese beiden Methoden sind nicht so leicht zu verwenden und insbesondere zu entziffern wie die Methode der durch Anführungszeichen gebildeten Namen. Nichtsdestoweniger ist der wesentliche Punkt die Notwendigkeit der Dekodierung: Wenn ein derartiger Name gegeben ist, muß es ein Verfahren geben, um zu bestimmen, welcher Ausdruck damit genannt wird. (In dem einen Fall beziehen wir uns auf den Duden, in dem anderen faktorisieren wir die Zahl und prüfen die Exponenten ihrer Primfaktoren.)

Nachdem wir ein System zur Benennung der Aussagen, die von Sätzen der Objektsprache ausgedrückt werden, gewählt haben, müssen wir jetzt ein Wahrheitsprädikat definieren. Es gibt eine Reihe von Zwängen für das, was eine richtige Definition ausmacht. Die wichtigste ist vielleicht die, daß die Reichhaltigkeit der Metasprache nicht geringer sein darf als die der Objektsprache. Wir werden nicht imstande sein, die Bedingungen zu spezifizieren, unter denen jede Aussage wahr ist, wenn wir in der Metasprache nicht all das ausdrücken können, was in der Objektsprache ausgedrückt werden kann. Um zum Beispiel die Wahrheitsbedingungen von ‹Kennedy ist Präsident› anzugeben, müssen wir uns auf Kennedy beziehen können; um die Wahrheitsbedingungen von negierten Aussagen (im allgemeinen) anzugeben, werden wir imstande sein müssen, die Negation auszudrücken usf. Auf diese Weise wird jeder Aussage der Objektsprache ein Satz der Metasprache mit derselben Bedeutung zugeordnet sein. Wir können jetzt als Mindesteinschränkung für Wahrheitstheorien eine Angemessenheitsbedingung vorschlagen, die ehrenhalber nach Tarski benannt worden ist: Nichts verdient den Titel einer Wahrheitstheorie, wenn sich in ihr nicht zumindest alle Aussagen der Form

S ist genau dann wahr, wenn p

herleiten lassen, wo das, was p ersetzt, eine Übersetzung der objektsprachlichen Aussage, deren Name S ersetzt, in die Metasprache ist.

Wir wollen eine Reihe Beispiele nehmen. Zuerst möge die Objektsprache Gälisch sein und die Metasprache Deutsch. Wir werden durch Anführungszeichen gebildete Namen benutzen, um uns auf die Aussagen des Gälischen zu beziehen. ‹Tha an t-uisge ann› lautet auf Deutsch ‹Es regnet›. Daher ist eine Minimalbedingung einer Wahrheitstheorie (im Deutschen) für das Gälische, daß unter ihren Konsequenzen sein sollte:

‹Tha an t-uisge ann› ist genau dann wahr, wenn es regnet.

Die Theorie würde alle anderen solche Paare einschließen müssen, wobei sie eine Aussage auf Gälisch ihrer Übersetzung ins Deutsche zuordnet, also einer Aussage auf Deutsch, die dasselbe sagt, das heißt dann sagt, wenn jene andere Aussage wahr ist. Als zweites Beispiel wollen wir Deutsch als seine eigene Metasprache nehmen (wenn nötig, in einer Hierarchie von Tarskis Art geordnet, um Paradoxien zu vermeiden). Die Bedingung hier ist noch einfacher. Aus der Theorie müssen sich zumindest alle Bikonditionale (das heißt ‹genau dann, wenn›-Feststellungen) folgern lassen, wie etwa

‹Es regnet› ist genau dann wahr, wenn es regnet.

Tarski nannte diese Mindesteinschränkung die ‹Bedingung der sachlichen Angemessenheit›. Jede Theorie, die ihr nicht genügte, würde die falschen Wahrheitsbedingungen für die Aussagen der Objektsprache angeben. Wir sollten sie als einen Teil eines ganzen Pakets von Bedingungen für eine semantische Theorie ansehen: die formalen Einschränkungen, daß es dekodierbare Möglichkeiten der Bezugnahme auf Aussagen der Objektsprache gibt, daß die Definitionen formal korrekt sind usf.; und diese Bedingung der sachlichen Angemessenheit, daß die Theorie nicht objektsprachliche Aussagen mit Wahrheitsbedingungen in der Metasprache korreliert, die etwas anderes sagen.

Minimalistische Wahrheitstheorien

Kann man in die Bedingung der sachlichen Angemessenheit mehr hineinlesen? Können wir nicht die W-Sätze (die Menge der Feststellungen von der Form ‹S ist genau dann wahr, wenn p›) so lesen, daß sie der Korrespondenztheorie der Wahrheit den richtigen Ausdruck geben? Denn wie im letzten Abschnitt gezeigt, haben wir eine Korrelation zwischen Aussagen der Objektsprache einerseits und Tatsachen – oder zumindest wirklichen oder nicht-wirklichen Sachverhalten – andererseits. Aber das hieße, zu viel in das W-Schema, also das Schema für die W-Sätze, hineinzulesen. Gewiß, eine Korrespondenztheorie würde der Bedingung der sachlichen Angemessenheit genügen – sie hätte alle

W-Sätze zur Folge. Aber die Korrespondenztheorie, nicht die Bedingung sachlicher Angemessenheit interpretiert die rechte Seite als eine Bezugnahme auf Fakten oder Sachverhalte. In dem Schema gibt es eine Korrelation von Sprache und Welt, auf der linken Seite eine Bezugnahme auf sprachliche Entitäten und auf der rechten – man darf vielleicht sagen – eine nicht-sprachliche ‹Bezugnahme›, die Wahrheitsbedingung. Aber es ist ein weiterer Schritt, in diese Beschreibung eine metaphysische Bezugnahme auf Tatsachen hineinzulesen. Die Korrespondenztheorie enthält eine Metaphysik von mit Aussagen korrelierten Tatsachen und Sachverhalten. Das ist ihr fundamentales Mißverständnis: die Semantik der Wahrheit nach Analogie mit dem Gegenstandsbezug auf ‹Fido› zu verstehen. Das W-Schema ist in dieser Frage neutral. Jede semantische Theorie stellt eine Korrelation von Sprache und Welt her; die Metaphysik der Korrespondenztheorie artikuliert sie als eine Korrelation von Aussagen mit Tatsachen.

Tarski selbst legte ebenfalls eine Wahrheitstheorie vor, die nicht mit seiner Formulierung der Adäquatheitsbedingungen für jede Wahrheitstheorie verwechselt werden sollte. Seine eigene Wahrheitstheorie folgte eng den Korrespondenztheorien von Russell und Wittgenstein – aber ohne die Bezugnahme auf Tatsachen. Ohne auf natürliche Sprachen einzugehen, die wegen ihrer semantischen Abgeschlossenheit semantischen Paradoxien ausgesetzt sind, zeigte er, wie man eine Semantik für eine formale Sprache angeben kann, die dadurch charakterisiert ist, daß man zunächst eine Klasse von atomaren Sätzen beschreibt, gefolgt von einer rekursiven Darstellung, wie komplexe Sätze aus einfacheren konstruiert werden. (Wenn man sie ‹rekursiv› nennt, meint man, daß man für jede beliebige Kette von Symbolen formal überprüfen kann, ob sie gut gebildet ist und einen legitimen Satz bildet.) Atomare Sätze bestehen aus Namen und Prädikaten, jeweils korreliert mit einer nicht-sprachlichen Entität: Namen mit Gegenständen, Prädikate mit Eigenschaften oder Relationen oder Mengen. Ein atomarer Satz ist wahr, wenn die genannten Gegenstände die Eigenschaft haben oder durch die Relation, die mit dem Prädikat korreliert ist, aufeinander bezogen sind. (Zum Beispiel ‹Sortes currit› ist wahr genau dann, wenn der Gegenstand, der mit ‹Sortes› bezeichnet wird, die Eigenschaft hat, die ‹currit› zugewiesen ist.) Komplexe

Sätze werden so behandelt, wie wir es oben gesehen haben: ‹nicht-A› ist wahr, wenn A nicht wahr ist; ‹A und B› ist wahr, wenn A wahr ist und wenn B wahr ist usf. (Tatsächlich gab Tarski die rekursive Definition eines Begriffs von ‹Erfüllung› – s erfüllt ‹nicht-A›, wenn s A nicht erfüllt usf. – und definierte Wahrheit auf der Basis der Erfüllung. Aber das ist eine Komplikation, die wir hier ignorieren können.) Zwei Punkte sind wichtig: Es wurde gezeigt, daß die Definition der Wahrheit, obgleich verschieden von den Adäquatheitsbedingungen, diesen Bedingungen genügte; und nirgendwo, weder in der Definition der Wahrheit noch in der Theorie der Wahrheitstheorien, gibt es eine explizite Bindung an eine bestimmte Metaphysik der Wahrheit.

Was mit größerer Plausibilität in Tarskis Darstellung hineingelesen wird – obgleich es wiederum nicht aus ihr folgt –, ist eine metaphysisch minimale Darstellung der Wahrheit. Eine derartige Darstellung kann drei Formen annehmen: Eine nennt sich selbst ‹Minimalismus› und behauptet, daß die Menge von W-Sätzen alles enthält, was es über Wahrheit zu sagen gibt; eine ältere minimale Auffassung ist die ‹Redundanz›-Theorie; und eine noch neuere Version ist die sogenannte ‹Prosentential›-Theorie. Wir wollen die zweite und dritte betrachten.

Nach der Korrespondenztheorie ist das Wahrheitsprädikat ein substantivisches Prädikat, das Aussagen eine relationale Eigenschaft zuweist. Wahre Sätze haben dank ihrer Korrelation mit Fakten eine wirkliche Eigenschaft, die sie von falschen Aussagen unterscheidet. Die Redundanztheorie bestreitet das. Wahrheit ist redundant, sagt sie, insofern die Prädizierung der Wahrheit von einer Aussage nicht mehr sagt als die Behauptung jener Aussage selbst. Zum Beispiel ‹«Mathilde ist feinfühlig und hochbegabt» ist wahr› ist laut Redundanztheorie allem Anschein zum Trotz keine Behauptung über eine Aussage, die ihr die Eigenschaft der Wahrheit zuschreibt. Sie ist eher eine Behauptung über Mathilde, die sagt, daß sie feinfühlig und hochbegabt ist. Sie sagt nicht mehr und nicht weniger als die Aussage ‹Mathilde ist feinfühlig und hochbegabt›. Es bedarf keiner Wahrheitstheorie, denn so etwas wie Wahrheit gibt es gar nicht. Tarskis W-Sätze sind wahr, weil die rechte und die linke Seite im wesentlichen identisch sind – sie unterscheiden sich nur durch ihre Notation.

Was bedeutet es, wenn man sagt, daß Wahrheit keine wirkliche Eigenschaft ist? Das übliche philosophische Beispiel einer derartigen Verneinung ist die Existenz, die wir ausführlicher in Kapitel 5 behandeln werden. Descartes' Version des ontologischen Arguments für die Existenz Gottes behauptete, daß Gott existieren muß, weil Existenz eine Vollkommenheit sei und Gott alle Vollkommenheiten besitze. Kant antwortete darauf, daß Vollkommenheiten Eigenschaften seien (Eigenschaften, die ihren Inhaber in mancher Hinsicht besser machen) und Existenz keine Eigenschaft sei und so das Argument zusammenbreche. Existenz ist keine Eigenschaft, weil es zwischen einem Gott und einem existierenden Gott oder einem Tisch und einem existierenden Tisch keinen Unterschied gibt. Wenn der Tisch nicht existiert, dann gibt es gar keinen Tisch. Um überhaupt Eigenschaften zu haben, muß ihr Träger existieren. Deshalb kann Existenz keine Eigenschaft sein.

Man kann der Sprache nicht immer trauen. Man betrachte den Satz ‹Es regnet›. Zu fragen ‹Was regnet?› zeugt von Mißverständnis oder von philosophischer Stumpfheit. Zweifellos kann man sich eine Antwort zurechtzimmern. Aber in Wirklichkeit dient der Satz nicht dazu, ‹regnen› von irgend etwas zu prädizieren. Er bedeutet, daß es Regen gibt, daß Regen fällt. Grammatisch ist der Satz von der Subjekt-Prädikat-Form. Aber es gibt kein Subjekt. Logisch gibt es nur ein Prädikat.

Die Prädikation von Wahrheit ist ähnlich irreführend. Wenn wir eine Aussage behaupten, behaupten wir sie als wahr. Deshalb fügt es ihr nichts hinzu, wenn man sagt, sie sei wahr. Daran erinnern uns die W-Sätze. Aber sie sind nicht einfach eine Minimalbedingung, an der eine substantielle Wahrheitstheorie zu überprüfen wäre. Sie zeigen uns eher, daß Wahrheit keine Substanz hat.

Warum hat die Sprache dann aber ein Wahrheitsprädikat? Wenn alles, was mit Hilfe eines Wahrheitsprädikats getan werden kann, auch ohne es getan werden kann, welchen möglichen Nutzen hat es dann? Wenn man sagt, daß Wahrheit keine wirkliche Eigenschaft ist und daß Wahrheit keine Substanz hat, dann heißt das nicht, daß dieser Begriff keine Anwendung hat, noch daß alles, was mit ihm getan werden kann, auch ohne ihn getan werden kann. Das Wahrheitsprädikat erlaubt uns, allgemeine Behauptungen aufzustellen, die wir ohne es nicht aufstellen könnten.

Man betrachte die Bemerkung ‹Was John gesagt hat, ist wahr› und nehme zuerst einmal an, daß John gesagt hat, ‹Oswald hat Kennedy getötet›. Dann können wir unsere Bemerkung umformulieren als ‹«Oswald hat Kennedy getötet» ist wahr› und dann das redundante Wahrheitsprädikat fallen lassen, um zu erhalten ‹Oswald tötete Kennedy›. Wir stellen dieselbe Behauptung auf wie John.

Aber nehmen wir einmal an, wir wüßten nicht, was John gesagt hat – wir unterstützen seine Bemerkung nicht, weil wir wissen, was er gesagt hat und es auch glauben, sondern vielleicht, weil wir wissen, daß John niemals lügt oder weil uns jemand empfohlen hat, ihm zu glauben. Das Wahrheitsprädikat ermöglicht es uns, das zu unterstützen, was er gesagt hat, ohne es wirklich zu wiederholen. Unsere Bemerkung enthält eine Allgemeinheit in sich: ‹Was immer John (bei jener Gelegenheit) gesagt hat ...,› das heißt: ‹Für alle Aussagen gilt: Wenn John diese Aussage geäußert hat (bei jener Gelegenheit), dann ist diese Aussage wahr.› Ein früher Proponent der Redundanztheorie war Frank Ramsey. Er machte eine interessante Beobachtung. Man nehme einmal an, alle Aussagen hätten die Form $a \, R \, b$ – zum Beispiel ‹Oswald tötete Kennedy›. Dann könnten wir sagen: ‹Für alle Namen und Prädikate a, R und b: wenn John gesagt hat $a \, R \, b$, dann $a \, R \, b$. Insbesondere, wenn John gesagt hat, daß Oswald Kennedy getötet hat, dann hat Oswald Kennedy getötet. Hier steht im Hinterglied des Konditionalsatzes (dem Teil, der auf ‹dann› folgt) ein Verb (R). Also haben wir es nicht nötig, ‹ist wahr› hinzuzufügen. Aber nicht alle Aussagen haben die Form $a \, R \, b$ – es gibt eine unbegrenzte Anzahl verschiedener Formen von Aussagen. Es wäre unmöglich, alle möglichen Formen durchzugehen. Deshalb sagen wir ‹was immer John gesagt hat, ...›, und dann brauchen wir ein Verb im Folgesatz; wir können nicht einfach schließen ‹... diese Aussage›. Das Wahrheitsprädikat liefert ein solches Verb: ‹... diese Aussage *ist wahr*›.

In welchem Sinn ist die Wahrheit also redundant? Es ist nicht so, daß alles, was mit dem Wahrheitsprädikat getan werden kann, auch ohne es getan werden kann. In diesem Sinn ist es nicht redundant. Es ist grammatisch als Platzhalter für ein Verb erforderlich. Aber logisch und metaphysisch ist es redundant. Es fügt dem Satz nichts hinzu, dem es angehängt wird. Es gibt keine Bedingung, die das Kriterium erfüllen kann:

‹Wahre Sätze sind solche, die . . .› Nach Tarski können wir einzelne Beispiele nehmen: ‹«Oswald hat Kennedy getötet» ist genau dann wahr, wenn Oswald Kennedy getötet hat.› Nach Ramsey können wir partiell verallgemeinern: ‹Wahre Aussagen der Form «a R b» sind diejenigen, für die gilt: a R b.› Wenn wir versuchen, vollständig zu verallgemeinern, ist alles, was wir erhalten ‹Wahre Aussagen, p, sind diejenigen, für die gilt . . .› – p? Nein, das können wir nicht sagen. Es ist ungrammatisch: ‹ist wahr› muß hinzugefügt werden, als Ersatzverb. Aber das ist natürlich nicht hilfreich und trivial: ‹Wahre Aussagen, p, sind diejenigen, für die p wahr ist.›

Die Redundanztheorie enthält eine wichtige und heilsame Erkenntnis. Sie hält uns von der Suche nach einer objektlastigen Metaphysik der Wahrheit ab, von der Jagd nach einer wirklichen Eigenschaft wahrer Aussagen. Aber Wahrheit ist mehr als pure Wiederholung – das zeigt die Bemerkung über Allgemeinheit. Und noch mehr: Die einfache Wiederholung dessen, was ein anderer gesagt hat, läßt den Aspekt der Unterstützung gänzlich unberücksichtigt. Das fügt die Prosential-Theorie der Redundanztheorie hinzu. Wenn man sagt, daß eine Aussage wahr ist, dann wiederholt man sie nicht nur einfach. Man unterstützt sie auch. Die Redundanztheorie bestreitet mit Recht, daß Wahrheit eine wirkliche Eigenschaft ist; sie irrt, wenn sie darauf beharrt, daß das Wahrheitsprädikat wirklich redundant ist. Das wird schon durch die Bemerkung über die Allgemeinheit gezeigt. Noch wichtiger ist freilich die anaphorische Natur der Wahrheitsprädikation. Wenn man sagt ‹das ist wahr› oder ‹Was John gesagt hat, ist wahr›, dann bedeutet das im wesentlichen, daß man sich auf eine andere Behauptung bezieht – aber nicht, daß man eine wirkliche Eigenschaft von ihr aussagt.

Das Epithet ‹prosential› ist ein Neologismus, ein Wort, das in Analogie zu ‹pronominal› gebildet worden ist. Anaphorische Pronomina dienen dazu, auf andere Nomina zu verweisen, und entnehmen ihnen ihren Gegenstandsbezug. Zum Beispiel bezieht sich in ‹Peter öffnete die Tür. Er hob die Post auf› ‹er› zurück auf die Verwendung von ‹Peter› im ersten Satz. Ähnlich bezieht sich in ‹Peter hob seine Post auf› ‹seine› (wenn es anaphorisch gebraucht wird) zurück auf ‹Peter›. In diesen Fällen haben wir die sogenannten Pronomina der Faulheit; sie haben im wesentlichen den Sinn, anstelle eines Nomens zu stehen. Wenn wir keine Rücksicht darauf nehmen, daß es ungeschickt klingt, könnten wir sie durch ihr Bezugswort ersetzen: zum Beispiel ‹Peter hob Peters Post auf› – wobei wir den falschen Eindruck, hier werde auf zwei verschiedene Leute Bezug genommen, weil wir zweimal ‹Peter› gebrauchen, ignorieren müssen. Man beachte, daß das Bezugswort eines Pronomens (diesen Begriff haben wir noch nicht präzise definiert) auch auf das Pronomen folgen kann, zum Beispiel ‹Als er die Tür geöffnet hatte, hob Peter die Post auf›. Das Bezugswort von ‹er› im ersten (untergeordneten) Satz ist ‹Peter› im zweiten (übergeordneten) Satz.

Nicht alle anaphorischen Pronomina sind Pronomina der Faulheit. In ‹Jemand öffnete die Tür. Er hob die Post auf› zum Beispiel können wir ‹er› – bei Erhaltung des Sinns – nicht durch ‹jemand› ersetzen. Gareth Evans nannte solche Fälle ‹E-Type›-Pronomina. Um sie durch einen Nominalausdruck zu ersetzen, müssen wir sie aus dem Kontext interpretieren: ‹Jemand öffnete die Tür. Die Person, welche die Tür öffnete, hob die Post auf.› Wieder dienen solche Pronomina dazu, einen früheren Gegenstandsbezug erneut aufzugreifen und beziehen sich darauf zurück. Aber sie können nicht einfach durch ihr Beziehungswort ersetzt werden. Ein dritter Typ anaphorischer Pronomina ist der quantifizierende Gebrauch. Man betrachte die Aussage: ‹Alle Studenten brachten ihre Paßbilder mit›: ‹ihr› ist anaphorisch, aber wir können es nicht durch sein Bezugswort ersetzen, noch gibt es einen früheren Satz oder Satzteil, aus dem man einen Nominalausdruck konstruieren könnte. Es bedeutet nicht ‹Alle Studenten brachten die Paßbilder aller Studenten›, ‹ihre› ist also nicht ein faules Pronomen. Es bezieht sich zurück auf den Quantor ‹alle› (andere Quantoren sind zum Beispiel ‹jeder›, ‹einige›, ‹keiner› ‹jeder beliebige›, ‹alle› usf.) und nimmt dessen Bezug auf.

Wahrheit hat eine ähnliche anaphorische Funktion. ‹«Oswald tötete Kennedy» sagte John. «Das ist wahr», antwortete Mary.› Vielleicht identifizieren wir zuerst ‹das› als ein anaphorisches Pronomen. Aber wir können noch weiter gehen. Die ganze Wendung ‹das ist wahr› kann durch den Satz ersetzt werden, auf den sie sich bezieht. Mary *sagt* dann zwar nur ‹Oswald tötete Kennedy›. Aber damit unterstützt sie das, was John gesagt hat. Das übersieht die Redundanztheorie. Die Hinzufügung des anaphorischen Elements vervollständigt die Theorie der Wahrheit. Andere prosententiale Verwendungen von Wahrheit sind vom E-Typ: In ‹John sagte etwas. Wenn es wahr wäre, dann ...› – können wir ‹es› nicht durch ‹etwas› ersetzen und auch nicht ‹Was John sagte, war wahr› auf das reduzieren, was er sagte. ‹Es war wahr› ist eine Satzvertretung, die den Gegenstandsbezug auf das, was John sagte, wieder aufgreift. Noch weitere Verwendungen sind quantifikatorischer Art: zum Beispiel ‹Nichts von dem, was John sagt, ist wahr› – das heißt für alle Aussagen p gilt, wenn John gesagt hat, daß p, dann ist p nicht wahr. Wir können ‹p› in ‹p ist nicht wahr› hier durch kein vorhergehendes Bezugswort ersetzen. Trotzdem bezieht sich ‹p ist nicht wahr› zurück auf seinen quantifikatorisches Vordersatz ‹Alles, was John gesagt hat›.

Wahrheit ist keine Eigenschaft. Wir können wahre Aussagen nicht charakterisieren, denn es gibt kein gemeinsames Charakteristikum, das alle wahren Aussagen teilen. Die W-Sätze zeigen uns, daß von einer Aussage Wahrheit zu prädizieren äquivalent mit der Behauptung dieser Aussage ist. Was das Wahrheitsprädikat dieser Tatsache hinzufügt, ist die Allgemeinheit: die Fähigkeit, allgemeine Behauptungen aufzustellen, die vom Partikularen abstrahieren; und die Unterstützung: die anaphorische Rolle der Wahrheit bei der Stellungnahme zu anderen Behauptungen.

Zusammenfassung und Hinweise auf weitere Lektüre

Unser erster Versuch, die Frage ‹Was ist Wahrheit?› zu beantworten, führte uns zu dem metaphysischen Problem der Natur von Tatsachen und der Frage, in welcher Beziehung – Korrespondenz – sie zu wahren Aussagen stehen. G. E. Moores Lähmung angesichts der letzteren Frage kann in seinem Buch *Some Main Problems of Philosophy*, hg. von H. D. Lewis, Kapitel 14–15, nachgelesen werden, Vorlesungen, die er 1912 und den folgenden Jahren in Cambridge gehalten (aber erst lange nach dem Krieg veröffentlicht) hat. Russells Antwort, sein logischer Atomismus, der die Natur der Realität der logischen Struktur der Sprache entnahm, wurde in seinen Vorlesungen ‹Die Philosophie des logischen Atomismus› veröffentlicht. Wittgensteins kompromißloserer logischer Atomismus, in dem die Abbildtheorie der Bedeutung als Bindeglied zwischen Sprache und Welt fungiert, findet sich in seiner *Logisch-philosophischen Abhandlung.* Aber der Stil der *Abhandlung* ist dunkel; einen klareren Überblick über die Korrespondenztheorien und den Logischen Atomismus findet man in J. Urmson, *Philosophical Analysis,* oder in D. J. Connor, *The Correspondence Theory of Truth.*

Die Einwände gegen Korrespondenztheorien, auf die ich mich konzentriert habe, waren im wesentlichen ontologischer Natur: Kann eine plausible Darstellung von Tatsachen (und der Korrespondenzrelation) gegeben werden, die zeigt, daß es wesentlich ist, ihre Existenz als ontologisch autonom anzuerkennen? Gottlob Frege hat ein anderes Argument gegen sie, ja gegen jede Wahrheitstheorie vorgebracht, die behauptet, daß Wahrheit ein wesentlicher Begriff sei. Es beruht auf der Idee, daß die Äquivalenz von A und ‹Es ist wahr, daß A›, die mit jeder solchen Behauptung verbunden ist, einen fehlerhaften Regreß herbeiführt (und so zur Folge hat, daß eine solche Theorie inkohärent ist). Das Argument wird zusammengefaßt und kritisiert in S. Blackburn, *Spreading the Word,* Kapitel 7. Einige Autoren sehen in diesem Argument die ersten Begründungsversuche des Minimalismus in der Wahrheitstheorie.

Die Korrespondenztheorie hat ein etwas moderneres Gewand, das von einem Aufsatz von J. L. Austin inspiriert worden ist, ‹Wie man spricht›, wiederabgedruckt in seinen *Philosophischen Aufsätzen:* Sie heißt ‹Situationssemantik› und wird beschrieben in *Situationen und Einstellungen* von J. Barwise und J. Perry. Einige Hinweise auf die neue Theorie werden von Barwise im 11. Kapitel seines Buches *The Situation in Logic* gegeben: ‹Notes on Branch Points in Situation Theory›. Keith Devlin, *Logic and Information,* ist eine sorgfältige und behutsame Einführung in die Situationstheorie.

Die tiefsten Probleme sind folgende: Was ist eine Situation, und brauchen wir sie wirklich? Das ist die ursprüngliche Frage, die uns dazu geführt hat zu fragen ‹Wozu brauchen wir eine Wahrheitstheorie?› und ‹Wie sollten Wahrheitstheorien bewertet werden?›. Tarskis formale und sachliche Angemessenheitsbedingungen sind zuerst in einem langen Aufsatz von 1930 veröffentlicht worden, finden sich aber etwas knapper dargelegt in seinem Aufsatz ‹Der semantische Wahrheitsbegriff›, in: *Wahrheitstheorien*, hg. von G. Skirbekk, Frankfurt 1986. Tarskis eigene Theorie der Wahrheit führte zur Entwicklung der Modelltheorie in der formalen Logik. Ein nützlicher Überblick über Tarskis Arbeit, der sowohl die Theorien dieses wie des nächsten Kapitels beinhaltet, findet sich in ‹Tarski on Truth and Logical Consequence› von John Etchemendy. Eine Neubearbeitung der Korrespondenztheorie, die von Tarskis Resultaten angeregt ist, wurde von Donald Davidson in ‹Getreu den Tatsachen› vorgestellt, wiederabgedruckt in *Wahrheit und Interpetation*. Eine klare Darstellung der Wahrheitstheorien einschließlich Tarskis Beitrag findet sich in S. Haack, *Philosophy of Logics*, Kapitel 7. Das ist auch der Schwerpunkt von Mark Platts Diskussion der Wahrheit im ersten Kapitel seines Buches *Ways of Meaning*.

Das Nachdenken über Tarskis Bedingung der sachlichen Angemessenheit führte uns zu der Frage, was durch die Zuschreibung von Wahrheit eigentlich wirklich erreicht wird. Ramseys faszinierende Beobachtung, die später zur Redundanztheorie und zu anderen Minimaltheorien der Wahrheit weiterentwickelt wurde, wurde in seinem Aufsatz ‹Facts and Propositions› gemacht, der nach seinem frühen Tod im Alter von 27 Jahren im Jahre 1930 von R. B. Braithwaite veröffentlicht und als ‹Tatsachen und Sätze› in *Grundlagen. Abhandlungen zur Philosophie, Logik, Mathematik und Wirtschaftswissenschaft* übersetzt wurde. Die Redundanztheorie, die Theorie also, wonach die Zuschreibung von Wahrheit im wesentlichen redundant ist und nicht mehr sagt als der Satz selbst, dessen Wahrheit behauptet wird, wurde in den sechziger Jahren von Arthur Prior entwickelt und hat eine klare Formulierung in Christopher Williams *What is Truth?* gefunden. Die Prosentential-Theorie fügt der Redundanztheorie die Erinnerung an die anaphorische Natur der Wahrheit hinzu: Wenn man die Wahrheit behauptet, dann behauptet man nicht nur das, was gesagt wurde, noch einmal, man unterstützt es. Diese Theorie wurde von Dorothy Grover und anderen in ‹A Prosentential Theory of Truth› dargelegt. Dieser und andere ihrer Aufsätze, die dieses Thema entwickeln, sind gesammelt in ihrem Buch *A Prosentential Theory of Truth*.

Die letzten Jahre haben nichtsdestoweniger eine starke Reaktion auf minimalistische Ideen erlebt sowie Versuche, einen substantiellen Begriff der Wahrheit ohne die inakzeptable Metaphysik der vollen Korrespondenztheorie zu umreißen. Zum Beispiel verwirft Hilary Putnam in ‹A Comparison of Something with Something Else› Tarskis Werk, weil es keine philosophische Einsicht in den Begriff der Wahrheit gebe. An vielen anderen Stellen – eine sehr lesbare Darstellung wird gegeben in seinem Buch *Vernunft, Wahrheit und Geschichte*, besonders in Kapitel 3 – hat er eine Form des Realismus verteidigt, den er ‹internen Realismus› nennt, um ihn vom ‹metaphysischen Realismus› zu unterscheiden, den er verwirft. Die wesentliche Idee der internalistischen Auffassung, die er mit den konstruktivistischen Ansichten teilt, die wir uns in Kapitel 8 anschauen werden, besteht darin, daß es keinen äußeren Standpunkt gibt, von dem aus man das, was wir sagen und denken, damit vergleichen kann, wie die Dinge selber sind: Es gibt nur den internen Standpunkt, die Perspektive innerhalb eines Schemas der Beschreibung.

Eine allgemeine Behandlung (und Kritik) minimalistischer (dort ‹deflationistisch› genannter) Behandlungen wird von Hartry Field in ‹The Deflationary Conception of Truth› gegeben, in ‹*Fact, Science and Morality*›, hg. von G. Macdonald und C. Wright. Crispin Wright hat jüngst einen weiteren Dauerangriff auf die Idee, daß Wahrheit keine substantielle Eigenschaft ist, in seinem Buch *Truth and Objectivity* gestartet. Sie kann, wie er behauptet, wesentliche Züge des Begriffs der Wahrheit nicht erklären, insbesondere, daß sie sich von gerechtfertigter Behauptbarkeit unterscheidet und darüber hinausgeht, insofern sie stabil (einmal wahr, immer wahr) und absolut (also nicht, wie die Rechtfertigung, Grade zuläßt) ist.

2 Die Macht der Logik: logische Folgerung

Logische Folgerung ist der zentrale Begriff der Logik. Das Ziel der Logik besteht darin zu klären, was aus was folgt, zu bestimmen, welche Folgerungen aus einer gegebenen Menge von Prämissen oder Annahmen gültig sind. Die Folgerungsbeziehung bezieht eine Menge oder Mannigfaltigkeit gegebener Aussagen auf diejenigen Aussagen oder Schlußfolgerungen, die korrekt oder gültig aus ihnen folgen. Man sagt, daß die Prämissen die Schlußfolgerung zur Folge haben oder daß die Schlußfolgerung (gültig) aus den Prämissen folgt oder daß man die Schlußfolgerung gültig aus den Prämissen schließen kann; daß die Schlußfolgerung eine gültige logische Folgerung aus den Prämissen ist; oder daß das Argument oder das Schließen von den Prämissen auf die Schlußfolgerung gültig ist. Diese wesentliche Relation, die logische Folgerung, ist Gegenstand dieses Kapitels.

Als ich im vorigen Kapitel das Thema der Wahrheit anschnitt, kontrastierte ich die Bereitwilligkeit, die wir gewöhnlich zeigen, wenn es um die Bestimmung der Wahrheit verschiedener Behauptungen geht, mit unserer Unsicherheit, wenn wir mit der Frage konfrontiert werden, was die Wahrheit selbst ist. Die gegenwärtige Situation ist anders. Logische Folgerung ist kein alltäglicher Begriff wie Wahrheit. Wir drücken zwar unsere Ansicht darüber aus, ob eine Aussage aus einer anderen folgt und ob ein Argument gültig ist oder nicht. Aber die Aufgabe der Logik geht über die Forderungen hinaus, die man an eine Wahrheitstheorie stellt. Eine Wahrheitstheorie erfordert eine begriffliche Analyse des Wahrheitsbegriffs, eine Feststellung dessen, worin Wahrheit besteht. Eine Theorie der logischen Folgerung dagegen erfordert zwar eine begriffliche Analyse der Folgerung, sucht aber auch nach einer Menge von Techniken, um die

Gültigkeit bestimmter Argumente zu bestimmen. Ein großer Teil der Logik besteht darin, semantische und beweistheoretische Methoden aus-zuarbeiten, um die Gültigkeit und Ungültigkeit von Argumenten zu be-stimmen.

Aber diese begriffliche Analyse hat einen weiteren Aspekt, der mit der Entwicklung technischer Methoden zumindest Hand in Hand, wenn nicht ihr sogar vorausgehen muß. Diese begriffliche Analyse ist die wirk-liche Philosophie der Logik. Bestimmte logische Theorien beruhen auf bestimmten einzelnen Entscheidungen hinsichtlich der korrekten Ana-lyse der Folgerung. Die klassische Logik und darauf beruhende Theorien wie die Modallogik, Arithmetik erster Stufe, Mengentheorie usf. beru-hen auf einer bestimmten Analyse des Begriffs der logischen Folgerung. Rivalisierende logische Theorien wie die intuitionistische Logik, para-konsistente Logiken, relevante Logiken, konnexive Logiken usf. beruhen auf verschiedenen philosophischen Analysen dieses grundlegenden Be-griffs.

Der Unterschied zu Wahrheitstheorien ist dramatisch. Mit wenigen Ausnahmen (die zum Beispiel die Frage betreffen, ob man die semanti-schen Paradoxien als wahr, falsch oder keins von beiden ansehen soll – siehe Kapitel 6) bestehen in Wahrheitstheorien keinerlei Meinungsver-schiedenheiten über aktuelle Wahrheitswerte, die bestimmten Aussagen zugewiesen werden sollten. Meinungsverschiedenheit gibt es in der Frage, worin Wahrheit besteht, welches die korrekte Erklärung des Be-griffs der Wahrheit ist. Aber im Fall der logischen Folgerung herrscht nicht nur über die eigentliche Basis des Begriffs große Uneinigkeit, son-dern eine wirkliche Meinungsverschiedenheit über die Gültigkeit und Ungültigkeit bestimmter Argumente.

Die klassische Auffassung

Die klassische Auffassung der Folgerung hat ihren Namen daher, daß sie die Orthodoxie ist, an der sich alle Rivalen messen lassen müssen. Sie besteht aus einigen sehr präzisen Vorstellungen, die sich sowohl auf die Extension dieses Begriffs, das heißt die Frage, welche Argumente gültig sind und welche nicht, wie auch auf seine Intension, das heißt die philosophische Basis dieser Bestimmung der Gültigkeit, beziehen.

Erstens ist nach klassischer Ansicht Gültigkeit eine Frage der Form. Individuelle Argumente sind nur dann gültig, wenn sie Beispiele gültiger logischer Formen sind; eine Aussage ist nur dann eine logische Folgerung aus anderen, wenn es eine gültige Struktur gibt, der die Aussagen insgesamt genügen. Zum Beispiel: ‹Dieses Streichholz wird sich entzünden› folgt aus den Aussagen: ‹Alle Streichhölzer entzünden sich, wenn sie angestrichen werden› und: ‹Dieses Streichholz steht im Begriff, angestrichen zu werden›. Das Argument zeigt dieselbe Struktur wie dieses: ‹Edmund ist Bergsteiger. Alle Bergsteiger sind mutig. Also ist Edmund mutig.› Die gemeinsame Struktur kann, wie in vielen Lehrbüchern der Logik beschrieben, folgendermaßen dargestellt werden: ‹Fa. Alle F sind G. Also Ga.› Zuerst soll a bedeuten ‹dieses Streichholz›, F bedeutet ‹steht im Begriff, angestrichen zu werden›, und G bedeutet ‹wird sich entzünden›; zweitens lassen wir a bedeuten ‹Edmund›, F ‹ist Bergsteiger› und G ‹ist mutig›. In jedem Fall erhalten wir der Reihe nach die jeweiligen Schlußfolgerungen, wenn wir die schematischen Buchstaben a, F und G nach diesem Schlüssel durch die deutschen Ausdrücke ersetzen. Und wir können alternative Schlüssel benutzen, um unendlich viele Argumente derselben Form zu erzeugen.

Die klassische Ansicht stellt zwei Behauptungen über diese Form und ihre Beispiele (und ähnliche Behauptungen über andere gültige Formen) auf: erstens, daß die Form gültig ist und partikuläre Folgerungen deshalb gültig sind, weil sie Beispiele einer gültigen Form sind; zweitens, daß diese Argumente nur deshalb gültig sind, weil sie Beispiele einer solchen Form sind. Kein Argument, das nicht einer gültigen Struktur entspricht, ist demnach gültig. Sein Schluß folgt nicht gültig aus seinen Prämissen. Zum Beispiel ‹Edmund ist mutig. Alle Bergsteiger sind mutig. Also ist Edmund Bergsteiger.› Hier ist die Schlußfolgerung keine logische Folgerung aus den Prämissen. Es gibt keine gültige Form, von der sie ein Beispiel ist.

Also ist Gültigkeit eine Sache der Form, und die Aufgabe der Logik besteht darin, Techniken für die Identifizierung und Unterscheidung der logischen Form verschiedener Argumente bereitzustellen sowie für die

Bestimmung, ob die auf diese Weise entdeckten Formen tatsächlich gültig sind. Aber die Frage bleibt natürlich: Welches sind die gültigen Formen? Es ist in dem obigen Beispiel ziemlich klar, daß die beiden ersten gültig sind und die dritte nicht. Wir brauchen keine Logik, um uns das zu sagen. Aber worauf beruht dieses Urteil? Nach welchem Kriterium beurteilen wir, daß Argumente und Argumentformen gültig sind? Welches ist die korrekte Analyse der logischen Folgerung?

Nach der klassischen Darstellung ist es die Erhaltung der Wahrheit. Das heißt, eine Argumentform ist gültig, wenn das Ergebnis unter jeder Interpretation der schematischen Buchstaben nicht aus einer Menge wahrer Prämissen und einer falschen Schlußfolgerung besteht. Nehmen wir unser drittes Beispiel von oben. Wir können es folgendermaßen formalisieren: ‹*Fa*. Alle *G* sind *F*. Also *Ga*.›, mit *a* als Edmund, *F* als ‹ist mutig› und *G* als ‹ist Bergsteiger›. Diese Form ist ungültig. Denn *a* stehe für eine Motte, *F* möge interpretiert werden als ‹war einst eine Raupe› und *G* als ‹ist ein Schmetterling›. Dann erhalten wir als ein Beispiel dieser Form den Schluß: ‹Diese Motte war einst eine Raupe. Alle Schmetterlinge waren einst Raupen. Also ist diese Motte ein Schmetterling›, dessen Schlußfolgerung offensichtlich falsch ist, obgleich seine Prämissen wahr sind. Aus der Bedingung der Erhaltung der Wahrheit folgt, daß diese Form ungültig ist. Sie hat ein Beispiel (über Motten und Schmetterlinge), dessen Prämissen wahr und dessen Schlußfolgerung falsch sind. Außerdem kann das dritte Beispiel keine andere Form ergeben, die gültig ist. Deshalb ist es kein Beispiel einer gültigen Form, und demgemäß ist es ungültig. Seine Schlußfolgerung ist keine gültige logische Folgerung aus ihren Prämissen.

Im Unterschied dazu ist die erste Form, die wir betrachtet haben, gültig: ‹*Fa*. Alle *F* sind *G*. Also *Ga*.› Es gibt keine Interpretation von *a*, *F* und *G*, unter der die Prämissen wahr sind und die Schlußfolgerung falsch. Es folgt, daß *Ga* tatsächlich eine logische Folgerung aus *Fa* und ‹Alle *F* sind *G*› ist und daß ‹Dieses Streichholz wird sich entzünden› logisch aus ‹Dieses Streichholz wird angestrichen› und ‹Alle Streichhölzer entzünden sich, wenn sie angestrichen werden› ist. Das klassische Kriterium der Erhaltung der Wahrheit stimmt mit der Intuition in solchen einfachen Beispielen wie den drei oben betrachteten überein und erweitert es auf einen ganzen Bereich von Argumenten und Schlüssen. Logische Folgerung ist eine Sache der Form, nämlich daß unter jeder Interpretation der schematischen Buchstaben die Wahrheit von den Prämissen bis zur Schlußfolgerung erhalten bleibt: Wir erhalten niemals wahre Prämissen und eine falsche Schlußfolgerung.

Gültige Argumente müssen nicht wahre Prämissen und ungültige Argumente nicht falsche Schlußfolgerungen haben. Vielleicht entzünden sich nicht alle Streichhölzer, wenn sie angestrichen werden; vielleicht wird dieses Streichholz niemals angestrichen. Nichtsdestoweniger folgt die Behauptung, daß es sich entzündet, aus den anderen, möglicherweise falschen Behauptungen. Ähnlich: Selbst wenn Edmund Bergsteiger ist, dann folgt, daß er es ist, nicht aus der Tatsache, daß er mutig ist und alle Bergsteiger mutig sind (wenn sie es sind). Die Form ist ungültig, und sie ist ungültig, weil es Beispiele gibt, in denen die Schlußfolgerung tatsächlich falsch ist (‹Diese Motte ist ein Schmetterling›), obgleich die Prämissen wahr sind.

Es ist hilfreich, an dieser Stelle etwas über den Begriff der logischen Wahrheit zu sagen. Im frühen 20. Jahrhundert scheinen sich eine Anzahl von Autoren (vielleicht unter dem Einfluß der axiomatischen Methode) auf logische Wahrheit als den primären logischen Begriff konzentriert zu haben, und die logische Folgerung wurde zu einem Nachgedanken. Das ist ein schwerer Fehler, der die wirkliche Situation total auf den Kopf stellt. Die Folgerung kann nicht auf der Basis der logischen Wahrheit definiert werden; sondern die logische Wahrheit ist ein degenerierter oder Extremalfall von Folgerung. Sie kann auf zwei äquivalente Arten charakterisiert werden. Erstens ist eine logische Wahrheit die Konklusion eines gültigen Schlusses ohne Prämissen. Offensichtlich kann ein Argument eine, zwei, drei oder mehr Prämissen haben. Später werden wir den Fall betrachten, wo sich die Anzahl der Prämissen der Unendlichkeit nähert. Aber was ist, wenn sie gegen Null geht? Man erinnere sich, daß eine Aussage oder Aussageform eine klassische logische Folgerung aus einer Anzahl von Prämissen ist, wenn das Ergebnis unter jeder Interpretation der schematischen Buchstaben nicht aus wahren Prämissen und einer falschen Konklusion besteht. Wenn also die Anzahl der Prämissen null ist, erhalten wir die folgende Charakterisierung: Eine Aussage oder

Aussageform ist eine logische Wahrheit, wenn das Ergebnis nicht falsch ist, wie immer auch die schematischen Buchstaben interpretiert werden. Mit anderen Worten, logische Wahrheiten sind wahr, wie immer ihre Bestandteile interpretiert werden. Man betrachte zum Beispiel die Formel (Aussageform) ‹A oder nicht-A›. Welcher Satz auch immer für A eingesetzt wird, das Ergebnis ist wahr: ‹Dieses Streichholz wird sich entzünden oder wird sich nicht entzünden›, ‹Edmund ist mutig oder nicht mutig› usf. Ähnlich ist die Formel ‹alle F sind F› eine logische Wahrheit. Welches Prädikat auch immer für F eingesetzt wird, das Ergebnis ist wahr: ‹Alle Bergsteiger sind Bergsteiger›, ‹Alle Streichhölzer sind Streichhölzer› usf. Logische Wahrheiten sind die Extremalfälle gültiger Argumente ohne Prämissen oder Annahmen.

Auf eine andere Art läßt sich logische Wahrheit mit Hilfe des Begriffs der Unterdrückung charakterisieren. Logische Wahrheiten sind diejenigen Aussagen in den Prämissen eines Arguments, die unnötig sind oder unterdrückt werden können. Man nehme an, ein Schluß folge gültig aus einer Menge von Prämissen, und nehme weiter an, eine der Prämissen sei wahr unter jeder Interpretation. Dann folgt die Schlußfolgerung logisch aus den anderen Prämissen allein. Denn wenn das Argument gültig ist, dann muß jede Interpretation, welche die Schlußfolgerung falsch macht, auch eine der Prämissen falsch machen. Aber das kann nicht die logische Wahrheit sein, die bestimmte Prämisse, die gerade betrachtet wird. Also wird die Gültigkeit nicht dadurch berührt, daß man sie unterdrückt – es wird immer noch wahr sein, daß jede Interpretation, die den Schluß falsch macht, eine der Prämissen in dem neuen Argument (das auf die logische Wahrheit verzichtet) falsch macht. Also ist die logische Wahrheit redundant und kann unterdrückt werden.

Unsere Beschreibung der klassischen Darstellung ist aber noch nicht vollständig. Denn es gibt eine Anzahl von Methoden, den Begriff der Erhaltung der Wahrheit zu artikulieren, die von dieser Darstellung abweichen. Erstens bemerke man, daß die Erhaltung der Wahrheit, wie sie soeben umrissen worden ist, im wesentlichen ein Ersetzungskriterium ist. Wir nehmen ein Argument, M. Wir ersetzen eine bestimmte Menge an Terminologie in M durch schematische Buchstaben, um eine Argumentform, M', zu erhalten. Wir interpretieren dann die schematischen

Buchstaben in M auf verschiedene Weisen, wobei wir danach Ausschau halten, ob irgendein Beispiel von M' wahre Prämissen und eine falsche Schlußfolgerung hat. Angenommen, das ist der Fall, es gibt also ein Beispiel N von M' mit wahren Prämissen und einer falschen Schlußfolgerung. Dann ergibt sich N aus M durch die Ersetzung eines oder mehrerer Ausdrücke durch andere. Zum Beispiel haben wir unser Gegenbeispiel gegen die Gültigkeit des dritten Beispiels oben durch die Ersetzung von ‹Edmund› durch ‹diese Motte›, von ‹ist mutig› durch ‹war einst eine Raupe› und von ‹ist Bergsteiger› durch ‹ist ein Schmetterling› erreicht. Durch eine derartige Substitution würden wir ein Argument erhalten, das von Wahrheit zu Falschheit führen würde. Deshalb konnte das ursprüngliche Beispiel nicht gewährleisten, daß wir von Wahrheit nur zu Wahrheit gelangen (da dies für ein anderes Beispiel derselben Form nicht zutrifft). Also muß es ungültig sein. Das heißt, im allgemeinen ist ein Argument ungültig, wenn es eine Ersetzung der darin vorkommenden Ausdrücke gibt, die wahre Prämissen und eine falsche Schlußfolgerung ergibt; und ein Argument ist gültig, wenn es keine solche Ersetzung gibt.

Dies wirft natürlich ein unmittelbares Problem auf: Welche Ersetzungen sind zulässig – das heißt, welche Ausdrücke können ersetzt werden? Denn die klassische Darstellung läßt nicht zu, daß jeder Terminus in einem Argument einer Substitution offensteht. Diese Einschränkung ist im Begriff der Form enthalten, über den wir vielleicht zuwenig gesagt haben. Man bemerke, daß in all den Formen oben ein Wort nicht durch einen schematischen Buchstaben ersetzt worden ist, nämlich das Wort ‹alle›. Dies ist, nach klassischer (und übrigens nach jeder anderen) Auffassung, ein reservierter Terminus, Teil des logischen Vokabulars. Bei der Darstellung der logischen Form eines Arguments ersetzen wir alle Ausdrücke außer denen, die zum logischen Vokabular gehören, durch schematische Buchstaben. Logische Wörter umfassen ‹alle›, ‹einige›, ‹wenn›, ‹und›, ‹oder›, ‹nicht› und eine ganze Anzahl anderer. Tatsächlich werden einige Wörter manchmal als logisch behandelt, manchmal nicht, woraus sich andere Logiken ergeben. Wenn zum Beispiel ‹notwendig› als logisches Wort behandelt wird, erhalten wir eine Modallogik, eine Erweiterung der klassischen Logik; wenn nicht, eine nicht-modale, das heißt, eine Standardlogik. Wenn das ‹ist› der Identität (wie in ‹Der Morgenstern ist der Abendstern›) als logischer Terminus aufgefaßt wird, erhalten wir die klassische Logik mit Identität, wenn nicht, dann nicht. Viele Erweiterungen der klassischen Logik (die also selbst im wesentlichen klassisch sind) erhalten wir dadurch, daß das logische Vokabular erweitert wird.

Die klassische Darstellung beruht freilich nicht rein auf Substitution. Das Substitutionskriterium geht zurück auf Bolzano im frühen 19. Jahrhundert. Aber so, wie es ist, kann es nicht bestehenbleiben – es führt zu absurden Antworten, denn es erklärt gewisse Folgerungen für gültig, die offensichtlich ungültig sind. Das folgende einfache Beispiel nimmt eine scheinbare logische Wahrheit, aber die Pointe kann direkt auf Folgerungen mit einer oder mehreren Prämissen verallgemeinert werden. Man betrachte die Aussage ‹Es gibt mindestens zwei Dinge›. Es ist keine Sache der Logik, daß es mindestens zwei Dinge gibt. Nichtsdestoweniger charakterisiert das Bolzano- oder reine Ersetzungskriterium dies als eine logische Wahrheit, unter der Voraussetzung, daß der Quantor ‹einige› oder ‹es gibt›, die Negation und die Identität wie üblich als logische Ausdrücke akzeptiert werden. Denn die Aussage ist äquivalent mit ‹Es gibt mindestens zwei Dinge, die nicht identisch sind›, und in dieser Aussage kommen keine nicht-logischen Ausdrücke vor. Mit anderen Worten, es gibt keine schematischen Buchstaben in ihrer Form, für die man verschiedene Ersetzungen vornehmen kann, und folglich reduziert sich die Frage ihrer logischen Wahrheit auf die ihrer Wahrheit. Da es in der Welt mindestens 10^{80} Atome gibt, ist die Aussage wahr – und ähnlich stellen sich Argumente wie ‹Es gibt zwei Dinge, also gibt es 76 Dinge›, ‹Es regnet, also gibt es 10^{26} Dinge› usf. als gültig heraus. Das ist offensichtlich absurd.

Tarskis Lösung bestand darin, der Substitutionsdarstellung einen veränderlichen Interpretationsbereich hinzuzufügen (und die Forderung fallenzulassen, daß jedes Element dieses Bereichs einen Namen hat). Eine Interpretation soll jetzt aus einem Definitionsbereich (der vielleicht nicht leer ist – die Nicht-Leerheit des Definitionsbereichs ist charakteristisch für die klassische Logik, in der ‹Es gibt mindestens ein Ding› weiterhin als logische Wahrheit gilt – siehe Kapitel 5) und einer Interpretation der schematischen Buchstaben über jenem Definitionsbereich bestehen. Die

Aussage ‹Es gibt mindestens zwei Dinge› kann jetzt, wie die Schlüsse aus den Folgerungen im letzten Paragraphen, durch die passende Auswahl des Bereichs und der Interpretation falsifiziert werden, während ihre Prämissen wahr bleiben. Zum Beispiel ist ‹Es gibt mindestens zwei Dinge› falsch, wenn es über einem Definitionsbereich interpretiert wird, der nur ein Ding enthält.

Es gibt zwei weitere Aspekte des klassischen Begriffs der logischen Folgerung, die herausgearbeitet werden müssen, bevor wir uns der Erwägung von Alternativen zuwenden. Beide führen weiter aus, was klassisch unter ‹Erhaltung der Wahrheit› verstanden wird. Man betrachte den Begriff der logischen Wahrheit, wie er oben charakterisiert wurde. Aus seiner Erklärung folgt unmittelbar, daß eine logische Wahrheit nicht nur eine Folgerung aus der leeren Menge von Prämissen ist, sondern daß sie auch eine Folgerung aus jeder Menge von beliebigen Prämissen ist. Denn wenn sie durch keine Substitution oder Interpretation falsch gemacht werden kann, dann kann sie nicht, welche Prämissen auch immer vorliegen, zusammen mit der Wahrheit dieser Prämissen falsch gemacht werden. Deshalb ist jedes Argument, dessen Schluß eine logische Wahrheit ist, gültig. Zum Beispiel folgt die Aussage ‹Alle Streichhölzer sind Streichhölzer› logisch aus jeder beliebigen Menge von beliebigen Aussagen. Ähnlich ist jede Aussage von der Form ‹A oder nicht-A› eine logische Folgerung aus jeder anderen Aussage oder Menge von Aussagen.

Umgekehrt nehme man jede Aussage oder Formel, die durch keine Substitution oder Interpretation wahr gemacht werden kann, wie etwa eine Aussage der Form ‹keine F sind F› oder ‹A und nicht-A›. Dann gibt es keine Interpretation, die sie gemeinsam mit der Falschheit einer anderen Aussage wahr macht. Es folgt, daß jede Aussage überhaupt eine klassische logische Folgerung aus einer derartigen kontradiktorischen Aussage ist. Ein Widerspruch hat jede Aussage überhaupt zur Folge. Dies Prinzip ist unter dem Namen *ex falso quodlibet* bekannt, was im Lateinischen ‹aus dem Falschen alles Beliebige› bedeutet, das heißt, alles folgt aus dem, was (logisch) falsch ist. Es wird auch manchmal das Gesetz der Ausbreitung genannt: Eine Inkonsistenz breitet sich auf jede Aussage aus. Man definiere die *logische Abgeschlossenheit* einer Menge von Aussagen als die Menge aller Aussagen, die logisch aus diesen Aussagen folgen, und nenne eine beliebige logisch abgeschlossene Menge von Aussagen eine *Theorie*. Auf diese Weise umfaßt eine Theorie alle ihre logischen Folgerungen. Wir sagen, daß eine Theorie konsistent ist, wenn sie keine Aussage und deren Negation enthält, und daß sie trivial ist, wenn sie jede Aussage enthält. Es folgt aus der klassischen Darstellung der logischen Folgerung, daß jede inkonsistente Theorie trivial ist.

Kompaktheit

Wie sich zeigt, erzeugt die klassische Ansicht in ihrer reinen Substitutionsfassung, der von Bolzano, zu viel: Sie zählt Folgerungen als gültig, die offensichtlich ungültig sind; zum Beispiel, wie wir gesehen haben, jede Folgerung mit dem Schluß ‹Es gibt mindestens zwei Dinge›. Daher ist die herrschende Ansicht, die klassische Darstellung, wie sie sich aus dem Werk von Tarski herleitet, verbessert worden, damit sie solche Übererzeugungen vermeidet. Später werde ich Gründe dafür anführen, daß die klassische Ansicht, sofern sie jede inkonsistente Theorie als trivial und jede logische Wahrheit als Folgerung aus einer beliebigen Menge von Aussagen erklärt, ebenfalls zu viel erzeugt – aber dieser Zug ist wesentlich und charakteristisch für die Darstellung, die hier ‹klassisch› genannt wird. Der dritte und letzte Aspekt der klassischen Ansicht, der noch verdeutlicht werden soll, ist ein Aspekt, unter dem sie zu wenig erzeugt, das heißt, unter dem sie Argumente nicht als gültig zählt, die plausiblerweise als gültige logische Folgerungen anerkannt werden sollten. Ich werde die Wendung ‹klassische Ansicht› dazu verwenden, um diese Ansicht zu bezeichnen, die solche Schlüsse als logisch nicht gültig verwirft. Aber es gibt Proponenten der klassischen Darstellung, die bereit sind, sie so zu erweitern, daß diese Schlüsse eingeschlossen sind.

Der fragliche Aspekt ist als Kompaktheit bekannt: Die klassische logische Folgerung ist kompakt. Um diesen Begriff zu verstehen, müssen wir die Idee, daß ein Argument eine Anzahl von Prämissen hat, so weit verallgemeinern, daß diese Menge von Prämissen unendlich sein kann. Wir haben dies implizit schon dadurch getan, daß wir den Begriff einer Theorie eingeführt haben. Denn jede einzelne Aussage hat unendlich viele

Folgerungen – nach der klassischen Darstellung ist jede logische Wahrheit (von der es unendlich viele gibt) eine Folgerung aus einer beliebigen Aussage, und selbst wenn man diese Tatsache beiseite läßt, hat jede Aussage sich selbst, ihre doppelte Negation, die Konjunktion ihrer selbst mit ihrer doppelten Negation, die Disjunktion ihrer selbst mit jeder beliebigen Aussage usf. zur Folge. Aber eine Theorie war definiert worden als eine Menge von Aussagen, die alle ihre logischen Folgerungen enthält. Daher haben wir anerkannt, daß zwischen einer Theorie, das heißt einer unendlichen Menge von Prämissen, und einer Aussage die Beziehung der logischen Folgerung bestehen (und nicht bestehen) kann. Wir sagen, daß eine Folgerungsbeziehung *kompakt* ist, wenn jede beliebige Folgerung einer unendlichen Menge von Aussagen die Folgerung aus einer endlichen Teilmenge der Prämissen ist. Die Kompaktheit der klassischen Folgerung bedeutet nicht, daß ein Schluß nicht unendliche viele Prämissen haben kann. Er kann; aber klassisch ist er genau dann gültig, wenn die Schlußfolgerung aus einer endlichen Teilmenge der Prämissen folgt.

Kompaktheit kann als eine Tugend gesehen werden – sie erleichtert den Umgang mit der Folgerungsbeziehung. Aber sie stellt auch eine Einschränkung dar – sie beschränkt die Ausdruckskraft einer Logik. Bislang haben wir uns auf den semantischen Aspekt der klassischen logischen Folgerung konzentriert, nämlich die Erhaltung der Wahrheit. Die Folgerung kann aber auch in rein syntaktischen Begriffen gedacht werden. In diesem Fall denkt man sich *eine* Aussage als Folgerung aus einer Menge von anderen, wenn man sie in einer Reihe von Schritten daraus ableiten kann, wobei diese Schritte mit gewissen Regeln übereinstimmen. Das ist die Beweistheorie, in der die Richtigkeit der Anwendung einer Schlußregel gänzlich eine Sache ihrer Form ist, ohne Rücksicht auf die Bedeutung der vorkommenden Symbole. Natürlich müssen sich die Regeln, die man akzeptiert, letztlich vor dem semantischen Begriff verantworten, damit man sicher sein kann, daß aus Wahrheit nicht Falschheit abgeleitet werden kann. Aber an sich hat ein Beweis keine Bedeutung; seine Richtigkeit wird auf der Grundlage seiner Gestalt und Struktur definiert.

Die Idee eines Beweises besteht deshalb darin, daß man kontrollieren kann, ob eine gegebene Formel die Folgerung aus gewissen anderen ist, indem man rekursiv überprüft, daß der Beweis wohl geformt ist. Die

Fehlerlosigkeit – daß der Schluß tatsächlich eine logische Folgerung aus den Prämissen ist, wenn der Beweis richtig geformt ist – ist von äußerster Wichtigkeit; ihrem Gegenstück, der Vollständigkeit, daß eine Ableitung bestehen sollte, die mit jedem Fall einer Folgerung zusammenstimmt, kann nicht dieselbe Wichtigkeit beigemessen werden, so wünschenswert sie auch sein mag. Vorausgesetzt, unsere Beweismethoden sind in Ordnung, kann ein Beweis sicher bestimmen, daß *eine* Aussage eine Folgerung aus einer *anderen* ist.

Kurt Gödels erstes bedeutendes Resultat, das 1930 bewiesene Vollständigkeitstheorem, zeigte, daß es eine vollständige Beweismethode für die klassische Folgerung gibt. Sein zweites wichtiges Resultat, sein Unvollständigkeitstheorem von 1931, entlarvte jenes Ergebnis als den leeren Sieg, der es war. Die kompakte Folgerung hat eine entsprechende Beweismethode; aber die kompakte Folgerung erzeugt zu wenig – es gibt intuitiv gültige Folgerungen, die sie als ungültig kennzeichnet. Das klarste und berühmteste Beispiel ist die ω-Regel. Angenommen, eine Formel *A* ist wahr für jede natürliche Zahl, 0, 1, 2, . . ., das heißt, $A(0)$ gilt, $A(1)$ gilt, und $A(n)$ gilt für jede natürliche Zahl n. Dann folgt offensichtlich, daß die Formel ‹für jedes n, $A(n)$› wahr ist. ‹Für jedes n, $A(n)$› ist eine logische Folgerung aus der unendlichen Menge von Formeln, $A(0)$, $A(1)$, $A(2)$ usf. Aber sie ist keine klassische logische Folgerung aus ihnen, denn sie folgt nicht aus einer beliebigen endlichen Teilmenge jener Menge. Die ω-Regel würde es erlauben, aus den Prämissen $A(0)$, $A(1)$ zu folgern ‹für jedes n, $A(n)$›. Es ist aber eine Regel, die man niemals anwenden könnte – sie würde erfordern, daß ein Beweis ein unendlicher Gegenstand ist, der Beweise für jeden Fall von $A(0)$, $A(1)$ usf. enthielte. Die ω-Regel wird nicht als Regel der orthodoxen, klassischen Beweistheorie akzeptiert, und ihre Gültigkeit wird nicht in der orthodoxen klassischen Folgerung akzeptiert.

Wie ist das möglich? Denn nach klassischer Darstellung ist eine Regel gültig, wenn durch keine Interpretation über einem beliebigen Definitionsbereich die Prämisse wahr und die Schlußfolgerung falsch gemacht werden kann. Wie können die Prämissen $A(0)$, $A(1)$ usf. wahr, aber ‹für jedes n, $A(n)$› falsch sein? Wie kann $A(n)$ für jedes n wahr sein, während ‹für jedes n, $A(n)$› falsch ist? Die Erklärung liegt in der Einschränkung der

Ausdrucksfähigkeit, die aus der Wahl einer kompakten Logik folgt. Das Ziel der Logiker an der Wende zum 20. Jahrhundert bestand darin, die Mathematik zu axiomatisieren – eine endliche Menge oder zumindest eine endlich spezifizierbare Menge von Axiomen zu finden, aus der die gesamte Mathematik abgeleitet werden konnte, und nur sie. Es war eine Suche nach Grundlagen, um Konsistenz und Kohärenz der Mathematik zu sichern und eine Aufgabe zu vollenden, welche die Mathematiker das ganze 19. Jahrhundert über beschäftigt hatte: die Unklarheiten und Unsicherheiten in der Mathematik zu beseitigen, die sie von ihren Vorgängern geerbt hatten, und durch beweistheoretische Methoden eine klare, sichere und konsistente Theorie zu entwickeln. Gödels Ergebnis von 1931 zeigte, daß dies nicht einmal für die Arithmetik geleistet werden konnte. Das Standardmodell der Arithmetik, das gewöhnlich ω genannt wird, besteht aus den natürlichen Zahlen 0, 1, 2 usf. mit Operationen des Nachfolgers, Addition, Multiplikation und Potenzierung. Es war das Ziel, eine Menge von Formeln zu finden, die dieses Modell genau – technisch gesprochen, ‹kategorisch› – charakterisiert, womit gemeint war, daß die Axiome bis hinauf zum Isomorphismus, das heißt rein strukturell und ohne die Neubenennung von Elementen zu berücksichtigen, nur ein Modell haben sollten, das Standardmodell, ω. Gödel zeigte, daß keine kompakte Logik dies erreichen kann – ja, er zeigte, daß keine Beweismethode in irgendeiner Logik dies erreichen können. In einer nicht-kompakten Logik kann es eine kategorische Menge von Formeln für die Arithmetik geben, aber wie wir bemerkt haben, erfordern Beweismethoden (wie sie gewöhnlich verstanden werden) Kompaktheit.

Es gibt einen anderen Weg, um den Unterschied zwischen kompakter und nicht-kompakter Logik zu sehen. Die orthodoxe klassische Logik ist eine Logik erster Stufe; eine kategorische Menge von Axiomen für die Arithmetik muß eine Logik zweiter Stufe sein. Was bedeutet das? Wir müssen etwas genauer über den Begriff der Form nachdenken, insbesondere über schematische Buchstaben (die benutzt werden, um nicht-logische Prädikate zu ersetzen) sowie Quantoren. Quantoren sind Wörter wie ‹alle›, ‹einige›, ‹kein›, ‹jeder›, ‹alle›, ‹es gibt›, die ein Prädikat, wie in ‹jedes F ist G›, oder ein Schein-Prädikat, wie in ‹Es gibt zwei Dinge, die nicht identisch sind›, qualifizieren. Im allgemeinen ist der Gebrauch von Quantoren in der klassischen Logik reglementiert, so daß sie Variable ‹binden› oder an Variable gebunden sind; die beiden Beispiele werden zu ‹Für jedes x, wenn x F ist (oder Fx), dann Gx› und ‹Es gibt x und y, so daß $x \neq y$›, wobei = für ‹ist identisch mit› und $\neq$ für ‹ist nicht identisch mit› steht. Hier laufen die quantifizierten Variablen über Dinge, Gegenstände, ohne die Eigenschaften, auf die sich die Prädikate beziehen, welche für die schematischen Buchstaben (F, G, usf.) eingesetzt werden können. Das ist die Logik erster Stufe; in der Logik zweiter Stufe erlauben wir Quantoren, sich ebenso auch auf Eigenschaften zu beziehen. Um beispielsweise ‹Napoleon hatte alle Eigenschaften eines großen Generals› zu formalisieren, würden wir über Eigenschaften (oder Qualitäten) quantifizieren. Gesagt wird, daß Napoleon alle Eigenschaften hatte, die nur große Generäle besitzen, das heißt, alle Qualitäten, die jeder besitzt, der ein großer General ist. Das heißt, ‹Für jede Qualität f, wenn für jede Person x, wenn x ein großer General war, dann x f hatte, dann hatte Napoleon f›, das heißt, ‹Für jedes f, wenn für jede Person x, wenn Gx, dann fx, dann f (Napoleon)›. Hier ist ‹f› eine Variable erster Stufe, im Unterschied zu der Individuenvariablen, x, und dem schematischen Buchstaben G, der für ‹war ein großer General› steht. In der Logik erster Stufe sind außer den schematischen Buchstaben nur Individuenvariablen zugelassen, die sich auf Dinge (und Leute) beziehen; in der Logik zweiter Ordnung sind außerdem Variablen erster Stufe, die sich auf Eigenschaften dieser Dinge beziehen, zugelassen.

In Wirklichkeit ist es etwas subtiler. Denn syntaktisch kann man nicht unterscheiden, ob eine Formel wie ‹Für jedes f, wenn für jedes x, wenn Gx, dann fx, dann fn› erster oder zweiter Stufe ist. Es könnte eine Formel einer mehrsortigen Theorie erster Stufe sein, wo f über die eine Sorte von Objekt, x über eine andere läuft. Was die Logik erster Stufe von der Logik zweiter Stufe unterscheidet, ist ihre Semantik, und die entscheidende Frage lautet, was den Wertebereich einer Variablen wie hier f ausmacht. Wir haben uns zu der Tatsache geäußert, daß man bei der Anwendung einer Interpretation einen Definitionsbereich spezifizieren muß und daß jener Definitionsbereich willkürlich sein kann (vorausgesetzt, er ist nicht leer). Wenn also f eine Individuenvariable ist, kann ihr Interpretationsbereich willkürlich sein. Nur wenn sie erster Stufe ist, muß sie sich auf alle Eigenschaften beziehen; eine Logik zweiter Stufe ist durch den Faktor definiert, daß der Definitionsbereich ihrer Individuenvariablen zwar willkürlich sein kann, der Wertebereich der Variablen erster Stufe aber aus allen Eigenschaften der Objekte in ihrem Definitionsbereich besteht (oder wenn wir extensional denken, aus allen Mengen von Objekten in ihrem Definitionsbereich). Das ist der Grund, weshalb die Arithmetik zweiter Stufe kategorisch ist – tatsächlich gibt es eine einzige Formel der Logik zweiter Stufe, deren einziges Modell das Standardmodell, ω, ist, das aus genau den natürlichen Zahlen besteht. Jede arithmetische Wahrheit ist eine Folgerung (zweiter Stufe) aus dieser Formel. Nichtsdestoweniger ist die Arithmetik zweiter Stufe unvollständig in dem Sinn (an dem Gödel interessiert war), daß es keine Menge von Folgerungsregeln gibt, durch die all diese Wahrheiten aus jener Formel oder aus einer beliebigen endlich spezifizierbaren Menge von Axiomen abgeleitet werden können.

Wenn wir zur Logik erster Stufe zurückkehren, der klassischen Orthodoxie, können wir jetzt verstehen, warum die ω-Regel nicht gültig ist. Das Standardmodell der Arithmetik, ω, ist ein anfängliches Segment jedes Modells der Wahrheiten erster Stufe der Arithmetik. Das heißt, ω bildet den ersten Teil jedes Modells – und im Fall des Standardmodells das ganze. Aber die anderen Modelle enthalten zusätzliche, Nicht-Standardzahlen, die alle größer als die üblichen natürlichen Zahlen sind (denn es ist eine Wahrheit der Arithmetik, die wir in einer Formel festhalten können, daß jede natürliche Zahl, die nicht Null ist, größer ist als Null, und wenn eine Nicht-Standardzahl kleiner wäre als irgendeine Standardzahl, etwa n, sie mit einer der n Standardzahlen kleiner als n identisch sein müßte). Das ist der Grund, warum die ω-Regel scheitert: Welche Aussage auch immer ein Beispiel für A (n) ist, sie kann für alle Standardzahlen, 0, 1, 2 usf. gelten und trotzdem nicht für jede Zahl in dem Modell wahr sein – so daß auch dann, wenn alle Prämissen der ω-Regel, A (0), A (1) usf. in diesem Modell wahr sind, die Schlußfolgerung ‹für jedes n, A (n)› falsch ist.

Man könnte durch diese Erklärung tatsächlich zu dem Einwand veranlaßt werden, daß die ω-Regel in Wirklichkeit (logisch) ungültig ist. Als wir die ω-Regel als Einwand gegen die Kompaktheit der klassischen Logik anführten, war es entscheidend, daß wir akzeptieren, daß die ω-Regel klassisch ungültig ist, wie auch, daß sie in Wirklichkeit gültig ist. Aber ihre Gültigkeit hängt davon ab, daß die Sequenz 0, 1, 2 . . . die natürlichen Zahlen erschöpft. Also könnten wir vermuten, daß die ω-Regel, so wie sie dasteht, ungültig ist; sie benötigt eine Extraprämisse: ‹und dies sind alle Zahlen›. Dieser Zusatz ist arithmetisch wahr; aber die Nicht-Standard-Modelle zeigen, daß er, soweit es die Logik betrifft, explizit (in Termini erster Stufe, das heißt logischen Termini) formuliert werden muß.

Es gibt zwei Wege, um zu sehen, daß diese Antwort als Verteidigung der klassischen Logik und ihrer Kompaktheit nicht angemessen ist. Erstens kann die Extrabestimmung ‹und dies sind alle Zahlen› nicht in Termini erster Stufe ausgedrückt werden. Das ist klar, da wir gesehen haben, daß keine Menge von Formeln der Logik erster Stufe ω als ihr einziges Modell hat. So ist also wiederum die Logik erster Stufe inadäquat, um die Gültigkeit der ω-Regel zu erfassen – so gesehen kann sie nicht einmal in Termini erster Stufe ausgedrückt werden.

Die andere Antwort (die davon nicht wesentlich verschieden ist) besteht darin, das Problem mit einer schon etwas betagten Frage der Logik in Beziehung zu setzen. Wittgenstein schlug in seinem Logischen Atomismus eine Reduktion von ‹jedes F ist G› auf ‹dieses F ist G und jenes F ist G und . . .› vor, eine unbestimmte Konjunktion, die sich auf jedes F bezieht. Russell wandte dagegen ein, daß die beiden Aussagen nicht äquivalent seien, denn die zweite (die lange Konjunktion) benötigt eine abschließende Klausel ‹und dies sind alle F›. Ich glaube, daß er im Irrtum war. Wenn die Konjunktion erschöpfend war (das heißt, eine Bezugnahme auf jedes F enthielt), waren die beiden Aussagen äquivalent; wenn nicht, ist die Extraklausel wirkungslos, da sie falsch ist. So auch mit der ω-Regel. Da 0, 1, 2 . . . eine vollständige Liste der natürlichen Zahlen ist, ist es unnötig, diese Behauptung als eine Extraprämisse hinzuzufügen. Sie leistet keine Extraarbeit. Wenn $A(n)$ für jedes n wahr ist, dann ist ‹für jedes n, $A(n)$› wahr. Die Nicht-Standard-Modelle der Logik erster Stufe sind genau dieses, Nicht-Standard. Sie enthalten Objekte, die keine Zahlen sind.

Die Arithmetik zweiter Stufe ist imstande, diese Nicht-Standard-Modelle und die Nicht-Standardzahlen, die sie enthalten, beiseite zu lassen, weil wir in ihr die Tatsache ausdrücken können, daß das Standardmodell ein anfängliches Segment aller anderen Modelle ist und daß es gerade dieses Anfangssegment, ω, ist, an dem wir interessiert sind. Wir drücken dies in dem Induktionsaxiom aus, das besagt, daß jede Eigenschaft, die von Null und von dem Nachfolger jeder Zahl mit dieser Eigenschaft besessen wird, von jeder Zahl besessen wird. Es ist entscheidend für den Erfolg dieses Axioms, daß wir ‹jede beliebige Eigenschaft› meinen. In dem Induktionsaxiom erster Stufe wird nur ein schematischer Buchstabe benutzt, und der könnte nur über eine Teilmenge von Eigenschaften laufen, eine Teilmenge, die nicht die seltsamen Nicht-Standardzahlen ausschließt. Die Semantik der Logik zweiter Stufe stellt sicher, daß ‹jede beliebige Eigenschaft› bedeutet ‹jede beliebige Eigenschaft› und gibt auf diese Weise die benötigte Kategorizität.

Die Logik erster Stufe ist vollständig in dem uneigentlichen Sinn, daß es eine Menge von Folgerungsregeln gibt, durch die ein Beweis konstruiert werden kann, der aus gegebenen Prämissen jede Folgerung erster Stufe dieser Prämissen ableitet. Sie ist unvollständig, insofern nicht jede intuitiv gültige Folgerung dieser Prämissen tatsächlich eine Folgerung erster Stufe aus ihnen ist. Die Logik zweiter Stufe ist vollständig in dem Sinn, daß ihre Folgerungsrelation der intuitiven entspricht. Sie ist unvollständig, insofern es keine Menge von Beweismethoden und Folgerungsregeln gibt, die adäquat sind, um alle diese Formeln aus den Prämissen, deren Folgerungen sie sind, herzuleiten.

Materie und Form

Wir haben jetzt eine klare Vorstellung davon, wie die klassische Logik die Folgerung erklärt. Die logische Folgerung ist eine Sache der Form: Eine Aussage ist eine logische Folgerung aus anderen, wenn alle Aussagen derselben Form Folgerungen aus anderen Aussagen von derselben Form sind; und eine Formel ist eine Folgerung aus anderen, wenn es keinen Definitionsbereich und keine Interpretation der schematischen Buchstaben gibt, welche die eine falsch und die andere wahr macht.

Selbst wenn man die Unvollständigkeit, die wir uns im letzten Abschnitt angeschaut haben, beiseite läßt, kann man diese Darstellung sehr wohl in Frage stellen. Denn es erscheint reichlich anmaßend, einen ganzen Bereich gültiger Folgerungen zu verwerfen, nämlich diejenigen, die, obgleich gültig, nicht dank ihrer Form gültig sind. Man nehme insbesondere den Fall logischer Wahrheiten. Ist es wirklich der Fall, daß alle logischen Wahrheiten dies ausschließlich dank ihrer logischen Form sind? Man betrachte zum Beispiel ‹Nichts ist (gleichzeitig) rund und quadratisch›. Weder ‹rund› noch ‹quadratisch› sind logische Ausdrücke, also ist die Form der Aussage ‹nichts ist sowohl F wie G›, die offensichtlich durch eine passende Interpretation von F und G falsch gemacht werden kann. Aber hier muß etwas übersehen worden sein, denn ‹Nichts ist sowohl rund wie quadratisch› kann nicht falsch sein. Es ist eine notwendige Wahrheit.

Das klassische Kriterium der logischen Folgerung erwähnt Notwendigkeit nicht. Das wird von seinen Anhängern sogar als eine Tugend angesehen. Es vermeidet die Erwähnung der Notwendigkeit dadurch, daß es statt dessen von zulässigen Interpretationen oder Ersetzungen spricht. Ein Argument ist gültig, wenn es ein Beispiel einer gültigen Form ist; und eine Form ist gültig, wenn es keine (zulässige) Interpretation der schematischen Buchstaben (über einem Definitionsbereich) gibt, unter der die Prämissen wahr sind und die Schlußfolgerung falsch. Vielleicht denkt man, daß dies denselben Begriff zum Ausdruck bringt, wie wenn man sagt: Ein Argument ist dann gültig, wenn es unmöglich ist, daß die Prämissen wahr sind und die Schlußfolgerung falsch. Denn ist es nicht dasselbe zu sagen, ‹A kann falsch sein› und ‹Es gibt eine Interpretation von A, unter der es falsch ist›? Angenommen, A ist ‹Edmund ist Bergsteiger›: Früher haben wir seine Form als Ga dargestellt, dann haben wir a als ‹diese Motte› und G als ‹ist ein Schmetterling› interpretiert. So interpretiert, ist Ga falsch. Praktisch haben wir ‹diese Motte› an die Stelle von ‹Edmund› und ‹ist ein Schmetterling› an die Stelle von ‹ist Bergsteiger› gesetzt und überprüft, ob eine derartige Substitution die Aussage falsch macht. Es scheint, daß A falsch sein kann genau dann, wenn es eine Substitution für die nicht-logischen Ausdrücke in A gibt, die es falsch macht.

Tatsächlich haben wir schon gesehen, daß es nicht ganz so einfach sein kann. Denn eine Veränderung bei der Interpretation konstituierender Ausdrücke kann nicht eine Veränderung in der Anzahl der Dinge repräsentieren, die es gibt; dennoch kann eine solche Variation das Scheitern einer Folgebeziehung zeigen. Also muß das Interpretationskriterium, wenn wir es so nennen dürfen, durch die Hinzufügung eines veränderlichen Interpretationsbereichs modifiziert werden. Nichtsdestoweniger finden wir jetzt, daß die Erklärung, die sich auf die Interpretation stützt, noch immer nicht die relevanten Möglichkeiten darstellt. Es ist einfach nicht wahr, daß ‹Nichts ist sowohl rund wie quadratisch› falsch sein könnte, weil man ‹rund› und ‹quadratisch› durch passende Ausdrücke ersetzen und eine Aussage erhalten kann, die falsch ist.

Die Interpretationsdarstellung, wie sie das klassische Kriterium repräsentiert, ist der Versuch, eine bestimmte modale Metaphysik zu vermeiden. Wir werden diese Frage in Kapitel 4 weiter diskutieren. Das Problem wird als folgendes angesehen: *Eine* Darstellung modaler Aussagen, Aussagen, die sagen, was der Fall sein kann oder muß, besteht darin, daß sie sich auf mögliche Situationen beziehen, in denen diese Dinge wirklich der Fall sind. Wenn man beispielsweise sagt, daß Edmund Bergsteiger sein kann, dann bedeutet das, daß es eine mögliche Situation gibt oder, wie es oft genannt wird, eine mögliche Welt, in der Edmund wirklich Bergsteiger ist. Eine mögliche Welt ist eine vollständige Bestimmung der Wahrheitswerte aller Aussagen über einem bestimmten Definitionsbereich. Klassisch muß sie konsistent und vollständig sein – das heißt, die Aussage und ihr kontradiktorisches Gegenteil haben nicht denselben Wahrheitswert, also darf nur die eine oder die andere von ihnen wahr sein und nicht beide zugleich.

Modaler Platonismus ist die philosophische Behauptung, daß derartige mögliche Welten mehr als einfach nur eine Spezifizierung der Wahrheitswerte von Aussagen sind: Sie sind wirkliche Welten, die in ihrer Komplexität genauso vollständig sind wie die, in der wir leben. Unsere Welt ist nur in dem Punkt etwas Besonderes, daß sie aktual-wirklich ist – unsere Welt ist die aktual-wirkliche Welt. Aber diese anderen Welten bestehen und sind wirklich, da, wie behauptet wird, ihre Existenz dafür benötigt wird, daß modale Aussagen den Wahrheitswert haben, den sie haben. Die ‹Metapher› möglicher Welten muß buchstäblich genommen werden. ‹Edmund könnte Bergsteiger sein› ist genau dann wahr, wenn es wirklich eine mögliche Welt gibt, in der Edmund wirklich ein Bergsteiger ist. Jene Welt mag ja vielleicht nicht aktual-wirklich sein – das heißt, es mag sein, daß Edmund nicht aktual-wirklich Bergsteiger ist, aber die Wahrheit der modalen Aussage (und sie ist gewiß wahr) erfordert, daß es eine solche Welt gibt.

Modaler Platonismus ist ontologisch ausschweifend und erkenntnistheoretisch problematisch. Ockhams Rasiermesser empfiehlt, daß wir in eine Erklärung nicht mehr als unbedingt notwendig einschließen. Natürlich glaubt der modale Platonist, daß mögliche Welten in ihrer vollen Realität tatsächlich benötigt werden. Das klassische Gültigkeitskriterium versucht zu zeigen, daß sie es nicht sind. Obendrein wirft der modale Platonismus seine eigenen Probleme auf, epistemologische hinsichtlich der Frage, ob wir jemals die Wahrheit einer modalen Aussage erkennen könnten, wenn der Modalplatonismus wahr wäre. Denn wie könnten wir jemals die Wahrheitswerte von Aussagen in anderen Welten entdecken? Wir sind Bewohner dieser Welt, der aktual-wirklichen Welt, deshalb bieten unsere sensorischen Prozesse uns Information darüber, wie die Dinge aktual-wirklich sind. Angenommen, Edmund ist kein Bergsteiger. Nach dem Modalplatonismus erfordert die Aufgabe herauszufinden, ob er es sein könnte, Wissen darüber, ob es eine Welt gibt, in der er es ist. Tatsächlich scheinen wir den Karren vor das Pferd gespannt zu haben. Gewiß, um herauszufinden, ob es eine solche Welt gibt, denken wir über Edmund (den aktual-wirklichen Edmund) und Berge (aktual-wirkliche Berge) und die Frage nach, ob er sie besteigen könnte. Aber das sagt uns nicht nur, ob es eine mögliche Welt gibt, in der Edmund die Berge besteigt, es sagt uns auch, und zwar direkt, ob Edmund sie besteigen könnte. Mit anderen Worten, die Wirklichkeit möglicher Welten ist für die Entdeckung der Wahrheit modaler Aussagen irrelevant.

Das zeigt nicht, daß der Modalplatonismus falsch ist. Der Modalplatonist wird (wie der mathematische Platonist) bestreiten, daß Erkenntnis immer auf einer kausalen Relation beruht. Die Realität möglicher Welten ist ein ontologisches Erfordernis, um die Wahrheitswerte modaler Aussagen zu sichern. Trotzdem: Wenn es die einzig plausible Erklärung der Modalität wäre (und wir werden in Kapitel 4 eine andere untersuchen), würde man offensichtlich sehr schnell dazu veranlaßt werden, nach Wegen zu suchen, die Modalität überhaupt zu vermeiden. Die klassische Erklärung ist ein solcher Weg: das Sprechen von Notwendigkeit und Möglichkeit und von möglichen Welten und möglichen Situationen durch das Sprechen von zulässigen Interpretationen und Substitution zu ersetzen. Denn dies bringt alles in unsere epistemologische Reichweite. Wir selbst sind es, die Ausdrücke interpretieren und ihnen einen Sinn geben; wir selbst nehmen andere Ausdrücke und setzen sie ein, um neue Aussagen aus den alten zu erzeugen; wir selbst sind es schließlich, die herauszufinden suchen, ob die sich ergebenden Aussagen wirklich wahr sind. Die Interpretationsdarstellung verspricht, metaphysisch problematische Sprache auf klare und hygienische Ausdrucksformen zu reduzieren.

Diese Reduktion schlägt freilich fehl. Denn ‹Nichts ist rund und quadratisch› ist notwendig wahr, aber seine nicht-logischen Komponenten können in einer Weise interpretiert werden, die diese Aussage falsch machen. Man könnte an die früher gefallene Bemerkung über veränderliche Definitionsbereiche erinnern, um darauf zu dringen, daß eine geringfügige Revision das Problem überwinden würde. Denn das schien bei dem umgekehrten Problem, daß ‹Es gibt mindestens zwei Dinge› nicht notwendig und deshalb nicht logisch wahr ist, eine sehr gute Strategie zu sein. Aber in Wirklichkeit können wir jetzt sehen, daß das Zulassen von veränderlichen Definitionsbereichen für die klassische Darstellung eine Katastrophe war. Wenn man die Interpretation verändert oder eine Ersetzung vornimmt, versucht man herauszufinden, ob die Aussage wirklich wahr oder falsch ist; wenn man den Definitionsbereich verändert, muß man herauszufinden suchen, ob die Aussage wahr oder falsch sein würde – die Modalität ist zurückgekehrt. Wir können die wirkliche Interpretation der Termini ändern; wir können eine Ersetzung des einen Ausdrucks durch einen anderen vornehmen. Aber wir können nicht wirklich den Definitionsbereich verändern. Man könnte einwenden, daß man das doch kann: Man interpretiert die Variablen in dem Sinn, daß sie sich auf eine Teilmenge des aktual-wirklichen Universums beziehen – zum Beispiel, indem man zeigt, daß ‹Es gibt mindestens zwei Dinge› falsch sein könnte. Trotzdem, die Vermutung, daß das immer möglich ist, verfälscht die Frage, wie groß das aktual-wirkliche Universum ist. Wie groß auch immer es ist, man kann Folgerungen finden, deren Ungültigkeit sich nur zeigt, indem man einen größeren universalen Definitionsbereich betrachtet. Wir können nur spekulieren oder kalkulieren oder raten, welches die Wahrheit einer Aussage in einer solchen Situation wäre. Und wenn wir das tun können, dann können wir auch spekulieren oder kalkulieren oder raten, was der Fall wäre, wenn Edmund und alle Bergsteiger mutig wären. Insbesondere können wir sehen, daß Edmund nicht notwendig Bergsteiger wäre.

Die logische Folgerung hängt davon ab, was der Fall sein würde, wenn die Prämissen wahr wären. Eine Aussage ist eine logische Folgerung aus anderen, wenn sie wahr wäre, wenn diese anderen wahr wären, das heißt, wenn es für die eine Menge unmöglich wäre, wahr, und für die andere, falsch zu sein. Die logische Folgerung bietet die Garantie, daß ihre Schluß-folgerungen wahr sind, wenn die Prämissen wahr sind, das heißt, daß ihre Schlußfolgerungen nicht falsch sein können, wenn ihre Prämissen wahr sind. Die klassische Logik versucht, dieses Reden von Notwendigkeit und Unmöglichkeit durch Interpretationen und Substitutionen zu ersetzen, aber sie ist inadäquat. Insbesondere durch ihr Beharren darauf, daß alle logische Folgerung eine Sache der Form ist, gelingt es ihr nicht, diejenigen Folgerungen als gültig einzuschließen, deren Richtigkeit auf den Ver-knüpfungen zwischen nicht-logischen Ausdrücken beruht. Vorausge-setzt, ein Objekt ist rund, dann folgt, daß es nicht quadratisch ist; aber diese Folgerung ist nicht gültig dank der Form, sondern dank des Inhalts dessen, was es bedeutet, rund zu sein. Wir können sagen, daß die Folge-rung material gültig ist, das heißt, gültig dank des Inhalts, nicht der Form.

Solche Verbindungen zwischen Termini werden oft analytische Ver-bindungen genannt. Dem Beharren auf der formalen Natur der Folgerung gemäß ist die Natur der analytischen Verbindungen von klassischen Lo-gikern in diesem Jahrhundert angegriffen worden. *Eine* Art, die klassische Logik und den Anspruch zu verteidigen, daß alle gültige Folgerung Gültig-keit dank der Form ist, besteht darin, analytische Verbindungen und ana-lytische Wahrheiten zu verwerfen, weil ihnen die Sicherheit und Bestän-digkeit der Logik fehlt.

71

Ein anderer Weg, die formale Natur der Gültigkeit zu verteidigen, besteht darin, Beispiele wie ‹Nichts ist rund und quadratisch› zu verwerfen, weil sie keine logischen Wahrheiten sind, sondern Wahrheiten über Bedeutung. Man vergleiche das mit ‹Jede ebene Karte kann mit höchstens vier Farben koloriert werden› (das Vier-Farben-Theorem); obgleich wahr und notwendig wahr, ist dies keine logische Wahrheit, sondern eine Wahrheit der Mathematik. Ihr Beweis erfordert substantielle mathematische Annahmen, die wir für notwendig halten. Also sind nicht alle notwendigen Wahrheiten Wahrheiten der Logik. Auf die gleiche Weise kann man sagen, daß ‹Dies ist nicht quadratisch› nicht logisch aus ‹Dies ist rund› folgt, sondern nur unter Zusatz einer Extraprämisse, diesmal einer Tatsache über Bedeutung, nämlich: ‹Nichts ist sowohl rund wie quadratisch›. In Wirklichkeit ist der Fall der Mathematik schwierig: Insbesondere *eine* Erklärung unserer Fähigkeit, die Wahrheit mathematischer Aussagen zu begreifen, besteht darin, daß sie auf Logik reduziert werden können. Ein großer Teil der Mathematik kann in der Logik zweiter Stufe entwickelt werden, die, wie ich früher darlegte, zwar aus dem klassischen Paradigma ausgeschlossen ist, aber Logik ist – und umgekehrt, diejenigen, die glauben, daß Mathematik über Logik hinausgeht, benutzen diese Tatsache, um zu argumentieren, daß die klassische Logik recht daran tut, die Logik zweiter Stufe auszuschließen. Die ω-Regel erscheint dann nicht als eine logisch gültige Folgerung, sondern als eine, die im wesentlichen mathematisch ist.

Wir sollten erkennen, daß die klassische Logik erster Stufe ungeeignet ist, alle gültigen Folgen zu beschreiben, das heißt alle Fälle, in denen es unmöglich ist, daß die Prämissen wahr sind und die Schlußfolgerung falsch. Ob die Theorien, die sie vollenden, Logik genannt werden sollen oder ob sie substantielle Theorien – der Mathematik oder der Bedeutung – sind, ist strittig.

Relevanz

Zum Abschluß wollen wir uns von diesen Fällen, in denen die klassische Logik zu wenig zu erzeugen scheint, das heißt, Folgerungen nicht als gültig zu erkennen scheint, die intuitiv gültig sind, anderen zuwenden, in denen sie zu viel zu erzeugen scheint, das heißt Fällen, die intuitiv ungültig sind, sich aber nach dem klassischen Kriterium als gültig erweisen. Der bekannteste Fall ist das *ex falso quodlibet* (kurz: *EFQ*), das ich schon früher erwähnt habe. Es gestattet die Folgerung einer beliebigen Aussage aus einem Widerspruch. Die Form ist ⟨A und nicht-A, deshalb B⟩. Welche Aussagen auch immer für A und B hier eingesetzt werden, so gibt es kein daraus resultierendes Beispiel, in dem die Prämisse wahr und die Schlußfolgerung falsch ist, aus dem einfachen Grund, weil keine Aussage von der Form ⟨A und nicht-A⟩ wahr ist. (Einige Logiker *in extremis* haben diesen letzten Punkt bestritten – siehe Kapitel 6. Aber für den Augenblick lassen wir es auf sich beruhen.) Also ist der Schluß nach dem klassischen Kriterium gültig. Das bedeutet, wir sollten die folgenden Schlüsse als gültig anerkennen, zum Beispiel:

> Ernst ist mutig, und Ernst ist nicht mutig. Also ist Ernst Bergsteiger.

Oder noch schlimmer:

> Ernst ist mutig, und Ernst ist nicht mutig. Also wird sich dieses Streichholz nicht entzünden.

Aber was hat Ernsts Mut oder seine Feigheit damit zu tun, ob sich dieses Streichholz entzündet? Die widersprüchlichen Behauptungen über Ernsts Mut geben der Schlußfolgerung keinerlei Rückhalt – man könnte sagen, sie sind für die Schlußfolgerung nicht einmal relevant. Deshalb wird dagegen eingewandt, daß das Kriterium der Erhaltung der Wahrheit in der klassischen Darstellung Schlüsse unterstützt, in denen die Prämissen für die Schlußfolgerung nicht relevant sind. Die logische Folgerung sollte nicht nur anerkennen, daß gültige Schlüsse wahrheitserhaltend sind, sondern daß sie zwischen Prämisse und Schlußfolgerung Relevanz erfordern.

Ein ähnlicher Fall von Irrelevanz entsteht, wenn die Schlußfolgerung eine logische Wahrheit ist. Denn logische Wahrheiten können nicht falsch sein – wie immer die schematischen Buchstaben interpretiert werden, sie erweisen sich als wahr; oder welche Substitution auch immer für die nicht-logischen Ausdrücke vorgenommen wird, das Ergebnis ist wahr. Welche Prämissen also auch immer in einem Schluß vorliegen – wenn die Schlußfolgerung eine logische Wahrheit ist, dann wird keine Interpretation die Prämissen wahr und die Schlußfolgerung falsch machen. Deshalb ist eine logische Wahrheit eine logische Folgerung aus jeder beliebigen Menge von Aussagen überhaupt. Das bedeutet, daß die folgenden Schlüsse gültig sind:

Dieses Streichholz wird sich entzünden. Also ist Ernst mutig oder nicht,

und

Alle Bergsteiger sind mutig. Ernst ist Bergsteiger. Also ist eine Motte eine Motte.

Wieder scheinen die Prämissen für die Schlußfolgerung nicht einmal relevant zu sein und diese deshalb nicht aus ihnen zu folgen.

Dieses Problem berührt nicht nur die Interpretationsfassung der klassischen Darstellung der logischen Folgerung. Es erhebt sich auch – sogar noch stärker – für die Darstellung, die sich auf Unmöglichkeit bezieht. Denn wenn *eine* Aussage eine logische Folgerung aus anderen sein soll, wenn es unmöglich ist, daß sie falsch ist, wenn andere wahr sind, dann ist jede Aussage eine Folgerung aus einer Menge von Aussagen, die nicht alle wahr sein können, und jede Aussage, die nicht falsch sein kann, ist eine Folgerung aus jeder beliebigen anderen Aussage. Es folgt, daß die logische Folgerung auch die folgenden Schlüsse umfaßt:

Alle Quadrate sind rund. Also ist Ernst mutig,

und

Einige Athleten sind Bergsteiger. Einige Bergsteiger sind mutig. Also hat jede Wirkung ihre Ursache.

74

Wie läßt sich die Relevanz in das Kriterium der logischen Folgerung einfügen? *Eine* Methode könnte darin bestehen, eine Erklärung der Relevanz auf der Basis des thematischen Gegenstands zu geben, die dann mit dem Wahrheitserhaltungskriterium verbunden werden kann, um eine strengere Erklärung zu geben, in der Relevanz eine notwendige Komponente ausmacht. Aber es ist unwahrscheinlich, daß das erfolgreich ist. Man betrachte:

Alle Quadrate sind rund. Also sind alle runden Dinge quadratisch.

So weit der Gegenstand geht, scheinen hier Prämisse und Schlußfolgerung so eng miteinander verwandt zu sein, wie es Aussagen nur können. Trotzdem ist das einzige, was den Schluß gültig macht – wenn er es ist –, die logische Unmöglichkeit der Prämisse. Das heißt, der Schluß könnte den Relevanz- und Wahrheitserhaltungsprinzipien getrennt genügen; gleichwohl scheint er als Beispiel für einen gültigen Schluß so starken Einwänden ausgesetzt wie jeder andere.

Ein besserer Weg zu einer Lösung aus dieser Schwierigkeit besteht darin, das wirkliche Problem, das mit der Darstellung der Wahrheitserhaltung verknüpft ist, zu diagnostizieren und es dann im Licht der Diagnose zu revidieren. Die Darstellung hat die Form ‹es ist unmöglich, daß sowohl A wie nicht-B› – oder ‹unter keiner Interpretation ist es möglich, daß sowohl A wie nicht-B› –, wo A ‹die Prämissen sind wahr› und B ‹die Schlußfolgerung ist wahr› ist. Das scheint unseren Intuitionen gerecht zu werden, bis wir erkennen, daß es, wenn es unmöglich ist, daß A (oder notwendig, daß B), dann unmöglich ist, daß sowohl A wie nicht-B. Zuerst glaubten wir, die Unmöglichkeit bestehe irgendwie in einer Beziehung zwischen A und nicht-B – daß B eine logische Folgerung aus A ist. Dieser Gedanke wird dann durch die isolierte Unmöglichkeit von A oder die Notwendigkeit von B umgestoßen.

Wie wir schon vorher sagten, muß ein gültiges Argument dafür sorgen, daß die Schlußfolgerung wahr ist, wann immer es die Prämissen sind, das heißt, daß es notwendig ist, daß, wenn die Prämissen wahr sind, es die Schlußfolgerung auch ist. Vielleicht denken wir, daß die Bedingung ‹wenn die Prämissen wahr sind, dann ist es auch die Schlußfolgerung› (wenn A, dann B) dieselbe ist wie ‹es ist nicht der Fall, daß die

Prämissen wahr sind und die Schlußfolgerung falsch ist› (nicht sowohl A wie nicht-B). Da ‹es ist notwendig, daß nicht ...› dasselbe ist wie ‹es ist unmöglich, daß ...›, glauben wir, wir könnten das Wahrheitserhaltungs-kriterium ruhig als ‹es ist unmöglich, daß die Prämissen wahr sind und die Schlußfolgerung falsch› ausdrücken. Es stellt sich heraus, daß das ein Fehler war. Denn wenn es unmöglich ist, daß A, dann ist es zwar unmög-lich, daß sowohl A wie nicht-B (und ähnlich: wenn es notwendig ist, daß B); aber daß es notwendig ist, daß, wenn A, dann B, folgt, nicht so offen-sichtlich aus der Behauptung, daß A unmöglich ist (oder daß B notwendig ist). Wir werden uns diese Schlüsse etwas detaillierter in Kapitel 3 an-schauen, wenn wir so weit sind, Bedingungssätze direkt zu diskutieren. Derartige Schlüsse sind so unplausibel wie *EFQ* selbst, zum Beispiel

> Es ist unmöglich, daß alle Quadrate rund sind. Also, wenn alle Qua-drate rund sind, sind alle runden Dinge quadratisch.

(Man beachte, daß dies kein Fall von *EFQ* ist: ‹Es ist unmöglich, daß alle Quadrate rund sind› ist nicht selbst unmöglich – es ist sogar notwendig wahr.) Es folgt, daß das Wahrheitserhaltungskriterium in Wirklichkeit korrekt ist – falsch war nur die Art, wie es ausgedrückt wurde, und der Glaube, daß es derartige Schlußstrukturen wie *EFQ* rechtfertige. Wir brauchen die Relevanz nicht neben der Wahrheitserhaltungsbedingung als eine extra notwendige Bedingung für die logische Folgerung hinzuzu-fügen. Wenn wir letztere richtig ausdrücken, schließt sie schon die un-plausiblen und irrelevanten Schlüsse aus. *Eine* Aussage ist eine logische Folgerung aus anderen, wenn es notwendig ist, daß, wenn die letzteren wahr sind, es auch die erstere ist.

Das ist freilich nicht die Art und Weise, wie die klassische Logik das Kriterium versteht, und sie kann zurückschlagen. *Eine* Art, die klassische Antwort zu verstehen, besteht in dem Eingeständnis, daß wir in unseren Urteilen über das, was für was relevant ist, vielleicht etwas voreilig wa-ren. Denn schließlich müssen, wenn *eine* Aussage wirklich eine logische Folgerung aus anderen ist, die letzteren zumindest logisch relevant für sie sein – welch besseres Merkmal für Relevanz könnte sich ein Logiker wünschen? Ein vermeintlich gültiger Schluß kann deshalb nicht aus Gründen der Relevanz in Frage gestellt werden; denn wenn es Gründe gibt, den Schluß zu stützen, dann zeigen diese Gründe gleichermaßen, daß eine relevante Verbindung besteht. Das Ergebnis ist ein Unentschieden zwischen dem klassischen Logiker und seinem Gegner: Der eine benutzt das Wahrheitserhaltungskriterium (das er auf seine eigene Weise interpretiert – ‹es ist unmöglich, daß *A* und nicht-*B*›), um seine Unterstützung des *EFQ* zu bestätigen, der andere appelliert an die Intuition, um es zu verwerfen.

Wir werden weitere Argumente gegen die klassische Position im nächsten Kapitel untersuchen, wenn wir uns der eigentlichen Analyse der Bedingungssätze zuwenden. Wir können dieses Kapitel damit schließen, daß wir ein Argument prüfen, das sich dafür ausspricht, das *EFQ* als gültig anzuerkennen, sowie einen Versuch, es von der anderen Seite aus zu parieren. Bislang hat der Begriff des Beweises in diesem Kapitel sehr wenig Aufmerksamkeit erfahren. Es gab eine Zeit, als die Verteidiger der klassischen Logik in ihrer Abneigung gegen den Begriff der Notwendigkeit so weit gingen, daß sie einen gültigen Schluß als eine Folgerung definierten, die den Regeln der Logik entspricht. Dann erhebt sich natürlich das Problem, die Regeln der Logik zu rechtfertigen. Letztlich muß die klassische Logik, wie ich sie hier darstelle, eine semantische Basis der logischen Folgerung besitzen. Der Begriff des Beweises wird zur Geltung kommen, wenn später im Buch (Kapitel 8) die Einwände gegen den realistischen Begriff der Wahrheit und die Unterstützung, die es für epistemische Einschränkungen für derartige Begriffe gibt, betrachten.

Nichtsdestoweniger steht es dem klassischen Logiker frei, einen Beweis der Schlußfolgerung des *EFQ* aus seinen eigenen Prämissen zu erzeugen, das heißt, eine Folge von Schritten gemäß gewissen Schlußregeln zu produzieren und seinen Gegner herauszufordern, eine dieser Regeln zu widerlegen. Denn wenn alle Beweisschritte gültig sind, scheint es plausibel zu schließen, daß der Beweis als ganzer gültig ist, das heißt, daß seine Schlußfolgerung aus seinen Prämissen folgt. Das folgende Argument beruht auf einem willkürlichen Widerspruch von der Form ‹*A* und nicht-*A*› und bewegt sich Schritt für Schritt zu einer Schlußfolgerung *B*, das heißt, zu einer Schlußfolgerung, die mit der Prämisse nicht offensichtlich relevant verknüpft ist:

Angenommen, wir haben	A und nicht-A
Dann haben wir durch Vereinfachung	A
und also durch Addition	A oder B
Aber durch erneute Vereinfachung haben wir	nicht-A
und also durch disjunktiven Syllogismus	B

An dieser Stelle wird auf drei Schlußregeln mit ihrem traditionellen Namen verwiesen. Vereinfachung ist der Name für den Schluß von P aus ‹P und Q› und gleichermaßen von Q aus ‹P und Q›. Addition heißt der Schluß von ‹P oder Q› aus P oder gleichermaßen aus Q. Schließlich bedeutet disjunktiver Syllogismus, daß man Q aus ‹P oder Q› und ‹nicht-P› schließen kann. Jede dieser Regeln scheint intuitiv gültig und ist gewiß wahrheitserhaltend. Wenn ‹P und Q› wahr ist, dann muß P wahr sein und Q wahr sein. Wenn P wahr ist, dann ist entweder P wahr oder Q wahr, und also muß ‹P oder Q› wahr sein. Wenn ‹nicht-P› wahr ist, dann kann P nicht wahr sein, und also, wenn ‹P oder Q› ebenfalls wahr ist, dann muß Q wahr sein. Also haben wir eine Abfolge von Schritten, deren Schlußfolgerung jeweils wahr sein muß, wenn die Prämisse wahr ist. Man möchte vielleicht die Annahme verwerfen, daß eine Abfolge von gültigen Schritten zu einem einzigen gültigen Schritt wird, der von Anfang bis Ende reicht – die sogenannte Beweistransitivität. Wenn nicht, dann folgt B tatsächlich aus ‹A und nicht-A› für ein willkürliches B, wenn man nicht einen dieser sehr plausiblen Schritte als fehlerhaft erweisen kann, das heißt, EFQ ist gültig.

Natürlich muß an diesem Argument mehr dran sein, als daß die Schritte wahrheitserhaltend sind. Wir wissen, daß EFQ der Konklusion der Wahrheitserhaltung genügt – tatsächlich ist das das Problem. Die Frage ist, ob Erhaltung der Wahrheit genug ist. Es ist unerheblich für den klassischen Logiker, den Gegner herauszufordern, ein Gegenbeispiel zu produzieren. Beide Seiten gestehen zu, daß es keinen Fall gibt, wo die Prämisse wahr und der Schluß falsch ist. Strittig ist, ob die Produktion eines derartigen Gegenbeispiels eine notwendige Bedingung für die Ungültigkeit ist – das heißt, ob die Unfähigkeit, eins zu produzieren, für die Gültigkeit genügt. Tatsächlich ist jeder dieser Schritte zu irgendeinem Zeitpunkt von irgendeinem Logiker in Frage gestellt worden. Ich möchte mich auf *einen* Schritt oben konzentrieren, den letzten.

Der disjunktive Syllogismus sagt, daß man aus ‹P oder Q› und ‹nicht-P›
gültig Q folgern kann. Wir wollen einen Augenblick innehalten und über
diesen Schritt allgemein nachdenken. Angenommen, jemand wünscht Q
aus ‹nicht-P› zu folgern: Was muß man mehr wissen, um das zu tun? Die
Antwort muß lauten: ‹wenn nicht-P, dann Q›. Das absolute Minimum,
das man wissen muß, um von ‹nicht-P› zu Q zu gehen, ist, daß, wenn
nicht-P, dann Q. Wenn also der disjunktive Syllogismus gültig sein soll,
muß der Vordersatz ‹P oder Q› äquivalent sein mit ‹wenn nicht-P, dann
Q› (ihn nach sich ziehen). Und das scheint der Fall zu sein: ‹Entweder ist
Edmund feige, oder Edmund ist Bergsteiger› scheint zu sagen: ‹Wenn
Edmund nicht feige ist, ist er Bergsteiger›. Entweder ist Edmund feige
oder nicht, in welchem Fall er Bergsteiger ist.

Aber hier liegt ein Problem. Denn ‹P oder Q› wurde aus P gefolgert –
wir stimmten zu, daß Edmund entweder feige ist oder Bergsteiger aus
dem Grund, daß er feige ist. Während es in Ordnung zu sein scheint, daß
‹Edmund ist feige oder Bergsteiger› aus ‹Edmund ist feige› folgt, ist es
nicht so plausibel zu sagen, ‹Wenn Edmund nicht feige ist, dann ist er
Bergsteiger› folge aus der Prämisse, daß er feige ist. Vorausgesetzt, er ist
feige, folgt, daß er entweder feige ist oder – was man will. Aber einfach
aus der Tatsache, daß er feige ist, folgt nicht, daß, wenn er nicht feige ist –
was man will. Die Streitfrage betrifft hier wiederum direkt Bedingungssätze, und wir werden das im nächsten Kapitel überprüfen. Aber die
Schlußfolgerung muß sein, daß das oben gegebene Argument in der Formel ‹A oder B› zweideutig ist. In dem einem Sinn folgt ‹A oder B› aus A
allein – ist dann aber nicht äquivalent mit ‹wenn nicht-A, dann B›. In dem
anderen ist es äquivalent mit dem Bedingungssatz und hat, zusammen
mit dem Untersatz ‹nicht-A›, B zur Folge. Aber diese beiden Sinne können nicht dieselben sein – oder zumindest, daß sie es sind, ist ebenso
umstritten wie die Behauptung, EFQ sei eine gültige Folgerung.

Wir lassen die Frage nach der Relevanz – im Augenblick – auf folgen-
dem Stand: Es gibt zwingende Zweifel an der klassischen Interpretation
des Begriffs der Erhaltung der Wahrheit, es scheint, daß er zu locker
interpretiert worden ist und daß Schlüsse, welche die klassische Logik als
gültig zuläßt, es in Wirklichkeit nicht sind. Die Prämissen sind, für die
Zwecke der logischen Folgerung, für den Schluß nicht relevant.

Zusammenfassung und Hinweise auf weitere Lektüre

In diesem Kapitel habe ich behauptet, daß der zentrale logische Begriff der Begriff der logischen Folgerung ist. Eine lange Zeit in diesem Jahrhundert ist das nicht die vorherrschende Ansicht gewesen. Eher hat der Begriff der logischen Wahrheit die zentrale Stelle eingenommen. In sehr vielen Büchern zur Logik steht die Wendung ‹logische Folgerung› (und gleichbedeutende Wendungen) nicht im Stichwortverzeichnis. Dort wird ‹Gültigkeit› mit logischer Wahrheit identifiziert. Logik galt als Menge von Wahrheiten, die sich aus selbstevidenten Axiomen mit Hilfe zweier oder dreier Schlußregeln herleiten ließen – dem *modus ponens*, der universellen Generalisierung und (gewöhnlich) der gleichförmigen Ersetzung. Ein paradigmatisches Beispiel ist Quines ‹Grundzüge der Logik›.

Das war nicht immer so, wie mein Hinweis auf Bolzano (siehe seine *Wissenschaftslehre*) andeutet. Tatsächlich gaben Aristoteles' Syllogistik und die mittelalterliche Theorie der *consequentiae* der Theorie des Schließens ihren rechtmäßigen Vorrang. Aber die logische Folgerung wurde während der frühen Jahre dieses Jahrhunderts auch nicht völlig ignoriert. Nichtsdestoweniger ist das bahnbrechende Werk von Gentzen und Tarski aus den dreißiger Jahren erst in sehr viel jüngerer Zeit richtig anerkannt worden. Tarskis Aufsätze über logische Folgerung, besonders der ‹Über den Begriff der logischen Folgerung›, stellt eine lohnende Lektüre dar.

Das klassische Paradigma, das im Werk von Frege, Russell, Tarski u. a. entwickelt worden ist, hat drei Merkmale, die ich herauszuarbeiten versucht habe: Logik ist formal, wahrheitserhaltend und kompakt. Sie ist außerdem symbolisch, aber das sollte nicht damit verwechselt werden, daß sie formal ist. Logik ist formal, wenn sie schematische Buchstaben verwendet, um die formale Struktur von Argumenten zu identifizieren, wobei sie nur die logischen Ausdrücke (die ‹logischen Konstanten›, wie sie oft genannt werden) an ihrer Stelle läßt; sie ist symbolisch, wenn diese logischen Konstanten durch Symbole dargestellt werden (und technische Methoden, um diese Symbole zu handhaben, folgen bald). Aber die meisten modernen Lehrbücher verwenden den Titel ‹Formale Logik› und ‹Symbolische Logik› gleichbedeutend. Es gibt eine riesige Auswahl an Texten. Mark Sainsburys *Logical Forms* hat einen ungewöhnlichen und erhellenden Blickwinkel und bringt die Bedeutung der Form für das klassische Paradigma heraus. G. B. Keene gibt eine lebhafte Verteidigung der Beschränkung der Logik auf das Studium der Form allein in seinem Buch *Foundations of Rational Argument*, Kapitel 2, Abschnitt 2.

Ich habe den Vorrang, welcher der logischen Wahrheit eingeräumt worden ist, dem vorherrschenden Einfluß der axiomatischen Methode in der frühen Entwicklung der modernen Logik zugeschrieben. Das erklärt wahrscheinlich auch die späte Entwicklung semantischer Methoden. Die neblige Geschichte des Begriffs der Erhaltung der Wahrheit kann nachgelesen werden in John Etchemendys Überblick über Tarski, auf den in Kapitel 1 hingewiesen wurde: ‹Tarski on Truth and Logical Consequence›. Das ist auch eine nützliche Einführung zu seiner langen Attacke auf die Tarskische Auffassung in seinem Buch *The Concept of Logical Consequence*.

Die Ausdrucksbeschränkungen der Logik erster Stufe (das klassische Paradigma) werden von ihren Vertretern nicht betont. Ein wichtiger (und technischer) Aufsatz aus dem Jahre 1969 von Per Lindström gab eine nützliche zweifache Charakterisierung dieser Beschränkungen: Auf der einen Seite haben wir Kompaktheit und die daraus folgende Unfähigkeit, solche Begriffe wie ‹Endlichkeit› auszudrücken oder eine Menge von Formeln erster Stufe zu geben, die das Standardmodell der Arithmetik, das heißt, die Menge der natürlichen Zahlen, kategorisch charakterisieren. Die Kompaktheit wird so genannt in Analogie zu der entsprechenden topologischen Eigenschaft: Jede Überdeckung eines kompakten Raums hat eine endliche Teilüberdeckung; äquivalent, wenn der Durchschnitt einer Familie von abgeschlossenen Mengen leer ist, so ist es auch der Durchschnitt einer endlichen Teilmenge. Die Geschichte der langsamen Anerkennung der Wichtigkeit des Begriffs der Kompaktheit wird von John Dawson in ‹The Compactness of First-Order Logic: From Gödel to Lindström› faszinierend nacherzählt. Der andere begrenzende Aspekt der Logik erster Stufe ist das, was als die Löwenheim-Skolem-Tarski-Eigenschaft bezeichnet wird und die daraus folgende Skolem-Paradoxie, welche die Inadäquatheit jeder Mengentheorie erster Stufe zeigt. Eine interessante Diskussion findet sich in einem Paar von Aufsätzen von

P. Benacerraf und C. Wright, beide betitelt mit ‹Skolem and the Skeptic›. Hilary Putnam bringt dies in ‹Models and Reality› zur Entfaltung. Es ist in seinem Argument gegen den metaphysischen Realismus, auf den oben in Kapitel 1 hingewiesen wurde, die zentrale Stütze. Eine der ersten Andeutungen der Untererzeugung erster Stufe erschien in K. Gödels berühmtem Aufsatz von 1931; unter vielen elementaren Darstellungen ist die in D. Hofstadters *Gödel, Escher, Bach: Ein endloses geflochtenes Band* besonders empfehlenswert. Man kann über Gödels und andere einschränkende Resultate nachlesen in *What is mathematical Logic?* von J. Crossley u. a. Der Leser sollte allerdings auch die Rezension von J. Corcoran und S. Shapiro in *Philosophia* nachlesen, wo einige Ungenauigkeiten in Crossleys Darstellung angemerkt sind. Nichtsdestoweniger gelingt es Crossleys Buch einzigartig, harte (und sehr wichtige) technische Ergebnisse in einer sehr klaren und einladenden Weise darzustellen. Eine exemplarische Diskussion der ganzen Frage der Ausdrucksfähigkeit findet sich in Leslie Tharps ‹Which Logic is the Right Logic?›.

Klagen über die Übererzeugung, die mit der klassischen Ansicht verbunden ist, haben eine viel längere Ahnenreihe, aber alternative Darstellungen sind systematisch erst in diesem Jahrhundert ausgearbeitet worden. Die am besten ausgearbeitete Entwicklung des Themas der Relevanz geht auf einen Aufsatz von Wilhelm Ackermann aus dem Jahr 1956 zurück und führte zu dem Programm der ‹Relevanz- (oder relevanten) Logik›. Ein enzyklopädischer Überblick findet sich in einem zweibändigen Werk der beiden Hauptvertreter, A. Anderson und N. Belnap, *Entailment: The Logic of Relevance and Necessity*. Eine neuere und kürzere Darstellung wurde vom Verfasser gegeben in *Relevant Logic*.

Andere bemerkenswerte Versuche, die Übererzeugung zu vermeiden, die sich in der klassischen Logik findet, sind die Entwicklung der Logik der analytischen Implikation (siehe W. T. Parry, ‹Analytic Implication: Its History, Justification and Varieties›), welche die Additionsregel verwirft; und die sogenannte ‹intuitionistische Relevanzlogik› von Neil Tennant, die er in seinem Buch *Anti-Realism and Logic* darstellt, in der die Transitivität des gültigen Schließens eingeschränkt wird.

3 Wenn das Wörtchen «wenn» nicht wär: Theorien der Bedingungssätze

Bedingungssätze sind Aussagen von der Form ‹wenn *A*, dann *B*› wie etwa

> Wenn das Pfund nicht abgewertet wird, wird sich die Rezession fortsetzen.
>
> Wenn Oswald nicht Kennedy getötet hätte, hätte es jemand anderes getan.

und

> Wenn Aristoteles Dialoge geschrieben hat, so sind sie nicht erhalten.

Manchmal ist die Form nicht so deutlich, und es ist nötig, den Satz neu anzuordnen, um die ‹wenn *A*, dann *B*›-Form zu erhalten:

> Wir werden den 9.20-Uhr-Bus kriegen, wenn er rechtzeitig kommt.
>
> Charles müßte, wenn er seinen guten Ruf wiederherstellen wollte, eine ehrliche Beichte ablegen.
>
> Vorausgesetzt, die Arbeitslosenzahlen sind befriedigend, dann wird die Regierung das Vertrauensvotum überleben.
>
> Eine hinreichende Bedingung für die Erlangung eines Stipendiums war ein Einserexamen.

Alle diese Aussagen können in die Form ‹wenn *A*, dann *B*› gebracht werden. *A* bezeichnet das Vorderglied des Bedingungssatzes und *B* das Hinterglied. Alle außer der zweiten stehen im Indikativ – die zweite steht im Konjunktiv. Bedingungssätze können auch Fragen, Befehle und andere Formen des Sprechens als Hinterglieder erhalten:

Wenn der Summer ertönt, stell den Herd ab.
Wenn es keine Alternative gab, warum hält es sich der Präsident
zugute, harte Entscheidungen zu treffen?

Und

Wenn der Bus um 10.30 Uhr noch nicht da ist, laß uns zu Fuß gehen.

In diesem Kapitel werden nicht Bedingungssätze dieses letzten Typs behandelt – Befehle, Fragen und Optative bedürfen einer gesonderten Betrachtung, ob Bedingungssatz oder nicht. Außerdem werden wir uns
zuerst auf Bedingungssätze im Indikativ konzentrieren, doch später
werden wir etwas über Bedingungssätze im Konjunktiv zu sagen haben.

Wenn wir Behauptungen von Bedingungssätzen mit einem indikativischen Vorder- und Hinterglied aufstellen, die selber als wahr oder falsch
geäußert und bewertet werden können, scheinen wir eine Aussage zu
äußern, die selbst wahr oder falsch ist. Wir behandeln

Wenn du ein Einserexamen machst, erhältst du ein Stipendium
Wenn Aristoteles Dialoge schrieb, so sind sie nicht erhalten
Wenn er pünktlich war, haben sie den 9.20-Uhr-Bus gekriegt

als Behauptungen, die wahr oder falsch sind. Wir können ihnen zustimmen oder sie ablehnen, und wir können Beweise für oder gegen sie anführen – sie konstituieren Aussagen, die selbst aus Aussagen bestehen.
Sie sind komplexe oder molekulare Aussagen.

Disjunktionen und Konjunktionen sind ebenfalls komplexe Aussagen;
und in diesen Fällen hängt die Frage, ob die komplexe Aussage selber
wahr oder falsch ist, direkt davon ab, ob ihre Bestandteile wahr oder
falsch sind. Wenn einer der beiden Teile einer disjunktiven Aussage wahr
ist, ist die ganze Disjunktion wahr; wenn beide Teile einer konjunktiven
Aussage wahr sind, ist die ganze Konjunktion wahr; und in allen anderen
Fällen sind diese komplexen Aussagen falsch. Die Standard- oder klassische Darstellung von Bedingungssätzen gibt eine ähnliche Darstellung
von Bedingungssätzen, zumindest für den Fall von Bedingungssätzen im
Indikativ. Der gesamte Bedingungssatz ist wahr, wenn entweder das
Vorderglied falsch oder das Hinterglied wahr ist.

Betrachten wir die drei eben genannten Bedingungssätze. Der erste sagt

Entweder du machst keine Eins, oder du erhältst ein Stipendium

was wahr zu sein scheint, wenn du entweder keine Eins machst oder wenn du ein Stipendium erhältst, das heißt, wenn du sowohl eine Eins machst wie ein Stipendium erhältst. In gleicher Weise sagt der zweite

Entweder schrieb Aristoteles keine Dialoge, oder sie sind nicht erhalten

und wieder ist dies bestimmt wahr, wenn er entweder keine Dialoge schrieb oder zwar welche schrieb, sie aber nicht erhalten sind. Schließlich ist der dritte Bedingungssatz wahr entweder, wenn der Bus nicht pünktlich war oder er pünktlich war und sie ihn gekriegt haben. Das heißt, jeder Bedingungssatz ist wahr, wenn entweder das Vorderglied falsch oder das Hinterglied wahr ist. Der Grund ist, wie wir im vorigen Kapitel bemerkten, daß ein Bedingungssatz ‹wenn A, dann B› im allgemeinen einer disjunktiven Feststellung ‹entweder nicht-A oder B› äquivalent zu sein scheint, das heißt, ‹entweder nicht-A oder A, in welchem Fall B› oder ‹entweder nicht-A oder A und B›.

Konjunktionen und Disjunktionen heißen wahrheitsfunktional, weil ihre Wahrheit unmittelbar und direkt von der Wahrheit ihrer Bestandteile abhängt. Eine Disjunktion ist wahr, wenn jedes Glied dieser Disjunktion wahr ist, andernfalls falsch; eine Konjunktion ist wahr, wenn beide Glieder wahr sind, andernfalls falsch. (‹Disjunktionsglied› und ‹Konjunktionsglied› sind hier technische Termini für die Teile von Aussagen dieser Formen.) Der Wahrheitswert der gesamten komplexen Aussage ist eine ‹Funktion› der Wahrheitswerte der Bestandteile. Diese Funktionen, das heißt die Abhängigkeiten des Wahrheitswerts des Ganzen von dem seiner Teile, werden oft in Form von Wahrheitswerttabellen dargestellt. Für die Disjunktion ergibt die Funktion den Wert ‹wahr›, wenn einer der Teile wahr ist, und den Wert ‹falsch› nur, wenn beide Teile falsch sind:

‹A oder B›

\\ B	W	F
A		
W	W	W
F	W	F

das heißt, ‹oder› ordnet W den Wahrheits-
wertpaaren <W,W>, <W,F> und <F,W>
zu, F dem Paar <F,F>, wobei ‹W› für ‹wahr›,
‹F› für ‹falsch› steht

Ähnlich ergibt die Funktion, welche die Konjunktion darstellt, ‹wahr› nur
dann, wenn beide Teile wahr sind:

‹A und B›

\\ B	W	F
A		
W	W	F
F	F	F

das heißt, ‹und› ordnet W dem Paar
von Wahrheitswerten <W,W> zu,
F den Paaren <W,F>, <F,W> und <F,F>

Nach der Standardansicht sind Bedingungssätze ebenfalls wahrheitsfunktional, das heißt, daß ihre Wahrheitswerte durch die Wahrheitswerte ihrer Bestandteile bestimmt sind. Das folgt unmittelbar aus ihrer
Äquivalenz mit Disjunktionen und der wahrheitsfunktionalen Natur der
Disjunktion. Die Wahrheitswerttabelle für Bedingungssätze sieht dementsprechend so aus:

‹Wenn A, dann B›

\\ B	W	F
A		
W	W	F
F	W	W

das heißt, ‹wenn ... dann› ordnet W
den Paaren von Wahrheitswerten <W,W>,
<F,W> und <F,F> zu, F dem
Paar <W,F>

Die konversationalistische Verteidigung

Nichtsdestoweniger führt die Behandlung von Bedingungssätzen als
wahrheitsfunktional zu einer Reihe von Problemen. Angenommen, das
Pfund wird abgewertet, aber die Rezession setzt sich gleichwohl fort.
Genügt das, um die Behauptung zu bestätigen, daß die Rezession sich

86

fortsetzt, wenn das Pfund nicht abgewertet wird? Nach der wahrheitsfunktionalen Darstellung sollte das der Fall sein. In disjunktive Termini übersetzt, sagt dieser Bedingungssatz, daß entweder das Pfund abgewertet wird oder sich die Rezession fortsetzt. Wenn das Pfund abgewertet wird, ist diese Disjunktion wahr; gleichermaßen, wenn sich die Rezession fortsetzt (unerachtet dessen, was mit dem Pfund geschieht), ist die Disjunktion wahr. Aber der Bedingungssatz legt eine engere Verbindung zwischen Vorder- und Hinterglied nahe. Die wahrheitsfunktionale Darstellung impliziert, daß ein Bedingungssatz einfach dank der Wahrheitswerte seiner Bestandteile wahr ist. Wenn wir ganz allgemein darüber nachdenken, nehmen wir an, daß sie diese Werte infolge einer solchen Verbindung annehmen. Aber jetzt sehen wir, daß es eine solche Verbindung unter Umständen gar nicht gibt, obgleich es sich zufällig ergeben mag, daß die Werte, nach der wahrheitsfunktionalen Darstellung, die Wahrheit des Bedingungssatzes zur Folge haben. Infolgedessen beginnt der Zweifel, ob die wahrheitsfunktionale Darstellung das letzte Wort in dieser Angelegenheit ist.

Das Argument zugunsten der Wahrheitsfunktionalität war recht schnell; es hing von der Äquivalenz des Bedingungssatzes ‹wenn A, dann B› mit der Disjunktion ‹entweder nicht-A oder B› und von der Wahrheitsfunktionalität der Disjunktion ab. Wir fragen uns nun vielleicht, ob diese Verbindungen gültig sind. Der Zweifel setzte im vorigen Kapitel ein. ‹Wenn Edmund nicht feige ist, dann ist er Bergsteiger› scheint zu bedeuten, daß Edmund entweder feige oder Bergsteiger ist – entweder ist er feige, oder er ist es nicht und ist folglich ein Bergsteiger. Aber die Disjunktion ist auseinandergerissen durch einerseits das Erfordernis, daß sie dem entsprechenden Bedingungssatz äquivalent ist, andererseits, daß sie wahrheitsfunktional ist. Die Prämissen des schnellen Arguments (Äquivalenz und Wahrheitsfunktionalität) können nicht gleichzeitig durch eine eindeutige Disjunktion erfüllt werden.

Es gibt freilich ein ausführlicheres Argument für die Wahrheitsfunktionalität von Bedingungssätzen. Seine Prämisse ist die Standarddarstellung der logischen Folgerung, die wir früher überprüft haben, sowie die Beobachtung, daß Bedingungssätze benutzt werden, um die Abhängigkeit der Schlußfolgerung eines Arguments von seinen Prämissen auszudrücken. Das heißt, ein Bedingungssatz ist, unter bestimmten Annahmen, genau dann wahr, wenn sein Dannsatz in Abhängigkeit von seinem Vorderglied zusätzlich zu folgenden Annahmen wahr ist:

‹wenn A, dann B› folgt aus einigen Aussagen genau dann, wenn B in Konjunktion mit A aus diesen anderen Aussagen folgt.

Zum Beispiel:

‹Wenn Edmund mutig ist, dann ist er Bergsteiger› folgt aus
        ‹Jeder Mutige ist Bergsteiger›
           genau dann, wenn
‹Edmund ist Bergsteiger› aus ‹Jeder Mutige ist Bergsteiger› und ‹Edmund ist mutig› folgt.

Bedingungssätze entsprechen nicht nur gültigen Argumenten, sie werden oft sogar benutzt, um zum Ausdruck zu bringen, daß diese Argumente gültig sind. Wir können sagen, daß ein gültiges Argument ein Argument ist, in welchem die Schlußfolgerung wahr ist, wenn es auch die Prämissen sind – wo die Verbindung durch einen Bezug auf Notwendigkeit oder Allgemeinheit verstärkt wird: Die klassische Darstellung der Gültigkeit im vorigen Kapitel sagte, daß die Schlußfolgerung unter jeder Interpretation der schematischen Buchstaben wahr ist, wenn es auch die Prämissen sind. Wir wollen diese Beziehung zwischen Bedingungssätzen und Folgerung (oder Gültigkeit) das ‹Konditionalitätsprinzip› nennen.

Aus der Standarddarstellung der Folgerung und dem Konditionalitätsprinzip zusammen folgt, daß Bedingungssätze wahrheitsfunktional sind. Nehmen wir zunächst an, daß A wahr ist und B falsch. Dann wäre, wenn ‹wenn A, dann B› wahr wäre, B wahr (nach dem *modus ponens*). Also muß, da B falsch ist, ‹wenn A, dann B› ebenfalls falsch sein, vorausgesetzt, A ist wahr. Tatsächlich wird das allgemein akzeptiert: Wenn A wahr ist und B falsch, dann kann ‹wenn A, dann B› nicht wahr sein.

Was ist, wenn A falsch ist oder B wahr? Wir behandeln diese Fälle gesondert. Angenommen, A ist falsch. Nach dem *ex falso quodlibet* folgt B aus A und ‹nicht-A›. Also folgt, nach dem Konditionalitätsprinzip, ‹wenn A, dann B› aus ‹nicht-A›. Aber da A falsch ist, ist ‹nicht-A› wahr, und also muß ‹wenn A, dann B› wahr sein. Andererseits, angenommen, B

ist wahr. Wiederum folgt, nach der Standarddarstellung, *B* aus *A* und *B*; also folgt, nach dem Konditionalitätsprinzip, ‹wenn *A*, dann *B*› aus *B*. Da wir annehmen, daß *B* wahr ist, folgt deshalb, daß ‹wenn *A*, dann *B*› wahr ist. Daher hat in jedem Fall, ob *A* falsch ist oder *B* wahr, die Standarddarstellung der Folgerung, in Verbindung mit dem Konditionalitätsprinzip, zur Folge, daß ‹wenn *A*, dann *B*› wahr ist.

Alle Fälle sind abgedeckt: Wenn *A* falsch ist, ist der Bedingungssatz wahr; wenn *B* wahr ist, ist der Bedingungssatz wahr; und wenn *A* wahr und *B* falsch ist, ist der Bedingungssatz falsch. Folglich ist der Wahrheitswert des Bedingungssatzes vollständig durch die Wahrheitswerte seiner Bestandteile bestimmt.

Das unterstreicht die klassische Darstellung der Bedingungssätze; aber es erklärt nicht die Gegenbeispiele. Es erklärt nicht das Problem, daß zum Beispiel Edmunds mögliche Feigheit nicht hinreichend für die Behauptung zu sein scheint, daß er, wenn er mutig ist, Bergsteiger ist. Die konversationalistische Verteidigung ist ein Versuch, dieses Phänomen in Übereinstimmung mit der These der Wahrheitsfunktionalität zu erklären. Die Idee ist einfach: Bedingungssätze, so wird behauptet, sind wahrheitsfunktional; die Gegenbeispiele zeigen nicht, daß ein Bedingungssatz mit falschem Vorderglied oder wahrem Hinterglied nicht tatsächlich wahr ist – sie zeigen vielmehr, daß ein solcher Bedingungssatz unter solchen Umständen nicht behauptet werden kann. Zwischen Wahrheit und Behauptbarkeit wird ein Unterschied gemacht. Was wahr ist, kann vielleicht – unter bestimmten Umständen – nicht behauptet werden und umgekehrt: Was behauptet werden kann, ist vielleicht nicht wahr.

Die konversationalistische Lehre hat einen viel weiteren Anwendungsbereich als einfach nur Bedingungssätze. Einige ihrer primären Beispiele sind sehr vertraut. Wenn man auf die Frage, ob man die junge Frau kenne, die neulich zur Professorin für klassische Philologie ernannt worden ist, antwortet: ‹Sie ist ganz gut in Latein› oder ‹Sie spielt gern Krocket›, dann kann das sehr wohl so verstanden werden, daß ihre akademischen Leistungen nicht ganz so hoch sind, wie sie sein sollten. Natürlich mag das in einem angemessenen Kontext nicht die richtige Interpretation sein. Wenn es klar wäre, daß ihr Rang als Forscherin über jeden Zweifel erhaben ist, könnte das einfach eine interessante Zusatzinformation sein. Außerdem, selbst wenn die Zuhörer daraus eine Schmälerung ihrer Leistung entnähmen, könnte man das widerrufen – ‹Natürlich wollte ich damit nicht sagen, daß ihre vielen Bücher nicht erstklassig sind.› Nichtsdestoweniger gibt es in jeder Gesprächssituation Schlüsse und Implikationen (oder, in der technischen Sprache, – da ‹Implikation› oft anstelle von ‹Folgebeziehung› verwendet wird – ‹Implikaturen›). Man muß sich ihrer bewußt sein, und ihre Existenz wird das, was behauptet wird, beeinflussen. H. P. Grice hat insbesondere zwei Maximen herausgestellt, welche die Konversation leiten, die Maxime der Qualität, daß man nur das behaupten sollte, was man für wahr hält und was gerechtfertigt ist, und die Maxime der Quantität, daß man nicht weniger behaupten sollte, als man kann. Im ersten Fall ist der Grund folgender: Wenn man eine Behauptung aufstellt, impliziert man, daß man glaubt, was man sagt und gute Gründe dafür hat, es zu sagen. Diese Implikaturen können widerrufen werden; man kann so weit gehen, darauf hinzuweisen, daß man selber nicht daran glaubt, sondern andere es behaupten; oder daß man es glaubt, aber bislang keinerlei Beweise dafür hat. Aber wenn ein solcher Widerruf ausbleibt, ist die Implikatur da. So auch im zweiten Fall: Wenn man die Behauptung aufstellt, impliziert man, daß keine weitere hilfreiche und relevante Information gegeben werden kann. Wenn man zum Beispiel sagt, daß entweder Bush oder Clinton die Wahl gewonnen hat, impliziert man, daß man nicht weiß, welcher von beiden sie gewonnen hat; oder in der Bemerkung über die Professorin für klassische Philologie gibt es eine Implikatur, daß man keine Meinung zu ihrem akademischen Rang hat; oder sogar, daß man seine Ansichten darüber verheimlicht (obgleich das letztere Beispiel vielleicht gegen Grices Maxime der Relevanz verstößt).

Grice ist deshalb der Ansicht, daß zwar das, was eine Disjunktion wahr macht, die Wahrheit eines der Glieder der Disjunktion ist, aber die Kenntnis eines Disjunktionsglieds für ihre Behauptung nicht ausreicht. Wenn man eine Disjunktion behauptet, gibt es eine Implikatur, daß man sie glaubt und einen Grund dafür hat, sie zu glauben (nach der Maxime der Qualität), dieser Grund aber nicht einfach in der Kenntnis einer ihrer Komponenten besteht (nach der Maxime der Quantität). Es muß einen Grund geben, warum jemand sich dafür entschieden hat, eher die Disjunktion als eines ihrer Glieder zu behaupten, und die offensichtliche Erklärung ist, daß man keine vergleichbaren Gründe hat, eines der Glieder zu behaupten. Mit anderen Worten, wenn man behauptet ‹A oder B›, ist die Implikatur, daß man weder A noch B kennt, aber weiß, daß eines von beiden wahr ist, das heißt, daß, wenn A nicht wahr ist, B wahr sein muß; das heißt, man weiß, daß ‹wenn nicht-A, dann B› wahr ist (äquivalent, daß ‹wenn nicht-B, dann A› wahr ist).

Das Bindeglied zwischen Bedingungssätzen und Disjunktion dient dazu, die konversationalistische Darstellung von Disjunktionen auf Bedingungssätze auszudehnen. ‹Wenn A, dann B› korrespondiert – ja, ist äquivalent mit – ‹nicht-A oder B›, und jedes ist wahr, wenn A falsch ist oder B wahr ist. Aber keines kann einfach aufgrund der Falschheit von A oder der Wahrheit von B behauptet werden. Wenn Edmund ein Feigling ist, dann folgt, daß sowohl ‹Edmund ist ein Feigling, oder er ist Bergsteiger› und ‹Wenn Edmund mutig ist, ist er Bergsteiger› wahr sind. Aber es folgt nicht, daß beide behauptet werden können, denn ihre Behauptung impliziert, daß der Grund der Behauptung irgendeine Verbindung zwischen seiner Feigheit und Bergsteigen ist. Wir haben deshalb eine Erklärung dafür, warum die Abfolge von Schlüssen problematisch aussieht, aber eine Erklärung, die mit ihrer Richtigkeit übereinstimmt. Wenn A wahr ist, dann ist ‹A oder B› wahr, und also ist ‹wenn nicht-A, dann B› wahr; wenn ‹nicht-A› und ‹wenn nicht-A, dann B› wahr sind, dann muß B wahr sein. Also muß, wenn sowohl A wie ‹nicht-A› wahr sind, B wahr sein, was auch immer B ist. Das ist kein Problem, denn keine Aussage und ihre Negation sind beide wahr, also ist es für keine Aussage A der Fall, daß sowohl A wie ‹nicht-A› wahr sind.

Wir wollen aber noch etwas mehr über die Idee nachdenken, die Behauptbarkeit einer Aussage von ihrer Wahrheit zu unterscheiden. Es ist damit gemeint, die Argumente für die Wahrheitsfunktionalität von ‹wenn . . . dann› zu akzeptieren und also zu akzeptieren, daß jeder Bedingungssatz mit falschem Vorderglied oder wahrem Hinterglied wahr ist, aber die Nicht-Behauptbarkeit der Gegenbeispiele nicht dadurch zu erklären, daß sie falsch sind, sondern daß sie nicht behauptet werden können. Der Grund dafür, daß sie nicht behauptet werden können, wird sein, daß sie unter Umständen geäußert werden, wo das Vorderglied als falsch oder das Hinterglied als wahr bekannt ist, im Gegensatz zu der konversationalistischen Implikatur, die sich aus der Behauptung des Bedingungssatzes ergibt, nämlich daß keine stärkere Behauptung möglich war (nämlich die Verneinung des Vorderglieds oder die Behauptung des Hinterglieds).

Es gibt noch eine andere Zugangsweise. Grice schrieb die Nichtbehauptbarkeit der Beispiele einer Konversationsimplikatur zu. Frank Jackson schreibt sie einer konventionellen Implikatur zu. Der Unterschied ist folgender: Während Grice die Implikaturen als eine Folgerung aus den allgemeinen Maximen der Konversation ansieht (insbesondere der Maxime der Quantität), interpretiert Jackson sie als einen spezifischen Aspekt von Bedingungssätzen. Er definiert einen Begriff der ‹Robustheit›: Eine Aussage ist robust im Hinblick auf eine Information, wenn eine hohe Behauptbarkeit der Aussage von dem Erwerb der Information unberührt bleibt. Einige Disjunktionen sind robust im Hinblick auf die Verneinung beider Glieder der Disjunktion; einige sind es nicht. Wenn ich zum Beispiel sage ‹Churchill befahl die Bombardierung Dresdens› und du es bestreitest, muß einer von uns recht haben, das heißt, ‹Entweder habe ich recht oder du hast recht› hat eine hohe Behauptbarkeit, und sie wird hoch bleiben, wenn das Beweismaterial enthüllt, wer von uns recht hat. Die Disjunktion ist robust mit Hinblick auf die Verneinung jedes Disjunktionsglieds. Auf der anderen Seite, wenn ich weiß, daß Mascagni *Cavalleria rusticana* schrieb, es aber vorziehe, die schwächere Aussage zu machen ‹Entweder Mascagni oder Leoncavallo schrieb *Cavalleria rusticana*›, ist diese Disjunktion, bei hoher Behauptbarkeit, nicht robust im Hinblick auf die Verneinung des ersten Disjunktionsglieds. Sobald ich erfahren habe (wenn ich es erfahre), daß Mascagni diese Oper nicht schrieb, würde ich die Disjunktion zurückziehen, nicht den nächsten Schritt tun und Leoncavallos Urheberschaft folgern.

Für Jackson ist dies die Stelle, wo der disjunktive Syllogismus und der *modus ponens* ins Spiel kommen. Die Pointe von Bedingungssätzen, sagt er, besteht darin zu zeigen, daß man den *modus ponens* akzeptiert. ‹Wenn Mascagni nicht *Cavalleria rusticana* geschrieben hat, dann war es Leoncavallo› ist für mich nicht behauptbar, denn es ist nicht robust im Hinblick auf sein Vorderglied. Ein Bedingungssatz ‹wenn *A*, dann *B*› ist robust in Hinblick auf sein Vorderglied, wenn er hoch behauptbar ist und auch so bleibt, wenn man feststellt, daß sein Vorderglied wahr ist. Nur in einem solchen Fall könnte der *modus ponens* wirksam sein. Aber im vorliegenden Fall würde ich nicht weiterhin vom Bedingungssatz überzeugt sein, wenn ich erführe, daß sein Vordersatz wahr wäre. Der einzige Grund, den ich habe, an ihn zu glauben (die These vorausgesetzt, daß er der korrespondierenden Disjunktion äquivalent ist), ist meine Überzeugung, daß sein Vorderglied falsch ist. Also würde es mir widerstreben, das Hinterglied zu entfernen, wenn ich erführe, daß das Vorderglied wahr wäre. Im Gegensatz dazu ist ‹Wenn ich mich irre, hast du recht› in dem Churchill-Beispiel robust im Hinblick auf sein Vorderglied, denn ich habe es nicht einfach behauptet, weil ich das Vorderglied nicht geglaubt habe. Aber Bedingungssätze, sagt Jackson, sind nicht robust im Hinblick auf die Falschheit ihrer Hinterglieder. Das ist eine Folge seiner Überzeugung, daß die Behauptbarkeit von Bedingungssätzen durch die bedingte Wahrscheinlichkeit ihrer Hinterglieder, die von ihren Vordergliedern abhängen, gegeben ist, ein Begriff, den wir im nächsten Abschnitt diskutieren werden. Wenn die niedrige Behauptbarkeit der wahren Bedingungssätze eine Folge konversationalistischer Implikatur wäre, wären sie robust in Hinblick auf die Wahrheit ihrer Vorderglieder wie die Falschheit ihrer Hinterglieder, denn die Tatsache, daß sie behauptet worden sind, würde, nach der Maxime der Qualität, implizieren, daß nicht nur ihr Vorderglied nicht als falsch, sondern auch ihr Hinterglied nicht als wahr bekannt wäre. Wenn also Jackson recht hat, daß ihre Behauptbarkeit durch die bedingte Wahrscheinlichkeit gemessen wird, kann jene Maxime nur in dem Fall, wo das Vorderglied als falsch bekannt ist, der Grund ihrer niedrigen Behauptbarkeit sein, nicht in dem eines wahren Hinterglieds. (Wir werden uns die Überlegung, die zu diesem Ergebnis führt, später anschauen.) Jacksons Vorschlag lautet, daß es eine spezifische Konvention über Bedingungssätze gibt, nämlich daß sie robust im Hinblick auf ihre Vorderglieder sind und deshalb nicht unter Umständen behauptet werden können, wo bekannt ist, daß ihre Vorderglieder falsch sind. Es ist eine Sache der Konvention, daß sie den *modus ponens* unterstützen, das heißt, daß man das Hinterglied ablösen und folgern darf, wenn man die Wahrheit des Vorderglieds erfährt.

Aber weder Grices noch Jacksons Theorie ist haltbar. Der Grund ist der, daß die problematischen Bedingungssätze – Bedingungssätze, die falsch scheinen, obwohl sie ein falsches Vorderglied oder ein wahres Hinterglied haben – in eingebetteten Kontexten auftreten. Man erinnere sich etwa an das Beispiel über Churchill und betrachte die Disjunktion:

> Entweder, wenn ich recht hatte, hattest auch du recht, oder, wenn du recht hattest, hatte auch ich recht

Da du als jemand geschildert wirst, der pauschal verneint, was ich sage, ist hier kein Bedingungssatz plausibel wahr. Aber nach der wahrheitsfunktionalen Analyse ist, wenn du recht hättest, das erste Disjunktionsglied wahr (wahres Hinterglied), während, wenn du nicht recht hättest, das zweite wahr ist (falsches Vorderglied). Die Gricesche Erklärung lautet, daß keines behauptet werden kann, obwohl das eine oder das andere wahr ist. Aber keins von ihnen ist behauptet worden – was behauptet worden ist, war ihre Disjunktion. Behauptung und Behauptbarkeit sind Begriffe, die auf vollständige Aussagen angewendet werden, nicht auf deren Teile. Die obige Disjunktion scheint nicht deshalb falsch zu sein, weil sie aus irgendeinem Grund nicht behauptet werden kann, obwohl sie wahr ist, sondern weil sie falsch ist; und sie ist falsch, weil, trotz des Arguments für die Wahrheitsfunktionalität von Bedingungssätzen, Bedingungssätze nicht wahrheitsfunktional sind. Trotz aller Proteste der Verteidiger und der Versuche, die Beispiele wegzuerklären, scheint es klar, daß es falsche Bedingungssätze mit falschem Vorderglied oder wahrem Hinterglied gibt.

Bedingte Wahrscheinlichkeit

Um diese Position zu verteidigen, müssen wir sowohl eine alternative Darstellung von Bedingungssätzen geben wie auch zeigen, wo das Argument für ihre Wahrheitsfunktionalität in die Irre ging. *Eine* solche Darstellung entwickelt eine Idee, die sich bis auf Frank Ramsey zurückverfolgen läßt. Sein Gedanke war folgender: Wenn man entscheiden will, ob man einem Bedingungssatz Glauben schenken soll, füge man provisorisch oder hypothetisch den Wenn-Satz dem Vorrat an Überzeugungen, die man hat, hinzu und überlege, ob man dem Dann-Satz Glauben schenken kann. Das reduziert die Frage, ob den Bedingungssätzen zu glauben sei, auf die Frage, ob man nicht-bedingten, das heißt kategorischen oder apodiktischen Aussagen glauben soll. (Vorder- und Hinterglied werden manchmal als ‹Protasis› und ‹Apodosis› bezeichnet.) Ein Bedingungssatz sollte dann geglaubt werden, wenn der Glaube an seinen Wenn-Satz einen verpflichten würde, seinem Dann-Satz Glauben zu schenken.

Diejenigen, die von Ramseys Idee oder Ramseys Test, wie er oft genannt wird, Gebrauch gemacht haben, fallen in zwei Gruppen. Einige wie Jackson oder David Lewis glauben, indikativische Bedingungssätze seien wahrheitsfunktional; aber sie geben zu, daß dies für Bedingungssätze im Konjunktiv nicht zutreffen kann. Ein umfänglicher Typ von konjunktivischem Bedingungssatz ist der irreale (kontrafaktische) Bedingungssatz, dessen Dann-Satz als falsch bekannt ist oder dessen Falschheit zugestanden wird. Wenn man zum Beispiel sagt:

Wenn Oswald Kennedy nicht getötet hätte, dann hätte es ein anderer getan

gibt man zu oder setzt voraus, daß Oswald Kennedy getötet hat. Wenn alle derartigen Bedingungssätze wahrheitsfunktional wären, wären sie alle wahr dank der Falschheit ihrer Dann-Sätze (oder würden zumindest von all denen für wahr gehalten werden, welche die Voraussetzung teilten). Dadurch würden sie aber zu Unsinn. Wer das Obige behauptet, würde bestreiten wollen

Wenn Oswald Kennedy nicht getötet hätte, dann hätte es gar keiner getan.

Wenn irreale Bedingungssätze wahrheitsfunktional wären, wäre dieser Bedingungssatz ebenfalls wahr.

Die andere Gruppe, die Ramseys Test übernommen hat, gehört zu denen, die überzeugt sind, daß indikativische Bedingungssätze nicht wahrheitsfunktional sind und sich deshalb von Ramseys Test eine Erklärung sowohl indikativischer wie konjunktivischer Bedingungssätze erhoffen. Tatsächlich spielt Robert Stalnaker, der Hauptvertreter dieser

Ansicht, den Unterschied zwischen indikativischen und konjunktivischen Bedingungssätzen herunter; er sieht ihn als einen im wesentlichen pragmatischen Aspekt, der keineswegs einen tiefen Unterschied in den Wahrheitsbedingungen der beiden widerspiegelt, sondern eher eine Widerspiegelung der Tatsache darstellt, daß die Falschheit des Dann-Satzes zugestanden worden ist und vielleicht ein weiterer Bereich von Möglichkeiten offensteht. (Wir werden darauf im nächsten Abschnitt zurückkommen.) Wir wollen Stalnaker folgen und Ramseys Test für indikativische Bedingungssätze entwickeln, da wir an Alternativen zur Wahrheitsfunktionalität interessiert sind.

In der Darstellung von Ramseys Test fand ein Wechsel von Wahrheit und Wahrheitsbedingungen zu Glaube und Glaubwürdigkeit statt. Wir können uns ein Modell vom Glauben machen und ihn mit der Wahrheit in Beziehung setzen, indem wir ihn als eine Wahrscheinlichkeitsfunktion interpretieren. Die Wahrscheinlichkeit einer Aussage ist die Wahrscheinlichkeit, daß sie wahr ist. Sie ist ein Maß dafür, wie wahrscheinlich es ist, daß die Aussage wahr ist. Eine Wahrscheinlichkeitsfunktion ist eine Funktion, die jeder Aussage eine Zahl zwischen 0 und 1 zuordnet, wobei gänzlich unwahrscheinlichen Aussagen, zum Beispiel logischen Widersprüchen, 0 zugewiesen wird und logisch gewisse Aussagen, also Tautologien, den maximalen Wert 1 erhalten; die Wahrscheinlichkeit einer Disjunktion zweier Aussagen, die nicht beide zugleich wahr sein können, ist gleich der Summe ihrer Wahrscheinlichkeiten. So ist zum Beispiel die Wahrscheinlichkeit von ‹nicht-A›, wofür wir schreiben ‹p (nicht-A)›, gleich $1 - p(A)$, da ‹A oder nicht-A› eine Tautologie ist (und folglich die Wahrscheinlichkeit 1 hat), und A und ‹nicht-A› nicht beide zugleich wahr sein können.

Vorausgesetzt sei ein Wahrscheinlichkeitsmaß p_1 und eine Aussage E; dann können wir ein weiteres Maß p_2 in Abhängigkeit von E definieren. Damit ist folgendes gemeint: Die Verteilung der Wahrscheinlichkeitszuschreibungen, die durch p_1 gemessen werden, ist auf der Basis eines bestimmten Beweismaterials erfolgt und mißt die Überzeugungen, zu denen man aufgrund dieses Beweismaterials gekommen ist. Nachträglich wird weiteres Beweismaterial, E, erlangt; auf dessen Grundlage wollen wir unsere Wahrscheinlichkeitszuschreibungen revidieren und zu einer revidierten Verteilung von Wahrscheinlichkeitsurteilen kommen, eben zu p_2. Für jede Aussage A setzen wir $p_2(A)$ als das Verhältnis der früheren Wahrscheinlichkeit, $p_1(A$ und $E)$, daß sowohl A wie E wahr sind, geteilt durch die frühere Wahrscheinlichkeit für das Beweismaterial, $p_1(E)$. (Offensichtlich darf $p_1(E)$, wenn man eine Abhängigkeit von E bildet, nicht null sein. Es darf nicht unmöglich gewesen sein, daß dieses Beweismaterial gewonnen wurde.) Dieses Verhältnis

$$\frac{p_1(A \text{ und } E)}{p_1(E)}$$

heißt bedingte Wahrscheinlichkeit von A in Abhängigkeit von (oder relativ zu) E und wird geschrieben $p_1(A/E)$. Also

$$p_2(A) = p_1(A/E) = \frac{p_1(A \text{ und } E)}{p_1(E)}, \text{ vorausgesetzt } p_1(E) \neq 0$$

Wir wollen uns ein Beispiel ansehen, die Wahrscheinlichkeiten, eine Karte aus einem Standardkartenspiel von 52 Karten zu ziehen – vier Farben mit je 13 Karten, kein Joker. Die Wahrscheinlichkeitstheorie hat zwei Interpretationen, die eine, die man die objektiven Wahrscheinlichkeiten nennen könnte, die sich aus den Häufigkeiten oder Verhältnissen bestimmter Ergebnisse ergeben, und die subjektiven Wahrscheinlichkeiten, die Überzeugungen korrespondieren, die sich jemand im Lichte des Beweismaterials bildet. Die erstere wird durch den Packen Spielkarten illustriert (und ähnlich durch das Werfen von Münzen oder Würfeln); auf die letztere bezieht sich Ramseys Test. Es ist alles andere als offensichtlich, daß sie einander entsprechen oder daß die wirklichen Überzeugungen den objektiven Häufigkeitsverteilungen entsprechen. Nichtsdestoweniger illustrieren die objektiven Häufigkeiten sehr anschaulich die Verwendung von Wahrscheinlichkeitsfunktionen und können, wenn man will, als Maß der Überzeugungen eines idealen und objektiven Beobachters angesehen werden.

Wenn man aufs Geratewohl eine einzelne Karte aus einem gut gemischten Kartenspiel zieht, ist die Wahrscheinlichkeit, ein Herz zu ziehen, p (Herz) $= \frac{1}{4}$; p (As) $= \frac{1}{13}$; p (Herzas) $= \frac{1}{52}$. Denn es gibt unter 52

Möglichkeiten, überhaupt eine Karte zu ziehen, 13 Möglichkeiten, ein Herz zu ziehen; vier Möglichkeiten, ein As zu ziehen; und nur eine Möglichkeit, ein Herzas zu ziehen. Die Wahrscheinlichkeit, kein Herz zu ziehen, ist p (Nicht-Herz) $= \frac{3}{4}$, denn es gibt 39 solche Ergebnisse, was heißt $1 - p$ (Herz). Ebenso p (Nicht-Herz) $= p$ (Kreuz oder Karo oder Pik), und da Kreuz, Karo oder Pik sich gegenseitig ausschließen, können wir diese Wahrscheinlichkeiten getrennt summieren, das heißt, p (Kreuz oder Karo oder Pik) $= p$ (Kreuz) $+ p$ (Karo) $+ p$ (Pik) $= \frac{1}{4} + \frac{1}{4} + \frac{1}{4} = \frac{3}{4}$, wie es sein sollte. Eine weitere Illustration der Summierung der Wahrscheinlichkeiten – die nur geschehen kann, wenn die Ergebnisse einander ausschließen – ist die Wahrscheinlichkeit, eine Bildkarte zu ziehen, p (Bildkarte) $= p$ (König oder Dame oder Bube) $= p$ (König) $+ p$ (Dame) $+ p$ (Bube) $= \frac{1}{13} + \frac{1}{13} + \frac{1}{13} = \frac{3}{13}$. Man beachte aber, daß p (Herz oder As) $= \frac{4}{13}$ $\neq p$ (Herz) $+ p$ (As) $= \frac{17}{52}$, denn die Möglichkeiten, ein Herz zu ziehen und ein As zu ziehen, schließen einander nicht aus – man kann ja auch ein Herzas ziehen.

Um bedingte Wahrscheinlichkeiten zu illustrieren, betrachte man die Wahrscheinlichkeit, einen König zu ziehen, vorausgesetzt, man hat eine Bildkarte gezogen:

$$p\,(\text{König}\,/\,\text{Bildkarte}) = \frac{p\,(\text{König und Bildkarte})}{p\,(\text{Bildkarte})} - \frac{\frac{1}{13}}{\frac{3}{13}} = \frac{1}{3}$$

denn p (König und Bildkarte) $= p$ (König); und dieses Ergebnis ist offensichtlich richtig – die Chance steht eins zu drei, daß eine gegebene Bildkarte ein König ist. Andererseits

$$p\,(\text{As}\,/\,\text{Bildkarte}) = \frac{p\,(\text{As und Bildkarte})}{p\,(\text{Bildkarte})} = \frac{0}{13} = 0$$

denn keine Bildkarte ist ein As, während

$$p\,(\text{As}\,/\,\text{Nicht-Bildkarte}) = \frac{p\,(\text{As und Nicht-Bildkarte})}{p\,(\text{Nicht-Bildkarte})} =$$

$$\frac{p\,(\text{As})}{(1 - p\,(\text{Nicht-Bildkarte}))} = \frac{\frac{1}{13}}{\frac{10}{13}} = \frac{1}{10}$$

und wiederum stimmt die durch die Theorie erhaltene Rechnung mit der direkten Messung von Häufigkeiten überein, denn es gibt vier Möglichkeiten, unter den 40 Nicht-Bildkarten ein As zu ziehen.

Ramseys Test setzt den Glauben, den wir einem Bedingungssatz schenken, dem Glauben gleich, den wir seinem Dann-Satz schenken, wenn wir den Wenn-Satz annehmen. Stalnaker schlug vor, die Wahrscheinlichkeitsfunktionen zu benutzen, um diese Idee zu artikulieren, so daß das, was als ‹Stalnakers Hypothese› bekannt geworden ist, so lautet: p (wenn A, dann B) = p (B/A). Ein schwächerer Vorschlag, der manchmal nach dem Werk von Ernest Adams ‹Adams Hypothese› genannt wird, lautet, daß p (B/A) zwar nicht die Wahrscheinlichkeit des Bedingungssatzes, aber seine Behauptbarkeit mißt. Man beachte, daß Adams Hypothese mit der Behauptung konsistent ist, daß der Bedingungssatz wahrheitsfunktional ist – das ist explizit Jacksons Position, wie wir im letzten Abschnitt sahen. Andererseits steht Stalnakers Hypothese nicht mit der Überzeugung in Einklang, daß der Bedingungssatz, der darin auftritt, wahrheitsfunktional ist, denn p (B/A) $\neq$ p (nicht-A oder B) (zum Beispiel, p (König/As) = 0, aber p (Nicht-As oder König) = p (Nicht-As) = $\frac{12}{13}$).

Ob man nun Stalnaker oder Adams folgt, die Anziehungskraft von p (B/A) als einem Maß liegt darin, daß es viele der nicht intuitiven Konsequenzen einer sklavischen Bindung an eine wahrheitsfunktionale Darstellung von Bedingungssätzen vermeidet, insbesondere, daß jeder Bedingungssatz mit falschem Wenn-Satz oder wahrem Dann-Satz wahr ist. Denn p (B/A) kann niedrig sein, selbst wenn p (nicht-A) oder p (B) hoch sind, das heißt, eine hohe Wahrscheinlichkeit der Falschheit des Wenn-Satzes oder der Wahrheit des Dann-Satzes des korrespondierenden Bedingungssatzes zieht nicht einen hohen Wert für die bedingte Wahrscheinlichkeit nach sich. Zum Beispiel ist p (As/Bildkarte) = 0, aber p (Nicht-Bildkarte) = $\frac{10}{13}$ ist hoch; ähnlich p (Nicht-Bildkarte/König) = 0, während p (Nicht-Bildkarte) hoch ist. Freilich bricht die Äquivalenz – im Wahrscheinlichkeitswert – von Bedingungssatz (oder der bedingten

Wahrscheinlichkeit) und korrespondierender Disjunktion zusammen. Was immer man von den Argumenten des letzten Abschnitts für die Wahrheitsfunktionalität des Bedingungssatzes denken mag, sie gelten nicht, wenn Wahrscheinlichkeiten im Spiel sind. Man nehme das Konditionalitätsprinzip (das die Wahrheit der Bedingungssätze in Beziehung zur Gültigkeit des korrespondierenden Arguments setzt): Wann immer p (A und B) hoch ist, muß p (B) auch hoch sein; aber es folgt nicht, daß, wenn p (B) hoch ist, auch p (B/A) hoch ist, wie das obige Beispiel, p (Nicht-Bildkarte/König), zeigt.

Die Wahrscheinlichkeitsanalyse gibt deshalb eine alternative Darstellung der Bedingungssätze und kann obendrein eine Diagnose des Fehlers in den Argumenten für die Wahrheitsfunktionalität liefern. Im ersten Argument war es die Äquivalenz von Bedingungssatz und korrespondierender Disjunktion, die fehlerhaft war; im zweiten die Verwendung des Konditionalitätsprinzips.

Wir haben im vorigen Abschnitt bemerkt, daß Jackson behauptet, die Robustheit der Bedingungssätze mit Hinblick auf ihren Wenn-Satz sei Sache einer konventionellen, nicht einer konversationalen Implikatur. Wir sind jetzt in der Lage, seine Gründe zu verstehen. Sie beruhen auf dem Unterschied zwischen p (nicht-A oder B) und p (B/A) (wenn man die Disjunktion wahrheitsfunktional liest). Die Robustheit einer Aussage H auf der Basis bestimmten Beweismaterials E im Sinne Jacksons ist ein Maß des Unterschieds, den E zur Wahrscheinlichkeit von H macht, das heißt des Unterschieds zwischen p (H) und p (H/E); p (H/E) darf nicht signifikant niedriger sein als p (E). Eine einfache Rechnung zeigt, daß

$$p(B/A) = p(\text{nicht-}A \text{ oder } B) - (p(\text{nicht-}A \text{ oder } B) - p(B/A))$$

Aber auch

$$p((\text{nicht-}A \text{ oder } B)/A) = \frac{p(A \text{ und } (\text{nicht-}A \text{ oder } B))}{p(A)} = \frac{p(A \text{ und } B)}{p(A)} = p(B/A)$$

Deshalb

$$p\ (B\ /\ A) = p\ (\text{nicht-}A\ \text{oder}\ B) - (p\ (\text{nicht-}A\ \text{oder}\ B)$$
$$- p\ ((\text{nicht-}A\ \text{oder}\ B)\ /\ A)).$$

Dieser Faktor, der für Jackson die Wahrscheinlichkeit der Wahrheitsbedingung von ‹wenn A, dann B› – nämlich ‹nicht-A oder B› – mindert, ist exakt das Maß der Robustheit des Bedingungssatzes (wahrheitsfunktional genommen) mit Hinblick auf seinen Wenn-Satz, p (Bedingungssatz) $- p$ (Bedingungssatz / Wenn-Satz). Wenn also $p\ (B\ /\ A)$ die Behauptbarkeitsbedingungen von Bedingungssätzen korrekt mißt, wie Jackson glaubt, dann sollte nur die Robustheit im Hinblick auf den Wenn-Satz und nicht die im Hinblick auf die Falschheit des Dann-Satzes in Rechnung gestellt werden. Das kann nur geschehen, wenn die Implikatur konventionell, nicht konversational ist. Wäre sie konversational (von den Maximen der Konversation beherrscht), würde sie sowohl durch die Falschheit des Wenn-Satzes wie durch die Wahrheit des Dann-Satzes beeinflußt. Aber dann gäbe es einen zusätzlichen Faktor, p (Bedingungssatz) $- p$ (Bedingungssatz / Nicht-Dann-Satz), und das Ergebnis wäre nicht $p\ (B\ /\ A)$. Wenn Jackson berechtigt ist, Adams Hypothese zu übernehmen, dann muß die Implikatur, die sie erklärt, konventionell sein.

Wir sahen freilich, daß Jacksons Darstellung, welche die Wahrheitsfunktionalität in den Wahrheitsbedingungen von Bedingungssätzen beibehielt, über die Frage der eingebetteten Bedingungssätze stolpert. Anstelle jener Darstellung identifiziert Stalnakers Hypothese die Wahrheitsbedingung anders, indem sie die Wahrscheinlichkeit der Bedingungssätze mit der bedingten Wahrscheinlichkeit gleichsetzt. Die letzten 20 Jahre über hat David Lewis einen fortwährenden Angriff gegen diese Gleichsetzung geführt. Lewis möchte zeigen, daß es keine Aussage gibt, deren Wahrscheinlichkeit durch die bedingte Wahrscheinlichkeit gemessen wird, das heißt, gegeben beliebige Aussagen A und B, so gibt es keine Aussage C, für die $p\ (C) = p\ (B\ /\ A)$. Insbesondere mißt die bedingte Wahrscheinlichkeit also nicht die Wahrscheinlichkeit von Bedingungssätzen. Deshalb ist Stalnakers Hypothese unhaltbar; man muß entweder Adams Version übernehmen – wie Lewis und Jackson – oder die probabilistische Darstellung überhaupt aufgeben.

Lewis' Argument ist etwas technisch; und es hat über die Jahre eine Reihe von Verfeinerungen erfahren. Wir können uns hier seine einfachste Version anschauen. Erstens bemerke man, daß es Aussagen A und B gibt, so daß weder $p(B)$ noch $p(\text{nicht-}B)$, $p(A \text{ und } B)$ und $p(A \text{ und nicht-}B)$ null ist. A möge beispielsweise sein ‹Ich ziehe eine Bildkarte› und B ‹Ich ziehe einen König›. Dann ist $p(B) = \frac{1}{13}$, $p(\text{nicht-}B) = \frac{12}{13}$, $p(A \text{ und } B)$ $= \frac{1}{13}$ und $p(A \text{ und nicht-}B) = \frac{2}{13}$. Das Bemerkenswerte daran ist, daß p $(B/A) = \frac{1}{3} \neq p(B)$. Lewis will nun folgendes zeigen: Wenn es eine Aussage C gäbe, so daß, für jede Wahrscheinlichkeitsfunktion p in irgendeiner vernünftigen Klasse (zum Beispiel denjenigen, die einen Bereich der Überzeugungen des Sprechers abbilden), $p(C) = p(B/A)$, dann wäre $p(B/A) = p(B)$. Da letzteres offensichtlich falsch ist, kann es keine solche Aussage C geben, insbesondere p (wenn A, dann B) $\neq p(B/A)$.

Angenommen, Stalnakers Hypothese gilt für alle Wahrscheinlichkeitsfunktionen in irgendeiner Klasse. Es möge q die Wahrscheinlichkeitsfunktion sein, die durch $q(D) = p(D/B)$ für jede Aussage D definiert ist. q gehört plausiblerweise zu der Klasse der fraglichen Wahrscheinlichkeitsfunktionen (im Beispiel der revidierte Überzeugungszustand, wenn man erfährt, daß man einen König gezogen hat). Also

$$p(C/B) = q(C) = q(B/A)\,\frac{q(A \text{ und } B)}{q(A)} = \frac{p((A \text{ und } B)/B)}{p(A/B)}$$

$$= \frac{p(B \text{ und } A \text{ und } A)}{p(B \text{ und } A)} = p(B/(A \text{ und } B))$$

Ähnlich (vorausgesetzt, daß r, definiert durch $r(D) = p(D/\text{nicht-}B)$ für alle D, zu der Klasse gehört – wenn ich erfahren habe, daß ich keinen König gezogen habe), $p(C/\text{nicht-}B) = p(B/(A \text{ und nicht-}B))$.

Um den Beweis zu vollenden, bedürfen wir zweier weiterer Fakten der Wahrscheinlichkeitstheorie, die leicht aus den angegebenen Postulaten abgeleitet werden können. Erstens, da

$$p(D/E) = \frac{p(D \text{ und } E)}{p(E)},$$

folgt, daß p $(D$ und $E) = p$ (D/E) . p (E) für beliebige D und E. Zweitens, da ‹D und E› und ‹D und nicht-E› nicht beide wahr sein können, D aber trotzdem äquivalent mit ‹entweder D und E oder D und nicht-E› ist, folgt, daß p $(D) = p$ (entweder D und E oder D und nicht-E) = p $(D$ und $E) + p$ $(D$ und nicht-$E)$. Wir wenden diesen letzten Punkt nun auf C und B an (wobei C die Aussage ist, deren Wahrscheinlichkeit nach unserer Annahme durch p (B/A) gemessen wird):

$$p(C) = p(C \text{ und } B) + p(C \text{ und nicht-}B)$$
$$= p(C/B) . p(B) + p(C \text{ nicht-}B) . p(\text{nicht-}B)$$
$$= p(B/(A \text{ und } B)) . p(B) + p(B/(A \text{ und nicht-}B)) . p(\text{nicht-}B)$$
$$= \frac{p(B \text{ und } A \text{ und } B) . p(B)}{p(A \text{ und } B)} + \frac{p(B \text{ und } A \text{ und nicht-}B . p(\text{nicht-}B)}{p(A \text{ und nicht-}B)}$$
$$= p(B)$$

da p $(B$ und A und $B) = p$ $(A$ und $B)$ und p $(B$ und A und nicht-$B) = 0$. (Man beachte, daß unsere Annahmen der von Null verschiedenen Wahrscheinlichkeiten für B, ‹nicht-B› usf. sicherstellen, daß keiner dieser Nenner null ist.) Wir sind auf diese Weise bei Lewis' sogenanntem ‹Trivialitäts›ergebnis angelangt, daß C anscheinend probabilistisch von A unabhängig ist, ein Ergebnis, das in Fällen wie jenem der Bildkarte und dem König offensichtlich falsch ist. Schuld ist Stalnakers Hypothese. Die Wahrscheinlichkeit des Bedingungssatzes kann nicht durch die bedingte Wahrscheinlichkeit gemessen werden.

Die Ähnlichkeitserklärung

Man könnte versucht sein, weiterzugehen und zu schließen, daß Ramseys Idee widerlegt sei. Aber das wäre voreilig. Stalnakers Hypothese ist nur ein denkbarer Versuch, ihr einen genauen Ausdruck zu geben. Stalnaker wie Lewis haben etwas entwickelt, was auf den ersten Blick eine ganz andere Artikulierung von Ramseys Test zu sein scheint, Stalnaker für Bedingungssätze im allgemeinen, Lewis für konjunktivische Bedingungssätze. Sie macht von Ideen aus der Semantik der Modallogik Gebrauch, deren philosophische Implikationen wir im nächsten Kapitel betrachten werden.

Der Ramsey-Test schlägt vor, daß wir einen Bedingungssatz dadurch bewerten, daß wir den Wenn-Satz annehmen und den Dann-Satz unter dieser Annahme bewerten. Wir können das als den Vorschlag auffassen, daß ein Bedingungssatz wahr ist nicht aufgrund dessen, wie die Dinge wirklich sind, sondern wie sie bei einer geeigneten Revision wären: Wenn der Wenn-Satz wahr ist, werden die Dinge etwas anders sein – tatsächlich behauptet der Bedingungssatz, daß der Dann-Satz dann wahr sein wird. Wie verschieden müssen sie sein? – Gerade genug, schlägt Stalnaker vor, um den Wenn-Satz wahr zu machen. Deshalb schlägt er folgende Wahrheitsbedingung vor: Ein Bedingungssatz ist wahr, wenn sein Dann-Satz wahr ist, bei der kleinstmöglichen Revision, unter welcher der Wenn-Satz wahr ist, das heißt in der ähnlichsten Welt, die möglich ist, in welcher der Wenn-Satz wahr ist. Eine mögliche Welt ist ein maximaler Sachverhalt – eine vollständige Spezifizierung, wie die Dinge sein könnten. (Was eine mögliche Welt genauer ist, wird in Kapitel 4 betrachtet werden.) Benötigt wird eine Funktion, eine ‹Ähnlichkeits›funktion, die, eine beliebige Aussage und eine mögliche Welt gegeben, als Wert die ähnlichste Welt hat, in welcher die Aussage wahr ist. Er nannte sie eine Auswahlfunktion: $f(A,w)$ nimmt als Eingabe eine Aussage A und eine Welt w und gibt als Wert die w ähnlichste Welt aus, in der A wahr ist. Ein Bedingungssatz ‹wenn A, dann B› ist wahr in einer Welt w, wenn B wahr ist in $f(A,w)$, der w ähnlichsten A-Welt.

‹Wenn du eine Eins machst, erhältst du ein Stipendium› ist beispielsweise wahr, wenn die Welt, in der du ein Stipendium erhältst, der Welt, in der du eine Eins machst, am ähnlichsten ist. ‹Wenn Oswald Kennedy nicht getötet hat, dann hat es ein anderer getan› ist wahr, wenn bei der Minimalrevision der Dinge, wie sie sind, unter der wir annehmen, daß Oswald Kennedy nicht getötet hat, Kennedy nichtsdestoweniger trotzdem erschossen worden ist. ‹Wenn das Pfund nicht abgewertet wird, wird die Rezession weiterhin anhalten› ist wahr, wenn in einer Welt, die dieser so ähnlich wie möglich ist, in der es aber keine Abwertung gibt, die Rezession fortdauert.

Wenn A in w wirklich wahr ist, dann ist $f(A,w) = w$; das heißt, die Welt, welche im Hinblick auf eine Aussage einer Welt am ähnlichsten ist, in der diese Aussage schon wahr ist, ist diese Welt selbst. Deshalb sind, auf der Grundlage der vorliegenden Analyse, Bedingungssätze mit wahrem Wenn-Satz genau dann wahr, wenn ihr Dann-Satz wahr ist; insbesondere sind Bedingungssätze mit wahrem Wenn-Satz und Dann-Satz wahr. In dieser Hinsicht stimmt die Analyse möglicher Welten mit der wahrheitsfunktionalen überein, und ebenso mit der probabilistischen Analyse, denn $p(B/A) = p(B)$, wenn $p(A) = 1$. (Die Konditionalisierung – das Bilden von $p_2(B) = p_1(B/A)$ für alle B in Abhängigkeit von A – verändert nur die früheren Wahrscheinlichkeiten, wenn das neue Beweismaterial wirklich neu ist). Die Analyse der möglichen Welt weicht von der wahrheitsfunktionalen dann ab, wenn der Wenn-Satz falsch ist. Nach der üblichen wahrheitsfunktionalen Darstellung sind alle Bedingungssätze mit falschem Wenn-Satz wahr. Dieses Resultat wird nicht durch die obige Wahrheitsbedingung auf der Basis der Ähnlichkeit von Welten erreicht. Man betrachte etwa das frühere Beispiel: ‹Wenn Edmund mutig ist, ist er Bergsteiger.› Daß Edmund ein Feigling ist, bedeutet nicht automatisch (wie die wahrheitsfunktionale Darstellung bestimmt), daß der Bedingungssatz wahr ist. Wir müssen die mögliche Welt, die der unsrigen möglichst ähnlich ist, betrachten, in der Edmund mutig ist, und herausfinden, ob er in einer solchen Situation Bergsteiger ist. Diese Situation wird gefunden werden, indem man die minimale Revision herausarbeitet, die nötig ist, um Edmund aus einem Feigling in einen mutigen Helden zu verwandeln. Es mag gut sein, daß, Edmunds besondere Interessen und Persönlichkeit gegeben, eine unmittelbare Manifestation seines Muts darin bestehen wird, daß er mit Bergsteigen beginnt – alles, was ihn daran hinderte, war seine Feigheit.

Eine Anzahl logischer Prinzipien, die klassisch gültig sind, versagt auf der Basis der Ähnlichkeitsanalyse. Ein Beispiel ist die Kontraposition, daß ‹wenn B, dann nicht-A› aus ‹wenn A, dann nicht-B› folgt. Man nehme folgendes Beispiel: ‹Wenn es regnet, wird es nicht heftig regnen. Also, wenn es heftig regnet, wird es nicht regnen.› Die Prämisse könnte wahr sein, aber die Schlußfolgerung ist absurd. Die ähnlichste Welt, in der es regnet, kann sehr wohl eine sein, in welcher es nur leicht regnet;

aber die ähnlichste Welt, in der es heftig regnet, kann nicht eine sein, in der es überhaupt nicht regnet. Ein weiteres Prinzip, welches versagt, ist das der Verstärkung des Wenn-Satzes. Es hat die Form: ‹Wenn A, dann B. Also, wenn A und C, dann B.› Klassisch ist es gültig, denn wenn die Prämisse wahr ist, ist entweder A falsch oder B ist wahr, in welchem Fall entweder ‹A und C› falsch ist oder B wahr und also die Schlußfolgerung wahr ist. Ein Gegenbeispiel ist: ‹Wenn ich Zucker in meinen Tee tue, wird er gut schmecken. Also, wenn ich Zucker und Dieselöl in meinen Tee tue, wird er gut schmecken.› In der ähnlichsten Welt, in der ich Zucker in meinen Tee tue, schmeckt der Tee gut; aber in der ähnlichsten Welt, in der ich sowohl Dieselöl wie Zucker in meinen Tee tue, schmeckt er scheußlich.

Es folgt, daß die Transitivität versagen muß, das heißt, ‹Wenn A, dann B und wenn B, dann C. Also, wenn A, dann C› wird ungültig sein. Denn offensichtlich muß ‹wenn A und C, dann A› wahr sein; die Transitivität würde ergeben: ‹Wenn A und C, dann A. Wenn A, dann B. Also, wenn A und C, dann B›; die Verstärkung des Wenn-Satzes würde folgen. Die Transitivität versagt nach der Ähnlichkeitsdarstellung, weil die ähnlichste A-Welt nicht die ähnlichste B-Welt zu sein braucht und also keine C-Welt zu sein braucht.

Diese Prinzipien versagen auch unter der probabilistischen Analyse. Tatsächlich sind die logischen Prinzipien, die bei den beiden Darstellungen gültig sind, dieselben, obgleich die Termini, in denen die Wahrheitsbedingungen von Bedingungssätzen nach den beiden Theorien gebildet werden, so verschieden sind. Das Scheitern der Verstärkung des Wenn-Satzes und der Transitivität zeigen auch, daß das Konditionalitätsprinzip zusammenbricht. ‹Wenn A, dann B. A und C. Also B› ist ein gültiges Prinzip nach der Ähnlichkeits- wie auch der Wahrscheinlichkeitsdarstellung. Das Gegenbeispiel mit dem Dieselöl funktionierte, weil die Welt, in der ich sowohl Zucker wie Dieselöl in meinen Tee tat, nicht-aktual war. Aber wenn der Wenn-Satz der Schlußfolgerung in die Prämissen hineingebracht wird, wird das Gegenbeispiel nicht funktionieren. Wenn ‹A und C› wahr ist, dann ist diese Welt eine A-Welt, also ist ‹wenn A, dann B› nur dann wahr, wenn B wahr ist. Wenn also die Prämissen wahr sind, dann ist es auch die Schlußfolgerung. Dasselbe gilt für die Transitivität: Wenn der Wenn-

Satz der Schlußfolgerung in die Prämissen gebracht wird, ist der resultierende Schluß gültig. Wir haben also als gültigen Schluß

Wenn *A*, dann *B*. *A* und *C*. Also *B*

und

Wenn *A*, dann *B*. Wenn *B*, dann *C*. *A*. Also *C*

aber die Ergebnisse der Anwendung des Konditionalitätsprinzips sind ungültig:

Wenn *A*, dann *B*. Also, wenn *A* und *C*, dann *B*

und

Wenn *A*, dann *B*. Wenn *B*, dann *C*. Also, wenn *A*, dann *C*

Der Grund, weshalb das Konditionalitätsprinzip nach der Ähnlichkeitsanalyse versagt, ist der, daß der Bedingungssatz zu einer modalen Verknüpfung geworden ist; das Prinzip begeht einen modalen Fehlschluß. Wenn ‹wenn *A*, dann *B*› als eine modale Verbindung irgendeiner Art behandelt wird (das heißt, sein Wahrheitswert nicht nur von den wirklichen Werten von *A* und *B*, sondern auch von ihren möglichen Werten abhängt), dann müssen wir, um ‹wenn *A*, dann *B*› von irgendwelchen anderen Aussagen abzuleiten, nicht nur wissen, daß *B* aus diesen anderen Aussagen in Verbindung mit *A* folgt (wie es das Konditionalitätsprinzip fordert), sondern daß diese anderen Aussagen in irgendeinem angemessenen modalen Sinn stark genug sind. Zum Beispiel, selbst gegeben, daß ‹wenn *A*, dann *B*› wahr ist; wenn ‹*A* und *C*› nicht aktual wahr ist, ist die ähnlichste Welt, in der ‹*A* und *C*› wahr ist, vielleicht nicht die ähnlichste Welt, in der *A* wahr ist, und also ist vielleicht auch *B* dort nicht wahr. Um sicherzustellen, daß die ähnlichste ‹*A* und *C*›-Welt die ähnlichste *A*-Welt ist, müßten wir zum Beispiel wissen, daß *C* überall wahr ist.

Wir sollten jetzt ein Gefühl dafür gewonnen haben, wie die ‹Ähnlichkeits›theorie arbeitet. Freilich herrscht unter ihren Anhängern über eine Reihe von Prinzipien Uneinigkeit. Eins davon ist das bedingte ausgeschlossene Dritte. Wir haben das ausgeschlossene Dritte schon früher angetroffen: Es besagt, daß der eine oder der andere Teil einer Aussage und ihres kontradiktorischen Gegenteils wahr sein muß, das heißt, daß jede Aussage von der Form ‹A oder nicht-A› wahr ist. Das bedingte ausgeschlossene Dritte ist ein stärkeres Prinzip; es besagt, daß das eine oder das andere Glied eines Paars von Bedingungssätzen, die sich nur darin unterscheiden, daß der Dann-Satz des einen das kontradiktorische Gegenteil des Dann-Satzes des anderen ist, wahr sein muß, das heißt, daß jede Aussage der Form ‹wenn A, dann B oder wenn A, dann nicht-B› wahr ist. Das bedingte ausgeschlossene Dritte ist zentral für die Methode Stalnakers, den Ramsey-Test zu entwickeln, und entspricht der Annahme, daß es immer eine einzige ähnlichste Welt gibt, das heißt, daß $f(A, w)$ für jedes A und w immer einzigartig definiert ist. Denn wenn das der Fall ist, dann ist, wenn B wahr ist in $f(A, w)$, ‹wenn A, dann B› wahr (in w), während wenn ‹nicht-B› wahr ist in $f(A,w)$, ‹wenn A, dann nicht-B› in w wahr ist. Da (nach dem ausgeschlossenen Dritten) entweder B oder ‹nicht-B› in $f(A,w)$ wahr ist, folgt (aus der Einzigartigkeit von $f(A,w)$), daß das bedingte ausgeschlossene Dritte immer gilt.

Es gibt freilich Paare von Bedingungssätzen, für welche dieses Resultat nicht plausibel aussieht. David Lewis' oft wiederholtes Beispiel lautet:

Wenn Bizet und Verdi Landsleute wären, wäre Bizet Italiener

und

Wenn Bizet und Verdi Landsleute wären, wäre Bizet nicht Italiener

(weil Verdi auch Franzose wäre). Nach Stalnakers Darstellung muß die eine oder die andere dieser Aussagen wahr sein (obgleich er zugibt, daß er nicht weiß, welche). Lewis behauptet, beide seien falsch. (Man erinnere sich, daß Lewis glaubt, nur konjunktivische Bedingungssätze seien nicht wahrheitsfunktional – die indikativischen Gegenstücke wären für ihn beide wahr, da sie einen falschen Wenn-Satz haben. Ich folge hier Stalnaker, indem ich die Unterscheidung Indikativ/Konjunktiv so verstehe, daß sie einfach die Kenntnis der Nationalität von Bizet und Verdi widerspiegelt. Die indikativischen Gegenstücke wären im Munde derjenigen, denen ihre Nationalität unbekannt ist, ganz akzeptabel – man braucht das Beispiel etwa nur mit Menotti und Ligeti zu wiederholen.)

Tatsächlich könnte man geneigt sein zu glauben, daß das zweite Element des Paars, mit dem negativen Dann-Satz, das wahre wäre. Der Grund mag freilich nur sein, daß man es nicht als Aussage von der Form ‹wenn A, dann nicht-B› versteht – wie es das bedingte ausgeschlossene Dritte verlangt –, sondern als ‹nicht-wenn A, dann B›, das heißt:

Es ist nicht der Fall, daß, wenn Bizet und Verdi Landsleute wären, Bizet Italiener wäre,

in welchem Fall das ausgeschlossene Dritte selbst und nicht seine bedingte Version wahr sein müßte (vorausgesetzt, das Beispiel mit dem bejahenden Dann-Satz ist falsch). Eine andere Art, seine Gedanken hier auszudrücken, ist zu sagen:

Wenn Bizet und Verdi Landsleute wären, dann könnte Bizet Italiener sein

und

Wenn Bizet und Verdi Landsleute wären, ist Bizet vielleicht nicht Italiener

Wenn diese Sätze zusammen wahr sein können und Lewis berechtigt ist, ‹wenn A, dann könnte nicht-B sein› mit ‹Nicht-wenn A, wäre es B› zu identifizieren, dann muß das bedingte ausgeschlossene Dritte und die Einzigartigkeitsannahme über eine ähnlichste Welt aufgegeben werden.

Stalnakers Semantik baut eine andere Annahme ein, nämlich daß es immer zumindest eine ähnlichste Welt gibt. Aber ebensogut, wie es Verbindungen für die Nähe gibt wie in dem Bizet/Verdi-Beispiel, ist es denkbar, daß es nicht immer überhaupt irgendeine Welt gibt, welche die ähnlichste ist. Man betrachte die Variation eines anderen Beispiels von Lewis:

Wenn Lewis über 2 m groß ist, kann er sich der Basketballmannschaft anschließen.

(Diejenigen, die ihm begegnet sind, können hier ‹wäre› und ‹könnte› einsetzen.) Was hier im Spiel ist, ist die Grenz- (oder Existenz-)Annahme, daß es unter immer ähnlicheren Welten eine Grenze gibt, eine allerähnlichste Welt. Aber Welten, in denen Lewis 2,02 m, 2,01 m,

2,005 m etc. mißt, sind der wirklichen Welt fortschreitend ähnlicher, dennoch hat diese Folge keine Grenze (eine andere als eine, in der er 2 m groß ist, und das ist nicht mit dem Wenn-Satz vereinbar). Um die beiden Revisionen anzupassen – den Verzicht auf die Einzigartigkeit und die Annahme der Grenze –, ersetzt Lewis die Auswahlfunktion *f* durch eine Ähnlichkeitsrelation und schlägt vor, daß ‹wenn *A*, dann *B*› in *w* wahr ist, wenn es entweder keine ‹*A* oder nicht-*B*›-Welt gibt oder irgendeine ‹*A* und *B*›-Welt *w* ähnlicher ist als jede ‹*A* und nicht-*B*›-Welt; das heißt, es gibt eine Welt, die *w* ähnlicher ist, in der *A* und *B* wahr sind, als jede Welt, in der *A* und ‹nicht-*B*› wahr sind. Um das obige Beispiel zu nehmen, der Bedingungssatz ist wahr, wenn es eine Welt gibt, die unserer ähnlicher ist, in der Lewis über 2 m groß ist und sich der Mannschaft anschließen kann, als jede Welt, in der er über 2 m groß ist und sich ihr nicht anschließen kann. In dem Bizet / Verdi-Fall, wo es keine einzigartige ähnlichste Welt gibt, sind die ‹würde›-Bedingungssätze falsch, weil es für jede der passenden ähnlichsten Welten, in denen Bizet und Verdi Landsleute sind, keine ähnlichste Welt gibt, in der Bizet eine andere Nationalität hat. Infolgedessen sind die ‹könnte›-Bedingungssätze beide wahr: ‹Wenn *A*, dann könnte *B* sein› ist wahr in der Welt *w*, wenn es eine ‹*A* und *B*›-Welt gibt, die *w* ähnlicher ist als jede ‹*A* und nicht-*B*›-Welt.

Diese Revision verzichtet auf das bedingte ausgeschlossene Dritte, ändert aber im übrigen die grundlegende Theorie nicht. Wenn wir unser ursprüngliches Beispiel nehmen, dann wird ‹Wenn du eine Eins machst, wirst du ein Stipendium erhalten› wahr sein, wenn es für jede Welt, in der du eine Eins machst und kein Stipendium erhältst, eine ähnlichere gibt, in der man beides erhält. Wenn es eine ähnlichste Welt gibt, dann hängt das Ergebnis davon ab, ob man ein Stipendium erhält oder nicht; wenn nicht, liefert die neue Theorie eine Antwort, was die frühere nicht tat. Ähnlich ist ‹Wenn Oswald nicht Kennedy getötet hat, hat es jemand anderes getan› wahr, weil jede Welt, in der weder Oswald noch irgend jemand anders Kennedy getötet hat, unserer weniger ähnlich ist als eine, in der Kennedy zwar immer noch erschossen wurde, aber von einem anderen Mörder – ob nun diese Welt oder eine Revision dieser Welt. Wieder stimmt die revidierte Theorie mit der alten Theorie überein, außer in den Fällen – keine einzigartige ähnlichste Welt –, welche die frühere Theorie nicht unterbringen konnte.

So viel zur ‹Ähnlichkeits›theorie. Ist sie akzeptabel? Gibt sie eine adäquate Erklärung der Wahrheitsbedingungen von Bedingungssätzen? Es gibt zwei Gründe, die dagegensprechen. Der erste ist schon deutlich geworden, nämlich daß sie alle Bedingungssätze mit wahrem Wenn- und Dann-Satz wahr macht. Aber in dieser Hinsicht ist sie im Irrtum. Viele solcher Bedingungssätze sind falsch. Zum Beispiel:

> Wenn die Sonne größer ist als die Erde, dann dreht sich die Erde um die Sonne

und (angenommen, John ist in Alaska)

> Wenn John nicht in der Türkei ist, dann ist er nicht in Paris.

Diese Bedingungssätze sind nach der ‹Ähnlichkeits›erklärung wahr, weil sie nur danach fragt, ob der Dann-Satz in der ähnlichsten Welt wahr ist (oder ob sie beide wahr sind in einer Welt, die ähnlicher ist als jede, in welcher der eine wahr ist und der andere falsch), was einfach, da der Wenn-Satz wahr ist, darauf hinausläuft zu fragen, ob der Dann-Satz wahr ist. Aber wenn wir über die Beispiele nachdenken, ignorieren wir in Wirklichkeit intuitiv die Tatsache, daß der Wenn-Satz wahr ist, und überlegen, ob die (mögliche) Wahrheit des Wenn-Satzes die Wahrheit des Dann-Satzes implizieren würde – wie der Ramsey-Test empfiehlt. Der Ramsey-Test legt nicht fest, daß nur die aktuale Welt betrachtet werden darf. Er macht es uns zur Pflicht, die Wahrheit des Wenn-Satzes anzunehmen und den Dann-Satz zu betrachten. Die Beschränkung auf die ähnlichste Welt und die aktuale Welt, wenn der Wenn-Satz wahr ist, sind Aspekte, die hinzugefügt worden sind – hinzugefügt aus offenbar guten Gründen, aber nichtsdestoweniger zur grundlegenden Idee hinzugefügt. Die Gegenbeispiele mit wahrem Wenn-Satz und Dann-Satz suggerieren, wir sollten den Text und auch die Weise, wie er angewendet werden sollte, noch einmal überdenken.

Tatsächlich ist es, wenn wir jetzt noch einmal über den Ramsey-Test, das Konditionalitätsprinzip und die Konditionalisierung nachdenken, eigentlich überraschend, daß die Konditionalität nach der Ähnlichkeits-

wie nach der Wahrscheinlichkeitserklärung scheitert. Denn diese drei Prinzipien scheinen nur verschiedene Arten zu sein, denselben Gesichtspunkt zu artikulieren. In jedem Fall betrachten wir unsere Festlegung auf einen Bedingungssatz, ‹Wenn A, dann B›. Die Konditionalisierung schlägt vor, die Wahrscheinlichkeit von A auf 1 zu erhöhen und zu sehen, welchen Unterschied das für die Wahrscheinlichkeit von B macht; der Ramsey-Test schlägt vor, daß wir B im Kontext unserer Hinzufügung von A zu unseren Überzeugungen betrachten; und die Konditionalität schlägt vor, A zu den Aussagen hinzuzufügen, aus denen ‹wenn A, dann B› folgen soll, und zu fragen, ob die vergrößerte Menge B zur Folge hat. Der Grund, weswegen die Ähnlichkeits- und die Wahrscheinlichkeitserklärung die Konditionalität von diesem Trio trennen, ist die besondere Behandlung, die sie dem Fall des wahren Wenn-Satzes angedeihen lassen. Die Kernidee des Trios ist freilich diese: Eine Menge von Aussagen möge zusammen mit allen ihren Folgen eine Theorie (vielleicht eine mögliche Welt) sein, und $°$ möge ein bislang noch nicht weiter spezifiziertes Mittel sein, zwei Theorien, u und v, zu kombinieren, um eine neue Theorie $u ° v$ zu bilden. Dann gehört ‹wenn A, dann B› zu einer Theorie u, wenn immer dann, wenn A zu einer Theorie v gehört, B zu der zusammengesetzten Theorie $u ° v$ gehört. Die Theorien u, v und $u ° v$ hier können Wahrscheinlichkeitsverteilungen sein, Glaubenszustände oder mögliche Welten. Eine Theorie solcher Theorien vorausgesetzt, sagen uns der Ramsey-Test und seine verwandten Prinzipien, wie wir die Wahrheitsbedingung für Bedingungssätze in jener Theorie ausdrücken sollen. (Ich verwende ‹Theorie› im nicht-technischen Sinn, um eine philosophische Erklärung einer bestimmten Art zu charakterisieren, wie auch in einem technischen Sinn für eine logisch geschlossene Menge von Aussagen. Welcher Sinn für die jeweilige Verwendung des Worts angemessen ist, sollte aus dem Kontext klar sein.)

Eine solche Theorie muß erst noch ausgearbeitet werden. Wir wollen dieses Kapitel damit schließen, daß wir uns dem zweiten Grund für die Überzeugung zuwenden, daß die ‹Ähnlichkeits›theorie der Revision bedarf, was uns etwas detaillierter zeigen wird, wie die neue Theorie der Bedingungssätze in Worte gefaßt werden sollte, und gleichzeitig eine Verbindung zu Ideen am Ende von Kapitel 2 herstellt. Die Frage lautet:

Was ist mit Bedingungssätzen mit kontradiktorischem Wenn-Satz, mit Wenn-Sätzen, die nicht wahr sein können? Zum Beispiel:

> Wenn die Quadratwurzel von 2 rational ist, kann sie als Bruch in gekürzter Darstellung ausgedrückt werden.

Die Quadratwurzel von 2 ist nicht rational und kann es nicht sein. Nichtsdestoweniger ist dieser Bedingungssatz wahr. Wenn $\sqrt{2}$ rational wäre, wäre sie als Bruch darstellbar, denn das ist ein Definitionsmerkmal rationaler Zahlen. Aber weil $\sqrt{2}$ nicht rational sein kann, gibt es keine mögliche Welt, in der sie rational ist, und also insbesondere keine ähnlichste derartige Welt. Stalnaker paßt deshalb seine Theorie dadurch an, daß er unter den Welten in seinem Modell eine ‹unmögliche Welt› einschließt, die er λ tauft, in der jede Aussage wahr ist. Bedingungssätze mit kontradiktorischen Wenn-Sätzen haben dort einen Wert, und da jede Aussage in λ wahr ist, stellen sich alle derartigen Bedingungssätze als wahr heraus. Lewis' Theorie hat dieselbe Konsequenz, daß alle Bedingungssätze mit kontradiktorischen Wenn-Sätzen wahr sind, indem sie sie auf leere Weise wahr macht.

Das sollte uns an das *ex falso quodlibet* und die Einwände dagegen aus Gründen der Relevanz in Kapitel 2 erinnern. Einige Bedingungssätze mit kontradiktorischen Wenn-Sätzen sind tatsächlich wahr; aber nicht alle, zum Beispiel:

> Wenn alle Quadrate rund sind, dann sind alle runden Dinge quadratisch

und

> Wenn Edmund mutig und nicht mutig ist, dann muß er den Bus nehmen

Die Theorie muß angepaßt werden, so daß sie wahre von falschen Bedingungssätzen mit kontradiktorischen Wenn-Sätzen unterscheiden kann. Diese Anpassung ist nicht schwer, aber sie wirft philosophische Probleme auf. Sie bedeutet, daß wir in unsere Theorie einen passenden Bereich ‹unmöglicher› Welten einschließen müssen. Stalnakers Theorie schließt schon eine solche Welt ein, aber wenn ein Bereich eingeschlossen wird, müssen sie nicht (alle) so extrem sein, daß sie jede mögliche Aussage wahr machen – vorausgesetzt, die Theorie der Folgerung, die man vertritt, schließt nicht das *ex falso quodlibet* ein. Welten (oder Theorien) sind unter logischer Folgerung abgeschlossen – sie enthalten alle logischen Folgerungen der Aussagen, die sie enthalten (oder wahr machen) –; also gibt es nach der klassischen Erklärung der logischen Folgerung nur eine unmögliche Theorie (oder Welt). Aber wenn wir *EFQ* verwerfen und in Übereinstimmung mit dieser Verwerfung den Wunsch haben, eine Theorie aufzustellen, in der Bedingungssätze mit kontradiktorischen Wenn-Sätzen falsch sein können, müssen wir in dieser Theorie einen Bereich von Welten oder Theorien, die sowohl möglich wie unmöglich sind, einschließen. Das ist auch sinnvoll, wenn die Theorien als Modelle für Überzeugungszustände gedacht werden, denn die meisten Menschen haben kontradiktorische Überzeugungen, ohne sich dieser Inkonsistenzen bewußt zu sein; aber nicht jedermanns Überzeugungszustand ist derselbe, wie es die klassische Folgerung dieses Eingeständnisses wäre.

Wenn man eine derartige Theorie von Welten verficht, stellt sich das philosophische Problem, ob derartige unmögliche Welten in irgendeiner Weise real sein können. Das bringt uns zu dem Thema des nächsten Kapitels, zur Modallogik und ihrer Semantik, und dem korrekten philosophischen Verständnis des Begriffs möglicher Welten.

Zusammenfassung und Hinweise auf weitere Lektüre

Die klassische Orthodoxie lautet, daß Bedingungssätze wahrheitsfunktional sind, wahr, wenn der Wenn-Satz falsch oder der Dann-Satz wahr ist, und falsch nur, wenn der Wenn-Satz wahr und der Dann-Satz falsch ist. Wir haben uns die beiden Argumente für diese Behauptung angeschaut, ein schnelles Argument *via* Äquivalenz von Bedingungssatz und entsprechender Disjunktion und der Wahrheitsfunktionalität der Disjunktion; und ein längeres Argument, welches das Konditionalitätsprinzip und die klassische Erklärung der Gültigkeit benutzte, und sind die drei Fälle des wahren Wenn-Satzes und falschen Dann-Satzes, falschen

114

Wenn-Satzes und schließlich des wahren Dann-Satzes durchgegangen. Beide Argumente suchen zu zeigen, daß die Wahrheitsbedingungen von Bedingungssätzen durch den materialen Bedingungssatz oder die materiale Implikation gegeben sind, die oft durch ⊃ symbolisiert wird. ‹A ⊃ B› ist *per definitionem* wahr, wenn entweder A falsch oder B wahr ist, sonst falsch.

Trotz dieser Argumente gibt es gute Gründe zu vermuten, daß Bedingungssätze nicht wahrheitsfunktional sind. Aussagen von der Form ‹wenn A, dann B, oder wenn B, dann A› scheinen nicht universal wahr zu sein, wie sie es wären, wenn der Bedingungssatz wahrheitsfunktional wäre. Wiederum, wenn Bedingungssätze wahrheitsfunktional wären, wäre die Argument-Form

> Wenn A, dann B. Also entweder, wenn A, dann C, oder wenn D, dann B

gültig (angenommen, die Prämisse ist wahr; dann ist entweder A falsch, in welchem Fall das erste Disjunktionsglied der Schlußfolgerung wahr ist, oder B ist wahr, in welchem Fall das zweite Disjunktionsglied der Schlußfolgerung wahr ist.) Aber es gibt intuitiv ungültige Beispiele, wie etwa

> Wenn John in Paris ist, ist er in Frankreich. Also entweder, wenn John in Paris ist, ist er in der Türkei, oder wenn John in Istanbul ist, ist er in Frankreich

wo beide Disjunktionsglieder der Schlußfolgerung offensichtlich falsch sind, trotz der offensichtlichen Wahrheit der Prämisse. Ein ganzer Katalog solcher Gegenbeispiele findet sich bei W. Cooper, ‹The Propositional Logic of Ordinary Discourse›.

Es hat viele Versuche gegeben, die Wahrheitsfunktionalitätsthese zu verteidigen und die Gegenbeispiele wegzuerklären. Die konversationalistische Verteidigung, die ursprünglich auf H. Paul Grice zurückgeht, erfreut sich wachsender Beliebtheit. Er hat seine Theorie der konversationalistischen Implikatur über viele Jahre hinweg dargelegt und weiterentwickelt; die beste Darstellung findet sich vielleicht nicht in seinen eigenen Schriften, sondern in R. C. S. Walkers ‹Conversational Implicatures›. Siehe auch Mark Platts *Ways of Meaning*, Kapitel 3, Abschnitt 2. Jacksons Adaptation von Grices Ideen, welche die Nichtbehauptbarkeit wahrer Bedingungssätze (nach der wahrheitsfunktionalen Erklärung) auf eine konventionelle Implikatur ihres Mangels an Robustheit im Hinblick auf ihre Wenn-Sätze zurückverfolgt, findet sich in seiner Monographie *Conditionals*. (Meine Definition von ‹robust› ist die revidierte Fassung (robust$_2$), die von Lewis (mit Jacksons Zustimmung) in der Nachschrift von 1986 zu seinem Aufsatz ‹Probabilities of Conditionals and Conditional Probabilities› I angeboten wird.)

Das wirkliche Problem derartiger Verteidigungen der Wahrheitsfunktionalität liegt darin, sie auf den Fall eingebetteter Bedingungssätze anzuwenden. Es ist eine Version der Schwierigkeit für expressivistische Theorien, auf die Peter Geach in seinem Aufsatz ‹Ascriptivism› aufmerksam gemacht hat, nachgedruckt in seinen *Logic Matters*. Was er in ‹Assertion› (ibid.) den ‹Fregeschen Standpunkt› nennt, ist die Auffassung, daß nicht jeder Fall von Prädikation ein Fall von Behauptung ist; Einbettungen von Aussagen in Bedingungssätzen usf. erfordern, daß wir die Funktion von ‹gut›, ‹absichtlich›, ‹wenn› und anderer Wörter in Fällen erklären, in denen keine Behauptung aufgestellt wird.

Jacksons Monographie mit dem Titel *Conditionals* sollte nicht mit der von ihm herausgegebenen Sammlung von Aufsätzen mit demselben Namen verwechselt werden, die auch einen Aufsatz von ihm selbst enthält, in dem er seine Erklärung der Robustheit präsentiert, ‹On Assertion and Indicative Conditionals›. Sie enthält auch einen Aufsatz von Grice, ‹Logic and Conversation›. Es ist eine sehr nützliche Sammlung, wie auch die ältere Sammlung, die von W. Harper et al. unter dem Titel *Ifs* herausgegeben worden ist. Beide konzentrieren sich, die neuere sogar ausschließlich, auf die Wahrscheinlichkeits- und Ähnlichkeitstheorien, die akzeptieren, daß Bedingungssätze nicht wahrheitsfunktional sind, und sich bemühen, eine nicht wahrheitsfunktionale Erklärung zu geben und den Fehlschluß in den beiden Argumenten für die Wahrheitsfunktionalität zu erklären. Beide wurzeln in dem Werk von Robert Stalnaker, als Weiterentwicklungen des Ramsey-Tests, der sich in kurzen Bemerkungen von Frank Ramsey in seinem Aufsatz ‹Allgemeine Sätze und Kausalität› findet. Die probabilistische Erklärung wurde dargelegt in Stalnakers

‹Probability and Conditionals›, wiederabgedruckt in Harpers Sammlung, wo Stalnaker den Vorschlag macht, daß die Wahrscheinlichkeit eines Bedingungssatzes p(wenn A, dann B) $= p(B/A)$, der korrespondierenden bedingten Wahrscheinlichkeit. Stalnakers Hypothese ist wiederholt von David Lewis in zwei Aufsätzen mit dem Titel ‹Probabilities of Conditionals and Conditional Probabilities› (I und II), wiederabgedruckt in Jacksons Sammlung, auf der Grundlage seines Trivialitätsbeweises kritisiert worden, daß es keine Aussage geben kann, deren Wahrscheinlichkeit durch bedingte Wahrscheinlichkeit gemessen wird, weil andernfalls die gesamte Zuordnung von Wahrscheinlichkeiten trivial wird.

Auf die Resultate von Lewis sind zwei Reaktionen möglich: Man kann sich nach einer alternativen Erklärung für die Wahrheitsbedingungen von Bedingungssätzen umschauen; oder man kann auf eine Idee von Ernest Adam zurückkommen, daß Bedingungssätze gar keine Wahrheitsbedingungen haben und daß p (B/A) nicht die Wahrscheinlichkeit der Wahrheit von ‹wenn A, dann B›, sondern einfach seine Glaubwürdigkeit oder Behauptbarkeit mißt. Er präsentierte diese Erklärung in *The Logic of Conditionals*. Was es für einen Bedingungssatz heißt, eine Wahrscheinlichkeit zu haben, ohne daß eine Wahrscheinlichkeit besteht, daß er wahr ist, ist unklar; aber die Idee ist weiterentwickelt worden von Dorothy Edgington in ‹Do Conditionals have Truth-Conditions?›, wiederabgedruckt in Jacksons Sammlung, wo sie behauptet, daß Bedingungssätze keine Wahrheitsbedingungen haben. Wenn sie welche hätten, dann wären sie, wie sie argumentiert, wahrheitsfunktional auf der Grundlage von Adams Hypothese, daß das Zutrauen einer Person, wie sie sich ausdrückt, in den Bedingungssatz ‹wenn A, dann B› durch p (B/A) gemessen wird. Da Bedingungssätze nicht wahrheitsfunktional sind, können sie keine Wahrheitsbedingungen haben.

Stalnakers andere Weiterentwicklung des Ramsey-Tests war die Ähnlichkeitstheorie, die vorschlug, daß ‹wenn A, dann B› (in einer möglichen Welt w) wahr ist, wenn B wahr ist in der Welt, die w, in der A wahr ist, am ähnlichsten ist. Er präsentierte diese Idee in ‹A Theory of Conditionals›, wiederabgedruckt bei Jackson und bei Harper. David Lewis kritisierte sie wegen ihrer Annahme der Existenz und Einzigartigkeit einer ähnlichsten Welt und schlug eine alternative Erklärung vor in ‹Counterfactuals and Comparative Possibility›, wiederabgedruckt bei Harper und weiterentwickelt in seinem Buch *Counterfactuals*. Stalnaker antwortete in Verteidigung des bedingten ausgeschlossenen Dritten, dem Zentrum der Meinungsverschiedenheit, und der Streit kann verfolgt werden in Harpers Sammlung.

Ich habe in diesem Kapitel, im Anschluß an Stalnaker, die Ansicht vertreten, daß der Unterschied zwischen indikativischen und konjunktivischen Bedingungssätzen im wesentlichen epistemischer und pragmatischer Natur ist, da er eine andere epistemische Ansicht des Wenn-Satzes widerspiegelt und keine Differenz in den Wahrheitsbedingungen enthüllt (obgleich es einen Unterschied im Wahrheitswert geben mag). Lewis und Jackson sind anderer Meinung. Ebenso, auf andere Weise, Vic Dudman, dessen ikonoklastische Ideen der Leser zur Kenntnis nehmen sollte. Er glaubt, daß Philosophen Bedingungssätze systematisch falsch klassifiziert haben und ihre Theorien infolgedessen grobe Irrtümer aufweisen. Ein interessanter Aufsatz, ‹Interpretations of «If»-sentences›, ist in Jacksons Sammlung enthalten.

Meine Ansicht war freilich, daß der Ramsey-Test eine interessante Einsicht in die Semantik von Bedingungssätzen gewährt und daß die Mögliche-Welten-Erklärung sich in die richtige Richtung bewegt. Sie muß freilich auf zwei Arten revidiert werden, um die Tatsache einzubeziehen, daß nicht alle Bedingungssätze mit wahrem Wenn-Satz und Dann-Satz wahr sind, noch auch alle diejenigen mit kontradiktorischem Wenn-Satz (wie es nach Stalnakers und Lewis' Theorien geschieht). Diese Revision kann dadurch erreicht werden, daß man nicht nur auf die ähnlichste Welt blickt, in welcher der Wenn-Satz wahr ist (oder, nach Lewis' Theorie, hinreichend ähnliche Welten), sondern allgemeiner auf Welten, in denen der Wenn-Satz wahr ist und die ‹Theorien› oder Welten, in denen Wenn- und Dann-Satz mutmaßlich wahr sind, in einer Welt zusammenschließt, in welcher der Dann-Satz wahr sein sollte. Die Entwicklung einer derartigen Theorierevision oder -komposition muß sich zwangsläufig am Werk von Alchourron, Gärdenfors und Makinson orientieren; man sehe zum Beispiel Gärdenfors' *Knowledge in Flux*. Der Ramsey-Test kann dann im wesentlichen in die Form des Bedingungsprinzips umformuliert werden, um die Akzeptanzbedingung für Bedingungssätze in einer solchen Theorie zu artikulieren. Eine Paradoxie, welche die Trivialitätsergebnisse von Lewis verallgemeinert, droht dann, wenn einige plausible Annahmen über Theorierevision gegeben sind (siehe Gärdenfors, Kapitel 7). Wenn sie überwunden werden, kann man hoffen, auf diese Weise eine Theorie der Bedingungssätze zu erhalten, die mit der Erklärung der logischen Folgerung am Ende von Kapitel 2 zusammenpaßt, insofern sie zwischen Prämissen und Schlußfolgerung in dem einen und zwischen Wenn-Satz und Dann-Satz in dem anderen Fall eine Relevanzverbindung erfordert.

4 Das ungläubige Staunen: mögliche Welten

Wir haben mehr als einmal in früheren Kapiteln mögliche Welten erwähnt. In Kapitel 1 führte ich die Idee maximaler Sachverhalte ein, Gegenstandskonfigurationen, die jede Aussage wahr oder falsch machen. Sie sind vollständige Realitäten, Möglichkeiten der Welt, wenn die Klasse der Aussagen eine bestimmte Zuordnung von Wahrheitswerten hätte. Nach einer gewissen Version der Korrespondenztheorie der Wahrheit konstituieren sie die Vereinigung aller Sachverhalte, die existieren oder bestehen müßten, wenn Aussagen diese Menge von Wahrheitswerten haben sollen. In Kapitel 3 wurde dieselbe Vorstellung von einem vollständigen Sachverhalt, der jede Möglichkeit umfaßt, für die ‹Ähnlichkeits›theorie von Bedingungssätzen benötigt, um die Konsequenzen der Annahme, der Wenn-Satz sei wahr, korrekt zu untersuchen. Eine Theorie, eine deduktiv geschlossene Menge von Aussagen, entsprach ihrer konkreten Realisierung, einer möglichen Welt, in der jede Situation genau umrissen war. Die alternative Auffassung von Bedingungssätzen am Ende des Kapitels ersetzte diese Redeweise von einer Ähnlichkeitsbeziehung durch eine Operation auf Welten, durch die aus den Welten u und v eine neue Welt oder Theorie $u \circ v$ entstand, aber ihre Basis, eine Klasse von alternativen Szenarios, war zumindest dieselbe, obwohl sie auch ‹unmögliche› Welten umfaßte, Möglichkeiten, die Konsequenzen kontradiktorischer Annahmen zu untersuchen. All diesen Ideen und allem Spiel mit dem Begriff der ‹möglichen Welt› liegt die Auffassung von Alternativen zur wirklichen Welt zugrunde, von anderen Arten und Weisen, wie die Welt hätte sein können.

Soviel zur Logik möglicher Welten. Welche Metaphysik liegt ihr zugrunde? Gibt es hier ein kohärentes philosophisches Bild der Realität? Im extremsten Fall stellt uns die Verwendung möglicher Welten in der Logik vor eine erschütternde Vielfalt von alternativen Versionen der Realität. Dies ist genau der Stoff, aus dem sich die Science-fiction nährt. Verschiedene Science-fiction-Autoren haben diese Konzeption ausgearbeitet und in ihren Erzählungen verwendet. Ein besonders schlagendes Beispiel ist *Lunatico oder die nächste Welt* von Isaac Asimov. Es werden dort Proben eines ‹physikalisch unmöglichen› Elements entdeckt – eines Elements, das instabil ist und unmittelbar zerfällt, um ein stabiles Element zu bilden, wobei nützliche Energie entsteht. Woher stammen diese Proben? Wie sich herausstellt, kommen sie aus einem parallelen Universum, in dem etwas unterschiedliche Naturgesetze herrschen, so daß das ‹physikalisch unmögliche› Element in jener Welt nicht unmöglich ist. In jener Welt ist die starke Kernbindungsenergie um zwei Größenordnungen stärker als in unserer. Abgesehen von den Unterschieden, welche Elemente (welche Kombinationen von Protonen, Neutronen und Elektronen) stabil sind – es ist eine Konsequenz dieser Tatsache, daß die Kernfusion, die ihren Sternen die Energie gibt, sehr viel schneller vorangeschritten ist. Nur sieben Sterne sind jetzt am Nachthimmel zu sehen; alle Sterne verlöschen, und das Ende des Universums steht vor der Tür. Einer ihrer Wissenschaftler hat entdeckt, wie man Materie aus jenem Universum zu seinen Nachbarn transferieren kann – unserer Welt. Von dieser Transaktion haben beide ihren Nutzen – zumindest auf den ersten Blick. Denn jedes ausgetauschte Element ist zwar in seiner eigenen Welt stabil, in der Welt mit anderer Kernbindungsenergie aber instabil und gibt deshalb bei seinem Zerfall in ein stabiles Element Energie ab. Die Wissenschaftler auf der Erde, die bei diesem Austausch kooperieren, haben eine freie Energiequelle entdeckt; die ‹Para-Wissenschaftler› können den Tod ihrer Zivilisation abwehren, indem ihre Energieversorgung von ihrer Sonne unabhängig wird; und indem sie effektiv Energie importieren, können sie den Wärmetod ihres Universums überleben.

Als Romancier kann Asimov auch köstliche Parallelen zwischen diesen alternativen Welten ziehen, zwischen verschiedenen Arten, wie die Evolution von Sternen, Welten und Menschen im Kontext verschiedener Naturgesetze zu engen, aber kontrastierenden Ähnlichkeiten in deren Geschichte geführt hat. So haben die Erd-(und Mond-)Wissenschaftler

Hallam, Denison und Selene ihre Parallelen in Tritt, Odeen und Dua im Para-Universum. Der Austausch der Materie hat freilich einen Haken. Der Import dieser fremden Elemente in jede Welt bringt weitere Veränderungen mit sich, die unsere Welt bedrohen, die drohen, die Explosion der Sonne zu beschleunigen – drastisch zu beschleunigen. Wie Denison es ausdrückt, dreht sich die Lösung um die Tatsache, daß ‹die Zahl zwei lächerlich ist und nicht existieren kann›. Wenn unsere Welt nicht die einzige ist, die es gibt, dann gibt es nicht nur *ein* alternatives Universum, sondern unendlich viele.

Das Bild, das Asimov zeichnet, enthält deshalb eine Fülle von verschiedenen, aber parallelen Universen, die alle eine Gesamtgeschichte stellarer Evolution umfassen, die alle eine unterschiedliche Möglichkeit verkörpern, wie die Dinge hätten sein können, wenn eine Variable eines Naturgesetzes anders gewesen wäre, wenn Sterne anders zusammengesetzt wären, wenn sich das Leben anders entwickelt hätte, wenn andere Entscheidungen getroffen und andere Handlungen vollzogen worden wären. Jede Welt ist ein vollständiges Universum, ohne Beziehung auf andere außer durch ihre Stellung im ‹Raum› alternativer Möglichkeiten.

Modaler Platonismus

Das ist die Metaphysik des modalen Realismus oder, wie ich statt dessen lieber sage, des extremen Realismus oder modalen Platonismus – denn ich möchte später in diesem Kapitel eine andere realistische Metaphysik verteidigen. Für den Platonismus – der seinen Namen vom griechischen Philosophen Platon aus dem vierten vorchristlichen Jahrhundert hat, dessen Formenlehre diesen Charakter hatte – ist charakteristisch, daß er versucht, die Objektivität auf selbständige Objekte zu gründen. Er beruht auf der Idee, daß zum Beispiel Bedingungssätze objektiv bestehende Wahrheitswerte haben, die unabhängig von unserer Fähigkeit sind, sie zu bestimmen – so weit ist er Realismus –, und daß die Erklärung für diese Objektivität in der Tatsache liegt, daß – beispielsweise nach der ‹Ähnlichkeits›theorie – Wenn- und Dann-Satz die Werte, die sie haben, in Welten haben, die unseren hinreichend (und objektiv) ähnlich sind.

Ähnlich haben Aussagen objektiv Bedeutung – nach der Abbildtheorie von Wittgenstein, die in Kapitel 1 erwähnt wurde – dank ihrer Korrespondenz mit wirklichen und bewußtseinsunabhängigen Sachverhalten, Segmenten vollständiger Weltgeschichten, von denen nur eine aktual-wirklich, die aber alle real sind.

Hallam, Denison und Selene haben Gegenstücke im Para-Universum, die zugleich ein einziges Gegenstück sind, Estwald. Die verschiedenen Welten sind reale, konkrete Universen, die in Raum und Zeit ausgedehnte physikalische Materie enthalten. Es ist natürlich, sie in der platonistischen Konzeption auf diese Weise abzubilden. Alternative Weltkonzeptionen, die Welten als ‹Möglichkeiten, wie die Welt hätte sein können›, ansehen, legen oft den Gedanken nahe, daß Objekte in der einen Welt nicht bloße Gegenstücke in anderen Welten haben, sondern mit ihnen identisch sind. Wenn wir uns fragen, was passiert wäre, wenn Edmund mutig gewesen wäre, dann fragen wir uns, was passiert wäre, wenn unser Edmund, der wirkliche Edmund, mutig gewesen wäre, nicht irgendein bloßes Gegenstück von ihm. Aber wenn der Platonismus wirklich ernst genommen wird, dann legt das den Gedanken nahe, daß dies inkohärent ist. Es ist gewiß eine natürliche und gut begründete Begleiterscheinung des Platonismus, die Idee zu verwerfen, daß Edmund verschiedene Welten bewohnen könnte. Wenn jede Welt konkrete Realität hat, dann kann Edmund nicht in zwei Welten zugleich sein. Wenn wir uns fragen, wie Edmund wäre, wenn er mutig wäre, dann denken wir über jemanden nach, der Edmund sehr ähnlich ist – oder ihm möglichst ähnlich – und mutig wäre. Dua floh nicht von unserer Sonne, sondern von einem Gegenstück der Sonne – wie sie, aber viel kleiner und kühler.

Wie identifizieren wir ein Gegenstück? Einige Leser würden sagen, daß Dua nicht Selenes Gegenstück ist, sondern eher das Gegenstück von Peter Lamont. Sie sind das Paar, die in ihren jeweiligen Welten versuchen, den Austauschprozeß zu stoppen. Selene, auf dem Mond, hat kein Gegenstück im Para-Universum, denn in jener Welt hat die Erde keinen Mond. Andererseits hat Dua die weiblichen Merkmale des Trios und ist ein ‹Gefühlsling›, wie Selene eine ‹Intuitionistin› ist. Die Identifikation des Gegenstücks einer Person oder eines Dings in einer anderen Welt scheint auf der Übereinstimmung von Merkmalen zu beruhen. Wenn wir darüber nachdenken, was passiert wäre, wenn Edmund mutig gewesen wäre, dann suchen wir herum, um die Person in einer anderen Situation zu finden, die am meisten der Edmunds ähnelt, außer daß sie die Qualität des Muts besitzt, und unsere Frage wird durch die Entdeckung beantwortet, welche andere Qualitäten diese Person hat. Eine Person oder Sache hat vielleicht kein Gegenstück in einer anderen Situation – wenn die Kernbindungsenergie hundertmal stärker wäre, sagt Asimov, hätte die Erde (das Gegenstück der Erde) keinen Mond. Es gäbe keinen Mond. Umgekehrt, wenn Dua und Odeen über unsere Welt nachdenken, finden sie die Anzahl ihrer Sterne und die Zahlen ihrer Menschen unvorstellbar. Aus ihrer Perspektive gibt es viele mögliche, aber nicht-existente Dinge und Personen – mögliche Objekte, die kein aktuales Gegenstück haben.

Dadurch wird eine verwirrende Symmetrie in der modalplatonistischen Konzeption deutlich. Was aktual ist, was wirklich existiert, ist relativ auf jede Welt. Denison und Selene glauben, unsere Welt sei die aktuale Welt; das Para-Universum ist nur die Art, wie die Dinge hätten sein können, wenn die Gesetze der Physik anders gewesen wären. Ähnlich glauben Odeen und Dua, daß sie real sind; unsere Welt ist für sie lediglich eine entfernte Möglichkeit. Aber sobald einmal die Positronenpumpe arbeitet und Materie zwischen den beiden Universen austauscht, werden die anderen real und zum Gegenstand des Interesses. Was wird den Leuten – uns – in der anderen Welt zustoßen, wenn ihre – unsere – Sonne explodiert? In der platonistischen Konzeption ist jede Welt real. ‹Aktual› bedeutet lediglich ‹die Welt, zu der ich gehöre›; ‹real› ist zweideutig zwischen ‹aktual› und ‹alle›. Alle Welten sind real: alle Welten existieren wirklich; ‹möglich› steht nicht länger im Gegensatz zur Realität. Jede Möglichkeit ist realisiert.

Die platonistische Konzeption ist auf den ersten Blick zwingend. Wir erklären ‹möglich› dadurch, daß wir sagen, ‹es ist möglich, daß A› bedeutet, daß es eine mögliche Welt gibt, in der A wahr ist; ‹es ist notwendig, daß A› bedeutet, daß A in jeder möglichen Welt wahr ist. Wir quantifizieren hier über jede mögliche Welt – ‹es gibt . . .› ‹in jeder . . .›. Muß es nicht diese Unendlichkeit von möglichen Welten geben, um die Begriffe Möglichkeit und Notwendigkeit zu erklären? Trotzdem, wenn wir die

Metapher ernst nehmen und eine metaphysische Theorie entwickeln, die wirklich alle diese möglichen Welten enthält als wirklich existierende, konkrete Realitäten, finden wir letztlich, daß wir genau die Unterscheidung nicht mehr festhalten können, die wir erhellen wollten. Wir wollten wissen, was möglich wäre, wenn Edmund mutig gewesen wäre; wir finden, daß es nicht Edmund, sondern irgendein Doppelgänger wäre, der mit dem Bergsteigen beginnen würde. Edmund ist hier unter uns; er kann nicht auch eine andere Welt bewohnen. Schlimmer noch, wir haben jetzt Schwierigkeiten, sein Gegenstück zu identifizieren. Edmund kann nicht allzu verschieden sein – sein Gegenstück kann sich nicht allzu sehr von ihm unterscheiden, oder wir werden nicht imstande sein, ihn zu finden und seine Spur zu verfolgen. Wie verschieden kann Edmund sein und immer noch (ein Gegenstück zu) Edmund sein? Außerdem, dies ist Edmund, der wirkliche Edmund, wie Edmund aktual ist. Sein Gegenstück sollte nur ein Schatten sein, wie Edmund hätte sein können, eine Möglichkeit. Die Möglichkeit ist jetzt real – das Gegenstück denkt, es sei der wirkliche Edmund, wie Edmund aktual ist. Wir sind für ihn nur eine entfernte Möglichkeit. Unser Edmund ist der Edmund, wie Edmund gewesen wäre, wäre er nicht mutig gewesen. Aber das ist überhaupt nicht der Begriff von Möglichkeit, den wir gesucht haben.

Bei der Identifizierung Edmunds oder jedes anderen Objekts unserer modalen Reflexionen wird der Platonist hinsichtlich möglicher Welten auf eine von zwei Strategien zurückgreifen. Der Haecceitist (zu lat. *haecce* = dieses hier) glaubt, daß jedes Ding ein individuelles Wesen hat, eine Menge von Eigenschaften, die für es wesentlich sind. Edmund zum Beispiel ist wesentlich ein Mensch, und kein Gegenstück zu Edmund kann etwas anderes sein als menschlich; aber Edmund ist nicht wesentlich ein Feigling – sein Gegenstück kann mutig sein. Aber mehr: Edmund hat ein ihn definierendes Wesen, etwas, das für ihn charakteristischer ist als sein Menschsein, denn das ist eine Eigenschaft, die er mit anderen Leuten teilt. Edmund muß auch die wesentliche Eigenschaft haben, ‹Edmund zu sein›, und die teilt er mit keinem außer seinen Gegenstücken in anderen Welten. Diese ‹Haecceität› (von lat. *haecceitas*, ein Neologismus, den Duns Scotus im späten 13. Jahrhundert geschaffen hat, wörtlich: das Diessein) befähigt uns, Edmund (das heißt Edmunds Gegenstücke) draußen in anderen Welten zu identifizieren. Ihre Eigenschaften bestimmen Edmunds modale Eigenschaften.

Die Anti-Haecceitisten erheben gegen diese ultra-essentialistische Redeweise Einwände. Sie geben vielleicht zu – oder vielleicht auch nicht –, daß einige Eigenschaften wesentlich sind. Kaum jemand würde zum Beispiel behaupten, daß Edmund ein Rennauto oder eine Krankheit oder ein Längengrad hätte sein können. Das ist vielleicht deshalb so, weil es in irgendeiner tiefen Weise für ihn wesentlich ist, ein Mensch zu sein; oder es ist vielleicht so, daß Edmunds Gegenstücke durch ihre Ähnlichkeit mit ihm identifiziert werden, dadurch, daß sie ihm ähnlicher sind als andere Dinge in ihrer Welt. Ob nun wesentlich oder nicht, die Anti-Haecceitisten bestreiten, daß es individuelle Wesen gibt. Wenn es sie gäbe, sagen sie, dann wäre es sinnvoll anzunehmen, daß Edmund und sein Bruder Edgar in einer anderen Welt ihre Plätze vertauschen – daß in jener Welt Edmunds Gegenstück sich dort benehmen könnte, wie sich Edgar hier verhält und umgekehrt. Tatsächlich scheint es, daß die beiden Welten identisch sind, außer daß es eine Permutation von Identitäten gibt, also von Gegenstücken. Das, entgegnet der Antihaecceitist, ist eine Unterscheidung ohne Unterschied. Zwischen den beiden Welten muß es einen wirklichen Unterschied geben, insofern einigen Gegenständen in der einen Welt eine Eigenschaft fehlt und sie diese in der anderen gewinnen. Identität oder die Gegenstückbeziehung ist keine solche Differenz. Welche Objekte Gegenstücke von welchen sind, hängt von den Eigenschaften ab, die sie haben, nicht von irgendeiner verborgenen Essenz unterhalb dieser Eigenschaften.

Vor vielen Jahren hat Willard van Orman Quine die Modallogik in Bausch und Bogen verworfen, weil sie ihre Proponenten auf einen Glauben an Essenzen festlege. Er war bereit zuzugeben, daß einige Aussagen notwendig wahr sind (zumindest konnte er mit dieser Vorstellung einen Sinn verbinden, selbst wenn er mit dieser Beschreibung nicht zufrieden sein konnte). Die Aussage ‹Neun ist größer als sieben› zum Beispiel ist notwendig wahr, denn sie ist eine Wahrheit der Arithmetik. Das ist eine Modalität *de dicto*, eine Modalität, die sich an eine Aussage anschließt (*dicto* kommt von lat. *dictum*, das Gesagte, für ‹Aussage›). Die *de dicto*-Interpretation von ‹Notwendig, $9 > 7$› ist, daß die Aussage ‹$9 > 7$› unter keinen denkbaren Umständen falsch sein kann. Aber neun ist die Anzahl der Planeten. Sind wir gerechtfertigt zu folgern, daß die Anzahl der Planeten notwendig größer ist als 7? Die Aussage ‹Die Anzahl der Planeten ist größer als 7› scheint nicht notwendig wahr zu sein, denn es ist denkbar, daß es weniger als sieben Planeten gegeben hat. Nichtsdestoweniger ist das Prinzip, dem wir gefolgt sind, beim Schließen im allgemeinen sicher und nützlich. Es entspricht in der Alltagssprache der Versicherung Shakespeares (in *Romeo und Julia*, II, 2): ‹was uns Rose heißt, wie es auch hieße, würde lieblich duften.› ‹Was ist ein Name?› fragt Julia. Genauso wie, da neun größer ist als sieben, folgt, daß die Anzahl der Planeten größer ist als sieben, folgt, wie es scheint, aus der Tatsache, daß neun notwendig größer ist als sieben, daß die Anzahl der Planeten notwendig größer ist als sieben. Die technische Bezeichnung für dieses Prinzip ist die Ununterscheidbarkeit des Identischen, was manchmal Leibniz' Gesetz genannt wird. (Das Gegenstück, die Identität des Ununterscheidbaren, daß keine zwei verschiedenen Dinge alle ihre Eigenschaften gemeinsam haben können, ist viel umstrittener.) Wenn a und b identisch sind, dann sind ihre Eigenschaften dieselben. Wenn zwei Namen ein und dasselbe Ding meinen, dann sind seine Eigenschaften genau diese Eigenschaften, gleichgültig, wie es heißt.

Nichtsdestoweniger scheint uns das Prinzip von der wahren Behauptung, daß neun notwendig größer ist als sieben, zu der falschen Behauptung zu führen, daß die Anzahl der Planeten notwendig größer ist als sieben. Doch gewiß hätte es auch sechs Planeten geben können? Es gibt eine Erklärung, die Quine auch zur Kenntnis nimmt, die aber seine Befürchtungen nicht beschwichtigt. Die Antwort besteht darin, zwei verschiedene Arten von Namen zu unterscheiden, echte und unechte Namen (oder wie wir sagen könnten, daß die letzteren gar keine Namen sind). Nur echte Namen erlauben die Substitution, die sich in der Ununterscheidbarkeit des Identischen findet. Jenes Prinzip sagt, daß wir aus einer Aussage von der Form Fa (das heißt, daß eine Eigenschaft F einem Objekt a zukommt) und dem Untersatz ‹$a = b$› (das heißt, daß die Namen a und b dasselbe Ding nennen) auf Fb schließen dürfen. Der Schritt von ‹Cicero klagte Catilina an› (der Cicero die Eigenschaft zuschreibt, Catilina angeklagt zu haben) und ‹Cicero war Tullius› (der uns daran erinnert, daß

‹Cicero› und ‹Tullius› verschiedene Namen eines einzigen Mannes, Marcus Tullius Cicero, waren) zu ‹Tullius klagte Catilina an› hat diese Form und führt uns von wahren Prämissen zu einer wahren Schlußfolgerung. ‹Cicero› und ‹Tullius› sind beide echte Namen. Aber ‹der größte römische Redner› und ‹die Anzahl der Planeten› sind keine echten Namen, heißt es. (Wir werden die Gründe für diese Behauptung im nächsten Kapitel näher in Augenschein nehmen.) Es sind Kennzeichnungen. Die Aussage ‹Der größte römische Redner klagte Catilina an› hat nicht die Form *Fa*, worin ein Name mit einem Prädikat verbunden wird, sondern trifft eine viel komplexere Feststellung, nämlich ‹Unter den römischen Rednern gab es einen größten, und er klagte Catilina an›. Ähnlich hat ‹Die Anzahl der Planeten ist größer als 7› die komplexe Form ‹für einige *x*, genau ein *x* ist *G* und *x* ist *F*›, das heißt ‹Genau eine Zahl zählt die Planeten und sie ist größer als 7›. Wenn sie auf diese Weise analysiert werden (und Russells Analyse der Kennzeichnungen, um die es sich hier handelt, brach der Entwicklung der analytischen Philosophie in den frühen Jahren dieses Jahrhunderts Bahn), zeigt sich, daß die Aussagen ‹Die Zahl der Planeten ist 9› und ‹Notwendig ist die Zahl der Planeten größer als 7› keine Namen enthalten – echte Namen (abgesehen von ‹9› und ‹7›) – und also nicht Untersatz und Schlußfolgerung des Prinzips der Ununterscheidbarkeit des Identischen sein können.

Das anfängliche Problem ist umgangen worden. ‹Notwendig ist 9 > 7› ist wahr und ‹Notwendig ist die Anzahl der Planeten größer als 7› ist falsch. Das letztere folgt nicht aus dem ersteren durch die Ununterscheidbarkeit des Identischen, da ‹Die Anzahl der Planeten ist 9› nicht die Identitätsaussage ist, die sie zu sein scheint und die das Prinzip erfordert. Aber, sagt Quine, wir sind hier nur vom Regen in die Traufe gekommen. Denn wir wollen einmal die Analyse der Kennzeichnungen auf die Aussage anwenden ‹Notwendig ist die Anzahl der Planeten größer als 7›. Wir können das auf zwei verschieden Arten tun. In der Analyse geben wir dem nicht-echten Namen implizit eine Reichweite, denn die Analyse besteht darin, eine scheinbare Form *A* (*d*), in der eine Beschreibung *d* in einer Aussage *A* vorkommt, durch eine Aussage *B* zu ersetzen, die keinerlei Bestandteil enthält, der *d* korrespondiert. Wir sagen, daß die Aussage *A* die Reichweite der Kennzeichnung ist. In unserem Beispiel kommt die Beschreibung ‹die Anzahl der Planeten› sowohl in der Aussage ‹Notwendig ist ... größer als 7› wie in der enthaltenen Klausel ‹... ist größer als 7› vor. Wenn wir die Kennzeichnung in der umfassenderen Aussage ‹Notwendig ist ... größer als 7› ersetzen, erhalten wir

> Genau eine Zahl zählt die Anzahl der Planeten, und notwendig ist sie größer als 7

während wir dann, wenn man sie in der engeren, enthaltenen Klausel ersetzt, erhalten

> Notwendig zählt genau eine Zahl die Planeten, und sie ist größer als 7.

(Im ersteren hat ‹notwendig› eine enge Reichweite, wodurch dem Quantor, der die Kennzeichnung ersetzt hat, eine große Reichweite gegeben wird; im zweiten hat ‹notwendig› eine große Reichweite, und folglich hat der Quantor, der die Kennzeichnung ersetzt, eine enge Reichweite.) Die letztere Aussage ist gewiß falsch. Es ist nicht notwendig, daß es eine Zahl größer als 7 gibt, welche die Planeten zählt. Wenn es nur sechs Planeten gegeben hätte (wie es zum Beispiel Newton glaubte), hätte es keine solche Zahl gegeben. Diese Aussage verursacht keine Schwierigkeiten und löst das Anfangsproblem auf. Aber was ist mit der ersteren Aussage? Erinnern wir uns der Prämissen des problematischen Arguments: ‹Notwendig, $9 > 7$› und ‹Genau eine Zahl zählt die Planeten, und sie ist 9›. Der Ausdruck ‹9› ist ein echter Name (das war zugegeben worden, im Unterschied zu ‹die Anzahl der Planeten›). Das Ununterscheidbarkeitsprinzip ergibt deshalb: ‹Genau eine Zahl zählt die Planeten, und notwendig ist sie größer als 7›, genau die Aussagen oben. Also ist sie wahr – sie folgt aus wahren Prämissen. Aber was sagt sie? Sie sagt, daß irgendeine Zahl notwendig größer ist als 7. Welche Zahl? fragt Quine. ‹Neun›, antwortet er, ‹das heißt, die Anzahl der Planeten.›

Der letzte Scherz ist reine Rhetorik. Wir haben gesehen, daß wir nicht direkt ‹9› durch seine Kennzeichnung ersetzen können. Aber hinter der Rhetorik steckt eine ernsthafte Frage. Die Anerkennung echter Namen legt einen auf die Modalität *de re*, die Zuschreibung modaler Eigenschaften an Gegenstände, fest. Quine ist (bis auf weitere Analyse) bereit, die

Modalität *de dicto* zu akzeptieren, die Zuschreibung von modalen Eigenschaften an Aussagen. Aber wahre Zuschreibungen *de re* (*re* von lat. *res*, das Ding) sind etwas ganz anderes. Sie bedeuten, daß Objekte selbst, unabhängig davon, wie sie gekennzeichnet werden, notwendig Eigenschaften haben, und das ist Essentialismus, den Quine für einen Rest an aristotelischer Wissenschaft hält, die von der wissenschaftlichen Revolution des 17. Jahrhunderts mit ihrer Betonung von Experiment und empirischer Methode mit Recht verworfen wurde.

Aktualismus

Quines Lösung besteht darin, den Anwendungsbereich des Ununterscheidbarkeitsprinzips zu beschränken, und seine Rechtfertigung liegt darin, daß er praktisch auf die Modallogik und die Metaphysik möglicher Welten, die damit einhergehen, verzichtet. Die Logik wird auf das klassische Paradigma von Kapitel 2 beschränkt, und die Theorie der Modalitäten wird zu einer fragwürdigen Theorie, die letztlich aufgrund seiner Argumente gegen Analytizität und Bedeutung verworfen werden muß. Bevor das geschieht, versteht Quine Modalität ausschließlich als Modalität *de dicto* und nimmt das buchstäblich als Zitieren. Das heißt, modale Aussagen von der Form ‹notwendig *A*› werden so aufgefaßt, als seien sie von der Form *Fa*, wobei *a* die Aussage *A* nennt und *F* das Prädikat ‹ist notwendig wahr› ist. Auf diese Weise wird ‹Notwendig 9 > 7› zu ‹«9 > 7» ist notwendig wahr›. Die Namen ‹9› und ‹7› sind jetzt in einem Zitat versteckt und vor dem Ununterscheidbarkeitsprinzip geschützt. Es gibt keinen Streit, daß Zitieren gegenüber der Substitution ‹opak› ist, wie sich Quine ausdrückt. Daß Tullius Cicero war, berechtigt uns nicht, aus der Tatsache, daß ‹Tullius› sieben Buchstaben hat, zu folgern, daß das auch für ‹Cicero› zutrifft.

Wir haben zwei Extreme betrachtet: den extremen Realismus einerseits, die pauschale Verwerfung des modalen Diskurses andererseits. Keines ist freilich zufriedenstellend: Der Platonismus behandelt Möglichkeiten als konkrete Realitäten und untergräbt die Unterscheidung zwischen dem, was aktual, und dem, was möglich ist; und er beschränkt entweder den Bereich der Möglichkeiten, um die Identifikation von Gegenstücken durch ihre Ähnlichkeiten zu ermöglichen, wodurch er eine Art von ungerechtfertigtem Essentialismus fördert; oder er postuliert Haecceitäten, innere verborgene Essenzen, die nur von den Gegenstücken geteilt werden, eine Art magischen Essentialismus. Kein Wunder, daß Quine davor zurückschreckt. Aber muß die Verwerfung des Platonismus denn so gewalttätig sein? Gibt es keinen vernünftigen Mittelweg?

Doch, es gibt ihn, und er macht eine Form von Aktualismus aus, indem er die aktuale Welt scharf vom Bereich der möglichen Welten unterscheidet. Es gibt zwei Hauptformen des Aktualismus: den Reduktionismus, der selbst viele Varianten hat, der versucht, mögliche Welten aus gewöhnlicherem und vertrauterem Material zu konstruieren; und den moderaten Realismus, in dem die aktuale konkrete Welt mit abstrakten, aber nichtsdestoweniger realen, möglichen Welten kontrastiert wird. Die Mängel des Reduktionismus können dadurch klassifiziert werden, daß man zwei Spielarten von ihm betrachtet. In der einen werden mögliche Welten mit mengentheoretischen Kombinationen der grundlegenden Elemente der aktualen Welt identifiziert – zum Beispiel Raum-Zeit-Punkten oder Atomen oder dergleichen. Das Problem hier ist die Beschränkung, die dies auferlegt. Es bedeutet, daß die grundlegenden Bestandteile aller Welten dieselben sind, und das gerät mit unserer Intuition in Konflikt, daß nämlich die Welt im mindesten Fall geringfügig andere, wenn nicht sogar tatsächlich gänzlich andere Bestandteile hätte haben können. (Nichtsdestoweniger sollte man sich aus dem ersten Kapitel daran erinnern, daß Wittgenstein dies bestritten hat: Für ihn waren die Gegenstände allen Welten gemeinsam.) Solche Formen des Reduktionismus liefern deshalb keine hinreichende Vielfalt im Bereich möglicher konstruierter Welten. Der andere größere Fehler, den der Reduktionismus hinsichtlich möglicher Welten aufweist, stellt eine Parallele zu einem ähnlichen Problem im Reduktionsmus hinsichtlich Zahlen dar. Die sogenannten von Neumann-Zahlen haben einen strukturellen Isomorphismus zur Menge natürlicher Zahlen – wir verstehen jede Zahl als die Menge, die aus allen ihren Vorgängern besteht. Auf diese Weise wird 0 (Null) als die leere Menge aufgefaßt; 1 ist die Menge, deren einziges

Element die 0 ist; 2 ist die Menge, die aus 0 und 1 besteht usf. Das ist sehr elegant, und tatsächlich hat die Behandlung von Zahlen als derartige von Neumann-Zahlen technische Vorteile, da sie einen etwas glatteren Gang gewisser Beweise ermöglicht. Aber philosophisch ist sie unannehmbar. Was immer die Zahl 2 ist, sie ist keine Menge mit zwei Elementen und kein Element der Zahl 3. Dasselbe gilt für mögliche Welten. Man kann mögliche Welten aus Aussagen konstruieren (das heißt eine mögliche Welt mit der Menge von Aussagen identifizieren, die darüber wahr sind), aus unendlichen Dezimalzahlen (eine Beschreibung einer Welt kann als ein derartiger unendlicher Ausdruck kodifiziert werden) und auf zahllose andere Arten. Aber ‹wahr sein über› ist nicht dasselbe wie gehören zu, und bei allen von ihnen ist der Vorwand, daß dies eine Theorie möglicher Welten ist, allzu durchsichtig. Sie sind mathematische Spiele.

Wenn wir darüber nachdenken, daß Edmund hätte mutig sein können oder daß 9 größer als 7 sein muß, quantifizieren wir über mögliche Welten: unter gewissen Umständen wäre Edmund mutig gewesen; wie immer die Dinge sind, 9 wird größer sein als 7. Unsere Fähigkeit, über Eigenschaften zu quantifizieren (man erinnere sich an ‹Napoleon hatte alle Qualitäten eines großen Generals› aus Kapitel 2), zeigt, daß wir das Sprechen von Eigenschaften ernst nehmen müssen. Nicht allzu ernst; denn Eigenschaften inhärieren in ihren Trägern und können nicht ohne sie existieren. Bestimmte Objekte sind die primäre Substanz der Welt, trotzdem sind Eigenschaften auch real Existierende, sei es auch nur in Abstraktion von den Objekten, die sie qualifizieren. Ähnlich sind die Möglichkeiten, wie Dinge sein können, real, aber nur, wenn sie abstrahiert werden von der aktualen Art und Weise, wie die Dinge sind. Sie werden durch das Denken bestimmt und durch eine Abstraktion unterschieden, aber ihre Existenz hängt nicht vom Denken ab. Es ist eine objektive Tatsache, daß Edmund hätte mutig sein können, und sie besteht in der realen Möglichkeit, daß er mutig ist. Aber er ist nicht mutig, und es gibt keine konkrete, unabhängige Welt, in der er es ist. Wenn wir diese Möglichkeit erwägen, denken wir über eine reale, aber abstrakte Möglichkeit nach. Andere Welten als unsere sind abstrakte Wesenheiten, so real wie Zahlen oder Qualitäten, über die wir nachdenken können, indem wir von der aktualen Art und Weise abstrahieren, wie unsere eigene Welt ist. Aber sie sind nicht konkrete, physikalisch unzugängliche Entitäten, deren ‹aktuale› Bewohner auf symmetrische Weise über uns nachdenken können. Ihre Realität ist nur gemäßigt – als Möglichkeiten, wie unsere Welt hätte sein können.

Nur ein gemäßigter Realismus kann der Intuition gerecht werden, daß Edmund selbst es ist, den wir uns als mutig vorstellen, wenn wir vermuten, Edmund hätte mutig sein können. Wir sahen, daß der Platonismus alternative Welten mit Gegenstücken bevölkert; das tut auch der Reduktionismus – wenn er überhaupt Welten mit Definitionsbereichen versieht. Es gibt viele abstrakte Möglichkeiten hinsichtlich Edmund: daß er mutig oder feige ist, Bergsteiger oder Squash-Spieler oder Segler oder was immer. Die eine Menge dieser Möglichkeiten wird durch die konkrete Realität exemplifiziert. Durch sie alle hindurch ist es Edmund, der das stetig wiederkehrende Subjekt ist. Modalitäten *de re* sind intelligibel – Edmund hat die Eigenschaft, daß er mutig hätte sein können, denn es gibt eine Welt, eine Art und Weise, wie die Dinge hätten sein können, in der er, Edmund, mutig ist. Die Zahl 9 hat die Eigenschaft, daß sie größer sein muß als 7. Obendrein ist es kein Problem, Objekte in anderen Welten zu identifizieren. Da Edmund selbst es ist, der in irgendeinem nicht-aktualen Sachverhalt mutig ist, identifizieren wir ihn in diesem Sachverhalt, indem wir ihn in der aktualen Welt identifizieren. Wenn wir ihn identifiziert haben, wie die Dinge nun einmal sind, kann unsere sprachliche Herrschaft über ihn nicht in die Irre gehen, wenn man ihn in einer anderen Welt beschreibt. Kripke nennt dies eine Festsetzung, was es in gewissem Sinn ist. Die Welt, an der wir interessiert sind, ist ‹durch Festsetzung› eine Welt, in der Edmund mutig ist. Man sollte dies nicht in dem Sinn mißverstehen, daß es eine magische Weise andeutet, Edmund durch eine Festsetzung zu identifizieren. Eher identifizieren wir Edmund auf die gewöhnliche Weise, und die Identität Edmunds stellt sicher, daß er es ist, der als mutig gilt.

Das verleiht dem früheren Beispiel ‹Notwendig ist die Zahl der Planeten größer als 7› einen anderen Farbton. Wenn der Kennzeichnung eine enge Reichweite gegeben wird, fassen wir sie so auf, als bezeichne sie verschiedene Objekte in verschiedenen Welten, nämlich die Anzahl der Planeten in jener Welt, welche auch immer es sein mag, sechs, neun, zehn oder wieviel auch immer. Faßt man die Kennzeichnung dagegen als von großer Reichweite auf, dann nimmt man an, daß sie dasselbe Objekt in allen Welten bezeichnet, ungeachtet dessen, wie viele Planeten es in jener Welt gibt, nämlich die wirkliche Zahl von Planeten, nämlich neun. (Neuere Berichte legen die Vermutung nahe, daß es in Wirklichkeit zehn Planeten im Sonnensystem gibt, aber bis dies gut bestätigt ist, wollen wir annehmen, daß es tatsächlich neun sind.) Echte Namen haben immer eine große Reichweite – sie identifizieren ein Objekt, und die modalen Eigenschaften werden ihm zugeschrieben, in gewissem Sinn direkt. Wir fragen uns nicht ‹Welches Objekt ist 9 in einer anderen Welt?›, wohingegen wir fragen müssen ‹Welches Objekt ist die Anzahl der Planeten?› Kripke nennt echte Namen ‹starre Designatoren›, wobei ihre Starrheit in der Tatsache besteht, daß sie in jeder Welt dasselbe Objekt identifizieren, zumindest in jeder Welt, in der sie überhaupt irgend etwas identifizieren. (Zum Beispiel identifiziert ‹Edmund› immer Edmund, außer in Situationen, wo er als nicht-existent gilt.)

Hier mag eine Erklärung angebracht sein. Wenn wir sagen, daß ein Designator in verschiedenen Welten verschiedene Objekte identifiziert, dann denken wir nicht an verschiedene Verwendungen der Sprache in verschiedenen Welten. In diesem Sinn hätte jeder Ausdruck, zum Beispiel ‹Edmund›, dazu benutzt werden können, andere Objekte zu bezeichnen, als er tatsächlich bezeichnet. Wir beziehen uns nicht auf die Verwendung von Ausdrücken anderer möglicher Sprachbenutzer, sondern auf unseren eigenen Gebrauch. Unser Gebrauch ist derart, daß echte Namen eine Einzelheit in der aktualen Welt heraussuchen und diesen Bezug in jedem modalen Kontext aufrechterhalten. Im allgemeinen tun dies Kennzeichnungen nicht. Sie können so aufgefaßt werden, falls man sie so versteht, daß sie eine größere Reichweite haben; und einige Designatoren sind starr, wie auch immer sie verstanden werden, zum Beispiel ‹das Quadrat von 3›. Der Begriff eines starren Designators umfaßt diese drei Ideen: den konstanten Bezug *de jure* im Fall echter Namen; den konstanten Bezug *de facto* im Fall der Annahme, daß Kennzeichnungen eine große Reichweite haben; und noch einmal den konstanten Bezug *de facto* im Fall der Essenzen, um es einmal so zu nennen, wo zum Beispiel eine Kennzeichnung, die verwendet wird, um ein Objekt zu identifizieren, eine wesentliche Eigenschaft dieses Objekts konnotiert, eine Eigenschaft, die es in jeder Welt besitzt – wie sich ‹das Quadrat von 3› auf 9 bezieht dank seiner Relation zu 3, einer Relation, die notwendig gilt.

Wir haben gesehen, daß echte Namen – tatsächlich gilt es von starren Designatoren allgemein – modale Wahrheiten *de re* schaffen können. Ein bekanntes Beispiel ist die Identität. Man nehme zwei starre Designatoren desselben Objekts, zum Beispiel ‹Cicero› und ‹Tullius›. ‹Cicero ist Cicero› ist notwendig wahr. Aber ‹Cicero ist notwendig Tullius› ist ebenfalls wahr, denn ‹Cicero› und ‹Tullius› bezeichnen dasselbe Objekt, und nach unserer Hypothese sind sie starre Designatoren; folglich bezeichnet jeder Name dasselbe Objekt in allen möglichen Welten (in denen sie überhaupt irgend etwas bezeichnen). Deshalb bezeichnen beide dasselbe Objekt in allen Welten. Die einfache Wahrheit ‹Cicero ist Tullius› wird zur modalen Wahrheit *de re*, ‹Cicero ist notwendig Tullius›.

Das Notwendige und das *A priori*

Das erscheint vielleicht überraschend, denn nicht jeder weiß, daß Cicero Tullius war. Es ist keine offensichtliche Wahrheit, sondern eine, die entdeckt werden muß. Bedeutet das nicht, daß sie kontingent ist? Das ist nicht der Fall. Es zeigt nur, daß sie empirisch oder *a posteriori* (diese Wörter sind äquivalent) ist. ‹Notwendig› bedeutet ‹wahr in allen Welten›; ‹kontingent› bedeutet ‹wahr in einigen, aber nicht allen Welten› (deshalb bedeutet ‹kontingent› ‹möglich, aber nicht notwendig›). ‹*A priori*› bedeutet ‹kann ohne empirische Untersuchung als wahr erkannt werden›; ‹empirisch› (oder ‹*a posteriori*›) bedeutet ‹kann nur durch Erfahrung entdeckt werden›. Wahrheiten *a priori* sind nicht immer selbstevident. Das Vier-Farben-Theorem ist ein gutes Beispiel. Man betrachte das Problem des Kartographen, auf einem Blatt Papier eine Karte zu zeichnen. Jedes Gebiet (das beispielsweise ein Land oder einen Staat oder einen Bezirk oder eine Gemeinde repräsentiert) muß anders als seine Nachbarn gefärbt werden. Jede einzelne Region kann an unendlich viele andere grenzen. Kartographen wußten aber aus Erfahrung, daß sie mit genügend Einfallsreichtum niemals mehr als vier Farben brauchten. Vier

Farben reichten aus, um jede denkbare Karte zu färben, ohne daß zwei benachbarte Regionen dieselbe Farbe erhielten. Aber soweit war es nur eine empirische Entdeckung, eine Entdeckung *a posteriori*, die auf einem induktiven Sprung von einzelnen Karten (sehr, sehr vielen einzelnen Karten, ohne jede Ausnahme) zu einer Hypothese über jede Karte beruhte. Wenn sie wußten, daß keine Karte mehr als vier Farben brauchte – und ich bin bereit zuzugeben, daß sie es wußten –, war ihr Wissen empirisch. Nichtsdestoweniger kann man beweisen, daß sie recht hatten. Dieser Beweis wurde erst Anfang der 80er Jahre geführt. Er war *a priori*; er beruhte nicht auf einer empirischen Untersuchung, sondern analysierte die verschiedenen möglichen Konfigurationen von Karten in (eine sehr große Anzahl von) verschiedenen Typen, und zeigte, daß jeder Typ höchstens vier Farben brauchte. Der Beweis zeigte, daß das Wissen von dem Vier-Farben-Theorem die ganze Zeit über schon *a priori* gewesen war – daß es ohne eine empirische Untersuchung hätte erkannt werden können, wie er auch zeigte, daß das Urteil, das auf Erfahrung beruhte, das sich die Kartographen gebildet hatten, tatsächlich ein Wissen war. Ihr Wissen war empirisch, aber das Theorem, die Wahrheit selbst und das Wissen davon waren *a priori*.

Zwei andere, eng verwandte technische Termini sind ‹analytisch› und ‹synthetisch›. Eine analytische Wahrheit ist wahr einzig dank ihrer Bedeutung; eine synthetische ist nicht analytisch. Auf diese Weise bilden ‹notwendig› und ‹kontingent›, ‹*a priori*› und ‹empirisch› sowie ‹analytisch› und ‹synthetisch› exklusive und erschöpfende Gegensatzpaare. Primär sind sie Epitheta, die auf Wahrheiten angewendet werden, die aber auch zwischen Falschheiten unterscheiden können, dem notwendig Falschen und dem kontingent Falschen (falsch, aber möglicherweise wahr), dem *a priori* Falschen und dem empirisch Falschen, dem analytisch Falschen (implizit Kontradiktorischen, falsch dank der Bedeutung) und dem synthetisch Falschen. Die Charakterisierungen der Ausdrücke ‹analytisch› und ‹synthetisch› haben vielleicht stärker variiert als die der anderen Paare; man sollte sich bewußt sein, daß die Termini ‹notwendig›, ‹*a priori*› und ‹analytisch› ganz verschiedene Charakterisierungen haben, wohingegen viele Philosophen geglaubt haben, sie seien koextensiv. Dieser Glaube hat tatsächlich zu einem etwas arroganten und ungenauen

Gebrauch der Termini geführt. Aber wenn sie koextensiv sind (in welchem Fall es ja nicht wirklich falsch ist, wenn man sie austauscht, außer, daß es zur Verwirrung führt – ein Vorwurf, den kein Philosoph auf sich sitzen lassen sollte), bedarf diese Behauptung einer Begründung – es ist eine starke metaphysische These.

Es gab gute Gründe für die Annahme dieser These von der Koextensivität von Notwendigkeit, Apriorität und Analytizität – in der Hauptsache empiristische und reduktionistische Gründe. Bislang haben wir in unserem Nachdenken über mögliche Welten dazu geneigt, epistemologische Erwägungen außer Betracht zu lassen. Sie sind im Fall des modalen Platonismus besonders problematisch. ‹Notwendig› ist mit ‹wahr in allen möglichen Welten› identifiziert worden. Wie sollen wir dann begründen, daß irgend etwas notwendig wahr ist? Das Modell verlangt nach einer Inspektion jeder Welt. Aber das ist unmöglich, aus zwei Gründen: Erstens gibt es zu viele, unendlich viele; zweitens sind sie unzugänglich. Nach dem Platonismus ist jede Welt eine konkrete Realität, die räumlich und zeitlich von jeder anderen getrennt ist. Science-fiction-Autoren wie Asimov mögen ja eine Kommunikation zwischen ihnen postulieren, aber das ist reine Phantasie. Sie sind logisch verknüpft, aber aktuale Verbindungen bestehen notwendig innerhalb einer Welt. Die Rede von möglichen Welten, die weit davon entfernt ist, dabei zu helfen, Notwendigkeiten und Möglichkeiten zu begründen, droht, sie unentdeckbar zu machen. Wenn Notwendigkeit nicht als obskurantistisch verworfen werden soll, dann können wir sie, wie es scheint, nur retten, indem wir sie mit dem *a priori* identifizieren.

Das *a priori* ist seinerseits angegriffen worden. Rationalistische Philosophen wie Kant hatten behauptet, daß gewisse Wahrheiten, mochten sie auch *a priori* wahr sein, nichtsdestoweniger synthetisch seien. Ihre Wahrheit war keine triviale Sache der Bedeutung, sondern eine substantielle Tatsache der Metaphysik. Der Empirist konnte dies nicht akzeptieren: Er stimmte zu, daß analytische Wahrheit wesentlich trivial ist, aber sein Glaubensbekenntnis lautet, daß alle substantielle Wahrheit empirisch ist. Er bestreitet die Möglichkeit einer substantiellen Metaphysik (wirkliche Wahrheit ist wissenschaftliche Wahrheit) und identifiziert das *a priori* mit dem Analytischen. Offensichtlich können wir, wenn etwas eine Sache der Bedeutung ist, es unabhängig von der Erfahrung herausarbeiten; der Empirist dringt auf das Umgekehrte, daß das, was unabhängig von der Erfahrung entdeckt werden kann, aus den Bedeutungen der Wörter resultieren muß, die verwendet werden, um es auszudrücken.

Die notwendige Wahrheit der empirisch entdeckten Identitäten blokkiert den ersten Schritt dieser Reduktion des Notwendigen auf das Analytische. Daß Cicero Tullius war, war eine empirische Entdeckung; ihre Identität ist nichtsdestoweniger notwendig. Zwei starre Designatoren desselben Objekts müssen aufgrund ihrer Starrheit dasselbe Objekt in allen Welten bezeichnen, also ist ihre Identität eine Sache der Notwendigkeit. Das ist eine unmittelbare Konsequenz dessen, was mit Starrheit gemeint ist. Der substantielle Teil von Kripkes These ist der Beweis, daß ein bestimmter Terminus starr ist. Eben dies ist Kripkes Hauptthema, daß die Eigennamen der natürlichen Sprache keinen Sinn haben und nicht durch deskriptive Wendungen ersetzt werden können, denn deskriptive Wendungen verhalten sich in modalen Kontexten verschieden. Eigennamen sind, sagt er, starre Designatoren.

Ein Teil der Schwierigkeit dieser Behauptung ist der Mangel an Klarheit in den beiden gegensätzlichen Ansichten von Namen, von denen die eine – daß Namen rein denotativ sind und keinerlei Konnotation haben – historisch mit John Stuart Mill verbunden ist, die andere – daß Namen Sinn haben – mit Gottlob Frege. Kripke betont zwar, daß Namen keinen Sinn haben, der durch eine Kennzeichnung gegeben wird, aber er akzeptiert nichtsdestoweniger, daß der Bezug eines Namens durch eine Kennzeichnung ‹fixiert› werden kann; die Verteidiger Freges bestreiten, daß der Sinn, den alle Namen haben, immer durch eine Kennzeichnung gegeben werden kann, und räumen unter Umständen sogar ein, daß Namen in ihrer konnotativen Funktion (ob deskriptiv oder der Wiedererkennung dienend) konventionell immer eine größere Reichweite haben. An diesem Punkt sind die Theorien äquivalent geworden. Der Metaphysiker F. H. Bradley wies im 19. Jahrhundert darauf hin, daß wir einen Namen nicht gebrauchen könnten, wenn mit ihm nicht ein Mittel verbunden wäre, um sein Bezugsobjekt wiederzuerkennen. Aber wenn wir einräumen (wie die Konvention der ‹größeren Reichweite› einräumt), daß diese

Methode der Wiedererkennung nur auf die aktuale Welt angewendet werden kann und nicht auf Möglichkeiten, dann ist die ‹Sinn›theorie in eine denotative mutiert. Denn Kripkes Beleg für die These, daß Namen keinen Sinn haben, bestand darin, daß einfache (das heißt nicht-modale) Aussagen, die sie enthalten, verschiedene Wahrheitswerte hätten haben können. Kripke bestreitet, daß dies dasselbe ist, wie wenn man ihr Verhalten in modalen Kontexten betrachtet. Aber wie entscheiden wir, ob ‹Cicero klagte Catilina an› hätte falsch sein können? Die Frage scheint sich darauf zu reduzieren, ob Cicero Catilina nicht hätte anklagen können, und das heißt, nach dem Verhalten von ‹Cicero› im modalen Kontext von ‹hätte nicht können› zu fragen. Kripke stützt sich für sein Argument, daß Namen keinen Sinn haben, auf die Beobachtung, daß, welchen Sinn F ein Name a auch haben mag, ‹a hätte nicht F sein können› wahr ist; zum Beispiel hätte Cicero Catilina nicht anklagen oder *De Lege Manilia* nicht schreiben können, oder was auch immer wir verwenden, um unsere Bezugnahme auf ihn zu fixieren. Also dient der Sinn nur dazu, irgend etwas zu identifizieren, wie es tatsächlich ist, und stellt nicht einen Ausdruck mit derselben Bedeutung bereit – außer unter der Konvention der größeren Reichweite. Eigennamen erhalten ihren Bezug durch eine Kennzeichnung (oder ein anderes Mittel der Wiedererkennung) in der Welt, wie die Dinge sind, behalten aber diesen Bezug in modalen Kontexten starr bei.

Wenn jede wahre Identitätsfeststellung wie ‹Cicero war Tullius› notwendig wahr zu sein hat, was können wir mit ‹Cicero hätte nicht Tullius sein können› anfangen? Es muß notwendig falsch sein, ebenso wie ‹Cicero hätte nicht Cicero sein können›. Unsere Neigung, sie für wahr zu halten, spiegelt eine epistemische, keine metaphysische Möglichkeit wider. Da die Wahrheit von ‹Cicero war Tullius› *a posteriori* ist, erkennen wir ihre Wahrheit nicht unmittelbar. Aber unser Zweifel ‹War Cicero Tullius?› spiegelt Unkenntnis, nicht eine kontingente Möglichkeit. Wenn Cicero Tullius war, dann war er es mit Notwendigkeit; wenn nicht, dann notwendig nicht. Anastasia behauptete, die letzte der Romanows zu sein. Wenn es wirklich möglich wäre, daß sie die überlebende jüngste Tochter war, dann gab es eine mögliche Welt, in der sie es war, und also war sie mit Notwendigkeit diese Tochter und infolgedessen auch in Wirklichkeit. Infolgedessen, wenn sie nicht wirklich die Überlebende war, dann war es nicht einmal möglich, daß sie es war. Die ‹Möglichkeit›, die wir uns vorstellen, ist eine epistemische Möglichkeit – wir wissen einfach nicht, ob sie es war oder nicht.

Andere wesentliche Eigenschaften ergeben ebenfalls Notwendigkeiten *a posteriori*. Zum Beispiel glauben Kripke und andere an die Lehre von der Notwendigkeit der Herkunft – Margaret Thatcher hätte nicht Stalins Tochter sein können, denn sie war in Wirklichkeit die Tochter von Mr. Roberts, dem Gemüsehändler von Grantham. Natürlich könnten wir eine Verschwörung entdecken, die enthüllt, daß die britische Premierministerin ein KGB-Maulwurf war, Teil eines langfristigen Plans, die britische Ökonomie zu zerstören. Aber das, betont Kripke, ist eine epistemische Möglichkeit; es gibt keine metaphysische Möglichkeit, daß die wirkliche Person, die in Grantham geboren wurde, die Tochter von Stalin hätte sein können. Wenn a ein starrer Designator ist und F eine wesentliche Eigenschaft, die das Objekt, das aktual durch a bezeichnet wird, aktual hat, dann halten a und F durch alle Welten hindurch miteinander Schritt. Da a starr ist, bezeichnet es in allen Welten dasselbe Objekt; und F gehört, da es wesentlich ist, in jeder Welt jedem Objekt an, das es in jeder Welt besitzt. Also gibt es keine Welt, in der a nicht F ist, und folglich könnte a nicht nicht F sein.

Kripke bestreitet nicht nur, daß alle notwendigen Wahrheiten *a priori* sind; er bestreitet auch, daß alle Wahrheiten *a priori* notwendig sind. Sein primäres Beispiel bezieht sich auf das Urmeter in Paris. Zumindest zu einem bestimmten Zeitpunkt wurde ein Meter durch Bezug auf dieses Urmeter definiert, das bei Standardtemperatur und -Druck aufbewahrt wird. Deshalb konnten wir *a priori* wissen, daß das Urmeter einen Meter lang war. Nichtsdestoweniger hätte es länger oder kürzer sein können, als es war, also gibt es Welten, in denen es eine Länge hat, die von einem Meter abweicht. Daß seine Länge in diesen Welten folglich einen Meter anders definiert hätte, als seine aktuale Länge beträgt, ist irrelevant, wie es auch der Gedanke war, daß das Wort ‹Edmund› hätte benutzt werden können, um jemand anders zu bezeichnen. Relevant ist unser Gebrauch des Wortes ‹Meter›, und der ist durch die aktuale Länge des Urmeters bestimmt. Welche Länge es hätte haben können, wird in seiner Länge in anderen Welten reflektiert. So geraten Kontingenz und Apriorität auseinander. ‹Das Urmeter ist ein Meter lang› ist nur kontingent wahr, aber *a priori* erkennbar.

Die radikale Trennung zwischen dem Notwendigen und dem *a priori*, die jetzt eingetreten ist, hat überraschende Konsequenzen. Eine davon ist, daß jede Aussage *a priori* einer kontingenten Aussage äquivalent ist. Man nehme eine beliebige Aussage *A*: Wenn *A* kontingent ist, ist das Ergebnis unmittelbar, denn *A* ist *a priori* sich selbst äquivalent; wenn *A* notwendig wahr oder notwendig falsch ist, betrachte man die Aussage ‹*A* hat denselben Wahrheitswert wie «Das Urmeter ist einen Meter lang»›. Wenn *A* notwendig wahr ist, ist diese Aussage wahr, aber kontingent, und *A* ist ihr *a priori* äquivalent (denn sie sagt nur ‹«*A*» ist wahr›); wenn *A* notwendig falsch ist, ist jene Aussage falsch, trotzdem immer noch kontingenterweise, und wieder ist *A* ihr *a priori* äquivalent. Also ist tatsächlich jede Aussage *a priori* einer kontingenten Aussage äquivalent.

Ein bißchen Erfindungsreichtum kann dieses Ergebnis erweitern, um zu begründen, daß jede Aussage *a priori* einer Aussage äquivalent ist, die notwendig wahr oder notwendig falsch ist (je nachdem, ob die ursprüngliche Aussage wahr oder falsch ist). Wir wollen eine solche Aussage, die entweder notwendig wahr oder notwendig falsch ist, ein Nezessitiv nennen. Der benötigte Erfindungsreichtum liegt in der Konstruktion eines angemessenen starren Designators. Wir brauchen für jede Aussage einen Ausdruck, der den Wahrheitswert dieser Aussage starr designiert. Die Wendung ‹der Wahrheitswert von *A*› reicht nicht, denn sie wird für jede Welt den Wahrheitswert von *A* in jener Welt bezeichnen, ist also kein starrer Designator. Aber die Bezeichnung ‹der aktuale Wahrheitswert von *A*› kann dieses Manöver schaffen; welche Welt auch immer wir betrachten, sie bezeichnet den Wahrheitswert von *A* in der aktualen Welt. Also ist ‹der aktuale Wahrheitswert von *A*› ein starrer Designator. (Es ist ein Fall von Starrheit dem Wesen nach, dem dritten der drei Typen, die wir erwähnt haben, wie ‹das Quadrat von 3›.) *A* ist entweder wahr oder falsch, also bezeichnet ‹der aktuale Wahrheitswert von *A*› entweder Wahrheit oder Falschheit. Man betrachte die Aussage ‹Der aktuale Wahrheitswert von *A* ist die Wahrheit›. Nennen wir diese Aussage akt (*A*). Wenn *A* wahr ist, dann ist akt (*A*) (eine wahre Identität zwischen starren Designatoren) notwendig wahr; wenn falsch, notwendig falsch. Also ist akt (A) ein Nezessitiv. Obendrein können wir *a priori* sagen, daß A und akt (A) äquivalent sind, was im wesentlichen sagt, daß A aktual wahr ist. Also ist A *a priori* einem Nezessitiv äquivalent.

Ähnlich können wir zeigen, daß A notwendig einer Aussage *a posteriori* äquivalent ist und daß es notwendig einer Aussage *a priori* äquivalent ist. Im ersten Fall wähle man A, wenn A *a posteriori* ist, und wähle ‹A ist akt (A) äquivalent›, wenn A *a priori* ist; im zweiten Fall wähle man ‹A ist akt (A) äquivalent›, wenn A wahr ist, und ‹A ist akt (A) nicht äquivalent›, wenn A falsch ist.

Was zeigen diese Spielereien? Sie dienen dazu zu betonen, wie verschieden das Notwendige und das *a priori* sind. Sie führen uns auch zu Kapitel 1 zurück. Wir haben dort die Ansicht vertreten, daß die Äquivalenz von A und ‹A ist wahr› zeigte, daß Wahrheit keine substantielle Eigenschaft von Aussagen ist (die zum Beispiel in ihrer Beziehung zu Tatsachen bestünde), sondern ein Mittel, das uns in den Stand setzt, auf andere Behauptungen Bezug und Rückbezug zu nehmen und sie zu unterstützen. Die Äquivalenz von A und ‹A ist wahr› ist notwendig und *a priori*. Man nehme ein Beispiel: angenommen A ist ‹Jemand hat Kennedy getötet›. Wir haben früher bemerkt, daß die Wahrheit von ‹Jemand hat Kennedy getötet› in einer bestimmten Welt davon abhängt, ob jemand Kennedy unter diesen Umständen getötet hat, nicht davon, was wir vielleicht mit ‹tötete› und ‹Kennedy› unter diesen Umständen gemeint haben. Man könnte denken, der Fall sei bei ‹«Jemand hat Kennedy getötet» ist wahr› verschieden, denn hier scheinen wir auf den Satz ‹Jemand hat Kennedy getötet› Bezug zu nehmen. Wir müssen zwischen Gebrauch und Erwähnung unterscheiden. In ‹Fred hat sieben Buchstaben› gebrauchen wir den Namen ‹Fred› und beziehen uns auf die Person Fred – vielleicht spielt er gerade Scrabble; in ‹«Fred» hat vier Buchstaben› erwähnen wir den Namen ‹Fred› und beziehen uns darauf. Die Anführungszeichen um Fred dienen dazu, uns daran zu erinnern, daß wir den Namen erwähnen und nicht gebrauchen. Würden wir den Satz erwähnen ‹Jemand hat Kennedy getötet›, als wir sagten ‹«Jemand hat Kennedy getötet» ist wahr›, dann würde die Wahrheit jenes Satzes von der Bedeutung von ‹tötete›, ‹Kennedy› usf. abhängen und könnte auf diese Weise unabhängig von der Wahrheit von ‹Jemand hat Kennedy getötet› variieren. Aber wir haben in Kapitel 1 argumentiert, daß wir als Wahrheitsträger nicht Sätze nehmen sollten. Andernfalls würde sich ‹A ist wahr› von ‹Es ist wahr, daß A› unterscheiden; ‹«Jemand hat Kennedy getötet» ist wahr› würde Wahrheit einem Satz zuschreiben, wogegen ‹Es ist wahr, daß jemand Kennedy getötet hat› das nicht tun würde. Wir haben uns dafür entschieden, ‹A ist wahr› so aufzufassen, daß es Wahrheit von der Aussage prädiziert, die durch A ausgedrückt wird, und das bedeutet, die Aussage, die von A aktual ausgedrückt wird. Also bleiben A und ‹A ist wahr› im Einklang, wenn wir uns von Welt zu Welt bewegen, sie in jeder bewerten, aber ihre aktuale Bedeutung beibehalten. Im Gegensatz dazu bleiben A und ‹A ist aktual wahr› nicht in Übereinstimmung. ‹«Jemand hat Kennedy getötet» ist aktual wahr› nimmt verschiedene Werte an, je nachdem, ob, unter anderen Umständen, Kennedy getötet worden ist, wogegen ‹«Jemand hat Kennedy getötet» ist aktual wahr› das nicht tut. Wenn Kennedy friedlich in seinem Bett gestorben wäre, wäre ‹Jemand hat Kennedy getötet› falsch; aber selbst wenn Kennedy friedlich im Bett gestorben wäre, wäre ‹Aktual hat jemand Kennedy getötet› immer noch wahr – das heißt, ‹Jemand hat Kennedy getötet› wäre immer noch aktual wahr, denn Kennedy ist getötet worden. Denken wir daran: Was zählen soll, ist unsere Äußerung und das, was sie ausdrückt.

Das Urmeter ist vielleicht nicht einen Meter lang gewesen, aber wir können *a priori* sagen, daß es einen Meter lang sein muß. Das Notwendige und das *a priori* sind nicht koextensiv.

Zusammenfassung und Hinweise auf weitere Lektüre

Der modale Platonismus sieht diese Welt in ihrer Gesamtheit als nur eine aus einem immensen Bereich wirklicher und bestehender alternativer Möglichkeiten. Jede Welt ist eine konkrete Realität von Individuen samt ihren Eigenschaften und Beziehungen, vollständig und vollkommen bestimmt. Aktualität ist nicht mehr als die Unmittelbarkeit der Welt des Sprechers für ihn oder sie. Jede Welt ist sich selbst aktual-wirklich. Unsere Welt ist aktual nur, sofern sie unsere Welt ist. Der Vorkämpfer dieser Ansicht ist David Lewis, in *Counterfactuals*, Kapitel 4, und in neuerer Zeit und ausführlicher in *On the Plurality of Worlds*. Er beschreibt darin, wie seine früheren Darstellungen dieser Ansichten auf ungläubiges Staunen stießen, aber auf nur wenige zwingende Einwände. Zwischen den beiden Büchern erschienen eine Fülle von Einwänden.

Die Schwierigkeiten des Modalplatonismus, die wir diagnostiziert haben, ergaben sich alle daraus, daß er alle Welten als gleichrangig behandelte. Wenn jede eine konkrete Realität ausmacht, dann kann kein Objekt in mehr als einer Welt vorhanden sein – Objekte können Gegenstücke, Doppelgänger in anderen Welten haben, können aber mit ihnen nicht identisch sein. Das Problem ist dann, ihre Gegenstücke zu finden und zu identifizieren. Der Rückgriff auf Haecceitäten, das heißt individuelle Essenzen, ist kaum annehmbar und legt den Gedanken an eine Art Magie dar; die Verwendung von Ähnlichkeiten droht, Alternativen auf unnatürliche Weise zu beschränken. Entscheidend ist, daß wir daran interessiert sind, wie Edmund wäre, wenn er vollkommen anders wäre, nicht an einem Gegenstück von ihm. Lewis präsentiert seine Gegenstück-Theorie in ‹Counterpart Theory and Quantified Modal Logic›, wiederabgedruckt in Michael Loux' Sammlung *The Possible and the Actual*.

Die Behandlung jeder Welt als einer selbständigen Realität gerät auch in Konflikt mit unserer Überzeugung, daß unsere Welt einzigartig ist. Unsere Welt ist aktual, andere Welten sind lediglich möglich. Der Vorschlag, daß für Edmunds Gegenstücke ihre Welt aktual und wir nur eine verschwommene Möglichkeit sind, widerspricht unserem Gefühl von dem, was real ist. Obendrein bringt er willkürliche epistemologische Probleme mit sich, weil danach ein Nachdenken über Möglichkeiten eine besondere Art von Teleskop nötig macht, durch das andere mögliche Welten beobachtet werden müssen, während zur gleichen Zeit bestritten wird, daß eine solche Methode möglich ist. Möglichkeiten werden plötzlich unentdeckbar.

Man kann noch eine weitere Schwierigkeit für den extremen Realismus erwähnen: Es gibt viele Modallogiken. Eine große Anzahl davon sind zweifellos von rein formalem Interesse und korrespondieren keiner realen Modalauffassung. Aber es läßt sich begründen, daß mehr als eine von ihnen gültige modale Strukturen artikuliert. Unseren Diskussionen lag eine Gleichung zwischen ‹notwendig› und ‹wahr in jeder möglichen Welt› zugrunde. Diese Auffassung ist bekannt als die *S5*-Konzeption, die dem stärksten von C. I. Lewis' fünf modalen Systemen entspricht. (Vgl. zum Beispiel G. Hughes und M. Cresswell, *Einführung in die Modallogik.*) Sie gilt oft als die eigentliche Analyse der metaphysischen Möglichkeit und Notwendigkeit. Zumindest zwei andere sind von Interesse. *S4*, ein weiteres (C. I.) Lewis-System, entwickelt einen Sinn von ‹Notwendigkeit› als ‹Beweisbarkeit› in einem recht informellen Sinn. Ein etwas anderes System, *G*, das in jüngerer Zeit entwickelt worden ist, ist nützlich bei der Analyse des formalen Begriffs der Beweisbarkeit, wie er sich in Gödels Arbeit zur Arithmetik findet (in dem Beweisbarkeit nicht Wahrheit garantiert). Es gibt andere Systeme, die Konzepte dessen entwickeln, was getan und was geglaubt werden sollte – deontische und epistemische Logiken. Was soll der Modalplatonist von all diesen Systemen sagen? Liegt ein vollständiger Bereich konkreter Realität hinter jedem von ihnen oder nur für einige – und wenn, dann für welche?

Der Platonist malt sein Bild, weil er glaubt, es sei das einzige, das modalen Urteilen eigentliche Objektivität sichern könne. Die Alternativen zum Platonismus nahmen sich vor zu zeigen, daß Objektivität entweder ein Mythos ist oder daß sie billiger erreicht werden kann. Eine nützliche Sammlung von Aufsätzen zu diesem Thema ist schon erwähnt worden – Loux' *The Possible and the Actual*. Dort finden sich reduktionistische Programme von Cresswell, Adams, Mondadori und Morton. Armstrongs kombinatorische Theorie der Möglichkeit ist die bislang wohl raffinierteste und am besten ausgearbeitete reduktionistische Theorie. Moderate realistische Lösungen wie meine eigene werden von Stalnaker und Plantinga gegeben. Mögliche Welten sind Arten und Weisen, wie die Welt hätte sein können – real, aber ohne konkrete Realität. Sie sind abstrakte Möglichkeiten, das Resultat der Abstraktion, aber bewußtseinsunabhängig und objektiv. Natürlich bedarf diese Ansicht weiterer Ausarbeitung und Verteidigung über das hinaus, was ich hier gesagt habe, aber nichtsdestoweniger glaube ich, daß sie die vielversprechendste Erklärung darstellt.

Die philosophische Reflexion der letzten 25 Jahre über mögliche Welten und Modallogik ist grundlegend von Saul Kripkes formaler Arbeit beeinflußt worden, die den Begriff möglicher Welten deutlich herausarbeitet, um eine befriedigende formale Semantik für Modallogik zu geben. Bis dahin herrschte bezüglich des Modaldiskurses eher Skepsis, angeführt von W. V. O. Quine. Sein berühmtester Angriff findet sich in ‹Three Grades of Modal Involvement›, wiederabgedruckt in *Ways of Paradox and Other Essays*. Annehmbare Modallogik war *de dicto* (der zweite Grad, der auf den ersten zurückgeführt werden konnte) und konnte in der nicht-modalen Prädikatenlogik (dem klassischen Paradigma) behandelt werden. Die Argumente gegen Quines Position wurden von Ruth Barcan Marcus dargelegt. Eine neuere Retrospektive findet sich in ihrem Aufsatz ‹A Backwards Look at Quine's Animadversions on Modalities›, in *Perspectives on Quine*, hg. von R. Gibson und R. Barrett. Eine klare Darstellung, wie eine sorgfältige Behandlung der Reichweite-Unterscheidungen in Russells Theorie der Kennzeichnungen die Probleme der unerlaubten Ersetzungen vermeidet, wird gegeben von A. F. Smullyan in ‹Modality and Description›, wiederabgedruckt in L. Linskys immer noch nützlicher Sammlung *Reference and Modality*.

Kripkes Aufsatz ‹Semantical Considerations on Modal Logic I›, ebenfalls wiederabgedruckt in Linskys *Reference and Modality*, führte einen entscheidenden Wandel herbei, zuerst unter formalen Logikern, die das effektive Mittel für logische Analysen, welches durch die Modallogiken bereitgestellt wurde, zu schätzen lernten (zum Beispiel in Stalnakers und Lewis' Analysen von Bedingungssätzen); ihm folgte *Name und Notwendigkeit*, zuerst vorgetragen als Vorlesungen im Jahre 1970 und als Artikel veröffentlicht 1972, worin die philosophische Wirksamkeit modaler Begriffe nachgewiesen wurde. Er sprach sich auch sehr entschieden zugunsten eines moderaten Realismus hinsichtlich möglicher Welten aus, und zwar in den ursprünglichen Vorlesungen wie in der Einleitung, die er in der Ausgabe von 1980 hinzufügte. In diesem Werk analysierte Kripke die Beispiele, welche die modalen Begriffe der Notwendigkeit, Möglichkeit und Kontingenz von den epistemischen Begriffen der Apriorität und Aposteriorität trennen. Die Unterscheidung wird auch betont (ohne Beispiele) in Aaron Slomans ‹«Necessary», «*A priori*» and «Analytic»›. Die

Erweiterung auf die Idee, daß jede Aussage kontingente und nezessitive Äquivalente *a priori* hat usf., wurde von Leslie Tharp Mitte der 70er Jahre vorgenommen, aber erst nach seinem Tod in ‹Three Theorems of Metaphysics› veröffentlicht.

5 Platons Bart: Was es gibt, und was es nicht gibt

Wie ist Sprache möglich? Wie ist es möglich, aus einem endlichen und erlernbaren grundlegenden Vokabular einer Sprache unendlich viele neue Äußerungen zu bilden, neue Aussagen, die Gedanken zum Ausdruck bringen, die nie vorher formuliert worden sind? Denn es ist möglich. Obgleich das Vokabular einer Sprache sehr groß ist, wie ein Blick ins Wörterbuch zeigen kann, ist es klein verglichen mit der Unermeßlichkeit der Sätze, aus denen die Bücher in den Bibliotheken der Welt bestehen. Nur wenige dieser Sätze sind identisch. Nur wenige der Sätze, die wir lesen, haben wir schon einmal vorher gesehen. Wie ist es dem Leser möglich, sie zu verstehen? Wie ist es ihren Verfassern möglich, sie zu konzipieren und zusammenzusetzen?

Die Antwort ist offensichtlich; aber ihre Implikationen sind gewaltig. Wir können eine Sprache lernen, weil ihr Vokabular und die Zahl ihrer grammatischen Regeln relativ klein sind – beide können in einer kleinen Anzahl von Bänden enthalten sein; ein vielbändiges Wörterbuch wie das *Oxford English Dictionary* enthält weit mehr als das Vokabular der meisten individuellen Sprecher – und selbst das ist enthalten in zehn oder zwölf Bänden, einem winzigen Teil der gesamten Bibliothek, die es enthält. Die grammatischen Regeln erlauben die Bildung unendlich vieler Sätze aus diesem Vokabular. Um diese neuen Sätze zu verstehen, werden die Bedeutungen individueller Wörter nach der Struktur, die von der Grammatik vorgegeben wird, zusammengefügt. Mit anderen Worten, genau wie der Satz buchstäblich aus den Wörtern, die er enthält, zusammengesetzt ist, so wird auch die Bedeutung des Satzes, die Aussage, aus den Bedeutungen der in ihm enthaltenen Wörter – auf irgendeine Weise – zusammengesetzt. Dieser Gedanke beginnt beim Offensichtlichen; wir verstehen neue Sätze, weil wir verstehen, wie sich ihre Bedeutung aus den Bedeutungen der sie konstituierenden Wörter ergibt. Die Implikation ist nicht so offensichtlich, und was sie sagt, ist nicht so klar: Die Bedeutungen der individuellen Wörter schließen sich irgendwie zusammen, um die Bedeutung des ganzen Satzes, der durch ihn ausgedrückten Aussage, zusammenzufügen.

Das darin enthaltene Prinzip wird manchmal das ‹Zusammensetzungsprinzip› genannt, manchmal – nach Gottlob Frege, dem großen deutschen Philosophen der Mathematik und Sprache – ‹Freges Prinzip›. Die beiden Ausdrücke beinhalten ziemlich unterschiedliche Anwendungen der Idee. Aber die zugrunde liegende Motivation ist dieselbe. Irgendwie müssen wir die ‹Kreativität› der Sprache erklären, die Art, wie ein Kind, das nur eine kleine, endliche Anzahl von Äußerungen hört, die Fähigkeit entwickelt, eine unendliche Anzahl von Aussagen hervorzubringen und zu verstehen, die nicht unter den Daten waren, auf die sich die Fähigkeit gründete. Die Erklärung, die diese Lücke schließt und mit der introspektiven Erfahrung zusammenstimmt, wie es sich anfühlt, Sprecher einer Sprache zu sein und einem Gespräch zu folgen – einer Menge von Äußerungen von einem selbst und anderen –, ist die plausibelste und einfachste. Die Daten und die neuen Produkte werden in bedeutungsvolle Komponenten zerlegt und eine Verbindung zwischen den Bedeutungen des Ganzen und der Teile postuliert. Aber welche Verbindung ist das?

Wer diese Idee ein ‹Zusammensetzungsprinzip› nennt, dürfte diese Verbindung sehr wahrscheinlich in buchstäblichem Sinn interpretieren. Ich erwähnte in Kapitel 1, wie Russell Aussagen, die Bedeutungen von Sätzen und Gegenstände des Glaubens, so verstand, daß sie Einzeldinge und Universalien als Bestandteile hätten, so daß zum Beispiel die Aussage, daß Sokrates weise ist, buchstäblich Sokrates und Weisheit als Konstituentien hat. Die Bedeutung von ‹Sokrates› war für ihn der Philosoph Sokrates selbst; und die Bedeutung von ‹ist weise› war das Universale oder die Eigenschaft Weisheit. Folglich setzte sich die Bedeutung des Satzes ‹Sokrates ist weise› aus Sokrates und Weisheit zusammen, genau wie der Satz aus seinem Subjekt und Prädikat zusammengesetzt ist. Eine etwas weniger naive Ansicht weist statt dessen auf eine funktionale Abhängigkeit der Bedeutung des komplexen Ausdrucks von der Bedeutung seiner Teile hin. Um eine Analogie zu nehmen: 4 ist das Ergebnis des Quadrierens von 2, $4 = 2^2$, aber 4 enthält nicht buchstäblich 2 als einen Bestandteil (und enthält auch nicht die Quadrierungsfunktion). Eher resultiert 4 aus der Anwendung der Quadrierungsfunktion auf 2. Genauso stellte sich auch für einen Philosophen wie Frege die Verbindung zwischen der Bedeutung eines Satzes und den Bedeutungen seiner Teile dar. Das Bild kompliziert sich durch die Tatsache, daß Frege verschiedene Komponenten der Bedeutung eines Ausdrucks unterschied. Aber das Prinzip bleibt erhalten: Die Bedeutung eines komplexen Ausdrucks wie etwa eines Satzes resultiert aus den Bedeutungen seiner Teile und kann aus ihnen berechnet werden. Auf diese Weise erklärt ein Verständnis der Teile und der Methode der Abhängigkeit das Verständnis des Ganzen.

Dieser Hintergrund bildet den Kontext für ein bestimmtes Problem. Betrachten wir die Aussagen: ‹König Lear existierte nicht›, ‹Es gibt keine größte Primzahl›, ‹Das Bild, das du sehen kannst, ist nicht real›. Sie werden oft ‹negative Existenzaussagen› genannt, und viele von ihnen scheinen wahr zu sein. Aber wie kann das sein? Um diese Aussagen zu verstehen, müssen ihre Bedeutungen aus den Bedeutungen ihrer Teile zusammengesetzt sein oder auf ihnen beruhen. Aber wenn sie wahr sind, dann gibt es kein wirkliches Objekt, das den Ausdrücken ‹König Lear›, ‹die größte Primzahl› oder ‹das Bild, das du sehen kannst› entspricht. Also muß es diesen Ausdrücken an Bedeutung fehlen – sie sind leere Ausdrücke. Die Zusammenfügung impliziert dann, daß es dem Ganzen ebenfalls an Bedeutung fehlt. Es scheint, daß Aussagen von der Form ‹X existiert nicht›, ‹Es gibt kein X›, ‹X ist nicht real› entweder falsch oder bedeutungslos sein müssen. Entweder existiert X, in welchem Fall sie falsch sind, wenn sie die Existenz von X bestreiten; oder X existiert nicht, in welchem Fall ‹X› keine Bedeutung hat und folglich Aussagen, die diesen Ausdruck enthalten, ebenfalls keine Bedeutung haben.

Willard van Orman Quine nannte *eine* Lösung dieses Problems ‹Platons Bart›. Platon übernahm sie von Parmenides, einem großen Denker des fünften vorchristlichen Jahrhunderts. In seinem Gedicht *Über die*

Natur hatte Parmenides im ‹Weg der Wahrheit› geschrieben: ‹Denn un-aussprechbar und undenkbar ist, daß «nicht ist» ist.› Was ist, ist und was nicht ist, ist nicht, und es kann nicht einmal gedacht werden, daß es nicht ist. Platons Antwort findet sich an verschiedenen Stellen in seinen Schriften, aber am nachdrücklichsten in seinem Dialog *Parmenides*. Was nicht ist, muß in irgendeinem Sinn sein, denn wir schreiben ihm einen Charakter zu. Wie Quine sich ausdrückt, muß ‹das Nicht-Sein in irgend-einem Sinn sein, andernfalls was ist es, was es nicht gibt?›

Kennzeichnungen

Quine und Russell vor ihm waren vor der Liberalität dieses Vorschlags zurückgeschreckt. Ein gesunder Realitätssinn muß die Idee verwerfen, daß alles, worüber gesprochen oder auch nur nachgedacht werden kann, in irgendeinem Sinn sein muß. Was nicht existiert, existiert wirklich nicht, und Argumente, die zu zeigen behaupten, daß es schließlich doch existiert, müssen fehlerhaft sein. Wie ist dieser Fehlschluß zu diagnosti-zieren?

Russells Diagnose führte zu seiner Theorie der Kennzeichnungen und gab, wie ich in Kapitel 4 bemerkt habe, der gesamten Bewegung der ana-lytischen Philosophie im 20. Jahrhundert einen kräftigen Anstoß. Wir wollen das Problem noch einmal aufgreifen. Die Bedeutung sinnvoller Sätze hängt von sinnvollen Teilen ab; aber wenn X nicht existiert, kön-nen Ausdrücke, die sich auf X zu beziehen scheinen, keinen Sinn haben, und folglich kann nichts Sinnvolles über X gesagt werden, nicht einmal, daß es nicht existiert. Russells Antwort bestand darin, die logische von der grammatischen Form zu unterscheiden. Grammatisch ist ‹König Lear existierte nicht› eine Subjekt-Prädikat-Aussage, die von ihrem Subjekt, König Lear, die Nicht-Existenz prädiziert. Ähnlich ist ‹König Lear hatte drei Töchter› eine Subjekt-Prädikat-Aussage, die von ihm prädiziert, daß er drei Töchter hat. Keine dieser Aussagen kann sinnvoll sein, wenn ihre logische ihrer grammatischen Form folgt. Da sie offensichtlich sinnvoll sind, muß die Aussage unter einem logischen Gesichtspunkt anders ana-lysiert werden, als ihre grammatische Form anzeigen würde. Russell rief durch seine Analyse der Kennzeichnungen eine ganze philosophische Bewegung ins Leben. Später versuchten er und andere, eine ähnliche analytische Methode auch auf andere Probleme anzuwenden.

Nehmen wir eine deskriptive Wendung, ob nun eine definite Kennzeichnung, wie etwa ‹der Vater von Goneril und Regan›, oder eine unbestimmte, wie ‹ein Berg aus gediegenem Gold›. Nichts davon existiert, also können sie ihre Bedeutung nicht dadurch erhalten, daß sie irgend etwas bezeichnen, und können also auch keine Bedeutung zu den Aussagen beitragen, von denen sie einen Teil bilden. Nichtsdestoweniger können sie zu bedeutungsvollen Aussagen gehören. Russells Lösung bestand darin, eine logische Analyse für Aussagen bereitzustellen, deren grammatischen Bestandteil sie ausmachten, aber eine Analyse, die sie nicht als logischen Bestandteil auswies. Nehmen wir beispielsweise die zweite Kennzeichnung, in einer Aussage wie ‹Ein Berg aus gediegenem Gold existiert nicht›. Statt, wie Platon, einzuräumen, daß es einen Berg aus gediegenem Gold, dessen Existenz wir bestreiten, in einem gewissen Sinn gibt, behauptet Russell, daß die logische Analyse der Aussage ihr nicht die offensichtliche Subjekt-Prädikat-Form gibt. Logisch sagt sie, daß es nichts gibt, was ein Berg aus gediegenem Gold ist, und das bedeutet, daß es für die Eigenschaft, ein Berg aus gediegenem Gold zu sein, kein Beispiel gibt.

Russell greift hier auf eine Einsicht Freges zurück, nämlich, daß die Quantoren Prädikate zweiter Ebene oder zweiter Stufe sind. Man erinnere sich an die Unterscheidung aus Kapitel 2 zwischen Sprachen erster und zweiter Stufe. Sprachen erster Stufe enthalten Individuenvariablen – Variablen, die sich auf individuelle Objekte beziehen – und schematische Buchstaben für Prädikate, die für diese Objekte gelten. Sprachen zweiter Ordnung enthalten zusätzlich Variablen für Prädikate (erster Ordnung) – Variablen, die sich auf Prädikate (oder Eigenschaften) von Individuen (wie in ‹Napoleon hatte alle Eigenschaften eines großen Generals›) – und schematische Buchstaben für Prädikate, die sich auf Eigenschaften erster Ordnung beziehen. Typische Eigenschaften einer Eigenschaft erster Ordnung wie ‹ein Berg sein› sind: einmal verwirklicht zu sein, universal verwirklicht zu sein, wesentlich sein, wahr von Parmenides sein usf. Die beiden ersten von diesen sind (Standard-)Quantoren.

Quantoren sagen, wie weit ein Prädikat verteilt ist. Der Existenzquantor ‹für einige› oder ‹es gibt› sagt, daß ein Prädikat mindestens von einem Ding wahr ist. Der Allquantor ‹für alle› oder ‹für jedes› sagt, daß ein Prädikat von allem wahr ist. Logik erster Stufe schließt, auch wenn sie nicht Variablen erster Ordnung (das heißt Prädikatsvariablen) oder schematische Buchstaben zweiter Ordnung zuläßt, dieses beschränkte Vokabular zweiter Ordnung ein, nämlich den Existenz- und den Allquantor. Ähnlich läßt die Logik zweiter Stufe ein begrenztes Vokabular dritter Stufe zu, nämlich die Quantifizierung über Variablen erster Stufe, die sagen, daß Prädikate zweiter Stufe mindestens einmal oder allgemein verwirklicht sind.

Welche Prädikate zweiter Stufe sollte man einer Sprache erster Stufe hinzufügen dürfen? Das heißt, welche Ausdrucksfähigkeit zweiter Stufe sollte man sinnvollerweise in einer Sprache erster Stufe zulassen, ohne gleich zu einer vollen Theorie zweiter Stufe überzugehen? Die klassische Logik erster Stufe läßt nur die Existenz- und Allquantoren zu, das heißt, die Eigenschaften zweiter Stufe, mindestens einmal und allgemein verwirklicht zu sein – und alle Prädikate, die auf deren Basis definierbar sind, zum Beispiel überhaupt nicht verwirklicht zu sein (da die Negation eingeschlossen ist) oder genau zweimal verwirklicht zu sein (wenn Identität zugelassen wird). Viele andere Eigenschaften zweiter Stufe sind nicht auf diese Weise definierbar – zum Beispiel endlich zu sein oder wahr von den meisten Dingen zu sein. Wenn man Quantoren, die derartigen Prädikaten entsprechen, hinzufügt, führt das zu einer Extension der Logik erster Stufe. Erinnern wir uns der Beobachtung im Kapitel 2, daß die klassische Folgerung erster Stufe kompakt ist: Die Logik mit dem Quantor ‹für nur endlich viele› ist nicht kompakt. Denn Kompaktheit sagt, daß alles, was aus einer beliebigen Menge von Prämissen folgt, aus einer beliebigen endlichen Teilmenge der Prämissen folgen muß. A sei ‹für nur endlich viele x, Fx›. Dann ist A vereinbar mit jeder endlichen Teilmenge der Menge der Prämissen, ‹0 ist F, 1 ist F, . . .› usf. für jedes n, aber nicht mit der ganzen Menge. Deshalb folgt ‹nicht-A› aus ‹0 ist F, 1 ist F, . . .›, aber nicht aus einer beliebigen endlichen Teilmenge dieser Aussagen. Also ist die Folgerungsbeziehung, die durch die Hinzufügung des Quantors ‹für nur endlich viele› zur Logik erster Stufe erzeugt wird, nicht kompakt.

Freges Beobachtung, daß die Quantoren zweiter Stufe (oder, wie es in Diskussionen Freges oft ausgedrückt wird, ‹zweiter Ebene›) sind, verlieh einer Behauptung Kants (und vielleicht Aristoteles') formalen Ausdruck, die wir in Kapitel 1 betrachtet haben. Als Kant sagte, daß Existenz keine Eigenschaft ist, meinte er, nach Frege, daß Existenz keine Eigenschaft erster Stufe ist – sie ist keine Eigenschaft von Individuen. Existenz ist eine Eigenschaft von Eigenschaften, nämlich daß die Eigenschaft ein Beispiel hat. Um auf Russell zurückzukommen, ‹Ein goldener Berg existiert nicht› verneint diese Eigenschaft von dem Prädikat erster Stufe, ‹ein goldener Berg zu sein›; dieses Prädikat hat kein Beispiel. In gewissem Sinn hat diese Aussage die Subjekt-Prädikat-Form; aber ihr Subjekt ist kein Ausdruck, der sich auf einen goldenen Berg (ein nicht-existentes Individuum) beziehen will (und dabei scheitert). Ihr Subjekt ist vielmehr ‹die Eigenschaft, ein goldener Berg zu sein›. Ihre logische Form ist ‹Die Eigenschaft, ein goldener Berg zu sein, hat keine Beispiele›.

Was sollen wir mit einer Aussage wie ‹Ein Berg aus gediegenem Gold ist entdeckt worden› anfangen? Diese Aussage, sagt Russell, hat ebenfalls eine Form, die sich von ihrer grammatischen Form unterscheidet – aber ihr grammatisches Prädikat ist trotzdem ein Prädikat erster Stufe. Aber die unbestimmte Kennzeichnung ist nicht ihr Subjekt. Die wahre logische Form ist: ‹Es gibt etwas, das ein Berg aus gediegenem Gold ist und das entdeckt worden ist›, das heißt ‹für ein x, x ist ein Berg von gediegenem Gold, und x ist entdeckt worden›. Wieder verhüllt das scheinbare Subjekt einen prädikativen Ausdruck, und die Aussage ist in Wirklichkeit eine quantifizierte Aussage, welche die Eigenschaft, ein Beispiel zu haben, fälschlich dem komplexen Prädikat ‹ein Berg aus gediegenem Gold zu sein und entdeckt worden zu sein› zuschreibt.

Wenn Russell dann definite Kennzeichnungen betrachtet, analysiert er sie im wesentlichen nicht anders. Der einzige Unterschied liegt in der Implikation der Einzigartigkeit, die durch den bestimmten Artikel gegeben wird. Deshalb hat ‹Der Vater von Goneril und Regan existierte nicht› die logische Form ‹Die Eigenschaft, der Vater von Goneril und Regan zu sein, hatte keine Beispiele›, das heißt ‹Es ist falsch, daß für ein x, x und nur x ist der Vater von Goneril und Regan›. Das ist wahr, denn die Geschichte von König Lear ist ein Mythos. Für Russell folgt daraus, daß es falsch ist, irgend etwas Positives über Lear zu sagen. Zum Beispiel ‹Der Vater von Goneril und Regan wurde wahnsinnig› ist falsch, denn die wahre Form dieser Aussage ist ‹Für ein x, x und nur x ist der Vater von Goneril und Regan, und x wurde wahnsinnig.›

Man mag sich gegen diese Schlußfolgerung sträuben, denn in dem Drama wird Lear wahnsinnig. Das legt den Gedanken nahe, daß man derartigen Aussagen einen Fiktionsoperator ‹in der Fiktion› voransetzen sollte. ‹In der Fiktion wurde Lear wahnsinnig›, das heißt ‹In der Fiktion gibt es einen und nur einen Vater von Goneril und Regan, und er wurde wahnsinnig› wird dann offenbar als wahr erscheinen; wogegen ‹in der Fiktion ermordete Lear Duncan› mit Recht als falsch angesehen wird.

Das ist ein kluger und im wesentlichen korrekter Schachzug. Aber so, wie er formuliert ist, funktioniert er nicht. Zum einen ist er bislang viel zu unbestimmt. Er lädt den Leser ein, sich ungezwungen nach einer geeigneten Fiktion umzutun. Wer weiß, ob es nicht vielleicht eine Fiktion gibt, die ‹Lear ermordete Duncan› wahr macht? Was benötigt wird – und das ist der eigentliche Kern der Frage –, ist ein klarer Hinweis auf den fiktionalen Definitionsbereich, in dem derartige Aussagen bewertet werden sollten. Den werden wir erhalten, wenn wir später dazu übergehen, eine Alternative zu Russells Analyse zu entwickeln. Russells Analyse kann nicht durch den vagen Appell an einen Fiktionsoperator gerettet werden.

Die Theorie Russells hat tatsächlich zwei signifikante Aspekte, die Schwierigkeiten bereiten, und wir sind hier der ersten begegnet. Von Anfang an sollten wir uns freilich darüber im klaren sein, daß Russells Darstellung der Kennzeichnungen sich auf alle Kennzeichnungen beziehen soll, nicht nur auf diejenigen, für die es kein korrespondierendes Objekt gibt. Russell hat richtig gesehen, daß die Frage, ob ein Satz eine Bedeutung hat, apriorischer Art ist und nicht von der Existenz bestimmter Gegenstände abhängig sein sollte. Ob er wahr oder falsch ist, kann eine empirische Frage sein, nicht aber, ob er Sinn hat. So sind ‹Der Vater von Goneril und Regan› und ‹der Vater von Emily und Charlotte Brontë› gleichermaßen ‹unvollständige Ausdrücke›, Ausdrücke, die an sich selbst keine Bedeutung haben und deren Vorkommen in Sätzen anzeigt, daß ihre Teile zur Bedeutung beitragen, aber nicht mittels einer Bedeutung für das Ganze. Auf diese Weise wird das erste Problem der Theorie Russells deutlich: ‹Der Vater von Emily und Charlotte Brontë war Ire› erhält nach der Analyse Russells völlig korrekt den Wert wahr – die Brontë-Schwestern hatten einen und nur einen Vater, und er war Ire; ‹Der Vater von Emily und Charlotte Brontë starb früher als sie› wird nach der Russellschen Analyse als falsch erkannt. Aber nach Russells Erklärung ist jede simple Aussage, die etwas von einer leeren Kennzeichnung zu prädizieren scheint, falsch. Es wird kein Unterschied zwischen beispielsweise ‹Der Vater von Goneril und Regan wurde wahnsinnig› – was als wahr angesehen werden kann – und ‹Der Vater von Goneril und Regan war König von Dänemark›, was ganz gewiß falsch ist, gemacht. Russells Theorie sagt, daß beide falsch sind – ja, daß schlicht und ergreifend alles, was von dieser Kennzeichnung prädiziert wird, falsch ist.

Damit sind nicht komplexe Prädikationen erfaßt, zum Beispiel ‹existierte nicht›, ‹war nicht König von Dänemark›, ‹wurde von Shakespeare für den König von England gehalten›, ‹hätte Charlotte Brontës Vater sein können›. Aussagen, die derartige Ausdrücke von Kennzeichnungen prädizieren, können auf zwei verschiedene Arten analysiert werden, wie wir in Kapitel 4 sahen, je nachdem, ob die Kennzeichnung als von großer oder kleiner Reichweite angesehen wird – was Russell das primäre bzw. sekundäre Vorkommen der Kennzeichnungen nennt. Aber das nur nebenbei. Russells Theorie macht einen aufregenden methodologischen Schachzug, wenn sie die logische von der grammatischen Form unterscheidet. Aber in ihren Details kann sie nicht richtig sein, denn sie führt zu falschen Wahrheitswerten. Jede Theorie, die sagt, daß unterschiedslos jede positive Aussage über Objekte, die nicht existieren, falsch ist, muß falsch sein. Sie ist eine Verbesserung gegenüber einer Theorie, die sagt, daß sie alle sinnlos seien. Aber die richtige Theorie wird eine Unterscheidung zwischen wahren Aussagen wie ‹Der Vater von Goneril und Regan wurde wahnsinnig› und falschen wie ‹Die größte Primzahl ist gerade› treffen.

Das andere Problem der Russellschen Theorie betrifft Namen. Wie sie bisher präsentiert worden ist, ist sie eine Theorie der Kennzeichnungen. Aber das Rätsel von Platons Bart gilt für jeden bezugnehmenden Ausdruck, der sich auf nichts bezieht. Aussagen wie ‹Satan existiert nicht›,

156

‹Pegasus wurde von Bellerophon gefangen›, ‹Hamlet hatte einen Ödipus-Komplex› sind immer noch bedroht: Der erste muß falsch oder bedeutungslos sein und die anderen einfach sinnlos – wenn die Theorie nicht erweitert werden kann. Das hat Russell getan. Echt sind nur die Namen, deren Bezug garantiert ist und die auf diese Weise dem Problem aus dem Weg gehen – Namen wie ‹neun› oder, nach Russells Epistemologie, ‹dies› und ‹das›, sofern sie auf unmittelbare Objekte der Empfindung angewendet werden. Andere Namen sind nicht echt, sondern müssen verkleidete Kennzeichnungen sein. Namen wie ‹Pegasus› – ‹das geflügelte Pferd, das aus dem Blut der Medusa entstand›, ‹Cicero› – ‹der Verfasser von *De Lege Manilia*› und ‹Everest› – ‹der höchste Berg der Erde› können ihre Bedeutung nicht daher erhalten, daß sie etwas benennen (denn nicht alle tun das, und diejenigen, die das tun, haben nicht *a priori* einen Bezug), sondern tragen dadurch zur Bedeutung von Aussagen bei (die durch Sätze ausgedrückt werden, von denen sie einen Teil bilden), daß sie eine Abkürzung für beschreibende Wendungen darstellen, die gemäß der Theorie der Kennzeichnungen analysiert werden.

Obgleich seine Anwort auf das Problem von Platons Bart anders ausfällt, macht Frege an dieser Stelle einen ganz ähnlichen Schachzug. Freges Beispiel ist ‹Nausikaa fand Odysseus nackt am Strand›. Russells Bedeutungstheorie war ganz direkt: Namen bedeuteten Objekte, und Prädikate hatten Universalien als ihre Bedeutung. Freges Theorie war subtiler: Obgleich Namen Objekte bezeichneten (wenn sie nicht leer waren), erschöpfte dies nicht ihre Bedeutung; sie hatten zusätzlich einen Sinn. ‹Cicero› bezeichnet Cicero; aber sein Sinn wird durch eine Beschreibung oder andere Mittel der Wiedererkennung gegeben – etwa: Der Autor von *De Lege Manilia*. ‹Nausikaa› ist ein leerer Name, er bezeichnet nichts, aber er hat einen Sinn – die Tochter von König Alkinus von Kerkyra. Wir verstehen ‹Nausikaa fand Odysseus nackt am Strand›, indem wir den Sinn aus dem Sinn der konstituierenden Ausdrücke berechnen – er hängt funktional von ihnen ab. Frege wandte die These der funktionalen Abhängigkeit sowohl auf die Bezeichnung (bei Frege *Bedeutung*) wie den Sinn an. Aber ‹Nausikaa› fehlt es an einem Bezug, und so fehlt es dem ganzen Satz an einem Bezug, den Frege mit dem Wahrheitswert des Satzes identifizierte. Deshalb hat der Satz einen Sinn – wir können ihn verstehen –, aber keinen Wahrheitswert: er stellt keine Behauptung auf, die sich auf etwas bezieht.

Freges Theorie unterscheidet sich von der Russells in vielfacher Hinsicht: Sie unterscheidet Sinn von Bezugnahme, behauptet, daß Sätze, die leere Namen haben, keinen Wahrheitswert haben usf. Das gemeinsame Element, das man bemerkt, ist die Assoziation einer deskriptiven Identifikationsmethode oder irgendeines Mittels der Wiedererkennung mit jedem Namen. F. H. Bradley, ein Zeitgenosse Freges, artikulierte diesen Punkt, wie ich schon vorher bemerkt habe: Gäbe es kein Kriterium der Re-Identifikation des Beziehungsobjekts eines Namens, könnte es dem Namen nicht gelingen, überhaupt dafür zu stehen. Das war, wie er sagte, falsch an Mills konnotationsloser Erklärung von Namen; derselbe Punkt ist ein Problem für Kripkes Darstellung, die ich in Kapitel 4 erwähnte. (Kripke beantwortet es mit einer Theorie über die Art, wie ein Name und sein Bezugsobjekt von einer Gelegenheit der Äußerung zur anderen weitergegeben werden.)

Nichtsdestoweniger hat die Verknüpfung von Namen mit Kennzeichnungen (für Russell) oder Sinn (für Frege) ihre eigene Schwierigkeit. Wir können die Bedeutung von ‹König Lear› als ‹der eponyme Held in Shakespeares Drama› erläutern, ‹Shakespeare› als ‹der berühmte Dramatiker, der in Stratford geboren wurde›, ‹Stratford› als ‹die Marktstadt am Avon, zehn Meilen flußabwärts von Warwick› usf. Nicht-echte Namen, Namen, deren Bezugsobjekt nicht *a priori* garantiert ist, müssen für Russell in beschreibenden Ausdrücken bar auf den Tisch gelegt werden, letztlich auf der Grundlage echter Namen. Es ist ein reduktionistisches Unternehmen, das die Bezugsrelation auf eine atomare Ebene zurückführt – auf ‹logische Eigennamen›. Russell behauptet mittels eines transzendentalen Arguments, daß es eine solche Ebene geben muß; gleichzeitig gab er offen die Schwierigkeit zu, echte Namen zu identifizieren. Wie wir in Kapitel 1 sahen, war der logische Atomismus auf die Existenz von atomaren Aussagen festgelegt, die echte Namen enthielten, die einfach nicht gefunden werden konnten.

Freie Logik

Eine bessere Antwort auf diese Schwierigkeit läßt sich vielleicht von der Übernahme einer nicht-fundamentalistischen Epistemologie erhoffen. Die erste Schwierigkeit macht uns aber immer noch zu schaffen, wenn wir auf Platons Bart antworten. Unsere Theorie muß eine Unterscheidung zwischen beispielsweise ‹König Lear wurde wahnsinnig› und ‹König Lear war König Lear› einerseits, ‹König Lear war Hamlet› und ‹König Lear ermordete Duncan› andererseits machen. Russells Theorie tut das nicht – sie sagt, alle Aussagen sind falsch; auch Freges Theorie tut das nicht – nach ihr besitzt keine dieser Aussagen einen Wahrheitswert.

Tatsächlich verwende ich die Wendung ‹Platons Bart› in einem etwas anderen Sinn als Quine. Für mich bezeichnet sie die Frage: Wie können Sätze mit leeren Namen eine Bedeutung haben? Für Quine bezeichnet sie eine bestimmte Antwort auf diese Frage: daß leere Namen, obwohl sie nichts Existierendes bezeichnen müssen, nichtsdestoweniger etwas bezeichnen – alles hat Sein, obwohl nur einiges Seiendes wirklich existiert. Der berühmteste Exponent dieser Ansicht in neuerer Zeit ist Bertrand Russell selbst gewesen. ‹Sein ist das, was allem Denkbaren, jedem möglichen Gegenstand des Denkens angehört›, schrieb er 1903. Die Theorie der Kennzeichnungen war sein Ausweg aus dieser Extravaganz.

Russells extravagante Position war sicherlich unter dem Einfluß des zeitgenössischen österreichischen Philosophen Alexius Meinong entstanden. Aber es war nicht Meinongs Position. Nach Meinong gab es viele Objekte ‹jenseits von Sein und Nicht-Sein›. Er glaubte nicht, wie seine Ansicht oft referiert wird, daß neben dem, was existiert, alles sonst ‹subsistiert›. Für ihn existieren konkrete Objekte; abstrakte Objekte subsistieren; und darüber hinaus bezeichnet jeder Terminus ein Objekt, für das sich die Frage des Seins nicht erheben sollte. Das Prinzip im Innersten der Lehre war sein Prinzip der Unabhängigkeit des Soseins vom Sein. Das heißt, ob ein Objekt bestimmte Eigenschaften hat, ist unabhängig davon, ob es Sein hat und von welcher Art. Pegasus ist ein geflügeltes Pferd, obgleich es nicht existiert; der goldene Berg ist aus Gold, selbst wenn es keinen gibt; das Pferd, das kein Pferd ist, ist ein Pferd und nicht ein Pferd, und ein solches Ding gibt es nicht. Wie Meinong sich auf eine aggressivparadoxe Weise ausdrückt: ‹es gibt Gegenstände, von denen gilt, daß es dergleichen Gegenstände nicht gibt.›

Wie sehr auch Meinongkenner darauf dringen mögen, daß diese Ansicht sich von der des frühen Russell unterscheidet, sie ist gleichermaßen extravagant. Sie beginnt mit der Anerkennung unserer Intuition: König Lear wurde wahnsinnig, aber er ermordete nicht Duncan. Aber sie droht, weit über diese Intuitionen hinauszugehen, da sie zuläßt, was Quine ein ‹ontologisches Elendsviertel› und andere ‹Meinongs Dschungel› nennen. Man betrachte das Pferd, das kein Pferd ist. Es ist ein Pferd und nicht ein Pferd. Ist das nicht ein Widerspruch? Meinong stimmt zu – das Prinzip des Nicht-Widerspruchs gilt nur für mögliche Objekte. Diese Objekte dagegen sind unmöglich – das ist der Grund, weswegen das Pferd, das kein Pferd ist, nicht existiert oder auch nur subsistiert.

In Kapitel 4 habe ich mich für einen moderaten Realismus im Hinblick auf mögliche Welten ausgesprochen – daß es dergleichen Welten gebe, daß sie real, aber abstrakt seien; andere mögliche Welten unterscheiden sich von dieser Welt darin, daß diese Welt konkret ist, während sie nur abstrakte Möglichkeiten sind. In Kapitel 3 schlug ich vor, daß die Semantik für Bedingungssätze von uns fordert, ‹unmögliche Welten› neben möglichen zuzulassen, Welten, in denen Widersprüche wahr sind. Zum Beispiel, um den Bedingungssatz zu bewerten ‹Wenn Pegasus ein Pferd wäre, das kein Pferd wäre, dann . . .›, müssen wir eine Welt in Erwägung ziehen, in der Pegasus ein unmögliches Objekt ist, ein Pferd, das kein Pferd ist. Ist diese Position nicht dieselbe wie die Meinongs und gleichermaßen extravagant? Bin ich verpflichtet, das Nichtwiderspruchsprinzip für einige Klassen von Objekten zu verwerfen?

Es gibt einen entscheidenden Unterschied zwischen den beiden Positionen, zwischen der Position, die ich im Hinblick auf die Semantik der Modalität befürwortet habe, und der Ontologie Meinongs und des frühen Russell. Wo ich sage ‹es könnte ein geflügeltes Pferd gegeben haben, aber es gibt es nicht›, sagen Meinong und Russell ‹es gibt ein geflügeltes Pferd, aber es existiert nicht›. Wenn ich sage ‹man betrachte eine Situation (‹unmögliche Welt›), in der Pegasus ein Pferd ist, das kein Pferd ist›, gebe ich nicht zu, daß es ein solches unmögliches Pferd gibt. Offensichtlich gibt es das nicht, und das Nichtwiderspruchsprinzip sagt genau das.

Der Unterschied betrifft den Wertebereich der Quantoren. Wenn wir sagen ‹für einige› oder ‹für alle›, quantifizieren wir über das, was es wirklich gibt, oder über das, was es hätte (oder nicht hätte) geben können? Der Russell vom Jahre 1903 quantifizierte über ‹jedes denkbare› Ding; Meinong quantifizierte über ‹solche Objekte, daß es solche Objekte nicht gibt›. Ich tue das nicht.

Aus diesem Grund sind weder die Theorien Meinongs noch die des frühen Russell freie Logiken. ‹Freie Logik› ist eine Kurzform für ‹Logik, die frei von Existenzannahmen ist›. In die klassische Prädikatenlogik, die Orthodoxie, die wir in Kapitel 2 betrachtet haben, sind zwei Existenzannahmen eingebaut. Eine ist, daß der Definitionsbereich der Quantoren nicht-leer ist; die andere, daß jeder Terminus etwas bezeichnet. Die erste hat die Folge, daß ‹für einige x, entweder x ist F oder x ist nicht-F› eine (klassische) logische Wahrheit ist (für jedes F); die zweite, daß für jeden Terminus a ‹a ist F› eine logische Folge von ‹für jedes x, x ist F› ist. Nicht jede freie Logik verwirft die erste dieser beiden Annahmen. Diejenigen, die es tun, heißen ‹universal freie Logiken›. Wenn der Definitionsbereich leer ist, dann gibt es keinen Wert von x, für den entweder ‹x ist F› oder ‹x ist nicht-F› wahr ist. Wenn der Definitionsbereich nicht-leer ist, dann muß es einen Wert von x geben, der irgend etwas in dem Definitionsbereich bezeichnet, und entweder F wird davon wahr sein oder nicht.

Freie Logiken quantifizieren nicht in höherem Maß über das, was nicht existiert, als die klassische Logik. Ihre Freiheit betrifft die klassische Annahme, daß jeder Terminus, das heißt, jede Individuenkonstante oder Name oder Kennzeichnung oder funktionaler Ausdruck (wenn nicht weganalysiert) irgend etwas bezeichnet, das existiert. Es ist üblich, freie Logiken in drei Arten zu klassifizieren: positive, negative und neutrale. Positive freie Logiken sind diejenigen, die der Meinung sind, daß einige Aussagen, die leere Termini enthalten (das heißt Termini, die etwas bezeichnen, das nicht existiert), wahr sind; negative freie Logiken glauben, daß alle solche atomaren Aussagen falsch sind; und neutrale freie Logiken, daß keine derartige Aussage einen Wahrheitswert hat. In Wirklichkeit ist diese Klassifikation nicht sehr hilfreich und völlig oberflächlich. Sie unterscheidet freie Logiken, die einander in wichtigen Aspekten ähnlich sind, und wirft freie Logiken in einen Topf, die sich wesentlich voneinander unterscheiden. Zum Beispiel macht die Methode der Globalbewertungen, die wir im nächsten Abschnitt betrachten werden, einige Aussagen, die leere Termini beinhalten, wahr, trotzdem hat ihre metaphysische Annahme – oder zumindest die Metaphysik freier Logiken, die Gebrauch von Globalbewertungen machen – viel mehr mit negativen und neutralen freien Logiken gemeinsam.

Der wichtigste philosophische Unterschied zwischen freien Logiken betrifft ihre Semantik für ‹leere Termini›. Bislang habe ich leere Ausdrücke mehrdeutig als Termini bezeichnet, ‹die etwas bezeichnen, das nicht existiert›. Das beinhaltet zwei Möglichkeiten: daß derartige Termini sich buchstäblich auf Dinge beziehen, die nicht existieren; und daß sich solche Termini auf nichts beziehen – das heißt, sich gar nicht beziehen. Ich werde den ersten Typ freier Logik ‹freie Logik mit Außenbereich› nennen und den zweiten ‹nichtbezügliche freie Logik›. Die charakteristischen Merkmale der freien Logik mit Außenbereich ist, daß jeder Terminus so verstanden wird, daß er sich auf etwas bezieht, aber daß der Definitionsbereich von Gegenständen, auf die sich Ausdrücke beziehen, in einen Innenbereich und einen Außenbereich unterschieden sind. Der Innenbereich ist wie in der klassischen Logik (außer daß wir ihm vielleicht gestatten, leer zu sein – wenn wir wünschen, daß unsere Logik universal frei ist): Er besteht aus wirklichen existierenden Gegenständen, Cicero, roter Rum, mein Schreibtisch, der Planet Pluto usf. Der Außenbereich besteht aus den Bezugsgegenständen ‹leerer› Termini, Pegasus, König Lear, der goldene Berg, das runde Quadrat usf. Der Außenbereich ist vielleicht nicht leer – denn jeder Terminus muß einen Bezug haben, so daß der kleinstmögliche Bereich ein Außenbereich mit einem einzigen Fall und ein leerer Innenbereich ist. (Natürlich sind die Dinge nicht wirklich so. Aber man erinnere sich aus Kapitel 2, inwiefern es nötig ist, veränderliche Bereiche zuzulassen, um eine Übererzeugung logischer Wahrheiten und logischer Folgerung zu vermeiden.)

Soweit klingt die freie Logik mit Außenbereich genau wie Meinongs Theorie – ein Innenbereich realer Objekte (ob existent oder subsistent, ist lediglich eine Frage der Terminologie) und ein Außenbereich der unmöglichsten Extravaganz. Der entscheidende Unterschied liegt in dem, was oben erwähnt worden ist: Die Quantoren in der freien Logik beziehen sich nur auf den Innenbereich. Während ‹Pegasus ist ein geflügeltes Pferd› wahr ist, folgt nicht, daß es ein geflügeltes Pferd gibt, denn ‹es gibt› bedeutet ‹es existiert›, und Pegasus gehört nicht zu den existierenden Dingen – er ist nicht im Innenbereich. Es läßt sich nicht folgern ‹a ist F, also für einige x, x ist F›. Der Terminus a mag etwas im Außenbereich bezeichnen, während sich der Quantor ‹für einige› nur auf den Innenbereich bezieht. Wenn der Innenbereich leer sein darf, erhalten wir eine universal freie Logik: ‹für einige x, x ist F oder x ist nicht F› ist nicht logisch wahr, denn es ist falsch, wenn der Innenbereich leer ist. Ob dies so ist oder nicht, der charakteristische Schluß, der die klassische Logik von der freien Logik unterscheidet, scheitert: ‹für jedes x, x ist F› ist wahr, wenn jedes Objekt im Innenbereich F ist; nichtsdestoweniger kann ‹a ist F› falsch sein, da a etwas im Außenbereich bezeichnen kann, von dem F vielleicht nicht wahr ist. Zum Beispiel ‹Kein Pferd hat Flügel› (das heißt: für jedes Pferd, es hat keine Flügel) ist wahr, aber ‹Pegasus hat keine Flügel› ist falsch. Die universale Spezifizierung (oder Eliminierung, wie sie auch genannt wird) ist in der freien Logik in der Form ‹für jedes x, x ist F, also ist a F› für jeden Terminus a ungültig.

Statt dessen erfordert die Folgerungsform der freien Logik eine Extraprämisse, nämlich ‹a existiert›. ‹a ist F› folgt aus ‹für jedes x, x ist F› und ‹a existiert›. Denn wenn ‹a existiert› wahr ist, dann liegt der Bezug von a im Innenbereich, und jedes Objekt im Innenbereich ist F, da ‹für jedes x, x ist F› wahr ist. Mit anderen Worten, diese letztere Formel bedeutet ‹für jedes x, das existiert, x ist F›. Der Quantor bezieht sich nur auf existierende Gegenstände. Ähnlich erfordert existentielle Generalisierung (oder Einführung) dieselbe zusätzliche Prämisse und hat die Form ‹a ist F und a existiert; also für einige x, x ist F›. In der klassischen Logik wird die zweite Prämisse nicht benötigt. Aber in der freien Logik kann a andernfalls etwas Nicht-Existentes bezeichnen.

Man denke nicht, daß folgt, ‹existiert› sei eine Eigenschaft (erster Stufe) in der freien Logik. ‹a existiert› bedeutet, daß der Objektbezug von ‹a› im Innenbereich liegt. Deshalb bedeutet ‹a existiert›, daß es (im Innenbereich) etwas gibt, das a ist, das heißt, für einige x, x ist a (da ‹für einige x› bedeutet: ‹für einige x im Innenbereich›, das heißt ‹für einige x, die existieren›). Mit anderen Worten: ‹a existiert› ist wahr, wenn das

Prädikat erster Stufe ‹identisch sein mit *a*› ein Beispiel hat (das existiert). Im allgemeinen bedeutet ‹für einige *x*, *x* ist *F*›, daß die Eigenschaft, *F* zu sein, ein Beispiel hat, das heißt, ein Beispiel im Innenbereich, dem Definitionsbereich dessen, was existiert.

Wir haben bemerkt, daß Meinongs Theorie widersprüchlich war – das war Russells Haupteinwand gegen sie. Wenn man zuläßt, daß ‹das Pferd, das kein Pferd ist› ein legitimer Terminus ist, der ein unmögliches Objekt bezeichnet, und daß die deskriptiven Elemente in einem solchen Namen wahrhaft von dem gelten müssen, worauf er sich bezieht, dann folgt, daß das Pferd, das kein Pferd ist, sowohl ein Pferd ist wie kein Pferd ist. In dem Kontext von *Ex Falso Quodlibet* trivialisiert das die Theorie. Jede Aussage muß wahr sein. Die Inkonsistenz, die unmögliche Objekte affiziert, erstreckt sich auf alle Objekte, selbst die existierenden Gegenstände. Man könnte versuchen, diese Gefahr dadurch abzuwenden, daß man eine relevante oder parakonsistente Logik übernimmt, in der *EFQ* falsch ist. Aber die freie Logik ist so, wie sie gewöhnlich entwickelt wird, eine Extension der klassischen Logik, und *EFQ* ist darin akzeptiert. Ist die freie Logik ähnlich inkonsistent und trivial, zumindest die freie Logik in ihrer Außenbereichsversion, wo ‹das Pferd, das kein Pferd ist› und dergleichen Termini so aufgefaßt werden, daß sie Elemente des (Außen-)Bereichs bezeichnen? Sie ist es nicht; und der Grund liegt in der Einschränkung, die den Quantoren auferlegt wird, so daß sie sich nur auf existierende Gegenstände beziehen.

Die drohende Inkonsistenz (und ihre Abwehr) läßt sich so verdeutlichen: Die Inkonsistenz resultiert aus dem erzwungenen Zugeständnis, daß das *F* (oder ein *F*) *F* ist für ein inkonsistentes Prädikat *F*. Denn angenommen, wir behaupten, daß alles, was ein *F* ist, *F* ist, das heißt: für jedes *x*, wenn *x* ein *F* ist, dann ist *x F*. (Man nenne dies, Meinong folgend, das Prinzip des So-Seins – kurz: PSS). Dann folgt, vorausgesetzt, ein *F* existiert, nach der universalen Spezifizierung aus PSS, daß, wenn ein *F F* ist, dann ein *F F* ist; wenn es universal wahr ist, daß ein *F F* ist, ergibt sich daraus die unerwünschte Schlußfolgerung, daß ein *F F* ist. Das heißt, die unerwünschte Schlußfolgerung (die drohende Inkonsistenz) folgt aus der vernünftigen Annahme PSS (daß alles, was ein *F* ist, *F* ist) nur unter den beiden Prämissen, daß ein *F* existiert und daß ein *F* ein *F* ist.

Es folgt beispielsweise nur dann, daß das Pferd, das nicht ein Pferd ist, sowohl ein Pferd ist wie kein Pferd ist, wenn das Pferd, das kein Pferd ist, sowohl existiert wie mit sich selbst identisch ist. Wir können deshalb die Inkonsistenz durch die Tatsache vermeiden, daß es kein derartiges Pferd gibt – tatsächlich sagt uns die Ableitung der Inkonsistenz nach der gewöhnlichen *reductio ad absurdum* (wenn wir es nicht schon bemerkt hätten), daß es kein Pferd gibt, das nicht ein Pferd ist. Dieses Beispiel ist durchsichtig; aber es könnte ein Prädikat F geben, das nicht offensichtlich inkonsistent ist, wo aber die Annahme, daß das F F wäre, einen Widerspruch zur Folge hätte. Die natürliche Antwort ist, daß es ein solches F nicht geben kann.

Die Inkonsistenz wird durch den entscheidenden Unterschied zwischen freier Logik (mit Außenbereich) und Meinongianismus vermieden – daß sich die Quantoren nur auf die existierenden Gegenstände beziehen. Wenn man sagt, daß alles, das ein F ist, F ist, dann bedeutet das, daß alles Existierende, das ein F ist, F ist. Es folgt nicht, daß nicht existierende F niemals F sind; einige sind es, und einige sind es nicht. Wenn Inkonsistenz droht, sind sie es nicht.

Globalbewertungen

Nichtsdestoweniger ist etwas Unbefriedigendes an der freien Logik mit Außenbereich, und das ist ihre Zweiwertigkeit. Es ist nicht einfach eine positive freie Logik, das heißt, daß eine Aussage, die einen leeren Namen enthält, wahr ist; vielmehr ist jede Aussage, die einen leeren Namen enthält, entweder wahr oder falsch. Das heißt, die freie Logik mit Außenbereich zwingt uns, für jede Aussage, die einen nicht existierenden Gegenstand betrifft, zu entscheiden, ob sie wahr oder falsch ist. Natürlich verlangt selbst die klassische Logik von uns, für Aussagen über existierende Gegenstände ebensosehr Zweiwertigkeit zuzulassen, selbst in Fällen, wo wir die Entscheidung nicht fällen können. Zum Beispiel ist ‹Oswald hat Kennedy erschossen› entweder wahr oder falsch; dasselbe gilt für ‹Jede gerade Zahl größer als 2 ist die Summe zweier Primzahlen› (das ist die Goldbachsche Vermutung, ein berühmtes ungelöstes Problem der

Arithmetik). Die realistische Antwort lautet, daß sie tatsächlich wahr oder falsch sind ungeachtet unserer Fähigkeit, eine Entscheidung zu treffen. (Wir werden in Kapitel 8 die anti-realistische Verwerfung der Zweiwertigkeit betrachten.) Diese Antwort hat für existierende Gegenstände eine Plausibilität, die sie für nicht-existierende, für fiktionale und mythische Charaktere und dergleichen mehr nicht hat. Man betrachte ‹König Lear konnte pfeifen›, ‹Pegasus war 1,62 m groß›, ‹Das Pferd, das kein Pferd ist, ist ein Pferd›. Die beiden ersten könnten einen dazu veranlassen, Shakespeare oder die antiken Mythen und Legenden nach einer Antwort zu durchforschen; aber wenn man ernsthaft glaubt, daß Lear und Pegasus mythische Kreaturen sind, muß man darauf gefaßt sein, daß es keine Antwort gibt – wenn sie einst existiert haben, gibt es eine Tatsache, die diese Angelegenheit betrifft, die wir zweifellos niemals wissen werden; wenn nicht, dann gibt es keine, und die Aussage ist weder wahr noch falsch. Über das Pferd, das kein Pferd ist, haben wir gerade bemerkt, daß es nicht sowohl ein Pferd wie kein Pferd sein kann und folglich keins von beiden ist.

Diese Erwägungen sollten verdeutlichen, daß die freie Logik mit Außenbereich in Wirklichkeit dem Streitpunkt ausweicht. Wenn wir sagen, daß ein Name leer ist, daß er sich auf nichts bezieht, meinen wir nicht, daß er sich bezieht, aber auf etwas, was nicht existiert; wir meinen, daß er sich überhaupt nicht bezieht. Es gibt wirklich nichts, worauf er sich bezieht. Er ist unbezüglich. Diesen Gedanken nimmt die unbezügliche freie Logik auf. Es gibt einen Definitionsbereich von existierenden Gegenständen, auf welche sich die Quantoren beziehen; es mag einen Außenbereich von nicht-existenten Gegenständen geben oder nicht; und Namen mögen sich beziehen oder nicht. Aussagen, die Namen enthalten, die sich beziehen (ob auf existierende Gegenstände oder nicht), werden auf die übliche Weise bewertet. Die Frage ist, wie Aussagen zu bewerten sind, die Namen enthalten, von denen einige wahrhaft leer sind.

Tatsächlich sind die Desiderata klar: Wir wollen nicht, daß alle Aussagen über nicht-existente Gegenstände falsch sind (negative freie Logik) wie in Russells Darstellung; noch wahrheitswertfrei (neutrale freie Logik) wie in Freges Theorie; und wir wollen auch nicht, daß jeder solche Aussage einen Wert haben muß, wie in der freien Logik mit Außenbereich. Einige sind wahr, zum Beispiel ‹Lear wurde wahnsinnig›; einige sind falsch, zum Beispiel ‹Lear ermordete Duncan›; und einige haben überhaupt keinen Wahrheitswert, zum Beispiel ‹Lear konnte pfeifen›.

Soweit es die Logik betrifft, ist die Frage die, ob sich diese Desiderata zugleich mit der Bewahrung einer Logik erreichen lassen, die mit einer akzeptablen Darstellung logischer Wahrheit und logischer Folgerung vereinbar ist. Man betrachte die Addition, den Schluß auf eine Aussage von der Form ‹A oder B› aus einer Aussage A. A kann entweder wahr oder falsch sein oder gar keinen Wahrheitswert besitzen. Wie ist der Wahrheitswert von ‹A oder B› auf die Wahrheitswerte von A oder B bezogen? Wir müssen die klassischen Werte beibehalten: Wenn sowohl A wie B wahr sind oder eins wahr ist, das andere falsch, ist ‹A oder B› wahr; und wenn A und B falsch sind, ist ‹A oder B› falsch. Was ist, wenn entweder A oder B keinen Wahrheitswert hat? Uns stehen zwei Optionen offen. Wir können entweder das Fehlen eines Wahrheitswerts als eine Art ansteckender Krankheit betrachten, die alles infiziert, was sie berührt – so daß, wenn entweder A oder B keinen Wahrheitswert hat, dasselbe für ‹A oder B› gilt; oder wir können überlegen, daß, wenn beispielsweise A wahr ist, dann ‹A oder B› wahr ist, ohne Rücksicht auf den Beitrag von B (und symmetrisch für B), so daß ‹A oder B› keinen Wert nur hat, wenn weder A noch B einen haben. Die erste Option korrespondiert dem, was Kleenes schwache Matrizen heißen (die Matrizen sind eine 3-mal-3-Tabelle, wie eine Wahrheitswerttabelle, die den ‹Wert› von ‹A oder B› – und andere Kombinationen – in Abhängigkeit von den ‹Werten› von ‹A oder B› darstellen; wo der ‹Wert› entweder Wahrheit oder Falschheit oder das Fehlen eines Wahrheitswertes ist); die zweite Option entspricht Kleenes starken Matrizen. Nach den schwachen Matrizen hat ‹A oder B› keinen Wert, wenn entweder A oder B keinen haben, andernfalls erhält es seinen Wert auf klassische Weise; nach den starken Matrizen ist ‹A oder B› wahr, wenn A wahr ist oder B wahr ist, und hat keinen Wert nur dann, wenn A und B keinen Wert haben oder eins falsch ist und das andere keinen Wert hat.

Wir wollen mit den starken Matrizen arbeiten, denn das Problem, das sich ergibt, betrifft u. a. auch die schwachen Matrizen. Die klassische Darstellung der Folgerung sagt, daß eine Aussage eine Folgerung aus anderen ist, wenn keine Interpretation von einer Wahrheit zu einer Falschheit führt. Aber das erlaubt den Schluß von ‹a ist F› auf ‹a existiert›, was wir nicht wünschen. Denn das würde leere Namen ausschließen. Immer, wenn ‹a ist F› wahr ist, ist ‹a existiert› wahr; wenn ‹a ist F› keinen Wert hat (das heißt, wenn a leer ist), ist ‹a existiert› falsch. Folglich müssen wir die klassische Darstellung der Folgerung so weit ausdehnen, daß sie auch den Fall des Fehlens eines Wahrheitswertes abdeckt. Um den Schluß von ‹a ist F› auf ‹a existiert› auszuschließen, müssen wir den Schritt von einem Fehlen des Wahrheitswertes zur Falschheit als ungültig ausschließen. Das heißt, wir werden sagen, daß eine Aussage eine Folgerung aus anderen ist, wenn keine Interpretation von Aussagen, von denen keine falsch ist, zu einer Aussage führt, die falsch ist. Unglücklicherweise macht dieses revidierte Kriterium Folgerungen ungültig, die wir als gültig einstufen wollen. Man betrachte zum Beispiel den Schritt von ‹a ist F und a ist nicht-F› zu ‹b ist G› – und erinnere sich, daß die freie Logik (wie sie hier entwickelt wird) eine Erweiterung der klassischen Logik ist, in der aus einem Widerspruch angeblich jede Aussage folgt. Angenommen, b existiert und ist nicht G. Wenn a nicht leer ist, sind die Prämisse und Schlußfolgerung falsch; während, wenn a leer ist, die Prämisse keinen Wahrheitswert hat (denn die Negation tauscht Wahrheit und Falschheit und läßt das Fehlen eines Wahrheitswertes unverändert und die Konjunktion ‹und› kommt dem ‹oder› darin gleich, daß sie wahrheitswertlos ist, wenn beide Konjunktionsglieder keinen Wahrheitswert haben), während die Schlußfolgerung immer noch falsch ist. Auf diese Weise führt der Schluß von einem Fehlen des Wahrheitswertes zur Falschheit und wird folglich nach der revidierten Darstellung der Folgerung ungültig.

Hier scheinen wir auf frischer Tat ertappt worden zu sein. Wenn wir das Kriterium der logischen Folgerung ausdehnen, um den Schritt vom Fehlen eines Wertes zur Falschheit auszuschließen, werden wir das *EFQ* ungültig machen (was unabhängig davon wünschenswert sein mag, wie wir in Kapitel 2 bemerkt haben, aber nicht Teil unseres Mandats bei der Einrichtung einer freien Logik ist), während dann, wenn wir das nicht tun, wir deutlich machen werden, daß jeder Terminus dadurch bezeichnet, daß er den Schluß von ‹a ist F› auf ‹a existiert› (und folglich auf ‹für einige x, x ist F›) gültig macht.

Ein Heilmittel, das uns eine freie Logik erlaubt, welche klassische Folgerungen wie etwa *EFQ* bewahrt, existentielle Generalisierung (und ähnliche Quantorenfolgerungen) in der Form, die wir im letzten Abschnitt untersucht haben, einschränkt, aber atomaren Prädikationen von der Form ‹*a* ist *F*› keinen Wert zuweist, wenn *a* leer ist, besteht darin, die Methode der Globalbewertungen zu übernehmen. Als van Fraassen diese Methode einführte, schwebte ihm eigentlich vor, die klassische Logik so, wie sie war, zu verteidigen und zu zeigen, daß die Einschränkungen der freien Logik unnötig waren. Aber wir werden sehen, daß dies daher rührte, daß er die Methode nicht ernst genug nahm.

Man betrachte das Gesetz vom ausgeschlossenen Dritten ‹*A* oder nicht *A*›. Wir haben schon früher bemerkt, daß wir dann, wenn sowohl *A* wie *B* keinen Wahrheitswert haben, keine Gründe haben, ‹*A* oder *B*› einen Wert zuzuweisen – der eine oder der andere muß wahr sein, damit wir sicher sein können, daß das Ganze wahr ist, und beide müssen falsch sein, damit wir sicher sein können, daß die Disjunktion falsch ist. Ähnlich haben wir keinen Grund, wenn *A* keinen Wert hat, ‹nicht-*A*› einen Wert zuzuordnen. Wenn also *A* einen leeren Namen enthält und folglich keinen Wert hat, dann gilt das auch für ‹*A* oder nicht-*A*›. Warum glauben wir dann, daß ‹*A* oder nicht-*A*› eine logische Wahrheit ist? Der Grund scheint zu sein, daß dann, wenn *A* einen Wert hätte, entweder *A* oder ‹nicht-*A*› wahr und dann die ganze Disjunktion wahr wäre.

So fängt die Methode der Globalbewertungen an. Wir nehmen eine Teilbewertung – eine Zuweisung von Wahrheitswerten, wie wir sie gegenwärtig haben, die einigen Aussagen Wahrheit, anderen Falschheit und dem Rest gar keinen Wert zuweist. Man betrachte nun alle möglichen Arten, diese Teilbewertung auf eine Gesamtbewertung auszudehnen, indem man denjenigen Aussagen, die vorher keinen Wert hatten, willkürlich Werte zuweist (in Übereinstimmung mit den Wahrheitsbedingungen – wenn *A* beispielsweise willkürlich wahr gemacht wird, dann ist es auch ‹*A* oder *B*›). Sie mögen die klassischen Erweiterungen der ursprünglichen Teilbewertung heißen. Dann ist die Globalbewertung über der ursprünglichen Teilbewertung folgendermaßen definiert: Eine Aussage ist nach der Globalbewertung wahr, wenn sie in allen klassischen Erweiterungen der ursprünglichen Teilbewertung wahr ist; nach der Globalbewertung falsch, wenn sie in allen klassischen Teilbewertungen falsch ist; und hat nach der Globalbewertung keinen Wert, wenn sie in unterschiedlichen klassischen Erweiterungen verschiedene Werte annimmt. Auf diese Weise ist die Globalbewertung immer noch eine Teilbewertung – einige Aussagen haben keinen ‹Global-Wert›. Aber die Globalbewertung erweitert die ursprüngliche Teilbewertung. Man betrachte beispielsweise ‹A oder nicht-A›, wo A einen leeren Namen enthält (das heißt einen Namen, dem von der ursprünglichen Bewertung kein Bezug zugewiesen worden ist). Dann hat ‹A oder nicht-A› in jener Bewertung keinen Wert. Aber in jeder klassischen Erweiterung nimmt A den einen Wert und ‹nicht-A› den entgegengesetzten Wert an. Deshalb ist in allen klassischen Erweiterungen der ursprünglichen Teilbewertung entweder A wahr oder ‹nicht-A› wahr, und also ist ‹A oder nicht-A› wahr. Deshalb nimmt ‹A oder nicht-A› den Globalwert wahr an. Ähnlich nimmt ‹A oder nicht-A›, das in der ursprünglichen Bewertung keinen Wert hat (da A keinen hat), in der Globalbewertung den Wert falsch an.

Wir können jetzt logische Folgerung und logische Wahrheit definieren. Eine Aussage ist eine logische Folgerung aus anderen Aussagen, wenn es keine (Teil-)Interpretation (oder Bewertung) gibt, deren klassische Erweiterung alle Prämissen wahr und die Schlußfolgerung falsch macht. Eine Aussage ist eine logische Wahrheit, wenn es keine (Teil-) Interpretation gibt, deren klassische Erweiterung sie falsch macht. Das heißt, logische Wahrheiten sind diejenigen, die bei keiner Globalbewertung über einer beliebigen Interpretation falsch sind. Jedes Beispiel von ‹A oder nicht-A› ist durch diese Definition logisch wahr: Jede Teilbewertung weist A entweder einen Wert zu oder nicht. Wenn sie es tut, dann ist ‹A oder nicht-A› in dieser Bewertung wahr und also wahr in jeder klassischen Erweiterung; wenn nicht, ist ‹A oder nicht-A› in jeder klassischen Erweiterung wahr und also wahr in der Globalbewertung. Deshalb erweist sich das Gesetz vom ausgeschlossenen Dritten nach der Globalbewertung über jeder Teilbewertung, das heißt, wie auch immer die nichtlogischen Termini interpretiert werden, als wahr. Ähnlich erweist sich jede Aussage von der Form ‹A und nicht-A› bei jeder klassischen Erweiterung jeder Teilbewertung als falsch, und folglich ist *EFQ* gültig gemacht, da es keine klassische Erweiterung irgendeiner Teilbewertung gibt, die ‹A

und nicht-*A*〉 wahr macht und jede beliebige Aussage, die als Schlußfolgerung genommen wird, falsch.

Die Idee ist einfach; man muß aber mit den Details vorsichtig sein. Denn ohne einige Einschränkungen werden wir immer noch einige Schlußfolgerungen ungültig machen, die wir gültig machen wollen, und einige Prinzipien gültig machen, die wir aufgeben wollen. Van Fraassen berücksichtigt den ersteren Fall (durch 〈willkürliche〉 Einschränkungen, das heißt durch Einschränkungen, die spezifisch dafür gedacht sind, sicherzustellen, daß die resultierende Folgebeziehung vollständig klassisch ist); er braucht, aus demselben Grund, hinsichtlich des letzteren keine Schritte zu unternehmen. Man betrachte zum Beispiel das Gesetz der Identität 〈*a* ist *a*〉 für jeden Terminus *a*. Wenn *a* bezeichnet, ist es wahr; wenn *a* nicht bezeichnet, hat es keinen Wert in jeder Teilbewertung, und also, da wir keine spezielle Vorsorge getroffen haben, kann es entweder Wahrheit oder Falschheit in jeder klassischen Erweiterung annehmen, und folglich hat es bei jeder Globalbewertung ebenfalls keinen Wert. Aber wir haben uns früher überzeugt, daß die Namen 〈König Lear〉, 〈Pegasus〉 usf. zwar leer sind, die Aussagen 〈König Lear ist König Lear〉, 〈Pegasus ist Pegasus〉 usf. gleichwohl wahr sind. Das Gesetz der Identität ist eine logische Wahrheit. Van Fraassen verlangt willkürlich, daß 〈*a* ist *a*〉 in jeder klassischen Erweiterung wahr ist. Ein anderes Beispiel ist das Prinzip der Ununterscheidbarkeit des Identischen, dem wir in Kapitel 4 begegnet sind. Es sagt, daß, wenn *a* *b* ist und *a* *F* ist, dann *b* *F* ist. Wenn *a* und *b* unter irgendeiner Interpretation nicht-bezeichnend sind, dann hindert soweit nichts, daß eine klassische Extension 〈*a* ist *b*〉 und 〈*a* ist *F*〉 wahr und 〈*b* ist *F*〉 falsch macht. Das ist weit von dem entfernt, was eine klassische Extension widerspiegeln soll. Wiederum erlegt van Fraassen klassischen Erweiterungen eine Einschränkung auf, um das zu verhindern.

Die fragwürdigen Prinzipien, welche die obige Definition gültig macht, sind die klassischen Formen der universalen Spezifizierung und der existentiellen Generalisierung, von 〈alles ist *F*〉 zu 〈*a* ist *F*〉 bzw. von 〈*a* ist *F*〉 zu 〈etwas ist *F*〉, für jeden Terminus *a*. Denn angenommen 〈*a* ist *F*〉 ist falsch unter einer klassischen Erweiterung einer Teilbewertung. Dann liegt die Bezeichnung von *a* außerhalb der Interpretation von *F* – etwas ist nicht *F*. Also ist ‹alles ist *F* › unter dieser Erweiterung der Teilbewertung falsch. Umgekehrt, wenn ‹*a* ist *F*› unter einer klassischen Erweiterung wahr ist, muß *a* etwas in der Interpretation von *F* bezeichnen, und folglich ist ‹etwas ist *F*› unter dieser Erweiterung wahr. Die klassischen Formen des Schließens können nicht ungültig gemacht werden. Trotzdem sind diese beiden Folgerungen der Kern der freien Logik. Kann diese Situation gerettet werden?

Die vielversprechendste Lösung besteht darin, die Methode der Globalbewertungen mit der Idee eines Außenbereichs zu verbinden. Wir betrachten nicht alle klassischen Erweiterungen, in denen die Wahrheitswerte willkürlich denjenigen Aussagen zugewiesen werden, die in der Teilbewertung keinen Wahrheitswert haben. Statt dessen betrachten wir alle Arten der Zuweisung einer Bezeichnung an leere Ausdrücke und die Totalbewertungen, die sich daraus ergeben. Freilich werden die Bezüge der leeren Ausdrücke nicht aus dem Definitionsbereich der Teilbewertungen gewählt, sondern aus willkürlichen Erweiterungen jenes Bereichs durch die Hinzufügung eines Außenbereichs. Also sagen wir, daß eine freie Erweiterung einer Teilbewertung eine Erweiterung des Bereichs durch die Hinzufügung eines (nicht-leeren) Außenbereichs umfaßt, zusammen mit einer Erweiterung der Interpretation der Prädikatbuchstaben auf den Außenbereich und die resultierende Totalbewertung, die sich aus diesen Erweiterungen ergibt. Eine Globalbewertung wird definiert wie vorher, aber unter Ersetzung von ‹klassischer Erweiterung› durch ‹freie Erweiterung›. Dann ist das Gesetz der Identität gültig gemacht, da, welcher Bezug auch immer *a* zugewiesen wird – ob durch die ursprüngliche Teilbewertung oder durch die freien Erweiterungen –, ihm immer derselbe Bezugsgegenstand zugewiesen wird wie ihm selbst; die Ununterscheidbarkeit des Identischen erweist sich in den freien Erweiterungen als gültig, denn wenn *a* und *b*, in der ursprünglichen Teilbewertung leere Namen, dieselbe Bezeichnung in einer freien Erweiterung zugewiesen bekommen und wenn ‹*a* ist *F*› sich als wahr erweist, dann muß das auch für ‹*b* ist *F*› gelten. Schließlich stellen sich die universale Spezifizierung und die existentielle Generalisierung in ihrer klassischen Form als ungültig und in ihrer freien Form als gültig heraus, mit der Extraprämisse ‹*a* existiert›. Denn angenommen, ‹*a* ist *F*› ist wahr in einer freien Erweiterung. Wenn ‹a existiert› wahr ist, muß der Bezug von a im Definitionsbereich der ursprünglichen Bewertung liegen, also muß ‹a ist F› und folglich ‹etwas ist F› unter der Bewertung wahr gewesen sein, und also ist letzteres wahr unter der Erweiterung; wenn dagegen ‹a existiert› unter der freien Erweiterung falsch ist, liegt der Bezug von a im Außenbereich, unvereinbar mit dem Innenbereich, der F ist. Also kann ‹etwas ist F› falsch sein, wenn ‹a ist F› wahr ist, aber nicht, wenn sowohl ‹a ist F› wie ‹a existiert›, wie erforderlich, wahr sind. Eine ähnliche Analyse zeigt, daß ‹a ist F› falsch sein kann, wenn ‹alles ist F› wahr ist, aber nicht, wenn sowohl es wie ‹a existiert› wahr sind.

Wir haben also eine klare semantische Darstellung des logischen Verhaltens leerer Namen erreicht, die uns nicht auf die wirkliche Existenz von Objekten verpflichtet, welche ihnen entsprechen. Tatsächlich können wir jetzt sehen, wie mit der Frage der Fiktion systematisch umzugehen ist: Wir bevölkern den Außenbereich mit den beabsichtigten fiktiven und nicht-existierenden Gegenständen. (Dies ist freilich nur eine Teillösung. Sie befaßt sich nicht mit der fiktiven Zuweisung von fiktiven Eigenschaften an wirkliche Objekte.) Der gesamte Apparat ist vorhanden, um sowohl mit Namen umzugehen, die sich auf Dinge beziehen, die nicht existieren (zum Beispiel ‹König Lear› und ‹Nausikaa›), wie mit unbezüglichen Namen (zum Beispiel ‹Phlogiston›, ‹des Kaisers neue Kleider›, ‹der Mann, der nicht da war – den ich auf der Treppe traf›). Insbesondere haben wir jetzt eine klare und akzeptable Darstellung der logischen Folgerung – daß es keine Teilbewertung gibt, deren freie Erweiterungen alle Prämissen wahr und die Schlußfolgerung falsch machen –, welche Schlußprinzipien in Übereinstimmung mit dem semantischen Bild, das wir gemalt haben, gültig macht.

Zusammenfassung und Hinweise auf weitere Lektüre

Zu der Zeit, als die Philosophie sich als eigenständiges Sachgebiet herauskristallisierte, vermachte uns der enigmatische Denker Parmenides ein Problem: Wie können wir sinnvoll über das reden, was nicht existiert? Denn wenn es nicht existiert, wie können wir uns dann darauf beziehen?

Was ist das, was nicht existiert? Parmenides' und Platons Antwort auf dieses Problem bestand darin, sich zu weigern, irgend etwas das Sein abzusprechen – worüber wir auch immer nachdenken können, muß in irgendeinem Sinn Sein haben. Die fragmentarischen Überreste von Parmenides' ‹Weg der Wahrheit› und der platonische Dialog *Parmenides* (dessen Hauptredner ungewöhnlicherweise der Name ‹Parmenides› gegeben wird – gewöhnlich ist es ‹Sokrates›, der die platonischen Dialoge beherrscht) sind gesammelt und diskutiert in F. M. Cornford, *Plato and Parmenides*.

Willard van Orman Quine prägte den hübschen Ausdruck ‹Platons Bart›, um Platons hemmungslose Antwort auf Parmenides' Problem zu beschreiben; ich habe mir das Epitheton zu eigen gemacht, um auf das Problem selbst hinzuweisen. Quine führte einen ungezügelten Angriff auf solche platonische Extravaganz in einem klassischen Aufsatz, ‹Was es gibt›, wiederabgedruckt in seinem Buch *Von einem logischen Standpunkt*. Quine ist der exponierteste Fürsprecher einer Lösung, die ursprünglich von Bertrand Russell in einem anderen klassischen Aufsatz vorgetragen worden ist, ‹Über das Kennzeichnen›, zuerst veröffentlicht 1905 und wiederabgedruckt in: ‹Philosophische und politische Aufsätze›, hg. von U. Steinvorth, Stuttgart 1971. Russell hatte früher eine Ansicht vertreten, die der Platons sehr ähnlich war; aber in ‹Über das Kennzeichnen› verwarf er sie. Die Lösung geht in zwei Stufen vor sich: Zunächst wird gezeigt, daß deskriptive Wendungen, die den Anschein erwecken, als erhielten sie ihre Bedeutung daher, daß sie sich auf ein Objekt beziehen, dies keineswegs tun, sondern ‹unvollständige Symbole› sind, die keiner einheitlichen Komponente der logischen Analyse der Aussage korrespondieren. Aussagen, die derartige Kennzeichnungen enthalten, behalten deshalb ihre Bedeutung selbst dann, wenn kein Objekt der grammatischen Beschreibung korrespondiert. Zweitens werden andere singuläre Termini unterteilt in eine Klasse echter Namen, deren Bedeutung von der Existenz von Objekten abhängt, die sie bezeichnen, und in verkleidete Beschreibungen, unechte Namen, deren Analyse der Theorie der Kennzeichnungen folgt. Russell empfand nachträglich große metaphysische Skrupel, unser apriorisches Wissen von der Existenz von Objekten und ihren Namen als hinreichend sicher anzusehen, um die atomare Ebene von Elementaraussagen und logischen Eigennamen zu bilden (man erinnere sich an Kapitel 1 und vergleiche ‹Die Philosophie des logischen Atomismus›, besonders Vorlesungen 2 und 6); Quine versuchte zu zeigen, daß, logisch gesehen, auf Namen und singuläre Terme vollständig verzichtet werden kann.

Aus unabhängigen Gründen hatte Gottlob Frege eine Unterscheidung zwischen der *Bedeutung* (= Bezug, Referenz) eines Ausdrucks und seinem *Sinn* (= Bedeutung) getroffen – siehe ‹Über Sinn und Bedeutung›. Wie Russell glaubte er, der Sinn einer Aussage resultiere aus dem jeweiligen Sinn ihrer Teile (wenngleich funktional und nicht so sehr als buchstäbliche Kombination wie für Russell), ein Prinzip, das er – sowohl in Anwendung auf die Bezeichnung wie den Sinn – so überzeugend darlegte, daß es oft ‹Freges Prinzip› genannt wird. Die Unterscheidung von zwei Elementen des Sinns kann auch auf das Problem von Platons Bart angewendet werden, so daß ein Ausdruck leer sein kann, das heißt ohne Objektbezug, während er zugleich bedeutungsvoll sein kann, das heißt, Sinn haben kann. Frege diskutiert dies in einem Aufsatz, der zu seinen Lebzeiten unveröffentlicht blieb, jetzt aber zugänglich ist unter dem Titel ‹Ausführungen über Sinn und Bedeutung›.

Mit Freges Idee, daß eine Aussage sinnvoll sein, aber leere Namen enthalten kann, kommen wir näher an eine Erklärung heran, die unseren Intuitionen entspricht. Aber sie steht nicht in deutlicher Übereinstimmung mit der klassischen Logik, die Prinzipien umfaßt, insbesondere die universale Spezifizierung und die existentielle Generalisierung, die fordern, daß jeder Terminus sich auf Objekte bezieht. Darauf sind drei Reaktionen möglich: die Russellsche, daß jeder echte Name ein existierendes Objekt bezeichnet und ‹nicht-bezeichnende Namen› eliminiert werden müssen; die Platons, die in der Neuzeit von Alexius Meinong wiederaufgegriffen wurde, daß jeder Name wirklich ein Name ist und wirklich bezeichnet, sei es auch Objekte ‹jenseits von Sein und Nicht-Sein›; und die freie Logik, welche die klassische Logik revidiert und nicht-bezeichnende (leere) Termini zuläßt. Meinongs Erklärung ist trotz ihrer schlechten Presse (weitgehend bedingt durch Russells Angriffe, die sich mehr gegen seine eigene frühere Theorie richten als gegen die Meinongs) ein mutiger Versuch, und man kann viel daraus lernen, selbst wenn Russell recht hat, daß er letztlich in Inkonsistenz versinkt. Karel Lamberts *Meinong and the Principle of Independence* ist eine moderne, allgemeinverständliche Diskussion.

Lambert selbst ist freilich Urheber und Befürworter der freien Logik, einer Logik, die frei von Existenzannahmen ist. Ich bin der traditionellen Unterscheidung zwischen positiver, negativer und neutraler freier Logik nicht gefolgt, sondern habe vielmehr freie Logiken mit Außenbereich mit nicht-bezüglichen kontrastiert. Diese Unterscheidung droht anachronistisch zu sein, denn freie Logiken (wie die Modallogik vor ihnen) wurden anfänglich als syntaktische Systeme ohne klare Semantik präsentiert, und meine Unterscheidung ist semantisch. Nichtsdestoweniger glaube ich, daß Logiken jetzt häufiger und mit Recht semantisch angegangen werden. Freie Logiken mit Außenbereich teilen mit der klassischen Logik, Meinong und Platon den Glauben, daß leere Namen leer nur dem Namen nach sind, daß sie alle etwas bezeichnen, sei es auch etwas, was nicht existiert. Sie unterscheiden sich darin, daß sich die Quantoren nicht auf diese nicht-existenten Gegenstände beziehen, sondern nur auf einen inneren Definitionsbereich. Unbezügliche freie Logiken nehmen die Idee ernst, daß leere Namen wirklich nicht bezeichnen. Aber die Antwort der neutralen freien Logik (wenn es denn jemals eine solche Antwort gab) auf diese Situation, daß alle Aussagen, die zumindest einen leeren Namen enthalten, keinen Wahrheitswert haben, ist unbefriedigend. Einige Aussagen über nicht-existente Gegenstände sind wahr: zum Beispiel ‹Pegasus hat niemals existiert›, ‹König Lear hatte drei Töchter›, ‹Entweder hatte Bellerophon eine glückliche Kindheit oder nicht›; andere sind falsch: zum Beispiel ‹Nausikaa existierte wirklich›, ‹In seinem tiefsten Innern mochte Hamlet seinen Onkel sehr gern›, ‹Pegasus war sowohl ein Grau- wie ein Rotschimmel›; und einigen kann kein Wahrheitswert gegeben werden (und nicht einfach nur aus Mangel an Information): zum Beispiel ‹Pegasus war ein Grauschimmel›. ‹Lear konnte pfeifen› usf.

Das wirkliche Problem für eine unbezügliche freie Logik besteht darin, genau zu sagen, wie die Wahrheitsbedingungen komplexer Aussagen mit leeren Namen gegeben werden sollen. Die Übernahme von Kleenes schwachen oder starken Matrizen macht es schwierig, befriedigende Begriffe logischer Folgerung und logischer Wahrheit zu definieren. Die

Verwendung von van Fraassens Methode der Globalbewertungen droht das gesamte Unternehmen der freien Logik zu untergraben, weil sie die universale Spezifizierung und die existentielle Generalisierung in ihrer klassischen Form gültig macht. Van Fraassens Aufsatz ‹Singular Terms, Truthvalue Gaps and Free Logic› ist wiederabgedruckt in *Philosophical Applications of Free Logic*, hg. von Karel Lambert, zusammen mit vielen der wichtigsten Aufsätze über freie Logik. Peter Woodruffs Idee, Globalbewertungen mit Außenbereichstechniken zu kombinieren, ist unveröffentlicht, wird aber kurz erwähnt in Ermanno Bencivengas Beitrag ‹Free Logics› zum *Handbook of Philosophical Logic*, iii, hg. von D. Gabbay und F. Guenthner, einem der zugänglicheren Aufsätze in diesem exzellenten, aber im allgemeinen sehr technischen vierbändigen Überblick.

Diese Kombination von Globalbewertungen mit Außenbereichsideen zeigt, was die Wahrheitswerte von Aussagen mit leeren Namen wären, wenn die Namen nicht leer wären, und wie die Wahrheitsbedingungen komplexer Aussagen in dieser Situation von Teilbewertungen artikuliert werden können. Aber ist sie ins Zentrum des Parmenideischen Problems vorgedrungen? ‹Der andere aber, daß NICHT IST *ist* und daß Nichtsein erforderlich ist, dieser Pfad ist, so künde ich dir, gänzlich unerkundbar; denn weder erkennen könntest du das Nichtseiende (das ist ja unausführbar) noch aussprechen.› Bestand unsere Antwort an Parmenides darin, daß wir uns einfach bei dem Gedanken beruhigt haben, daß wir ihm antworten können?

6 Gut, dann will ich hängen! Die semantischen Paradoxien

In Cervantes' Roman läßt Don Quijote an einer Stelle seinen Schildknappen Sancho Pansa als Statthalter der Insel Barataria zurück. Sancho Pansa sieht sich als Statthalter vielen Problemen gegenüber. Am ersten Morgen ist es folgendes: Ihm wurde gesagt, es sei die Aufgabe des Statthalters, dem Gericht vorzusitzen, und sein erster Fall ergab sich aus einem Gesetz, das die Benutzung einer Brücke betraf, die von einem Kirchspiel in ein anderes führte. Der Landbesitzer hatte folgendes verfügt:

> Wenn einer über diese Brücke vom einen Ufer zum andern hinübergeht, muß er erst eidlich erklären, wohin und zu welchem Zwecke er dahin geht, und wenn er die Wahrheit sagt, so sollen sie ihn hinüberlassen, und wenn er lügt, soll er dafür an dem Galgen, der allda vor aller Augen steht, ohne alle Gnade hängen und sterben.

Dieses Gesetz diente viele Jahre lang gut genug, bis eines Tages ein Mann vor der Brücke stand und bei der Eidesleistung erklärte:

> er gehe hinüber, um an dem Galgen dort zu sterben und zu keinem anderen Zweck.

Die Brückenwärter waren dadurch in eine Klemme geraten und hatten deshalb den Statthalter um eine Entscheidung gebeten. Denn wenn sie den Mann die Brücke überqueren ließen, hätte er einen Meineid geschworen und also gemäß dem Gesetz gehängt werden müssen. Dagegen, wenn sie ihn hängten, hätte er die Wahrheit gesagt, da er geschworen hatte, er gehe hinüber, um an diesem Galgen zu sterben, und hätte also nach dem nämlichen Gesetz frei ausgehen müssen.

Sancho Pansa braucht einige Zeit, um das Problem, das hier vorliegt, zu erfassen. Denn dieses Brücken-Gesetz funktioniert unter den meisten Umständen gut genug, es stellt sicher, daß nur diejenigen, die wahrheitsgemäß ihr Geschäft offenbaren, die Erlaubnis erhalten, von einem Kirchspiel zum anderen zu gehen. Gewiß hatte der Landbesitzer einen vernünftigen Weg gefunden, um sicherzustellen, daß Schurken und Vagabunden sein Land nicht durchqueren konnten, ohne gefangen zu werden. Aber angesichts eines bestimmten Problems versagt das Gesetz und fesselt sich selbst. Wenn jemand zur Brücke kommt und sagt, sein Geschäft sei, am Galgen zu sterben, dann wird durch den Erlaß des Landbesitzers alles, was man ihm antut, zu einem Unrecht: Ihn freizulassen wird bedeuten, daß er gelogen hat und also gehängt werden sollte; ihn zu hängen wird bedeuten, daß er die Wahrheit gesprochen hat und also freigelassen werden sollte.

Sancho Pansas erste Reaktion besteht darin, einen Weg zu finden, ihn sowohl zu hängen wie auch die Brücke überqueren zu lassen; er sagt: ‹Man soll diejenige Hälfte von dem Manne, die wahr geschworen hat, hinübergehen lassen und die Hälfte, die gelogen hat, an den Galgen hängen; und auf diese Weise wird das Gesetz buchstäblich erfüllt›. Als man ihn aber darauf hinweist, daß die Zerteilung des Mannes dessen sicheren Tod zur Folge haben würde und es auf diese Weise unmöglich wäre, daß irgendein Teil von ihm frei ausgeht, ruft Sancho Pansa sich eine Lehre des Don Quijote in Erinnerung, man solle, wenn Recht und Richter im Zweifel sind, ein Stückchen nachgeben und sich zur Barmherzigkeit halten. Also sagt er, man solle den Mann freilassen. Das bedeutet praktisch, das Gesetz außer Kraft zu setzen und es in diesem Fall für unanwendbar zu erklären. Mit anderen Worten, das Gesetz hätte viel sorgfältiger formuliert werden müssen und war unbefriedigend. Wir wollen einen Blick auf einige weitere Fälle werfen, um zu sehen, ob eine solche Lösung allgemein anwendbar ist.

Eine der berühmtesten Paradoxien dieser Art stammt von Bertrand Russell. Sie betrifft den Barbier von Tombstone. Es ist eine anscheinend nicht weiter bemerkenswerte Tatsache, sagt Russell, daß der Barbier in Tombstone alle und nur diejenigen Männer rasiert, die sich nicht selbst rasieren. Denn ganz gewiß brauchen die Männer, die sich selbst rasieren, nicht die Dienste des Barbiers; und wer anders als der Barbier sollte jedermann sonst rasieren?

Aber man denke einen Moment nach: Wer rasiert den Barbier? Wenn er sich selbst rasiert, dann ist es nicht wahr, daß er nur diejenigen rasiert, die sich nicht selbst rasieren; während, wenn er sich nicht selbst rasiert – wenn er einen Bart hat oder von seiner Frau rasiert wird –, es nicht wahr ist, daß er alle diejenigen rasiert, die sich nicht selbst rasieren.

Der offensichtliche Schluß ist, daß der Barbier eine Frau ist! Denn andernfalls ist die Beschreibung des Barbiers von Tombstone schlicht unrichtig. Sie gibt eine inkonsistente Beschreibung von ihm. Vielleicht rasiert er alle und nur andere Männer in Tombstone, die sich nicht selbst rasieren. Aber es kann keinen Mann in Tombstone geben, der alle und nur die Männer rasiert, die sich nicht selbst rasieren.

Die Geschichten über Barataria und Tombstone führen uns Paradoxien vor. Eine Paradoxie entsteht dann, wenn durch ein plausibles Argument eine unannehmbare Schlußfolgerung aus anscheinend annehmbaren Prämissen untermauert wird. Die Schlußfolgerung, daß der Mann an der Brücke in Barataria sowohl gehängt wie freigelassen werden sollte, und die Schlußfolgerung, daß der Barbier von Tombstone sich sowohl selbst rasieren wie sich nicht rasieren muß, sind offensichtlich unannehmbare Schlußfolgerungen, die nichtsdestoweniger offenbar gültig aus wenigstens auf den ersten Blick annehmbaren Prämissen folgen, nämlich daß ein Gesetz erlassen worden ist, welches die Überquerungsrechte über die Brücke regelt, und daß eine Beschreibung des Barbiers von Tombstone gegeben worden ist. In jedem dieser beiden Fälle verwerfen wir die Prämisse: Das Gesetz war unannehmbar und bedurfte der Revision; die Beschreibung des Barbiers war unrichtig und bedurfte der Revision.

Aber wir werden finden, daß andere Fälle keine solche leichte Verwerfung der Prämisse zulassen. Und wenn sie nicht verworfen werden kann, dann sind wir vielleicht gezwungen zu akzeptieren, daß die Schlußfolgerung schließlich doch wirklich wahr ist, wenn wir nicht zeigen können, daß sie nicht wirklich aus den Prämissen folgt. So sind also drei verschiedene Reaktionen auf die Paradoxien möglich: zu zeigen, daß die Überlegungen trügerisch sind; oder daß die Prämissen schließlich doch nicht wahr sind; oder daß die Schlußfolgerung tatsächlich akzeptiert werden kann. Wir wollen uns einige dieser härteren Beispiele von Paradoxien anschauen.

Der vielleicht berühmteste der härteren Fälle betrifft den Kreter Epimenides. Epimenides fühlte sich durch seine Landsleute, die Kreter, in Verlegenheit gebracht; er glaubte, daß sie stets logen. Also sagte er ‹Alle Kreter sind Lügner›.

Aber er war selbst Kreter: Sagte er die Wahrheit? Wenn das der Fall war, dann log er selbst, denn genau das hatte er ja gesagt und sagte also nicht die Wahrheit. Mit anderen Worten, wenn wir annehmen, daß er die Wahrheit sagte, müssen wir schließen, daß er sowohl die Wahrheit sagte wie die Wahrheit nicht sagte. Aber das ist unmöglich. Also muß die Vermutung, daß er die Wahrheit sagte, falsch sein, das heißt, er sagte nicht die Wahrheit.

Wir sind der Schlußform gefolgt, die *reductio ad absurdum* genannt wird: Man nimmt etwas an, man folgert daraus einen Widerspruch (oder eine Absurdität), und man ist folglich gezwungen zu schließen, daß die Annahme nicht gelten kann, sie also falsch ist. Hier haben wir gezeigt, daß Epimenides lügt. Denn wenn er die Wahrheit gesagt hat, dann ist die Wahrheit, daß er gelogen hat. Das ist ein Widerspruch. Also muß er gelogen haben.

Aber wenn er gelogen hat, dann hat er, vorausgesetzt, daß jeder andere Kreter tatsächlich gelogen hat – das heißt, daß Epimenides' fundamentaler Pessimismus gut begründet war –, in Wirklichkeit die Wahrheit gesagt, denn noch einmal, eben das hat er ja gesagt. Also hat er nicht gelogen, sondern die Wahrheit gesagt. Aber das ist verwirrend. Denn wir haben schon gezeigt, daß er gelogen hat, und jetzt haben wir gezeigt, daß er, wenn er gelogen hat, die Wahrheit gesagt hat. Also hat Epimenides, wie es scheint, sowohl gelogen wie die Wahrheit gesagt.

Um das Argument zu wiederholen: Wenn man annimmt, daß Epimenides die Wahrheit gesagt hat, dann folgt, daß er gelogen und also nicht die Wahrheit gesagt hat, woraus durch eine *reductio ad absurdum* folgt, daß er nicht die Wahrheit gesagt haben kann, das heißt, daß er gelogen hat. Aber dann folgt, da er gesagt hat, daß er und die anderen Lügner sind, und wir angenommen haben, daß die anderen in der Tat Lügner sind, daß er die Wahrheit gesagt hat. Es scheint zu folgen, daß Epimenides sowohl gelogen wie die Wahrheit gesagt hat.

Diese Schlußfolgerung ist gewiß unannehmbar, also haben wir wiederum eine Paradoxie – eine unannehmbare Schlußfolgerung, die aus scheinbar vernünftigen Prämissen abgeleitet ist. Aber es ist nicht so leicht, sich aus dieser Paradoxie zu befreien, wie es bei den vorigen der Fall war: Wir können nicht einfach folgern, daß Epimenides nicht existiert haben kann oder, wenn er existiert hat, daß er zumindest nicht gesagt haben kann, daß alle Kreter Lügner sind, denn wir hören zum Beispiel von Paulus in seinem Brief an Titus (und aus früheren fragmentarischen Quellen), daß er es getan hat. Wir können dem Problem auch nicht dadurch entgehen, daß wir sagen, daß Epimenides sich geirrt haben muß, seine Bemerkung also falsch war. Denn das war ja Teil der Paradoxie: Wenn sie falsch war, dann hat er gelogen, und folglich, vorausgesetzt, daß alle anderen kretischen Behauptungen falsch gewesen sind, hat Epimenides sich durchaus nicht geirrt und die Wahrheit gesagt.

Dasselbe Problem ergibt sich, dieses Mal noch umfassender, aus der misanthropischen Bemerkung des Psalmisten: ‹Ich sprach in meinem Zagen, alle Menschen sind Lügner› (Psalm 116). Wenn sein Pessimismus gerechtfertigt war, dann war, wenn das, was er sagte, falsch war und er ebenfalls log, das, was er sagte, wahr; und wenn das, was er sagte, wahr war, dann log er ebenfalls, und also war es nicht wahr. Also war, was er sagte, sowohl wahr wie falsch – wenn denn tatsächlich alle Menschen Lügner sind. Er sprach also in der Tat in Zagen.

Bertrand Russell erzählt eine köstliche Geschichte über G. E. Moore:

> Er besaß eine Art erlesener Reinheit. Mir ist es nur ein einziges Mal gelungen, ihn zu einer Lüge zu veranlassen, und das nur durch eine List. ‹Moore›, sagte ich, ‹sagen Sie immer die Wahrheit?› ‹Nein›, antwortete er. Ich glaube, daß es die einzige Lüge ist, die er jemals ausgesprochen hat.

Aber ist Russell hier hinterlistig? Wenn Moore tatsächlich niemals gelogen hätte, dann muß diese Feststellung eine Lüge sein. Aber wenn es eine Lüge ist, daß er manchmal lügt, dann muß sie selbst wahr sein. Also kann es nicht seine einzige Lüge sein.

Die Wahrheitshierarchie

Der vielleicht einfachste Fall, wo eine solche Paradoxie entsteht, ist der sogenannte *Lügner*:

Die durch genau diesen Satz ausgedrückte Aussage ist falsch.

Diese Aussage sagt von sich selbst aus, daß sie falsch ist. Angenommen, sie wäre wahr; dann wäre sie falsch – denn das ist es, was sie sagt –, und also kann sie nicht wahr sein. Das heißt, wenn sie wahr ist, dann ist sie falsch. Aber wenn sie falsch ist, muß sie wahr sein, denn sie sagt, daß sie falsch ist. Das heißt, wenn sie falsch ist, dann ist sie wahr. Also, wenn sie entweder wahr oder falsch sein muß, dann folgt, daß sie beides ist.

Vielleicht denken wir deshalb, wir könnten diese besondere Paradoxie dadurch vermeiden, daß wir folgern, die Aussage sei weder wahr noch falsch. Vielleicht sind einige Aussagen weder wahr noch falsch. Zum Beispiel ‹Der gegenwärtige Propst von St. Andrews ist ein guter Radfahrer› könnte als weder wahr noch falsch bezeichnet werden, da St. Andrews keinen Propst mehr hat.

Aber dieser Ausweg kann nicht bei allen Paradoxien helfen. Man betrachte die Aussage

Diese Aussage hier ist nicht wahr.

Noch einmal angenommen, sie wäre wahr; dann wären die Dinge so, wie sie sagt, das heißt, sie wäre nicht wahr. Also wenn sie wahr ist, dann ist sie nicht wahr. Aber wenn wir annehmen, sie ist nicht wahr, dann muß sie wahr sein, denn das ist es, was sie sagt. Also, wenn sie nicht wahr ist, dann ist sie wahr. Aber gewiß muß sie entweder wahr oder nicht wahr sein, in welchem Fall sie sowohl wahr wie nicht wahr sein muß.

Wir haben in diesem Beweis nicht das Gesetz der Zweiwertigkeit benutzt, wonach jede Aussage entweder wahr oder falsch ist. Aber wir haben das Gesetz vom ausgeschlossenen Dritten benutzt, wonach jede Aussage oder ihr Gegenteil wahr ist, insbesondere daß jede Aussage entweder wahr oder nicht wahr ist.

Es gibt verschiedene Möglichkeiten, das Gesetz vom ausgeschlossenen Dritten zu verneinen. Wir werden eine von ihnen genauer untersuchen.

Wir können vielleicht zustimmen, daß jeder sinnvolle Satz eine Aussage ausdrückt, die entweder wahr oder nicht wahr ist. Aber wenn ein Satz sinnlos ist, dann ist er wirklich sinnlos, und also wird er nicht eine wahre Aussage ausdrücken, selbst wenn die Dinge so sind, wie er zu sagen scheint. Im vorliegenden Fall scheint er zu sagen, daß die Aussage, die er ausdrückt, nicht wahr ist. Da er sinnlos ist, drückt er keine wahre Aussage aus. Aber das berechtigt uns nicht zu folgern, er drücke schließlich eben doch eine wahre Aussage aus, da er ja sagt, daß er nicht eine wahre Aussage ausdrückt.

Damit dies eine überzeugende Lösung ist, brauchen wir eine richtige Erklärung von ‹sinnvoll›, bezüglich welcher klar ist, daß der Satz ‹Diese Aussage ist nicht wahr› sinnlos ist und warum. Denn dieser Satz scheint gewiß sinnvoll zu sein – wir wissen, was er bedeutet, nämlich daß die Aussage, die er ausdrückt, nicht wahr ist. Außerdem, wenn er sinnlos ist, dann kann er gewiß keine wahre Aussage ausdrücken. Also können wir vermutlich sagen, daß er keine wahre Aussage ausdrückt. Warum können wir diesen Satz selbst nicht benutzen, um zu sagen, daß er keine wahre Aussage ausdrückt? Das ist verwirrend. Es wird manchmal das ‹Racheproblem› genannt. Die Behauptung ist die, daß die Aussage ‹Diese Aussage ist wahr› nicht wahr ist, obwohl sie genau dies sagt – also was ist damit falsch? Die Antwort muß deshalb lauten, daß es sinnlos ist, wenn dieser Satz zu sagen versucht, daß er keine wahre Aussage ausdrückt. Aber wenn das so ist, warum? Was ist die allgemeine Erklärung von Sinn, die überzeugend zeigt, daß dieser Satz sinnlos ist? Wir sehen uns einem negativen Argument gegenüber: Wenn er sinnvoll wäre, würden wir in einer Paradoxie landen. Aber welche positive Darstellung von Sinn können wir geben, die uns seine Sinnlosigkeit erklären kann?

Hier ist eine weitere Paradoxie (der verstärkte Lügner), die diesen Punkt unterstreicht:

> Genau dieser Satz drückt entweder eine falsche Aussage aus, oder er ist sinnlos.

Wenn die ausgedrückte Aussage wahr wäre, wäre sie falsch, oder der Satz wäre sinnlos, und sie wäre also nicht wahr. Also kann sie nicht wahr sein. Wenn sie falsch wäre, wäre sie weder falsch noch der Satz sinnlos, und also wäre sie wahr; also kann sie nicht falsch sein. Wenn der Satz sinnlos wäre, schiene die Aussage genau dies auszudrücken, daß er sinnlos ist (oder eine falsche Aussage ausdrücken würde), also schiene sie wahr zu sein – und also wäre der Satz nicht sinnlos. Also scheint er auch nicht sinnlos zu sein.

Welche Erklärung von Sinn können wir geben, die sowohl zeigt, daß diese paradoxen Sätze sinnlos sind – und warum –, wie auch eine allgemein annehmbare Erklärung des Sinns von nicht-paradoxen Sätzen hervorbringt?

Ein Erklärungsversuch lautet, daß in allen diesen Fällen von Paradoxie eine Selbstbezüglichkeit vorliegt. Wir haben Sätze oder Kreter oder Reisende, die sich auf sich selbst beziehen. Wenn wir den Satz äußern ‹Die Aussage, die durch diesen Satz ausgedrückt wird, ist falsch›, sollten wir, so wird betont, erklären, welchen Satz wir meinen. Aber wenn wir das tun, finden wir, daß die Erklärung zirkulär wird. Wir fangen beispielsweise an zu sagen ‹... dieser Satz ...› und werden durch die gebieterische Frage ‹Welcher Satz?› unterbrochen; ‹... dieser Satz ...› wiederholen wir und werden wieder unmittelbar gefragt ‹Welcher Satz?› und so fort.

Diese Darstellung von Sinn erfüllt nicht die zweite Bedingung, die wir am Ende des vorigen Abschnitts festgelegt haben. Denn sie schließt anscheinend annehmbare nicht-paradoxe Sätze als sinnlos aus, rechtfertigt dies Vorgehen aber nur durch den möglichen Erfolg bei der Verbannung paradoxer Sätze. Das reicht nicht aus – natürlich kann Epimenides sich auf sich selbst beziehen, wenn er jemandem sagen möchte, wie er heißt oder daß er hungrig ist und etwas zu essen wünscht. Und selbst Sätze können sich legitim auf sich selbst beziehen, beispielsweise der Aufkleber auf einem Autoheck: ‹Wenn du das lesen kannst, bist du zu nahe dran›.

So kann es nicht die Selbstbezüglichkeit allein sein, die fehlerhaft ist. Eher scheint die Kombination von Selbstbezüglichkeit mit Falschheit die Probleme in den Paradoxien zu verursachen, wo Falschheit – oder dergleichen – von der Aussage prädiziert wird, die durch eben diesen Satz selbst ausgedrückt wird, oder wahr oder falsch zu sprechen von dem Sprecher selbst und so weiter. In Wirklichkeit ist es ziemlich schwierig zu erklären, was die Wendung ‹und so weiter› bedeutet, die sicherstellen soll, daß alle Fälle, die zu einer Paradoxie führen, einbezogen sind. Hier ist ein vielleicht unerwartetes Beispiel. Man betrachte das Argument

$1 = 1$

Deshalb ist dieses Argument ungültig.

(Es ist ein Argument mit nur einer Prämisse: Die Prämisse ist die notwendige Wahrheit, daß $1 = 1$; die Schlußfolgerung ist, daß das Argument selbst ungültig ist.) Das Argument ist wirklich eine selbstbezügliche Paradoxie, obgleich es weder Wahrheit noch Falschheit erwähnt. Denn wir können argumentieren: Wenn das Argument gültig ist, dann hat es eine wahre Prämisse und eine falsche Schlußfolgerung. Aber alle Argumente mit wahren Prämissen und falschen Schlußfolgerungen sind ungültig (denn Gültigkeit garantiert, daß dann, wenn die Prämisse wahr ist, auch die Schlußfolgerung wahr ist). Also ist das Argument, wenn es gültig ist, ungültig. Deshalb muß es ungültig sein. Aber als wir zeigten, daß es ungültig ist, mußten wir uns auf die Tatsache verlassen, daß ‹$1 = 1$› wahr ist; das heißt, wir leiteten die Tatsache, daß es ungültig ist, von der Behauptung ab, daß $1 = 1$. Aber genau das, sagt das Argument, kann man tun. Also muß es gültig sein. Deshalb ist es sowohl gültig wie ungültig!

Gültigkeit verhält sich zu Argumenten etwa so, wie sich Wahrheit zu Aussagen verhält. Deshalb müssen wir uns davor hüten, Gültigkeit auf selbstbezügliche Argumente anzuwenden bzw. ihnen abzusprechen. Und zweifellos andere Begriffe ebenfalls. Wir müssen deshalb, wenn diese Lösungstechnik funktionieren soll, semantische Begriffe, also Begriffe, die es mit Wahrheit, Sinn, Gültigkeit usf. zu tun haben, in allgemeinen Ausdrücken charakterisieren.

Die meisten Sätze erwähnen Wahrheit oder Falschheit (oder Gültigkeit oder semantische Begriffe allgemein) überhaupt nicht. Wir wollen diese die Basissätze nennen. Andere Sätze prädizieren Wahrheit oder Falschheit (und so weiter) von den Aussagen, die durch die Basissätze ausgedrückt werden; wir wollen diese Sätze ‹Sätze der Stufe 1› nennen. Noch andere Sätze prädizieren Wahrheit und Falschheit von den Aussagen, die durch Sätze erster Stufe ausgedrückt werden; dies sind Sätze der

Stufe 2. Und so weiter, mit Sätzen, die auf jeder Stufe möglich sind. Diese Konstruktion verdankt sich Alfred Tarski. Er nannte die Stufen getrennte und verschiedene Sprachen, so daß Stufe 1 als Metasprache für die Stufe 0, Stufe 2 als Metasprache für die Stufe 1 usf. dient. Wir können sie ‹Tarskis Hierarchie› nennen.

Die Idee für eine Einschränkung, die Paradoxien vermeidet, ist nun folgende: Ein Satz soll Wahrheit oder Falschheit nur von den Aussagen prädizieren dürfen, die durch Sätze einer niedrigeren Stufe als seine eigene ausgedrückt werden. Die paradoxen Sätze übertreten diese Einschränkung, indem sie versuchen, Wahrheit oder Falschheit von den Aussagen zu prädizieren, die von ihnen selbst ausgedrückt werden, das heißt von Sätzen ihrer eigenen Stufe. Jeder Satz, der diese Stufenregelungen ignoriert, wird als sinnlos verworfen. Obgleich der Satz ‹Die Aussage, die durch diesen Satz ausgedrückt wird, ist falsch, oder der Satz ist sinnlos› eine wahre Aussage auszudrücken scheint, wenn man ihn für sinnlos hält, ist er es nicht, denn in Wirklichkeit – behauptet zumindest diese Bedeutungstheorie – ist der Versuch sinnlos, von der Aussage, die durch eben den Satz ausgedrückt wird, in welchem man sie macht, zu sagen, daß sie falsch oder der Satz sinnlos ist. Jeder gegenteilige Anschein ist einfach eine Begriffsverwirrung, die auf einer Unkenntnis des komplexen Vorgangs der Prädikation von Wahrheit und Falschheit beruht.

Infolgedessen sehen wir uns durch diese Lösung für die Paradoxien einer Hierarchie von Stufen von Sätzen gegenüber. Jeder Satz hat eine Stufe – obgleich wir vielleicht oft nicht wissen, welche. Wenn Epimenides erkannt hätte, daß, wenn die vorliegende Ansicht richtig ist, seine tatsächliche Äußerung ‹Alle Kreter sind Lügner› sinnlos war, hätte er statt dessen vielleicht gesagt ‹Alle Kreter bis jetzt sind Lügner gewesen›. Aber da er nicht im einzelnen wissen konnte, wie oft andere Kreter von der Wahrheit oder Falschheit von Aussagen gesprochen hatten oder wie diese Bemerkungen aufeinander aufgebaut hatten, hätte er nicht gewußt, welche Stufe seine eigene Äußerung einnahm.

Er hätte nichtsdestoweniger finden können, daß selbst seine korrigierte Bemerkung sinnlos war – wenn irgendein anderer Kreter zu irgendeinem Zeitpunkt zum Beispiel gesagt hätte, daß Epimenides der einzige unter ihnen ist, der immer die Wahrheit sagt. Denn in diesem Fall hätte es eine (indirekte) Selbstbezüglichkeit gegeben, von der Epimenides nichts gewußt hätte. Im Mittelalter ließ die Standardparadoxie dieser Art Platon nur sagen, daß alles, was Aristoteles sagt, wahr ist, während Aristoteles nur behauptet, daß alles, was Platon sagt, falsch ist. (Angenommen beispielsweise, Aristoteles versteht Platon falsch und glaubt, er habe gesagt ‹Was Aristophanes gesagt hat, ist wahr› – also versucht Aristoteles, das zu verneinen. Aber Platon hatte sich in Wirklichkeit auf Aristoteles bezogen.) Wenn also Platon die Wahrheit sagt, tut das auch Aristoteles – und also ist das, was Platon sagt, falsch. Also ist das, was Platon sagt, in Wirklichkeit falsch, in welchem Fall es auch das ist, was Aristoteles sagt, und also sagt Platon die Wahrheit. Wiederum haben wir eine Selbstbezüglichkeit – wenn auch indirekt –, die zur Paradoxie führt.

Der vorliegende Vorschlag würde diese Art von Zirkularität verbieten. Auf welcher Stufe auch immer Platons Äußerung steht, er kann nur über Aristoteles' Äußerungen niedrigerer Stufe reden, und folglich können diese ihrerseits wiederum nur von noch niedrigerer Stufe sein und nicht auf Platons Bemerkung über Aristoteles zurückverweisen.

Aber es ist verwirrend, daß wir oftmals der vollen Komplexität, die hier vorliegt, nicht gewahr werden. Eine solche Ungewißheit würde, wie wir angedeutet haben, Epimenides ein Bein stellen, wenn ein anderer Kreter sein Vertrauen in Epimenides' (einzigartige) Wahrhaftigkeit ausgedrückt hätte.

Also ist eine Folge des Versuchs, unserer Zuschreibung von Wahrheit und Falschheit an unsere Aussagen eine derartige Ordnung aufzuerlegen, daß diese Zuschreibungen Eigenschaften haben können, die sich unserer Kenntnis entziehen. Ob das, was wir sagen, sinnvoll ist oder nicht, kann also demzufolge etwas sein, worüber wir nicht entscheiden können. Nehmen wir Epimenides' Fall. Er glaubte, eine verständliche Aussage geäußert zu haben. Seine Hörer glaubten es auch und erzählten, daß er gesagt habe, daß alle Kreter Lügner sind. Aber wenn ein anderer Kreter zu irgendeinem Zeitpunkt zum Beispiel gesagt hätte ‹Epimenides sagt immer die Wahrheit› – wobei er geglaubt hätte, er hätte etwas Sinnvolles gesagt –, würde sich herausstellen (nach Tarskis Hierarchie), daß sie beide im Irrtum waren, und zwar im Irrtum nicht über die Wahrheit dessen, was sie gesagt haben, sondern über den puren Sinn ihrer Bemerkungen. Der Sinn beruhte rein auf einer Vermutung darüber, wann irgend jemand irgend etwas gesagt hat. Wir denken vielleicht, daß etwas Sinnvolles gesagt worden ist, aber unser Glauben könnte jederzeit falsch sein. Das ist eine sehr seltsame Konsequenz.

Der gegenwärtige Vorschlag hat eine weitere beunruhigende Eigenschaft. Er ist vollkommen *ad hoc*. Tatsächlich ist gar kein Grund angegeben worden, warum die Zuschreibung von semantischen Begriffen zur Sinnlosigkeit führt, sobald Selbstbezüglichkeit vorliegt. Sie scheint zum Widerspruch zu führen – das wußten wir; und wenn wir solche Sätze als sinnlos brandmarken – vorausgesetzt, daß sinnlose Sätze keine wahren oder falschen Aussagen ausdrücken –, vermeiden wir diesen Widerspruch. Denn wenn es uns damit ernst ist, daß beispielsweise der Satz ‹Die Aussage, die durch diesen Satz ausgedrückt wird, ist nicht wahr› sinnlos ist und also keine wahre Aussage ausdrückt, dann ist er wirklich sinnlos und sagt nicht, daß er selbst nicht wahr ist – da er sinnlos ist, sagt er überhaupt nichts (obgleich er etwas zu sagen scheint). Aber warum?

Wir sahen in Kapitel 5, daß es plausibel ist anzunehmen, daß sich die Bedeutung eines Satzes aus der Art seiner Zusammenfügung aus sinnvollen Teilen ergibt – auf diese Weise können wir erklären, wie wir imstande sind, neue Sätze, die wir vorher weder gehört noch geäußert haben, zu verstehen und selber hervorzubringen. Eine Folge daraus ist, daß ein Satz, der aus sinnvollen Teilen richtig zusammengesetzt ist, sinnvoll ist. Der gegenwärtige Vorschlag verneint dies. Die im allgemeinen korrekte Technik, eine Wendung wie ‹ist nicht wahr› von einem Terminus zu prädizieren, der sich auf eine Aussage bezieht, führt in diesem besonderen Fall zu Sinnlosigkeit. Aber dieser Vorwurf ist *ad hoc*, er gibt keinerlei Erklärung für das Fehlen eines Sinns. Wenn man den Fall einfach nur als Selbstprädikation von Falschheit beschreibt, hat man ihn damit noch nicht erklärt.

Wahre Widersprüche

Wir haben bemerkt, daß wir Paradoxien auf drei verschiedene Arten vermeiden können: indem wir die anscheinend annehmbare Prämisse verneinen, indem wir die anscheinend unannehmbare Schlußfolgerung annehmen oder indem wir bestreiten, daß die Schlußfolgerung aus der Prämisse folgt. Offensichtlich ist der Vorschlag, den wir gerade erwogen haben, ebenso wie die Lösung von Sancho Pansas Problem und die Barbier-Paradoxie, ein Angriff auf die Prämisse – etwa zu bestreiten, daß Epimenides wirklich eine sinnvolle Aussage geäußert hat, die darauf hinauslief, daß alle kretischen Äußerungen falsch waren. Aber diese Lösungsstrategie ist gescheitert. Also wollen wir versuchen, ob wir eine bessere Lösung finden, wenn wir in die Nesseln greifen – können wir vielleicht akzeptieren, daß die paradoxe Schlußfolgerung in den Fällen, die wir angeschaut haben, tatsächlich wahr ist? Wir werden auf eine weitere mächtige Paradoxie stoßen, die uns zwingt, falls wir dieser Lösungslinie bis zum Ende folgen, unsere Logik tatsächlich zu revidieren.

Die gegenwärtige Lösung für die Paradoxien besteht in der Behauptung, daß das, was die Paradoxien zeigen, genau das ist, was sie zu zeigen scheinen – daß bestimmte Widersprüche akzeptiert werden müssen. Bestimmte Aussagen sind wirklich paradox. Sie sind wirklich sowohl wahr wie falsch. Zum Beispiel müssen wir akzeptieren, daß Epimenides' Äußerung sowohl wahr wie falsch ist, und dasselbe gilt für die anderen Beispiele. Man beachte, daß dies an sich noch keinen Widerspruch darstellt. Aber eine Aussage ist falsch, wenn ihre Negation wahr ist. Deshalb sind sowohl Epimenides' Äußerung ‹Alle Kreter sind Lügner› wie ihr Gegenteil ‹Nicht alle Kreter sind Lügner› wahr. Also ist ihre Konjunktion wahr, und das ist ein Widerspruch. Man bemerke weiterhin, daß wir jetzt nicht aus der Tatsache, daß zum Beispiel eine Aussage falsch ist, schließen dürfen, daß sie nicht wahr ist. Nach dem gegenwärtigen Vorschlag kann sie beides sein.

Offensichtlich ist diese Lösung freilich nur dann vernünftig, wenn wir nicht gezwungen sind, allzu viele Widersprüche hinzunehmen. Man nehme irgendeine offensichtliche Falschheit, zum Beispiel ‹Schnee ist schwarz›. Keine Erklärung der Paradoxien kann annehmbar sein, wenn sie zur Folge hat, daß die Aussage ‹Schnee ist schwarz› wahr ist. Das Problem ist, daß wir dann, wenn wir die Schlußfolgerung irgendeiner der obigen Paradoxien akzeptieren, offenbar auch zugeben müssen, daß Schnee schwarz ist. Da ‹Schnee ist schwarz› falsch ist, wird dies nur noch eine weitere Paradoxie sein. Denn wir werden jetzt einfach zu viele Aussagen haben, die sowohl wahr wie falsch sind, und nicht nur einfach selbstbezügliche.

Hier ist der Beweis. Wir wollen annehmen, daß das, was Epimenides gesagt hat, sowohl wahr wie falsch ist. Dann ist es also auch wahr, das heißt also, alle Kreter sind Lügner. Also sind entweder alle Kreter Lügner, oder Schnee ist schwarz. Aber nach unserer Hypothese ist es auch falsch, und also sind nicht alle Kreter Lügner. Vorausgesetzt, alle Kreter sind Lügner oder Schnee ist schwarz und nicht alle Kreter sind Lügner, müssen wir also akzeptieren, daß Schnee schwarz ist.

Wie können wir dieser neuen Paradoxie, daß Schnee schwarz ist, entkommen, die durch den Versuch entstanden ist, die Schlußfolgerungen der Paradoxien zu ertragen? Wir können nicht akzeptieren, daß Schnee schwarz ist. Wenn wir es also ernst damit meinen zu akzeptieren, daß das, was Epimenides gesagt hat, sowohl wahr wie falsch ist, das heißt, daß sowohl alle Kreter Lügner sind wie auch nicht alle Kreter Lügner sind, wie die ursprüngliche Paradoxie zu zeigen scheint, dann müssen wir Gründe finden, die Gültigkeit des Arguments zu verwerfen, das die Schlußfolgerung, daß Schnee schwarz ist, aus der Behauptung ableitet, daß sowohl alle Kreter Lügner sind wie nicht alle Kreter Lügner sind.

Wir sahen in Kapitel 2, daß diese Art von Folgerung, aus einer Aussage und ihrem Gegenteil auf eine beliebige andere Aussage zu schließen, von einer Anzahl Logiker aus anderen Gründen verworfen worden ist. Ihr Name lautet *Ex Falso Quodlibet* – aus dem Falschen (oder einem Widerspruch) folgt alles Beliebige. *Eine* Konsequenz der Zulassung der Gültigkeit dieser Form des Schließens wird beispielsweise sein, daß jeder, der irrtümlich einander widersprechende Überzeugungen vertritt, auf die Wahrheit jeder beliebigen Aussage verpflichtet sein wird. Aber offensichtlich kann jemand glauben, daß Cicero *De Lege Manilia* schrieb, nicht aber Tullius – da er nicht weiß, daß es sich um dieselbe Person handelt –, ohne dadurch verpflichtet zu sein zu glauben, daß Schnee schwarz ist.

Außerdem müssen wir akzeptieren, daß er logisch auf die logischen Konsequenzen seiner Überzeugungen festgelegt ist, da wir ihn auf diese Art und Weise dazu bringen, seine Überzeugungen zu ändern.

Wenn diese Form des Schließens tatsächlich ungültig ist, warum sieht sie dann so plausibel aus? Ich habe in Kapitel 2 argumentiert, daß der Grund der ist, daß ‹oder› zweideutig ist. In dem einen Sinn erlaubt ‹oder› den Schritt von *A* zu ‹*A* oder *B*›, zum Beispiel von ‹Alle Kreter sind Lügner› zu ‹Alle Kreter sind Lügner oder Schnee ist schwarz›. Aber es ist ein ganz anderer Sinn von ‹oder›, der es einem erlaubt, von ‹*A* oder *B*› und ‹nicht-*A*› zu *B* zu gehen, nämlich die Bedeutung von ‹oder›, in der ‹*A* oder *B*› bedeutet ‹wenn nicht-*A*, dann *B*›. Zum Beispiel kann ‹Alle Kreter sind Lügner oder Schnee ist schwarz› bedeuten ‹Wenn nicht alle Kreter Lügner sind, dann ist Schnee schwarz›, und offensichtlich folgt daraus unmittelbar, vorausgesetzt, daß nicht alle Kreter Lügner sind, daß Schnee schwarz ist. Aber ‹Alle Kreter sind Lügner› impliziert nicht, daß dann, wenn nicht alle Kreter Lügner sind, Schnee schwarz ist – es impliziert nichts dergleichen. Also begeht das Argument einen Fehlschluß der Äquivokation – die mittlere Aussage ‹entweder sind alle Kreter Lügner oder Schnee ist schwarz› zeigt eine Äquivokation oder Mehrdeutigkeit in der Bedeutung von ‹oder›. In dem einen Sinn verstanden, folgt die Aussage aus der Prämisse, daß alle Kreter Lügner sind, aber dann impliziert sie nicht die Schlußfolgerung (selbst dann nicht, wenn die zusätzliche ‹Information› vorausgesetzt ist, daß nicht alle Kreter Lügner sind). In dem anderen Sinn verstanden impliziert sie die Schlußfolgerung, daß Schnee schwarz ist (das andere Konjunktionsglied der Prämisse vorausgesetzt, daß nicht alle Kreter Lügner sind), aber folgt dann nicht aus der Prämisse.

Aber selbst wenn wir einen Ausweg aus dem ersten Problem finden können, indem wir die Richtigkeit des *Ex Falso Quodlibet* verwerfen, sind wir noch nicht in Sicherheit. Denn es gibt eine weitere Paradoxie, die entsteht, wenn wir derartige selbstbezügliche Wahrheits-Prädikationen zulassen. Man betrachte die Aussage:

Wenn dieser (Bedingungs-)Satz wahr ist, dann ist Schnee schwarz wo der Ausdruck ‹dieser (Bedingungs-)Satz› sich auf den gesamten Bedingungssatz bezieht. Man erinnere sich, daß der vorliegende Vorschlag eine solche Aussage nicht als sinnlos verwirft – wie der Hierarchie-Ansatz –, sondern versucht, die Folgen zu ertragen, die sich ergeben, wenn man die Möglichkeit der selbstbezüglichen Prädikation von Wahrheit und Falschheit zuläßt, wie etwa, daß Epimenides' Feststellung sowohl wahr wie falsch ist. Aber man betrachte das folgende Argument über den obigen Bedingungssatz.

Angenommen, er sei wahr. Dann hat er einen wahren Wenn-Satz (die erste Klausel) und folglich, nach der Argumentationsform, die man *modus ponendo ponens* nennt (wenn *A*, und wenn *A*, dann *B*, dann *B*), muß er einen wahren Dann-Satz haben (die zweite Klausel). Das heißt, wenn der Bedingungssatz wahr ist, dann ist Schnee schwarz. Aber das ist genau das, was der Bedingungssatz sagt. Mit anderen Worten, wir haben gezeigt, daß der Bedingungssatz wahr ist. Aber dann, vorausgesetzt, der Bedingungssatz ist wahr, hat er einen wahren Wenn-Satz, und also müssen wir schließen, nach dem *modus ponendo ponens*, wie vorher, aber jetzt nicht mehr unter der Annahme, daß der Bedingungssatz wahr ist (denn wir haben gezeigt, daß das der Fall ist), daß sein Dann-Satz wahr ist. Das heißt, Schnee ist schwarz. Wir haben zuerst gezeigt, daß der Bedingungssatz wahr ist, und zweitens, daß er unmittelbar aus der Tatsache folgt, daß es wahr ist, daß Schnee schwarz ist. Diese Form der Paradoxie ist unter dem Namen der Curry-Paradoxie bekannt, nach dem Logiker Haskell B. Curry, der sie gegen das Jahr 1940 entdeckt hat.

Wenn wir also die Absicht haben, die Paradoxien zu ertragen, müssen wir nicht nur das Argument verwerfen, das zeigt, daß dann, wenn eine beliebige Aussage sowohl wahr wie falsch ist, Schnee schwarz ist, sondern auch das Argument, daß der obige Bedingungssatz wahr ist und daher noch einmal, daß Schnee schwarz ist. Also wird die gegenwärtige Lösung eine beträchtliche Revision unserer Logik nötig machen. (Nebenbei beachte man die Ähnlichkeit zwischen dieser letzten Paradoxie und der früheren über das Argument ‹1 = 1, also ist das Argument ungültig›: Ein Argument ist gültig genau dann, wenn der entsprechende Bedingungssatz notwendig wahr ist. Das Argument ‹1 = 1, also ist dies Argument ungültig›, wird zur Aussage ‹Wenn 1 = 1, dann ist dieser (Bedingungs-)Satz falsch›, der – grob gesprochen – in Kontraposition steht zu ‹Wenn diese Aussage wahr ist, dann $1 \neq 1$›, oder, genauso schlimm, ‹Wenn diese Aussage wahr ist, dann ist Schnee schwarz›.)

Ein logisches Prinzip, das dem Argument über den Bedingungssatz zugrunde liegt und das in Frage gestellt worden ist, lautet, daß zwei Anwendungen einer Annahme in einem Argument durch eine einzige ersetzt werden können. Dieser Schritt wird manchmal ‹Kontraktion› oder ‹Absorption› genannt. Denn nachdem wir angenommen haben, daß der Bedingungssatz wahr ist, haben wir diese Annahme zweimal angewendet – einmal als die konditionale Prämisse des *modus ponendo ponens*, zum zweiten als den Wenn-Satz dieser konditionalen Prämisse –, um zu folgern, daß Schnee schwarz ist. Aber wir haben diese Annahme nur einmal aufgezeichnet, als wir schlossen, daß, wenn der Bedingungssatz wahr ist, dann Schnee schwarz ist. Wenn wir den doppelten Gebrauch der Annahme explizit machen sollten, würden wir erhalten:

> Wenn der Bedingungssatz wahr ist, dann, wenn der Bedingungssatz wahr ist, ist Schnee schwarz

was nicht der Bedingungssatz ist. Also geht das Argument nicht länger durch.

Aber ist es möglich, die Ableitung von Currys Paradoxie zu blockieren, ohne die Kontraktion gänzlich zu verwerfen? Denn eine solche Verwerfung hätte die unvorhergesehene Folge, daß die früheren Argumente wie die Eubulides’, die gegenwärtig als Beweise dafür verstanden werden, daß einige Kontraktionen wahr sind, scheitern würden. Sie arbeiten mit Hilfe der *reductio*; wenn beispielsweise der verstärkte Lügner wahr ist, dann ist er nicht wahr und also nicht wahr; aber da er nicht wahr ist, muß er wahr sein; also ist er sowohl wahr wie nicht wahr, ein Widerspruch. Nun ist die *reductio* eng mit der Kontraktion verbunden. Ihre grundlegende Form ist die der *consequentia mirabilis*, ‹Wenn A, dann nicht-A; also nicht-A›. ‹Nicht-A› seinerseits ist äquivalent mit ‹wenn A, dann Absurdität› (‹$0 = 1$› oder irgendeine andere unannehmbare Aussage – etwa ‹Schnee ist schwarz›). Also erweitert sich die *consequentia mirabilis* zu ‹Wenn A, dann, wenn A, dann $0 = 1$; also, wenn A, dann $0 = 1$›, und das ist ein Beispiel für eine Kontraktion. Mit anderen Worten, wir haben ein

Dilemma: Wenn wir die Gültigkeit der Kontraktion akzeptieren, dann führt Currys Paradoxie zur Trivialität – daß jede Aussage wahr ist; aber wenn wir sie verwerfen, dann wird sie wahrscheinlich auch die Verwerfung der *reductio* und *consequentia mirabilis* bedeuten, welche Begründung wir auch immer für ihre Verwerfung geben – und dann wird keines der paradoxen Argumente funktionieren, und es wird keinen Grund geben (zumindest von der Erwägung der semantischen Paradoxien her) anzunehmen, daß irgendwelche Widersprüche wahr sind. Das ist ein seltsames und unerwartetes Resultat für den Vorschlag, das Verdikt der semantischen Paradoxien so zu akzeptieren, wie es erscheint.

Die Idee, daß einige Widersprüche wahr sind, ist also schließlich doch gescheitert. Denn Currys Paradoxie zeigt eines deutlich: Wenn man nicht bereit ist, seine Logik drastisch zu revidieren, dann läuft die Wahrheitstheorie darauf hinaus, daß jede Aussage, wie absurd auch immer sie sein mag, wahr wird. Wenn man andererseits die eigene Logik der neuen Situation anzupassen sucht, werden die ursprünglichen paradoxen ‹Beweise› für die Existenz wahrer Widersprüche scheitern. Außerdem werden die berühmten Beweise der Überabzählbarkeit der reellen Zahlen und des Gödelschen Theorems, die sich eng an die Argumentationsstruktur in den Paradoxien anlehnen, nicht länger gelten. (Cantors Diagonalargument, das zeigt, daß alle unendlichen Dezimalzahlen beispielsweise zwischen 0 und 1 nicht in einer einzigen niemals endenden Liste niedergeschrieben werden können, war die Grundlage einer ganzen neuen Mathematik der sogenannten ‹transfiniten› Zahlen am Ende des 19. Jahrhunderts, die wir uns in Kapitel 8 anschauen werden. Gödels Beweis der Unvollständigkeit der Arithmetik aus dem Jahr 1931 – den wir in Kapitel 3 diskutiert haben –, daß die Wahrheiten der Arithmetik nicht vollständig in einer effektiven Menge von Axiomen festgehalten werden können, hat eine Untersuchung über effektive Berechenbarkeit ausgelöst, die schließlich zur Theorie des digitalen Computers geführt hat.) Am wichtigsten aber: Der Vorwurf, *ad hoc* zu sein, den wir früher gegen den Versuch erhoben, die paradoxen Sätze als sinnlos zu brandmarken, paßt hier ebenfalls. Denn wir haben keinen anderen Grund angeführt, die *reductio ad absurdum* und das zugrunde liegende Prinzip der Kontraktion zu verwerfen, als daß sie die Annahme der Existenz von wahren

Widersprüchen unmöglich machen. Man kontrastiere diese Situation mit der für den Schluß von *B* aus ‹*A* und nicht-*A*›. Dort erklärten wir den Irrtum in der Folgerung dadurch, daß wir auf die Mehrdeutigkeit in dem Sinn von ‹oder› verwiesen, die, wäre sie selbständig bemerkt worden, unabhängig gezeigt hätte, daß der Schluß ungültig ist. Im vorliegenden Fall scheint eine ähnliche Erklärung nicht verfügbar zu sein.

Semantische Abgeschlossenheit

Der Versuch, das Verdikt des Paradoxie-Arguments zu akzeptieren, war eine intelligente und kühne Idee; aber er scheitert. Der Versuch, die Sprache in eine Hierarchie von Objekt- und Metasprache zu gliedern, war gleichermaßen kühn; aber er ist kontraintuitiv. Als dritte Möglichkeit wollen wir sehen, wie weit wir kommen können, wenn wir die semantische Abgeschlossenheit beibehalten – unsere Sprache enthält ihre eigenen Wahrheitsprädikate –, während wir die Paradoxie dadurch vermeiden, daß wir die Bedingungen für Wahrheit von denen für Falschheit trennen, wie es die Befürworter wahrer Widersprüche tun. Das heißt, wir wollen zur Idee zurückkehren, die Zweiwertigkeit zu verwerfen, aber versuchen zu vermeiden, daß wir dem verstärkten Lügner unterliegen.

Diese Idee wurde in ihrer faszinierendsten Form Mitte der 70er Jahre von Saul Kripke vorgetragen. Sie weckte damals großes Interesse und gab den Anstoß zu einer Fülle formaler Untersuchungen. In seinen Grundzügen ist der Vorschlag recht einfach; die technischen Details, die nötig sind, um ihm ganz zu Ende zu folgen, können hier beiseite gelassen werden (obgleich sie natürlich für die angemessene Artikulierung wesentlich sind). Wir werden Tarskis Hierarchie nachahmen, außer daß wir jedesmal unsere Sprache tatsächlich erweitern, und diese Erweiterungen aufsammeln, wenn wir weitergehen. Die ‹Metasprache› enthält jedesmal die Objektsprache als einen Teil, wie in einer gleichlautenden Tarskischen Theorie, das heißt, wo *p* in ‹*S* ist genau dann wahr, wenn *p*› durch eben die Aussage ersetzt wird, die durch das bezeichnet ist, was *S* ersetzt. Der Erfolg der Methode hängt von zwei Tatsachen ab: erstens, daß wir schließlich einen Punkt erreichen, wo die Erweiterung tatsächlich fehlschlägt – wo die ‹Metasprache› tatsächlich keine weiteren Wahrheitszuschreibungen enthält als die ‹Objektsprache›, die sie zu erweitern suchte, das heißt, wir eine semantische Abgeschlossenheit erreichen. Zweitens, daß das Wahrheitsprädikat eine Teilbewertung ist (man erinnere sich an diesen Begriff aus Kapitel 5) und die paradoxen Aussagen folglich an diesem sogenannten ‹Fixpunkt›, dem Punkt, wo die Erweiterung aufhört, keinen Wahrheitswert haben. Kripkes Antwort auf Tarski lautet deshalb, daß wir semantische Abgeschlossenheit erreichen können, ohne inkonsistent zu werden, wenn wir nur sorgfältig sind.

Wie ist der Fixpunkt konstruiert, und woher wissen wir, daß er existiert? Wir wollen ganz unten anfangen, bei einer Sprache wie unserer eigenen, aber einer, in der das Wahrheitsprädikat bislang uninterpretiert ist. Die Interpretation, zu der wir gelangen wollen, ist eine Teilinterpretation, also müssen wir Wahrheit und Falschheit gesondert behandeln – Falschheit ist nicht einfach Nicht-Wahrheit. Die Interpretation des Wahrheitsprädikats, beispielsweise W, soll ein Paar $\langle S_1, S_2 \rangle$ sein, wobei S_1 diejenigen Aussagen enthält, die wahr sind, S_2 diejenigen, die falsch sind. Wenn wir anfangen, sind S_1 und S_2 folglich leer. Wir fügen nun, auf der ersten Stufe, zu S_1 alle Wahrheiten unserer Sprache hinzu (‹Schnee ist weiß›, ‹Cicero klagte Catilina an› usf.) und zu S_2 alle Falschheiten (‹Schnee ist schwarz›, ‹Caesar starb friedlich in seinem Bett› und so fort). Die Interpretation ist partiell, denn einige Aussagen haben keinen Wert – zum Beispiel ‹«Schnee ist weiß» ist wahr›; denn auf dieser Stufe der Bewertung war das Wahrheitsprädikat uninterpretiert. Deshalb brauchen wir irgendeine Methode, um Zusammenfügungen von Aussagen zu bewerten, von denen ein Teil keinen Wahrheitswert hat. Wir haben in Kapitel 5 drei Methoden angeführt, nämlich Kleenes starke und schwache Matrizen und van Fraassens Globalbewertungen. Jede davon ist hinreichend, Kripke selbst hat die schwachen Matrizen benutzt.

Wir haben jetzt die Interpretation des Wahrheitsprädikats geändert. Also werden wir, wenn wir dieses Verfahren wiederholen, S_1 und S_2 erweitern. Auf dieser, der zweiten Stufe wird S_1 alles enthalten, was es zuvor enthielt, aber außerdem noch mehr – was sich aus der weiteren Interpretation von W auf der ersten Stufe ergibt. Zum Beispiel ‹«Schnee ist weiß» ist wahr› wird jetzt in S_1 eingehen, denn ‹Schnee ist weiß› war darin auf der Stufe 1. Wir werden auf diese Weise der Reihe nach S_1 und S_2 erweitern, während wir das Verfahren immer erneut anwenden.

Das Verfahren, den Fixpunkt zu konstruieren, beruht auf der transfiniten Induktion. Dem Begriff der Iteration in das Transfinite begegnen wir erst in Kapitel 8, wenn wir uns den Begriff der Unendlichkeit anschauen. Aber im Prinzip ist die Idee einfach. Wir haben mit einem Basisfall angefangen – die Interpretation von W war leer. Wir schreiten dann rekursiv oder sukzessiv voran, um Teilbewertungen zu konstruieren, eine für jede endliche Ebene. Die erste transfinite Ebene entsteht dadurch, daß wir die Interpretationen von S_1 und S_2 auf jeder endlichen Ebene aufsammeln. Sobald das einmal geschehen ist, können wir wieder von vorn anfangen (wie wir in Kapitel 8 sehen werden, wird Cantor das in seiner Konstruktion von Häufungspunkten machen). Das Verfahren hat drei Komponenten – den Basisfall, den Fall der Nachfolger und das Aufsammeln an Grenzpunkten. Es droht, ewig weiterzugehen.

Aber es kann nicht ewig weitergehen. Auf diesem Ergebnis beruht Kripkes Konstruktion. An irgendeinem Punkt gelingt es der Neuinterpretation von W nicht mehr, irgend etwas hinzuzufügen. Es handelt sich hier um einen Sonderfall des berühmten Resultats über Fixpunkte normaler Funktionen über Ordinalzahlen. Eine normale Funktion ist monoton, wachsend und stetig. Wir wollen sagen, daß $\langle S_1,S_2 \rangle \leqq \langle S_1{'},S_2{'} \rangle$ genau dann, wenn $S_1 \subseteq S_1{'}$ und $S_2 \subseteq S_2{'}$, das heißt, wenn S_1 in $S_1{'}$ und S_2 in $S_2{'}$ enthalten ist, das heißt, alles, was in S_1 ist, ist auch in $S_1{'}$ und vielleicht noch mehr dazu, und dasselbe gilt für S_2. Dann ist $\langle S_1{'},S_2{'} \rangle$ umfassender – es interpretiert mehr – als $\langle S_1,S_2 \rangle$. Die Operation $\langle S_1,S_2 \rangle$ dadurch zu erweitern, daß man die Wahrheiten und Falschheiten der Sprache nimmt, in der W durch $\langle S_1,S_2 \rangle$ interpretiert wird, sei durch Φ repräsentiert; folglich wird $\Phi \langle S_1,S_2 \rangle$ $\langle S_1,S_2 \rangle$ erweitern – es wird alle Interpretationen wiederholen, die in $\langle S_1,S_2 \rangle$ enthalten sind, aber möglicherweise noch mehr dazu. Also ist $\langle S_1,S_2 \rangle \leqq \Phi \langle S_1,S_2 \rangle$. Das bedeutet, daß Φ wächst. Außerdem, wenn $\langle S_1,S_2 \rangle \leqq \langle S_1{'},S_2{'} \rangle$, dann ist $\Phi \langle S_1,S_2 \rangle \leqq \Phi \langle S_1{'},S_2{'} \rangle$; das Resultat der Anwendung von Φ auf eine umfassendere Interpretation wird mindestens ebenso umfassend sein. Das zeigt, daß Φ monoton ist. Schließlich haben wir uns entschieden, an den Grenzpunkten all das aufzusammeln, was vorherging: Wenn $\langle S_1, S_2 \rangle$ ein Grenzpunkt ist, resultiert $\Phi \langle S_1, S_2 \rangle$ aus dem Aufsammeln der Resultate der Anwendung von Φ auf weniger umfassende Interpretationen. Wir sagen, daß Φ stetig ist.

Jede monotone, wachsende und stetige Funktion hat Fixpunkte, ja, sie hat willkürlich große Fixpunkte – zu jedem beliebigen Fixpunkt gibt es einen größeren. Außerdem hat sie einen minimalen Fixpunkt. An jedem Fixpunkt ist $\Phi \langle S_1, S_2 \rangle = \langle S_1, S_2 \rangle$. Das heißt, die Sprache, in der W durch die Wahl von $\langle S_1, S_2 \rangle$ interpretiert ist, ist semantisch abgeschlossen. Die Interpretation des Wahrheitsprädikats durch $\langle S_1, S_2 \rangle$ ist so umfassend wie möglich. Die Hinzufügung aller Wahrheiten zu S_1, aller Falschheiten zu S_2 mit dem so interpretierten W ergibt nichts Neues. Die Konstruktion von W ist vollständig.

Aber die Interpretation ist immer noch partiell – $\langle S_1, S_2 \rangle$ am Fixpunkt gibt eine Teilbewertung. Denn die Konstruktion soll die Konsistenz bewahren. An keinem Punkt ist eine Aussage sowohl S_1 wie S_2 zugewiesen. Wir beginnen konsistent, mit leerem S_1 und S_2. Auf jeder folgenden Stufe fügen wir S_1 diejenigen Aussagen hinzu, die gemäß der Interpretation von W, die auf der vorhergehenden Stufe konstruiert worden ist, wahr sind – das heißt, konsistent nach Hypothese (Induktionshypothese), und dasselbe für S_2 und was falsch ist. An Grenzstufen sammeln wir einfach auf, was schon vorhanden ist und also konsistent ist. Also bleiben S_1, S_2 immer getrennt.

Dies kann uns tatsächlich helfen, ein Bild von der Situation zu geben. Offensichtlich können wir nicht ewig damit fortfahren, Aussagen zu S_1 und S_2 hinzuzufügen – an irgendeinem Punkt hätten wir nichts Weiteres. (Das könnte falsch erscheinen – es gibt unendlich viele Aussagen, also warum können wir nicht ewig fortfahren? Der Grund ist, daß wir den Prozeß ins Transfinite iterieren und es folglich einen Punkt geben muß, an welchem die Iteration die Menge der Aussagen erschöpft. Dieser Begriff der ‹Iteration ins Transfinite›, der von Cantor eingeführt worden ist, und seine philosophischen Implikationen werden in Kapitel 8 diskutiert werden.) Das eigentlich Interessante ist, daß wir einen Fixpunkt erreichen, lange bevor wir alle Aussagen – selbst alle Aussagen, die wir konsistent hinzufügen können – zu S_1 und S_2 hinzugefügt haben.

Die Tatsache, daß S_1 und S_2 immer getrennt sind, bedeutet, daß es eine Gruppe von Aussagen gibt, die uninterpretiert bleiben. Wir nennen sie ‹unfundiert›. Sie schließen den Lügner und seine Verwandtschaft ein und also auch den Wahrheitssager, ‹Diese Aussage ist wahr›. *Eine* Intuition sagt uns, daß es keinen Grund gibt, aus dem man dieser Aussage einen Wert zuweisen kann; eine andere Intuition sagt uns, daß sie beide annehmen kann. Die Konstruktion berücksichtigt beide Intuitionen. Der Wahrheitssager hat keinen Wert in dem minimalen Fixpunkt. Aber nach der Konstruktion des Fixpunktes könnten wir ihm einen willkürlichen Wert geben – beispielsweise wahr. Dann wiederholen wir den Prozeß der Konstruktion von W, wodurch wir einen höheren Fixpunkt erreichen. Im neuen Fixpunkt ist der Wahrheitssager wahr. Aber der Lügner hat noch immer keinen Wert.

Welche Lösung wir auch immer den semantischen Paradoxien geben, irgend etwas muß nachgeben. Was ist es nach Kripkes Konstruktion? Außerdem, wie wird er mit dem verstärkten Lügner und dem Racheproblem fertig? Letztlich folgen sie der Spur von Tarskis Hierarchie. Sie können nicht in der fraglichen Sprache ausgedrückt werden. Da ‹Diese Aussage ist nicht wahr› keinen Wert hat, können wir in der Sprache der Konstruktion nicht sagen, daß sie nicht wahr ist – daß ihr ein Wert fehlt. Die gesamte Diskussion, Definition und Konstruktion oben gehörte zu einer Metasprache. Prädikate wie ‹paradox› und ‹unfundiert› gehören ebenfalls zu dieser Metasprache, nicht zum semantisch abgeschlossenen Fixpunkt. Der Fixpunkt kann allenfalls ein Wahrheitsprädikat enthalten, dessen Interpretation in irgendeinem Sinn vollständig ist. Das kann für die gesamte semantische Arbeit, deren wir bedürfen, nicht genügen.

Aus diesem Grund steht auch Tarskis W-Schema auf der Verlustliste. A und ‹es ist wahr, daß A› haben in dem Fixpunkt denselben Wert. Aber ‹A genau dann, wenn es wahr ist, daß A› ist nicht gültig – denn wenn A keinen Wert hat, dann hat auch ‹es ist wahr, daß A› keinen, und infolgedessen fehlt dem Bikonditional ein Wert – und zwar offensichtlich sowohl nach Kleenes Schema wie nach dem Globalbewertungsschema, da es in verschiedenen klassischen Erweiterungen verschiedene Werte haben kann.

Kripkes Idee für eine semantische Abgeschlossenheit ist sehr kühn.

Die Kosten sind freilich hoch. Sie schließen die Revision von Tarskis W-Schema ein; die Fortsetzung von Tarskis Hierarchie für einen großen Teil unserer semantischen Diskussion; und einen schizophrenen Trotz gegenüber dem Racheproblem, indem wir daran festhalten, daß ‹der Lügner ist nicht wahr› (im Fixpunkt) keinen Wahrheitswert hat, aber (in der Metasprache) wahr ist. Der Leser muß diese Kosten gegeneinander abwägen und selbst entscheiden, ob sie zu hoch sind.

Zusammenfassung und Hinweise auf weitere Lektüre

Was sind semantische Paradoxien? Nur durch den Bezug auf vorgeschlagene Lösungen und Erklärungen können wir sie wirklich charakterisieren. Die Voraussageparadoxie beispielsweise sieht auf den ersten Blick nicht wie eine semantische Paradoxie aus. Es gibt sie in einer ganzen Reihe von Formen, unter vielen Namen, Der Henker, Das unerwartete Ei, Die schleichende Woche, Die unerwartete Prüfung und Das Überraschungsquiz. Hier ist eine Version:

> Ein Lehrer teilt seiner Klasse mit, daß an irgendeinem Tag der folgenden Woche eine überraschende Prüfung stattfinden soll. Die Klasse überlegt nun aber, daß die Prüfung nicht auf den Freitag fallen kann, denn am Freitagmorgen würden sie wissen, daß sie an diesem Tag stattfinden muß, da sie ja wissen, daß sie nicht von Montag bis Donnerstag stattgefunden hat, und dann wäre sie keine Überraschung. Aber wenn sie nicht auf den Freitag fallen kann, kann sie aus demselben Grund auch nicht auf den Donnerstag fallen, denn wenn das der Fall wäre, dann würde die Klasse, die am Donnerstagmorgen weiß, daß sie nicht von Montag bis Mittwoch stattgefunden hat und erkannt hat, daß sie nicht bis Freitag warten kann, wissen, daß sie am Donnerstag stattfinden muß, und also wäre sie keine Überraschung. Und so weiter. Also, so überlegen sie, kann die Prüfung nicht stattfinden und eine Überraschung sein. Wenn die Prüfung dann beispielsweise am Donnerstag stattfindet, ist sie eine große Überraschung.

Hier liegt sicher eine Paradoxie vor. Die Situation ist vertraut, und ihre Beschreibung scheint korrekt zu sein. Es wird einen Überraschungstest geben. Also was ist mit der Überlegung falsch, die den Gedanken nahelegt, das sei unmöglich? *Eine* Erklärung beruft sich darauf, daß die Aussage des Lehrers die Form hat:

Es wird einen Test geben, aber ihr werdet auf der Basis dieser Behauptung nicht wissen, an welchem Tag der Test stattfinden wird.

Deshalb ist seine Behauptung selbstbezüglich. Obendrein enthält sie den Begriff des Wissens, der Wahrheit zur Folge hat und somit implizit semantische Begriffe enthält. Denn das folgende Beispiel zeigt, daß eine semantische Paradoxie in einem solchen Fall durch die Verwendung des Begriffs des Wissens entsteht:

Niemand weiß diese Aussage.

Angenommen, diese Aussage wäre falsch. Wenn es falsch wäre, daß niemand sie weiß, würde jemand sie wissen. Aber aus Wissen folgt Wahrheit (das heißt, wenn etwas falsch ist, kann man nur gedacht haben, man wisse es – man wußte es nicht wirklich), und folglich wäre die Aussage wahr, vorausgesetzt, jemand weiß sie. Das heißt, wenn die Aussage falsch wäre, wäre sie wahr. Deshalb kann sie nicht falsch sein. Also muß sie wahr sein. Deshalb wissen wir, daß sie wahr ist (denn wir haben sie soeben bewiesen). Also weiß sie jemand. Deshalb ist sie falsch. Also ist sie sowohl wahr wie falsch!

Die Diskussion der Paradoxie der unerwarteten Prüfung (und ihrer Varianten) findet sich an sehr vielen Stellen, die beste Darstellung ist vielleicht die von R. Montague und D. Kaplan, ‹A Paradox Regained›, wiederabgedruckt in R. Montague, *Formal Philosophy*; siehe auch Mark Sainsburys *Paradoxien*, Kapitel 4.

Semantische Paradoxien können an vielen unerwarteten Stellen auftreten. Wenn die obige Analyse richtig ist, ist die Paradoxie der Voraussage oder Die unerwartete Prüfung ein weiterer Fall einer semantischen Paradoxie. Eine Paradoxie entsteht dort, wo ein plausibles Argument von anscheinend annehmbaren Prämissen zu einer unannehmbaren Schlußfolgerung führt. Wir haben uns eine ganze Anzahl dieser Paradoxien angeschaut, die mit semantischen Begriffen wie Wahrheit, Bedeutung, Gültigkeit und Wissen verbunden sind. Beispiele waren die Behauptung des Kreters Epimenides, daß alle Kreter Lügner seien, und Aussagen wie ‹Diese Aussage ist nicht wahr› und ‹Wenn diese Aussage wahr ist, dann ist Schnee schwarz›. Sie stellen ein wirkliches Problem dar, was die Geschichte vom Barbier nicht tat. Es gibt einfach keinen Barbier, der alle und nur diejenigen rasiert, die sich nicht selbst rasieren.

Nützliche Diskussionen der semantischen Paradoxien kann man finden in Susan Haack, *Philosophy of Logics*; und Mark Sainsbury, *Paradoxien*, Kapitel 5–6. Die Geschichte von Sancho Pansa stammt aus M. de Cervantes, *Don Quijote* (geschrieben 1614), 2. Teil, Kapitel 45. Sie war im Mittelalter weit verbreitet.

Wir haben drei Lösungsstrategien erkundet. Die eine erlegt allen Prädikationen von Wahrheit und anderen semantischen Begriffen eine Hierarchie auf und verwirft Übertretungen dieser Regelungen, weil sie zu sinnlosen Äußerungen führen. Sie droht auf diese Weise viel mehr zu verwerfen als nur die selbstbezüglichen Sätze, die zu einem Widerspruch führen. Obendrein scheint es, daß jede Prädikation semantischer Begriffe eine Ebene haben muß, selbst wenn der Sprecher sie nicht kennt. Deshalb kann es sich herausstellen, daß es sowohl dem Sprecher wie dem Hörer unbekannt ist, ob eine bestimmte Äußerung sinnvoll ist oder nicht.

Die Lösung mit dem *nämlich*-Zusatz wird eingehend von G. Ryle, ‹Heterologicality› untersucht, wiederabgedruckt in seinen *Collected Papers*, ii. Ähnliche Ideen verwendet Dorothy Grover in ‹Inheritors and Paradox› und ‹Berry's Paradox›, um ihre Prosentential-Theorie der Wahrheit auf die semantischen Paradoxien auszudehnen, wiederabgedruckt in ihrem Buch *A Prosentential Theory of Truth* (erwähnt in Kapitel 1). Die Hierarchie-Lösung ist gegenwärtig wahrscheinlich am weitesten akzeptiert. Ihre klassische Form erhielt sie von Alfred Tarski – siehe zum Beispiel ‹Der semantische Wahrheitsbegriff› in: *Wahrheitstheorien*, hg. v. G. Skirbekk, Frankfurt 1986. Die Probleme des Arguments ‹$1 = 1$, also ist dieses Argument ungültig› wurden im 14. Jahrhundert bemerkt (ihr Beispiel war ‹Gott existiert, also ist dieses Argument ungültig›). Siehe zum Beispiel Albert von Sachsens *Perutilis Logica* (geschrieben um 1350), übers. in: N. Kretzmann et al., *The Cambridge Translations of Medieval Philosophical Texts*, 1, 360–361; sowie die Diskussion eines anonymen Autors (der oft als Pseudo-Scotus bezeichnet wird, weil seine Schriften, obgleich sie aus den 40er Jahren des 14. Jahrhunderts, etwa 50 Jahre nach Duns Scotus, stammen, später zusammen mit den echten Werken von John Duns Scotus veröffentlicht wurden), die zum Beispiel in I. Boh, ‹Consequences›, in: N. Kretzmann et al., *The Cambridge History of Later Medieval Philosophy*, Kapitel 15, beschrieben werden.

Der zweite Versuch griff in die Nesseln der kontradiktorischen Schlußfolgerung und behauptete, daß bestimmte paradoxe Äußerungen tatsächlich sowohl wahr wie falsch seien. Ihm blieb freilich die Aufgabe einer drastischen Revision der Prinzipien der Logik, damit wir nicht gezwungen sind zuzugeben, daß jede Aussage, beispielsweise ‹Schnee ist schwarz›, wahr ist. Obendrein fand man schließlich, daß diese Revision am Ende genau den Boden für die Annahme untergrub, wir sollten wahre Widersprüche unterstützen. Die Idee, es könne wahre Widersprüche geben, die sich nicht nur in den semantischen Paradoxien, sondern auch in vielen anderen verwirrenden Fällen zeigen, zum Beispiel in Zenons Paradoxien von Raum und Bewegung und der Metaphysik der Veränderung, wird enthusiastisch in Graham Priests Buch *In Contradiction* betont. Priest gelingt es dort, die *reductio* beizubehalten, während er die Kontraktion verwirft. Auf diese Weise vermeidet er Currys Paradoxie, während er daran festhält, daß beispielsweise der Lügner tatsächlich sowohl wahr wie falsch ist. Der Vorschlag ist auf einem Symposion der *Aristotelian Society* im Jahre 1993 in ‹Can Contradictions be True?› von Timothy Smiley kritisiert worden (Priest antwortete darauf). Currys Paradoxie wurde zuerst von H. B. Curry im Kontext der Mengentheorie entdeckt und präsentiert. Sie wird sehr elegant als Ausgangspunkt für eine semantische Paradoxie in P. Geach, ‹On *Insolubilia*›, wiederabgedruckt in *Logic Matters*, erklärt.

Die einflußreichste Behandlung der semantischen Paradoxien in den jüngsten Jahren war die von Saul Kripkes berühmtem Aufsatz ‹Outline of a Theory of Truth›. Er ist, zusammen mit anderen wichtigen Aufsätzen, die ähnliche oder verwandte Gedankengänge entwickeln, wiederabgedruckt in R. L. Martin, *Recent Essays on Truth and the Liar Paradox*. Wir sahen, daß er auf der Idee beruht, die semantische Abgeschlossenheit beizubehalten, indem man – wie es die Intuition verlangt – wirklich ernst nimmt, was der Ansatz auf der Basis einer Wahrheitswertlücke erfordert, nämlich dem Lügner und seinen Varianten einen Wahrheitswert abzusprechen. Wir beginnen eine Konstruktion eines Wahrheitsprädikats, indem wir eine anfänglich leere Interpretation zuweisen und sie langsam verfeinern und erweitern, ohne die Konsistenz einzubüßen. Das heißt, einige Aussagen werden wahr gemacht, einige falsch und andere keins von beiden. Man könnte denken, daß diese Übung sich unendlich fortsetzen läßt. Aber die Natur der Konstruktion bedingt, daß die Erweiterung früher oder später aufhört. Es wird nichts mehr geben, was sich hinzufügen läßt. In gewissem Sinn wird die Konstruktion vollständig sein – eine Wiederholung wird nichts mehr hinzufügen. Aber gleichzeitig wird die Interpretation unvollständig sein – sie wird nur partiell sein. Die Lügner-Paradoxie wird keinen Wert erhalten – sie wird weder der Menge der Wahrheiten noch der der Falschheiten zugewiesen werden.

Es ist eine elegante Lösung. Die Kosten sind eine gewisse Schizophrenie: Einerseits verkünden wir, daß wir eine semantisch abgeschlossene Sprache haben, eine Sprache, die ihre eigenen Wahrheitsprädikate enthält; während wir auf der anderen Seite unsere Zuflucht bei einer Metasprache suchen müssen, um sie zu beschreiben und zum Beispiel zu sagen, daß die Lügner-Aussage nicht wahr ist.

Wir haben nur eine kleine Anzahl der vielen Versuche zu einer Lösung geprüft, die irgendwann einmal vorgeschlagen worden sind. Nichtsdestoweniger sind sie repräsentativ für die verschiedenen Arten, wie man auf diese Paradoxien reagieren kann. Aber da jeder Versuch um so unattraktiver aussieht, je weiter er geführt wird, kann einem ein anderer Gedanke kommen. Könnte es nicht sein, daß die semantischen Begriffe, die wir verwenden, inhärent widersprüchlich sind und daß unser einziger Fehler nicht darin liegt, diese Begriffe irgendwie fehlerhaft anzuwenden, sondern diese Begriffe überhaupt erst zu übernehmen? Ein solcher Vorschlag ist in vieler Hinsicht unserem ersten Ansatz ähnlich, den wir überprüft haben, insofern er zur Folge hat, daß etwas in der selbstbezüglichen Anwendung semantischer Begriffe inhärent falsch ist. Aber er erinnert an den zweiten Weg, insofern seine Übernahme uns diesmal zwar nicht dazu führen würde, unsere Logik, wohl aber das Wahrheitsprinzip, Tarskis W-Schema, zu revidieren, das unsere Anwendung der Logik auf die Paradoxien unterstützt. Es ist unsere Entscheidung, ob wir unsere alten vertrauten semantischen Begriffe beibehalten und weiterhin mit den semantischen Paradoxien leben wollen oder ob wir nach einer schönen neuen Welt der Stabilität suchen wollen, aus der die Brutalität des Widerspruchs verbannt ist.

7 Auf immer kahl: die Sorites-Paradoxie

Zunächst muß man es tadeln, daß sie [die Neue Akademie] sich der verfänglichsten Art von Fragestellung bedienen, da doch diese Art in der Philosophie keineswegs gebilligt wird, wo eine Vermehrung oder Verminderung nur allmählich und in kleinen Stücken vorgenommen wird. Sie nennen es Sorites, weil sie durch die bloße Zulegung von *einem* Korn zuletzt einen Haufen zustande bringen ... Die Natur der Dinge hat uns nicht die Erkenntnis der Grenzen gewährt, so daß wir irgendwo sagen könnten: nur bis hierher! Dies gilt nicht nur für den Getreidehaufen, woher der Sorites den Namen hat, sondern für alle Dinge bei der Frage über deren kleinste Veränderung; so für den Reichen und Armen; für den Berühmten und Unbekannten; für das Viele und Wenige; für das Große und Kleine; für das Lange und Kurze; für das Breite und Schmale. Wir können nicht bestimmt angeben, wie groß die Vermehrung oder Verminderung sein muß, damit etwas das Eine oder das Andere werde. (Cicero, Lehre der Akademie, 2. Buch, Kapitel 16 (§ 49) und Kapitel 29 (§ 92))

Die Sorites-Paradoxie wird gewöhnlich dem megarischen Philosophen Eubulides, einem Zeitgenossen des Aristoteles, zugeschrieben, wie übrigens auch, wie wir im vorigen Kapitel bemerkt haben, die Erfindung der reinsten Form der Lügnerparadoxie. Das Argument schreitet Schritt für Schritt voran, um uns von Wahrheit zu Falschheit zu führen. Zum Beispiel zwei ist wenig, drei ist wenig, und welche Anzahl auch immer wir nehmen, durch die Hinzufügung von eins wird aus wenig nicht viel. Auf diese Weise gelangen wir über 9998 Schritte zu der absurden Schlußfolgerung, daß 10 000 wenig ist. Oder wenn man mit der Subtraktion arbeitet, ein Mann mit 10 000 Haaren auf dem Kopf ist nicht kahlköpfig, und wenn man ihm nur ein Haar wegnimmt, kann er dadurch nicht kahlköpfig werden; also finden wir nach 9999 Schritten, daß ein Mann mit nur einem Haar auf dem Kopf (oder sogar gar keinem!) nicht kahlköpfig ist. Ein Stein bildet keinen Haufen, und die Hinzufügung eines einzigen

Steins zu etwas, was noch kein Haufen ist, kann daraus keinen Haufen machen. Also gibt es gar keine Haufen. Auf diese Weise haben wir die Paradoxien des Kahlköpfigen und des Haufens, die Eubulides zugeschrieben werden.

Das Epitheton ‹Sorites› ist tatsächlich ein Wortspiel; auf griechisch bedeutet es ‹Haufen›. Es nennt nicht nur eine der berühmtesten Anwendungen der Form des Arguments, das schließt, daß entweder (durch Addition) 10000 Steine keinen Haufen bilden oder (durch Subtraktion) daß ein einziger Stein einen Haufen bildet, sondern auch die Methode des Arguments selbst. Denn es schreitet dadurch voran, daß es Schritte hinzufügt, die wir kaum in Frage stellen können. Wenn drei wenig ist, dann ist gewiß vier auch wenig; vorausgesetzt, vier ist wenig, dann muß folgen, daß fünf wenig ist; und so gehen wir weiter, wir addieren einen Haufen von Schritten der Form ‹wenn n F sind, dann sind $n + 1$ F› in der additiven Form oder ‹wenn n F sind, dann sind $n - 1$ F› in der subtraktiven Form. Das Argument ist selbst ein Haufen oder *Sorites* von Schritten im *modus ponens*:

$F(0)$	$G(10000)$
wenn $F(0)$, dann $F(1)$	wenn $G(10000)$, dann $G(9999)$
Also $F(1)$	Also $G(9999)$
wenn $F(1)$, dann $F(2)$	wenn $G(9999)$, dann $G(9998)$
Also $F(2)$	also $G(9998)$
wenn ...	wenn ...
...	...
... also $F(10000)$	... also $G(0)$

Natürlich ist es willkürlich, ob man bei 0 und 10000 beginnt oder endet. Entscheidend ist, daß man sich mit allmählichen Schritten, die selber zu klein sind, als daß sie die Anwendbarkeit der Prädikate F oder G beeinflussen könnten, von einem Fall, wo das Prädikat offensichtlich anwendbar ist, zu einem Fall bewegt, für den das nicht zutrifft, wodurch ein Widerspruch entsteht. Ein Mann, der einen Meter groß ist, ist klein; wenn ein Mann von einem Meter Größe klein ist, dann ist ein Mann von einem Meter und einem Millimeter (oder, wenn nötig, einem Tausendstel Millimeter) ebenfalls klein; und so weiter, wobei man jedesmal ein Anwachsen der Größe wählt, das plausiblerweise keinen Unterschied macht, um zu schließen, daß alle Männer klein sind, selbst wenn sie zwei oder drei Meter groß sind.

Die klassische Form des Arguments bewegt sich durch einen ‹Haufen› von Anwendungen des *modus ponens* voran. Das wäre nicht nötig; der entscheidende Schritt kann schon in einem einzigen Induktionsschritt bestehen. Denn jeder Obersatz des *modus ponens* hat dieselbe Form: ‹wenn n F sind, dann sind auch $n + 1$ F›. Die mathematische Induktion (siehe Kapitel 2) führt uns in einem Schritt von F (0) und ‹für jedes n, wenn F (n), dann F ($n + 1$)› zu ‹für jedes n, F (n)› (oder von f (k) zu ‹für jedes n größer als k, F (n)›). Ein Haar hinzuzufügen oder wegzunehmen kann für die Kahlköpfigkeit keinen Unterschied machen; da also ein Mann mit keinem Haar auf dem Kopf kahlköpfig ist, folgt, daß alle Männer kahlköpfig sind. Wenn man einen einzelnen Stein zu etwas hinzufügt, was kein Haufen ist, dann kann das keinen Haufen schaffen; da ein Stein kein Haufen ist, gibt es keine Haufen.

In welcher Form auch immer, die Herausforderung des Sorites-Arguments besteht darin, einen Grenzpunkt zu bestimmen. Zwei ist wenig; 10 000 nicht. Wo ist die Grenze? Gibt es eine Zahl n, so daß n wenig ist, aber $n + 1$ viel? Gibt es eine Anzahl von Haaren, so daß ein Mann mit dieser Anzahl von Haaren auf seinem Kopf nicht kahlköpfig ist, aber mit einem Haar weniger kahl wäre? Gibt es eine Anzahl von Steinen, welche die Grenze zwischen etwas markiert, was ein Haufen von Steinen ist und was nicht? Einerseits scheint es absurd und unmöglich, auf eine bestimmte Zahl als die Grenzscheide zu verweisen; andererseits, wenn es keine Trennungslinie gibt, schließt die Tücke des Sorites-Arguments, daß 10 000 wenig ist (oder eins viel), daß haarlose Männer nicht kahlköpfig sind usf.

Vagheit

Das Sorites-Argument bezieht seine Wirkung aus der Tatsache, daß bestimmte Begriffe, die wir verwenden, vage sind. Wie Cicero sagt, können wir auf die Frage, ab wann ein armer Mann reich ist, ein kurzer Spaziergang lang, eine enge Straße breit, ein behaarter Mann kahlköpfig usf., keine definite Antwort geben. Andere Begriffe sind präzise. Man kann keine Sorites-Überlegungen auf einen Begriff wie ‹1,80 m groß› oder ‹Onkel› anwenden. Diese Begriffe haben keine Grauzonen der Anwendung wie ‹reich›, ‹groß›, ‹kahl› usf.

Max Black mahnt uns, Vagheit sowohl von Mehrdeutigkeit wie von Allgemeinheit zu unterscheiden. Ein Wort wie ‹Bank› (Geldbank vs. Gartenbank) oder ‹Hang› (Neigung vs. Abhang) ist mehrdeutig. Es hat zwei (oder mehr) verschiedene Bedeutungen. Dadurch wird es noch nicht vage. Ein Wort wie ‹Stuhl› wiederum beinhaltet viele Möglichkeiten – Lehnstühle, Eßtischstühle, Zahnarztstühle, Charles Rennie Mackintosh-Stühle* usf. –, ist aber in dieser Hinsicht nicht vage. Allerdings ist es außerdem noch vage; und was es vage macht, ist nicht seine Allgemeinheit, sondern das Vorhandensein von Grenzfällen, ein Halbschatten von Fällen, wo wir unsicher sind, ob es korrekt anwendbar ist. Es kann schwierig sein, eine Grenze zu ziehen zwischen dem, was ein Stuhl ist und was nicht. Das ist der Punkt, wo die Vagheit einsetzt; und wo der Sorites droht.

Wir sollten Vagheit auch von einem anderen Aspekt dieser Ausdrücke unterscheiden. Was groß für eine Maus ist, ist nicht groß für einen Elefanten – eine große Maus ist sehr viel kleiner als ein kleiner Elefant. Adjektive wie ‹groß›, ‹wenige› , ‹hoch›, ‹gut›, ‹schön› werden ‹attributiv› genannt. Wenige Haare auf dem Kopf eines Menschen können an Anzahl sehr viel mehr sein als viele Menschen bei einer Wahlversammlung; ein schöner Tänzer ist vielleicht nicht *simpliciter* schön, ein großer Mensch ist kleiner als ein kleiner Laternenpfahl. Wiederum ist diese Facette die-

---

* Charles Rennie Mackintosh (1868–1928), schottischer Architekt und Designer *(A. d. Ü.)*

ser Ausdrücke verschieden von der Vagheit, die viele von ihnen charakterisiert.

Frege und Russell hielten Vagheit für nicht wünschenswert, ja, sie glaubten, daß sie zu Inkohärenz führe und deshalb aus dem eigentlichen wissenschaftlichen und logischen Diskurs entfernt werden müsse. Die Inkohärenz kann drei Formen haben. Eine leitet sich vom Sorites ab und erweitert einen Term mit einer vagen Grenze darüber hinaus. Ein anderer leitet sich vom Tarskischen W-Schema aus Kapitel 1 ab: Wenn wir den Attributionen im Halbschatten einen Wahrheitswert absprechen, dann wird uns das W-Schema in einen Widerspruch verwickeln. Denn angenommen, wir wollen sagen, ‹Fünfzehn ist wenig› ist weder wahr noch falsch. Nach dem W-Schema ist ‹«Fünfzehn ist wenig» ist nicht falsch› äquivalent mit ‹Fünfzehn ist wenig›. Also ist ‹«Fünfzehn ist wenig» ist weder wahr noch falsch› äquivalent mit ‹Fünfzehn ist sowohl wenig wie nicht wenig›. Das ist ein Widerspruch. Drittens: Den Anwendungsbereich eines Ausdrucks einen Halbschatten zu nennen bedeutet, daß es nicht falsch ist, ihn hier anzuwenden: Es ist falsch zu sagen, 10 000 ist wenig (weil es falsch ist), und es ist falsch zu sagen, daß Beethoven wenig ist (weil es Unsinn ist); aber es ist nicht falsch zu sagen, daß fünfzehn wenig ist. Aber aus demselben Grund ist es nicht falsch zu sagen, daß fünfzehn nicht wenig ist. Deshalb, scheint es, ist es nicht falsch zu sagen, fünfzehn sei sowohl wenig wie nicht wenig, wiederum ein Widerspruch.

Eine Reaktion auf derartige Argumente besteht darin zu schließen, daß Vagheit eine Quelle der Inkohärenz ist und deshalb beseitigt werden sollte. Man beachte, daß es sich hier um zwei verschiedene Behauptungen handelt. Erstens um die Behauptung, daß eine Sprache, die vage Ausdrücke enthält, zu Inkohärenz und Inkonsistenz neigt; zweitens ist hier vorausgesetzt, daß diese Inkohärenz beseitigt werden kann. Die obigen Argumente stützen nur die erste dieser Behauptungen. Die letztere nimmt an, daß jedes vage Prädikat durch (ein oder mehrere) genauere ersetzt werden kann, und das seinerseits setzt voraus, daß die Welt selbst nicht vage ist, daß die Vagheit gewisser Ausdrücke in der natürlichen Sprache in den Ausdrücken selbst liegt, nicht in dem, worauf sie sich beziehen. Die Behauptung ist, daß es keine vagen Objekte gibt.

Denn angenommen, es gebe dergleichen. Einmal angenommen, es gibt zwei vage Objekte, Everest und Gaurisankar (vielleicht ist es unbestimmt, wo genau ein Berg anfängt und wo er aufhört). Und es sei unbestimmt, ob Everest und Gaurisankar identisch sind (denn es ist unbestimmt, ob ihre Halbschatten dieselben sind). Also hat Everest die Eigenschaft, auf unbestimmte Weise Gaurisankar zu sein. Aber Gaurisankar hat diese Eigenschaft nicht – es ist klar, daß Gaurisankar Gaurisankar ist. Deshalb ist Everest nach dem Gesetz der Ununterscheidbarkeit des Identischen nicht Gaurisankar (sie haben verschiedene Eigenschaften). Das widerspricht der Annahme, daß ihre Identität vage war, die ihrerseits die Folge der Annahme war, daß es derartige vage Objekte gebe. Also – scheint es – gibt es keine vagen Objekte.

Der frühe Wittgenstein verfuhr in dieser Frage noch viel radikaler. Er behauptete, daß es keine vagen Ausdrücke gibt – ‹Was wir meinen, muß scharf sein›, sagte er. Wo Frege und Russell an der natürlichen Sprache wegen ihrer Inkohärenz verzweifelten und eine ideale Sprache suchten, da argumentierte Wittgenstein, daß unsere Sprache, allem Anschein zum Trotz, schon ideal sein müsse. Sie scheint es nicht zu sein. Aber sie funktioniert; und keine Sprache, die so inkohärent wäre, wie Frege und Russell behaupteten, könnte funktionieren. ‹Es wäre seltsam›, schrieb Wittgenstein, ‹wenn die menschliche Gesellschaft bis jetzt gesprochen hätte, ohne einen richtigen Satz zusammenzubringen.›* So oder so, sei es durch eine Reform oder durch die richtige Erkenntnis dessen, was wir schon haben, muß die Sprache genau sein, und Vagheit ist unannehmbar.

Angenommen also, wir hätten ‹kahl›, ‹Haufen› usf. durch präzise Ausdrücke ersetzt oder seien überzeugt, daß sie allem Anschein zum Trotz scharf sind. Das bedeutet, daß der Sorites dadurch blockiert ist, daß es eine scharfe Grenze zwischen der korrekten und der fehlerhaften Anwendung jedes Prädikats gibt. Angenommen zum Beispiel, ein Kahlkopf solle von jetzt an jemand mit weniger als 5000 Haaren auf dem Kopf sein; ein Haufen Weizen soll, sagen wir mal, 350 Körner als (genaues) Mini-

---

* Philos. Bemerk. I,3

mum erfordern; und 100 soll viel sein (zum Beispiel Leute auf einer politischen Kundgebung), 99 dagegen nicht. Die Zuschreibungen von Kahlheit usf. werden jetzt genau sein und einen wohldefinierten Wahrheitswert haben. Leider ist jetzt unsere Fähigkeit verlorengegangen, allgemein zu erkennen, ob wir sie richtig gebraucht haben. Gewöhnlich bemerken wir nicht auf die Zahl genau, wie viele Haare auf einem bestimmten Kopf sind; gewöhnlich bemerken wir nicht millimetergenau, wie groß jemand ist. Die gegenwärtige Ansicht ersetzt Vagheit durch Unkenntnis – oder identifiziert sie. Das Problem schien zu sein, daß eine Sprache, die (wirkliche) Vagheit enthält, inkohärent ist; jetzt müssen wir fragen, ob eine Sprache ohne Vagheit überhaupt verwendbar wäre.

Wir haben noch nicht das herausforderndste aller Beispiele für den Sorites angesprochen, nämlich Farbprädikate. In diesem Beispiel sehen wir uns einer linearen Anordnung von Farbflecken gegenüber, die sich von klaren Rottönen auf der einen Seite (beispielsweise links) zu klaren Grüntönen auf der anderen erstrecken. Wenn wir alle Flecke außer zwei nebeneinander liegenden abdecken, können wir sie nicht unterscheiden – sie sind sich in Farbe und Farbton allzu ähnlich (angenommen zum Beispiel, sie werden zeitweilig aus der Reihe entfernt: Wir nehmen an, wir könnten, wenn wir nur auf diese beiden Flecke schauen, nicht entscheiden, welcher näher zum roten und welcher näher zum grünen Ende gehört). Jedes Nachdenken über unsere Erfahrung mit Farben sollte uns überzeugen, daß dies möglich ist. Es ist vielleicht notwendig, damit es sehr viele Flecke geben kann, die alle voneinander verschieden und jeweils von einem übernächsten Fleck oder einem Fleck, der zehn Flecke weiter entfernt ist, unterscheidbar sind, nicht jedoch von ihren näheren Nachbarn. Farben bilden ein Kontinuum, und was wir brauchen, ist ein hinreichend großes Spektrum von Farbtönen.

Jetzt sind wir so weit vorbereitet, daß wir den Sorites anwenden können. Die Schritte beruhen nicht mehr, wie früher, auf einer Quantifizierung – die Flecke haben keine intrinsischen Nummern (es ist naiv anzunehmen, daß alle Farben, selbst zwischen Rot und Grün, eine einfache Funktion der Wellenlänge sind – Rot kann durch viele Kombinationen von Wellenlängen erzeugt werden), aber das Prinzip ist unverändert. Der am weitesten links liegende Fleck ist klar rot. Sein Nachbar ist von ihm ununterscheidbar, also wie könnten wir bestreiten, daß er ebenfalls rot ist usf. Der erste Fleck ist rot, und jeder Fleck, der von einem roten Fleck ununterscheidbar ist, muß selbst rot sein. Deshalb kommen wir durch vielfache Anwendungen des *modus ponens* oder durch Induktion zu dem Ergebnis, daß jeder Fleck in der Reihe rot ist. Aber das ist falsch. Die auf der äußersten rechten Seite sind ganz klar grün ohne jede Spur von Rot.

Nach der Lehre von Vagheit als Unkenntnis wird der Sorites durch die Tatsache blockiert, daß es an irgendeinem Punkt in der Reihe eine scharfe Grenze gibt. Für irgendein Paar von (ununterscheidbaren) benachbarten Flecken gilt, daß der linke rot ist und der rechte nicht. Diese Lehre blockiert den Sorites also dadurch, daß sie den Obersatz (oder einen Obersatz) verneint, das heißt verneint, daß ein Fleck, der von einem roten Flecken ununterscheidbar ist, rot ist. Der Gedanke, der uns innehalten lassen sollte, ist der: Welche Tatsache ist es denn, die wir angeblich nicht kennen? Es ist gewiß wahr – oder zumindest haben wir keinen Grund zu bezweifeln –, daß es einen Unterschied in der licht-reflektierenden Qualität der benachbarten Flecke gibt. Angenommen, wir entwickelten Instrumente – wahrscheinlich gibt es sie schon –, um diesen Unterschied zu messen. Wir können annehmen, daß der Unterschied so gering ist, daß ihn kein Wahrnehmender, wie fein sein Unterscheidungsvermögen auch sein mag, entdecken kann – genau so haben wir die Folge von Farbflecken geplant. Was sollen wir mit der Information anfangen, die uns die Instrumente liefern? Können sie uns sagen, welche Farbe die Flecke haben – daß der eine rot ist und der andere grün?

Es gibt gute Gründe anzunehmen, daß sie das nicht tun können und zwar deshalb, weil Wörter wie ‹rot› Beobachtungsprädikate sind. ‹Rot› erhält seine Bedeutung von seiner Anwendung und Nicht-Anwendung auf Objekte der Wahrnehmung. Der Grund unserer Urteile über die Richtigkeit der Anwendungen von ‹rot› beruht auf Beobachtung. Es ist eine interessante Tatsache, daß einige unserer Beobachtungsurteile auf der Erkennung von Eigenschaften beruhen, die wir nicht bewußt wahrnehmen. Versuchspersonen können unterschwellig visueller Reizung ausgesetzt werden (wie in dem berühmten Fall der jetzt verbotenen Werbung oder in psychologischen Experimenten), die zwar keine bewußte

Wahrnehmung – oder sogar Wahrnehmungsverweigerung – hervorrufen, aber das spätere Verhalten nachweislich beeinflussen. So ist es denkbar, daß wir entdecken, daß Individuen Farbflecke als verschieden getönt beurteilen, während sie zugeben, daß sie keinerlei Unterschied entdecken können. Aber das ist hier *ex hypothesi* nicht der Fall. Die benachbarten Farbflecken, um die es geht, sind so angelegt worden, daß sie derartige Unterscheidungen nicht hervorlocken. Beobachtungsprädikate sind auf der Basis von Beobachtungen zuschreibbar, und die Beobachtung unterscheidet nicht zwischen diesen benachbarten Flecken. Wenn der eine Fleck rot ist und ‹rot› ein Beobachtungsprädikat, ist ein in der Beobachtung ununterscheidbarer Fleck ebenfalls rot.

Natürlich gibt der Proponent der Präzisierung, der die Ersetzung unserer vagen Ausdrücke durch exakte wissenschaftliche fordert, oder der Theoretiker, der behauptet, unsere Ausdrücke müßten, allem Anschein zum Trotz, exakt sein, diesen Punkt bereitwillig zu. Um so schlimmer für (einen Beobachtungsbegriff von) ‹rot›, wird er sagen. Aber der Sorites kann auf diese Weise nicht verhindert werden. Erstens beraubt dieses Vorgehen uns der Fähigkeit, Ausdrücke ‹einfach durch Hinschauen› anzuwenden. Wir werden Metermaße und Meßgeräte mit uns herumtragen müssen, um zu wissen, wann ‹rot› und ‹groß› anzuwenden ist, genau wie wir es schon für ‹radioaktiv› und ‹giftig› tun. Aber selbst wenn wir bereit sind, diese unpraktikable Lösung zu ertragen, ist ein zweiter Punkt entscheidend: Der Sorites wird wiedererscheinen für Unterscheidungen unterhalb der Ebene der Unterscheidung von Metermaßen und Meßgeräten und unserer Fähigkeit, mit ihnen zu messen.

Wir besitzen in unserer Sprache vage Ausdrücke aus einem sehr guten Grund, nämlich weil unsere Erkennungsfähigkeiten, wie sehr sie auch immer durch Werkzeuge verstärkt werden mögen, nicht unendlich feine Unterscheidungen treffen können. Wir können präzise Termini in die Sprache einführen, zum Beispiel ‹über 1,85 m›: Wir erkennen, daß wir in bestimmten Fällen unsicher – unwissend – sein können, ob der Terminus korrekt anwendbar ist oder nicht. Je nachdem, was davon abhängt, können wir mehr oder weniger stringente Meßtechniken anwenden. Aber diese Termini ruhen auf dem Rücken vager Ausdrücke, die positive Fälle haben, negative Fälle und dazwischen einen Bereich von Fällen, wo wir über ihre richtige Anwendung im Zweifel sind, eine Unsicherheit, die nicht auf der Unkenntnis der Tatsachen beruht, sondern auf der wirklichen Vagheit des Ausdrucks.

Analyse des Sorites

Wenn wir akzeptieren, daß Vagheit in unserer Sprache weit verbreitet ist, müssen wir dann vor dem Sorites und der Inkohärenz kapitulieren, oder gab es in den Argumenten einen Fehler, den wir übersehen haben? Die Tendenz zur Präzisierung beruhte auf drei Argumenten, von denen eins der Sorites war, dessen vernichtende Schlußfolgerung wir vielleicht etwas zu bereitwillig akzeptiert haben. Wir wollen uns zuerst die beiden anderen Argumente anschauen, angefangen bei dem letzten, daß es nicht falsch ist, von Gegenständen im Halbschatten einen Terminus wie auch sein Gegenteil zu verneinen. Wir bedürfen dazu einer Unterscheidung, die oft als die zwischen interner und externer Negation bezeichnet wird. Aber diese Terminologie spielt auf eine Reichweitenunterscheidung an, die nicht vorhanden ist. Nichtsdestoweniger ist es eine Unterscheidung, die wir etwas allgemeiner in anderen Fällen benötigen, wo eine Reichweite nicht wirksam ist. Betrachten wir den Satz ‹Tugend ist nur›; er ist nicht wohlgeformt und drückt keine Aussage aus. *Eine* Art, dies zum Ausdruck zu bringen, besteht darin, daß man sagt ‹Tugend ist nicht nur›. Natürlich ist, wenn ‹Tugend ist nur› Unsinn ist, ‹Tugend ist nicht nur› in gewissem Sinn ebenfalls Unsinn. In einem anderen Sinn dient ‹nicht› als eine ‹externe› Negation, um auszudrücken, was manchmal (nach Carnap) der materiale Modus der Sprache genannt wird – ‹Tugend ist nicht nur› –, was im formalen Modus als ‹«Tugend ist nur» ist nicht sinnvoll› ausgedrückt werden würde.

Dasselbe gilt, wenn auch nicht hinsichtlich der Bedeutsamkeit, sondern der Vagheit, für ‹Fünfzehn ist nicht wenig›. Als ‹interne› Negation bedeutet ‹Fünfzehn ist nicht wenig›, daß fünfzehn viel ist; als externe Negation bedeutet es, daß es nicht korrekt ist zu sagen, daß fünfzehn wenig ist. Der Fehler in dem früheren Argument kommt also dadurch zustande, daß wir sagten ‹aus dem gleichen Grunde ist es nicht falsch zu sagen, fünfzehn ist nicht wenig). Der Sinn, in dem es nicht falsch ist zu sagen, fünfzehn ist nicht wenig, ist ‹extern› – ‹wenig› läßt sich nicht richtig auf fünfzehn anwenden. Aber der Sinn, in dem es nicht falsch ist zu sagen, fünfzehn ist wenig, ist ‹intern› – ‹viel›, das heißt ‹nicht wenig› läßt sich nicht auf fünfzehn anwenden. Also ist die Schlußfolgerung, daß fünfzehn sowohl wenig wie viel ist, zweideutig – es ist wenig, weil es falsch wäre zu sagen, es ist viel (interne Negation), und es ist nicht wenig, weil es falsch wäre zu sagen, es ist wenig (externe Negation). Wenn das verwirrend ist, versuche man es in der formalen Sprechweise. Fünfzehn ist nicht wenig in dem Sinn, daß ‹Fünfzehn ist wenig› im Halbschatten liegt. Also können wir nicht folgern, daß fünfzehn viel ist – das ‹nicht› in ‹Fünfzehn ist nicht wenig› ist nicht die normale Verneinung, daß es wenig ist, sondern der in der materialen Sprechweise formulierte Ausdruck der Vagheit von ‹Fünfzehn ist wenig›.

Diese Unterscheidung klärt auch das zweite Argument auf, dasjenige also, welches das W-Schema benutzt, und dient außerdem dazu, ein Problem zu lösen, das wir in den Kapiteln 5 und 6 auf später verschoben hatten. Das Problem besteht darin, ob die minimalistische Wahrheitstheorie, die ich am Ende von Kapitel 1 befürwortet habe, mit der Bestreitung der Zweiwertigkeit in den Kapiteln 5 und 6 vereinbar ist, insbesondere mit der Weigerung, die Zweiwertigkeit mit dem ausgeschlossenen Dritten zu identifizieren. Läßt sich nicht mit Hilfe des W-Schemas ein schneller Weg vom ausgeschlossenen Dritten (daß ‹A oder nicht-A› immer wahr ist, was auch immer A ist) zur Zweiwertigkeit (daß jede Aussage wahr oder falsch ist, das heißt A ist wahr oder falsch, was immer A ist) finden? Von ‹A oder nicht-A› leiten wir durch das W-Schema ‹A ist wahr oder «nicht-A» ist wahr› ab und folglich, durch die Äquivalenz von ‹«nicht-A» ist wahr› und ‹A ist falsch›, ‹A ist wahr oder A ist falsch›.

Wenn A keine Aussage ausdrückt, entsteht hier kein Problem. Das ausgeschlossene Dritte ist nur auf Aussagen anwendbar, und folglich kann man von Sätzen, die keine Aussagen ausdrücken, kohärent sagen, daß sie weder wahre noch falsche Aussagen ausdrücken. Aber in Kapitel 5 haben wir Ausdrücke betrachtet, die leere Namen enthalten, und den Wunsch geäußert, sowohl einzuräumen, daß sie sinnvoll sind (daß sie Aussagen ausdrückten), wie ihnen einen Wahrheitswert abzusprechen.

Ebenso in Kapitel 6, in Wahrheitswertlücken-Strategien wie etwa der Kripkes. Und wieder hier; wir wollen akzeptieren, daß Zuschreibungen von vagen Termini an Gegenstände im Halbschatten nicht zu Aussagen mit einem klaren Wahrheitswert führen, während wir akzeptieren, daß eine Aussage ausgedrückt wird. Zum Beispiel drückt ‹Fünfzehn ist wenig› eine Aussage aus, die weder wahr noch falsch ist. Aber wenn wir sagen ‹«Fünfzehn ist wenig» ist nicht wahr› ist äquivalent mit ‹Fünfzehn ist wenig›, ist ‹nicht› hier eine externe Negation; und wenn wir sagen ‹«Fünfzehn ist wenig» ist nicht falsch› ist äquivalent mit ‹Fünfzehn ist wenig›, haben wir externe und interne Negation zusammenfallen lassen. Hier sind die aufeinander folgenden Schritte, wobei ‹NICHT› für die externe und ‹nicht› für die interne Negation steht:

> ‹Fünfzehn ist wenig› ist weder wahr noch falsch
> also ist ‹Fünfzehn ist wenig› nicht wahr, und ‹Fünfzehn ist wenig› ist nicht falsch
> also ist fünfzehn NICHT wenig, und ‹Fünfzehn ist nicht wenig› ist nicht wahr
> also ist fünfzehn NICHT wenig, und fünfzehn ist NICHT nicht wenig.

Der Widerspruch ergibt sich nur, wenn man ‹NICHT nicht wenig› mit ‹wenig› identifiziert, während es einfach nur bedeutet ‹NICHT viel›, das heißt, es ist nicht korrekt zu sagen, fünfzehn ist viel. ‹Fünfzehn ist weder wenig noch nicht wenig› sieht widersprüchlich aus, bis wir erkennen, daß es die Tatsache ausdrückt, daß fünfzehn in den Halbschatten fällt. Keine der Attributionen ‹wenig› oder ‹viel› läßt sich eigentlich auf fünfzehn anwenden. Fünfzehn ist NICHT wenig und NICHT viel.

Was in dem schnellen Argument zugunsten der Zweiwertigkeit den Platz räumen muß, ist deshalb das, was wir am Ende von Kapitel 6 bemerkt haben: daß das W-Schema nicht mehr als eine Äquivalenz formuliert werden kann, sondern daß A und ‹es ist wahr, daß A› denselben Wert haben werden oder beiden zusammen ein Wert fehlt. Andernfalls werden wir ‹nicht-A› sowohl mit ‹es ist wahr, daß nicht-A› (das heißt ‹A ist falsch›) und ‹es ist nicht wahr, daß A› (das heißt ‹A ist falsch oder ohne Wahrheitswert›) identifizieren. Das heißt, wir würden zulassen, daß ‹nicht-A› zweideutig zwischen interner und externer Negation steht.

Folglich gelingt es weder dem zweiten noch dem dritten Argument zu zeigen, daß die Anerkennung von vagen Termini zu Inkonsistenz und Inkohärenz führt. Was aber ist mit dem ersten Argument, dem Sorites selbst? Zuerst eine kleinere Wortklauberei, dann ein etwas substantiellerer Punkt.

Der Sorites bezieht seine Stärke aus dem Obersatz, beispielsweise daß die Wegnahme eines einzigen Steins von einem Haufen nicht dazu führt, daß der Haufen aufhört, ein Haufen zu sein oder das Ausreißen eines Haars einen behaarten Mann noch nicht kahlköpfig macht. Aber die Erklärung dafür liegt vielleicht nicht so sehr in einer Toleranz, wie es oft genannt wird, der Termini ‹Haufen› und ‹kahl›, daß sie sich auf alles beziehen, was dem, worauf sie sich beziehen, hinreichend ähnlich ist, und sich folglich nicht auf eine spezifische und genaue Anzahl von Steinen oder Haaren beziehen, als vielmehr darin, daß die Anzahl von Steinen oder Haaren für ihre Anwendung einfach irrelevant ist, daß ‹Haufe› und ‹kahl› sich überhaupt nicht auf eine Anzahl von Steinen oder Haaren beziehen. Ob eine Ansammlung von Steinen ein Haufen ist, beurteilen wir nicht durch Bezug auf auch nur eine annähernde Anzahl von Steinen in einem Haufen, sondern auf der Grundlage ihrer Konfiguration. Relevant sind Lage und Anordnung der Steine, nicht ihre Anzahl. Natürlich gibt es eine Verbindung – eine kontingente und zufällige Verbindung – zwischen ihrer Anzahl und ihrer Konfiguration. Man erinnere sich an das Spiel Mikado. Wenn man auch nur ein einziges Stäbchen aus einem Haufen wegnimmt, kann das zum totalen Zusammenbruch des Haufens führen. Sobald die Stäbchen einmal über den Tisch verteilt sind, gibt es keinen Haufen mehr. Nichtsdestoweniger mag es immer noch genug Stäbchen geben, um einen neuen Haufen zu bilden. Was sie zu einem Haufen macht, ist ihre Konfiguration, nicht ihre Anzahl.

Haare aus einer Kopfhaut zu reißen ist etwas anderes, aber die Pointe ist dieselbe. Es ist die Gesamtverteilung von Haaren auf dem Kopf, die den Kahlen von dem Nicht-Kahlen unterscheidet. Eine ungenügende Anzahl von Haaren wird im allgemeinen keine hinreichende Bedeckung der Kopfhaut zulassen, um die Bezeichnung der Kahlköpfigkeit zu verhindern; aber selbst 10 000 Haare, die alle um die Basis herum gruppiert sind und das Schädeldach freilassen, werden eine solche Bezeichnung nicht verhindern können.

Ich nenne dies eine unbedeutende Wortklauberei, weil ich nicht glaube, daß dadurch die Herausforderung des Sorites entschärft wird. Aber es sollte im Gedächtnis behalten werden, denn wenn man zuläßt, daß der Sorites schlampig präsentiert wird, kann das seine wahre Lösung erschweren. Bei der Identifizierung des entscheidenden Fehlschlusses im Argument ist große Sorgfalt vonnöten.

Ein etwas wichtigerer Punkt ist folgender: Der Obersatz des Sorites lautet: ‹für jedes n, wenn n F ist, dann ist $n + 1$ F›. Er wird durch die Behauptung gestützt, daß es eine scharfe Grenze geben würde, wenn er falsch wäre, ein Paar k und $k + 1$, so daß k F ist und $k + 1$ nicht-F, einen Grenzpunkt, der kontra-intuitiv ist – zwischen wenig und viel, klein und groß usf. Unsere Untersuchung der Bedingungssätze in Kapitel 3 sollte uns vor dem hierin enthaltenen Fehlschluß gewarnt haben. Er geht von der Annahme aus, daß Bedingungssätze wahrheitsfunktional sind, und wie wir in jenem Kapitel sahen, ist diese Komponente der klassischen Ansicht der Logik unplausibel und wird heute weitgehend verworfen. (Abgesehen von einigen Renegaten ist die logische Welt ziemlich gleichmäßig geteilt in Apologeten – die gewöhnlich den Namen ‹Grice› beschwören – und Radikale, die von Stalnaker bis zu jenen reichen, die behaupten, daß Bedingungssätze nicht einmal Aussagen ausdrücken.) Erinnern wir uns an das langsame Argument für Wahrheitsfunktionalität von Bedingungssätzen aus Kapitel 3. Zuerst zeigt ein Gegenbeispiel, daß der Bedingungssatz falsch ist: Gegeben sei A und nicht-B, dann folgt, daß ‹wenn A, dann B› falsch ist. Zweitens, wenn A falsch ist oder wenn B wahr ist, dann ist ‹A und nicht-B› falsch, und folglich ist ‹wenn A, dann B› wahr. (Dieser zweite Schritt kann Schritt für Schritt in *Ex Falso Quodlibet*, Vereinfachung und Konditionalität zerlegt werden.) Das heißt, die Behauptung, daß Bedingungssätze wahrheitsfunktional sind, sagt, daß ein Gegenbeispiel für die Falschheit des Bedingungssatzes nicht nur hinreichend, sondern auch notwendig ist – mit anderen Worten, wenn es kein Gegenbeispiel gibt (‹A und nicht-B› ist falsch), dann ist der Bedingungssatz wahr. Genau diesen Schritt macht der Sorites (wie er gegenwärtig formuliert ist): Wenn der Bedingungssatz (‹wenn n F ist, dann ist

$n + 1$ F›) falsch ist, dann muß es ein Gegenbeispiel geben, wo n F ist und $n + 1$ nicht. Wenn wir diesen Schritt im Sorites akzeptieren, dann geben wir die Notwendigkeit eines Gegenbeispiels für die Falschheit des Bedingungssatzes zu, in welchem Fall wir verpflichtet sind, Bedingungssätze wahrheitsfunktional zu behandeln.

Wie kann ein Bedingungssatz ohne Gegenbeispiel falsch sein? Das ist die klassische Herausforderung, die zur Wahrheitsfunktionalität führt. Die Antwort lautet, daß die Wahrheit eines Bedingungssatzes mehr als einfach nur eine günstige Verteilung von Wahrheitswerten erfordert. Sie erfordert eine Verknüpfung irgendeiner Art zwischen Wenn- und Dann-Satz. Wenn diese Verknüpfung fehlt, ist der Bedingungssatz, selbst wenn die aktuellen Wahrheitswerte kein Gegenbeispiel ergeben, falsch. Dies ist unter den Ähnlichkeits- und Wahrscheinlichkeitstheorien ebenso wahr wie zum Beispiel nach jeder relevantistischen Erklärung. Wenn A falsch ist, aber eine ‹A und nicht-B›-Welt ähnlicher als jede ‹A und B›-Welt ist, ist der Bedingungssatz falsch (nach Stalnakers Erklärung), selbst wenn das Gegenbeispiel nur möglich, nicht aktual ist. Wiederum: Wenn p (B / A) niedrig ist, ist der Bedingungssatz falsch (oder unwahrscheinlich), selbst wenn p (B) größer ist als p (A) – A möge sein ‹du erhältst ein As› und B ‹du erhältst ein Herz›. p (B / A) $= \frac{1}{4}$; nichtsdestoweniger kann man das Herzas erhalten.

Aber die Ähnlichkeits- und Wahrscheinlichkeitstheorien enthalten immer noch eine scharfe Grenze. Der Grund dafür liegt darin, daß sie, wie wir in Kapitel 3 bemerkt haben, den Wert eines Bedingungssatzes mit wahrem Wenn-Satz mit dem Wert des Dann-Satzes identifizieren. Wenn A wahr ist, dann ist nach beiden Theorien ‹wenn A, dann B› genau dann wahr, wenn B wahr ist. Nun ist A (0) wahr; und die Abfolge von Anwendungen des *modus ponens* macht A ($n + 1$) wahr, wann immer $A(n)$ und ‹wenn A(n), dann $A(n + 1)$› wahr sind. Man nehme das kleinste k, für welches ‹wenn A (k), dann A ($k + 1$)› falsch ist. (‹Klein› mag vage sein; aber ‹kleinste› ist scharf.) Dann ist A (k) wahr, und folglich muß, nach der obigen Überlegung, A ($k + 1$) falsch sein. Das heißt, die Ähnlichkeits- und Wahrscheinlichkeitstheorien führen zu einer scharfen Grenze. Nur durch die Verwerfung der Idee (die ich in Kapitel 3 empfohlen habe), daß ‹wenn A, dann B› wahr ist, wann immer A und B beide wahr sind, kann man dem Schritt von der Falschheit des Bedingungssatzes zur Existenz eines scharfen Schnitts widerstehen.

Wenn man diesen Punkt akzeptiert, dann folgt nicht, daß jeder der Bedingungssätze wahr ist, wenn es keine scharfe Grenze gibt. Der Sorites braucht lediglich einen Ausgangspunkt (der gewöhnlich unstrittig ist) und eine gleichförmige Sequenz von Bedingungssätzen. Um letztere zu erreichen, nutzt er unser Widerstreben aus, den Bedingungssatz tatsächlich zu verneinen – aus einer Vielfalt von Gründen, wie wir gesehen haben. Erstens gibt es eine Kontextempfindlichkeit. Man kann nicht wirklich leugnen, daß, wenn 10000 viel ist, dann eins weniger immer noch viel ist, denn im allgemeinen, ohne einen spezifischen Kontext, ist das wahr. Zweitens ist da die Irrelevanz der involvierten Zahlen. Man kann nicht bestreiten, daß, wenn ein Mann mit nur 3000 Haaren auf dem Kopf kahl ist, einer mit 3001 Haaren es ebenfalls ist – denn man stellt sich die Verteilung als gleichmäßig vor, und das Extrahaar ist nicht bemerkbar. Aber was zählt, ist die Verteilung, nicht die Anzahl. Drittens kann man kaum bestreiten, daß, wenn n Steine keinen Haufen bilden, $n + 1$ ebenfalls keinen Haufen bilden, wenn man nicht einen Haufen von $n + 1$ Steinen aufweisen kann, der keine echte Teilmenge enthält, die einen Haufen bilden kann, besonders wenn, wie der zweite Punkt betont, die Anzahl der Steine nur zufällig (und also wahrscheinlich in Abhängigkeit von der Größe und Form der Steine) auf ihre haufenbildende Qualität bezogen ist. Schließlich wird noch eine weitere Äquivokation angewendet, um dem Sorites über die Runden zu helfen.

Nehmen wir unsere Reihe von Farbflecken, die von rot zu grün ununterscheidbar ineinander übergehen. Wenn wir ein benachbartes Paar isoliert betrachten, können wir den einen Fleck nicht vom andern unterscheiden. Nichtsdestoweniger können wir ganz gewiß den am weitesten links liegenden Fleck (rot) von dem am weitesten rechts liegenden (grün) unterscheiden. Es folgt, daß die Flecke unterschieden werden können. Wir wollen sagen, daß, wenn zwei Flecke, isoliert betrachtet, ununterscheidbar sind, sie ununterscheidbar erster Stufe (kurz, ununterscheidbar) sind. Wenn es einen dritten Fleck gibt, von dem der eine unterschieden werden kann, der andere aber nicht, sind sie ununterscheidbar zweiter Stufe. Hier ist ein Argument, das zeigt, daß die Flecke

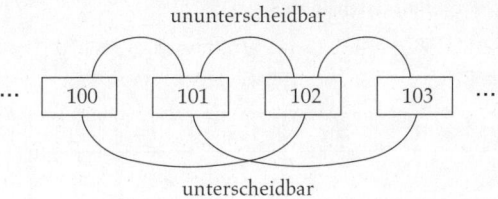

Figur 7.1

unserer Reihe zwar ununterscheidbar erster Stufe sind, aber unterscheidbar zweiter Stufe. Fangen wir mit dem einfachsten Fall an: Benachbarte Flecke sind ununterscheidbar (erster Stufe), aber jeder Fleck kann (erster Stufe) vom übernächsten (in jeder Richtung) unterschieden werden – siehe Figur 7.1. So sind die Flecke 100 und 101 (isoliert) ununterscheidbar, wie auch 101 und 102 usf. Aber 100 und 102 sind (isoliert genommen, das heißt erster Stufe) unterscheidbar, wie auch 101 und 103 usf. Dann ist jedes benachbarte Paar unterscheidbar (zweiter Stufe). Man nehme beispielsweise Paar 101 und 102. 101 ist ununterscheidbar von 100, während 102 davon unterschieden werden kann. Deshalb haben wir ein Mittel, nämlich den Vergleich mit 100, um 101 von 102 zu unterscheiden; und so für jedes benachbarte Paar.

Aber die Farbtonveränderung könnte über die ganze Reihe hin feiner und subtiler sein. Angenommen, jeder Fleck könnte nicht nur nicht von seinen unmittelbaren Nachbarn unterschieden werden (erster Stufe), sondern auch nicht vom übernächsten Fleck – siehe Figur 7.2 So kann zum Beispiel Fleck 103 nicht von 101, 102, 104 oder 105 unterschieden werden, aber er kann (isoliert) von 100 und 106 unterschieden werden. Dann kann 103 auf der zweiten Stufe von 102 unterschieden werden, zum Beispiel durch einen Vergleich mit Fleck 100. Denn 102 kann nicht von 100 unterschieden werden, dagegen 103 *ex hypothesi* sehr wohl.

Wiederum könnten die Farbtöne noch feiner und subtiler sein als so.

223

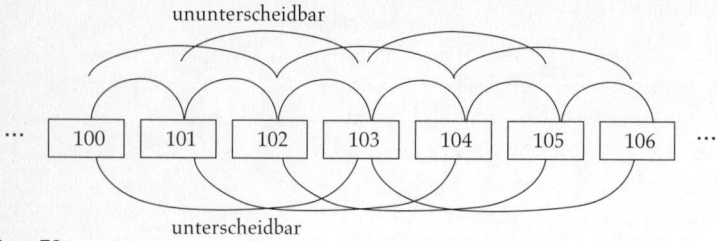

Figur 7.2

Nichtsdestoweniger gibt es nur endlich viele Flecke, und gewiß kann rot und grün auf der ersten Stufe unterschieden werden. Also muß es einen Höchstwert für die Länge ununterscheidbarer Ketten geben – zwei in unserem ersten Beispiel (100, 101; 101 und 102; usf.), drei in unserem zweiten (100, 101 und 102; 101, 102, und 103; usf.) – Ketten, deren Elemente von anderen in der Kette durch eine isolierte Betrachtung nicht unterschieden werden könnten. Angenommen, es seien 20. Dann können Fleck 119 und 120 auf der zweiten Stufe durch die Tatsache unterschieden werden, daß 119 von 100 nicht auf der ersten Stufe unterscheidbar ist, wohl aber Fleck 120; und so weiter für jedes Paar Flecke. Wenn wir über unsere Praxis mit Farbunterscheidungen nachdenken, werden wir erkennen, daß derartige Vergleiche mittels einer ‹dritten Partei› oder Vergleiche zweiter Stufe ein integraler Bestandteil unserer Fähigkeit sind, Farburteile zu fällen. Übrigens nicht nur Farburteile. Wir nehmen ähnliche Vergleiche vor, um die Größen verschiedener Leute zu unterscheiden – ja, die Verwendung eines Lineals ist praktisch genau diese ‹dritte Partei›.

Nichtsdestoweniger werden derartige Unterscheidungen mittels einer dritten Partei immer noch ununterscheidbare Flecke übriglassen. Angenommen zum Beispiel, die Flecke 118 und 119 seien exakte Duplikate. Dann wird es keine dritte Partei geben, mit der verglichen sie als unter-

224

schieden gefunden werden. Wir müssen deshalb zugeben, daß es Flecke geben kann, die sich unterscheiden, aber so minimal unterscheiden, daß keine Überprüfung irgendeiner Stufe – isolierter Vergleich, Vergleich gegen eine dritte Partei, die unterscheidbar erster Stufe ist von dem einen, aber nicht von dem anderen, Überprüfung mittels einer dritten Partei gegen einen Fleck, der nur unterscheidbar zweiter Stufe von dem einen, aber nicht dem anderen ist usf. – sie voneinander unterscheiden kann. Selbst auf immer höheren Stufen des Vergleichs können bestimmte Unterschiede so klein sein, daß sie sich unseren Unterscheidungsfähigkeiten entziehen. Das ist der Punkt, wo der Sorites wieder eintreten kann. Er ist noch nicht besiegt.

Unschärfe-Logik [*fuzzy** *logic*]

Bis jetzt haben wir folgendes Bild: Zwischen den klaren positiven Anwendungsfällen gewisser Begriffe und gleichermaßen klaren negativen Fällen (zum Beispiel ‹groß› oder ‹rot› oder ‹wenig›) gibt es ein unscharfes Gebiet, einen Halbschatten von Grenzfällen. In den Grenzfällen sind wir unsicher, ob der Begriff anwendbar ist oder nicht. Dies hat zur Entwicklung einer Theorie unscharfer Mengen und einer begleitenden ‹Unschärfe-Logik› geführt. Ich glaube, man kann zeigen, daß sie im Irrtum ist und keinen Ausweg bietet – der richtige Weg besteht vielmehr darin, die Idee der Ununterscheidbarkeit weiter zu verfolgen. Aber es ist lehrreich, die Theorie der Unschärfe erst einmal zu betrachten. Sie hat, wie es scheint, einen wichtigen Beitrag zur Theorie von Expertensystemen geleistet. Sie bietet freilich keine befriedigende Lösung für die Sorites-Paradoxie.

Die naive Mengentheorie handelt von den Erweiterungen von Begrif-

---

* *fuzzy:* flaumig, flockig, faserig, verschwommen. Es gibt keinen Grund, dieses Wort nicht durch ein deutsches Wort wie ‹unscharf› oder ‹vage› wiederzugeben – außer daß man natürlich nicht ‹unscharfe Logik› sagen kann, weil es nicht die Logik ist, die unscharf ist, sondern die Ausdrücke, die hier behandelt werden. *(A. d. Ü.)*

fen innerhalb eines gegebenen Gegenstandsbereichs oder Bereichs – für jeden wohldefinierten Begriff gibt es in diesem Bereich eine Menge von Dingen, die darunter fallen. Paradoxien gleich denen, die wir in Kapitel 6 angeschaut haben, setzen der Anwendbarkeit solcher Begriffe (von denen wir uns einige in Kapitel 8 anschauen werden) außerhalb eines spezifizierten Definitionsbereichs eine Grenze. Vorausgesetzt, wir vermeiden ziemlich gut verstandene paradoxe Fälle (zum Beispiel die Menge aller Mengen, die nicht in sich selbst enthalten sind), können wir eine kohärente Theorie der Erweiterungen geben. Aber die Theorie nimmt an, daß Begriffe deutlich und genau sind. Es muß klar und bestimmt sein, ob ein bestimmtes Objekt zu einer bestimmten Menge gehört oder nicht. Orthodoxe Mengen sind deutlich und genau. Es gibt eine Menge von Dingen, die dazu gehören, und das Komplement (innerhalb des Gegenstandsbereichs) der Dinge, die das nicht tun.

Unscharfe Mengen teilen ihren Anwendungsbereich in drei Teile, den positiven, den negativen und einen (gewöhnlich abgestuften) Grenzfall. Wir können uns orthodoxe Mengen als Abbildungen oder Funktionen von einem Begriff auf die Werte ‹wahr› oder ‹falsch› (oder 1 und 0, vielleicht) vorstellen. Ein Objekt x gehört zu einer orthodoxen Menge A, wenn der ‹Wert› von ‹x gehört zu A› – wir wollen das als ‹A (x)› schreiben – 1 ist und gehört nicht dazu, wenn ‹A (x)› 0 ist. Für alle Objekte im Gegenstandsbereich [*universe of discourse*] U muß bestimmt sein, daß A (x) entweder 1 oder 0 ist. Orthodoxe Mengen können deshalb als ein Grenzfall unscharfer Mengen angesehen werden. Für eine Theorie unscharfer Mengen nehmen wir eine Menge von Werten W. W könnte aus den beiden Werten ‹wahr› und ‹falsch› allein bestehen (der Grenzfall) oder aus drei Werten, beispielsweise 0, 1 und ½ oder aus allen reellen Zahlen zwischen 0 und 1 [0,1] – und selbst noch kompliziertere Mengen von Werten sind möglich. Eine unscharfe Menge A ist eine über U, dem Gegenstandsbereich, definierte Abbildung, die jedem Objekt x in U einen Wert A (x) aus W zuordnet. Betrachten wir zum Beispiel das Prädikat ‹groß›. Wir könnten ‹groß› die Funktion $(x - 1)^2$ zuweisen von der Größe von Menschen (in Metern) in das reelle Intervall [1,0]. Auf diese Weise wäre jemand, der 2 m groß ist, groß zum Grad 1, fraglos groß; jemand mit der Größe von 1 m wäre groß zum Grad 0, das heißt überhaupt nicht groß. Dazwischen wäre eine Person mit der Größe von 1,80 m groß zum Grad von 0,64, das heißt ziemlich groß. Jedes unserer Sorites-Prädikate, ‹groß›, ‹rot›, ‹wenig› usf., kann so aufgefaßt werden, daß es nicht eine orthodoxe, sondern eine unscharfe Menge definiert, wobei klare positive Fälle (Wert 1), klare negative Fälle (Wert 0) und ein Bereich von unklaren oder unscharfen Fällen dazwischen, mit Zwischenwerten, unterschieden werden.

Neben unscharfen Prädikaten, die unscharfe Mengen definieren, gibt es auch noch unscharfe Quantoren und unscharfe Modifikatoren. Beispielsweise gibt es keine exakte Anzahl oder Proportion von A, die B sein müssen für den Fall, daß die meisten A B sind (man könnte das neu definieren als die Hälfte der $A + 1$; aber das wäre ein orthodoxer genauigkeitsschaffender Schritt). ‹Die meisten› oder ‹wenige› sind unscharfe Quantoren. ‹Normalerweise› ist ein unscharfer Modifikator. Wenn wir sagen ‹Normalerweise sind nur wenige Leute im Publikum rothaarig›, wird dadurch eine Vagheit nicht nur durch das unscharfe Prädikat ‹rothaarig› und den unscharfen Quantor ‹wenig› eingeführt, sondern auch durch den Ausdruck ‹normalerweise› – die meisten Veranstaltungen folgen diesem Muster, aber keine exakte Proportion. Die Unschärfe-Logik und die Unschärfe-Arithmetik sind ein Versuch, eine systematische Theorie dieser Quantoren und Modifikatoren zu entwickeln. Frege behauptete bei seiner Verwerfung der Vagheit, daß Mathematiker es nur mit deutlichen und genauen Begriffen zu tun haben. Das ist nicht wahr: Zum Beispiel stellt ein Theorem der (orthodoxen) Zahlentheorie fest, daß ‹runde Zahlen sehr selten sind›. Eine runde Zahl ist das Produkt einer beträchtlichen Anzahl von vergleichsweise kleinen Faktoren. Deshalb ist ‹rund› ein unscharfes Prädikat von Zahlen, ‹selten› ist ein unscharfer Quantor, und ‹sehr› ist ein unscharfer Modifikator. Nichtsdestoweniger kann man einen genauen Beweis ihrer Verbindung geben.

Unschärfe-Logik und die Theorie unscharfer Mengen helfen freilich nicht beim Sorites. Erstens ist nicht zu übersehen, daß die Forderung, dem Grad, zu dem ein Objekt groß oder rot ist, präzise Werte zuzuweisen, im Rahmen einer Unschärfetheorie sehr seltsam klingt. In Wirklichkeit ist dies nicht wesentlich, obgleich es in Darstellungen dieser Idee oft so erscheint. Man kann eine beliebige Menge anstelle von W als die

Menge der Werte nehmen – es können sprachliche Werte sein, zum Beispiel ‹ein bißchen›, ‹nicht sehr› usf. Das sieht als Modell für unsere Praxis etwas plausibler aus – wir können nicht sagen ‹Dieser Fleck hat den Rötegrad $\frac{\pi}{4}$› oder ‹Diese Person ist groß zum Grad 0.81›. Grade sind unscharf. Alles, was man braucht, ist eine Ordinalskala. Aber dies ist ein Symptom einer größeren Schwierigkeit. Die Glätte und Kontinuität von [0,1] als Wertemenge maskiert eine ganz unplausible Unstetigkeit in den Zuordnungen. Was soll die Grenze sein? Ein Vorschlag ist: alle Elemente x von U, für die $A(x)$ zwischen 0 und 1 liegt; ein anderer lautet, alle diejenigen, für die $A(x)$ zwischen bestimmten Nicht-Extremalwerten α und β liegt, das heißt $0 < \alpha < \beta < 1$. Aber welche Werte auch immer ausgewählt werden, die Konsequenz ist ein unplausibel scharfer Schnitt zwischen den positiven und negativen Werten und der Grenze. Ja, eine solche Schnittstelle ist nicht nur unplausibel – man betrachte nur die Farbflecke, angefangen bei den klaren roten auf der linken Seite; es gibt keinen ersten Fleck, der nicht klar rot ist –, sondern ein derart scharfer Schnitt, jetzt nicht zwischen A und nicht-A, sondern zwischen A und nicht-A und der Grenzlinie, wird gleichermaßen unbeobachtbar und gerät dadurch (gegen alle Präzisierer) mit der Erkenntnis in Konflikt, daß unsere Praxis bestimmte Prädikate als Beobachtungsprädikate behandelt.

Diese Unschärfe hinsichtlich der Grenze der Grenze wird gewöhnlich als das Phänomen der ‹Vagheit höherer Ordnung› bezeichnet. Nicht nur gibt es zwischen groß und nicht-groß eine Grenzlinie ‹ziemlich groß›, sondern die Grenze zwischen groß und ziemlich groß ist selbst verschwommen. Es gibt keine kleinste Größe, auf die ‹groß› paßt oder eine größte Größe, worauf es nicht angewendet wird, welche Qualifikationen auch immer eingeführt werden, um es zu modifizieren. Die funktionale Basis der unscharfen Mengentheorie kann dies auf keine Weise aus der Welt schaffen. Es kann nicht dadurch geschehen, daß man den Wertebereich der Funktion (die Wertemenge W) verändert. Es liegt in der Tatsache begründet, daß der Definitionsbereich der Funktion (die Menge der Höhen) eine lineare Ordnung von Punkten ist. Wir werden sehen, daß die Lösung dadurch zustande kommt, daß man den Begriff der Elemente der Menge ändert, nicht dadurch, daß man eine Unschärfe des Grades einführt, bis zu welchem sie Elemente dieser Menge sind.

Es gibt auch logische Probleme. Man betrachte die Form des Sorites, der entweder durch sukzessive Schritte des *modus ponens* oder durch Induktion voranschreitet (vielleicht gefolgt von dem Heranziehen eines Beispiels – ‹. . . also sind alle Flecke rot und folglich ist dieser grüne Fleck rot›). Die Obersätze haben die Form ‹wenn A (n), dann A ($n + 1$)›. Wenn n zur Grenze gehört, ist die Wahrheit von A (n) etwas größer als die von A ($n + 1$) – das heißt, n ist zu einem höheren Grad A als $n + 1$. Also ist es natürlich zu sagen, daß jeder Bedingungssatz etwas weniger als ganz wahr ist. Jeder Bedingungssatz ist wahr zu dem Grad δ, wobei δ nahe an 1 ist, aber etwas weniger, genau wie $n + 1$ A zu dem Grad γ ist, wobei γ zwischen 0 und 1 liegt und etwas weniger als (vielleicht δ weniger als) der Grad, zu dem n A ist.

Wir beginnen mit A (0), das wahr ist zum Grad 1 (*ex hypothesi*). Wir wenden dann eine Reihe von Schritten des *modus ponens* an, um beispielsweise zu erreichen

---

A (0), wenn A (0), dann A (1), wenn A (1), dann A (2), . . ., wenn A ($k - 1$), dann A (k)

Also A (k)

A (0) ist ganz wahr; jede der anderen Prämissen ist der Wahrheit nahe – so nahe wie wir wollen, indem wir die Unterschiede zwischen n und $n + 1$ so klein wie nötig machen. Aber A (k) ist sehr klein (oder 0). Also haben wir die Wahl: Wir können entweder die vereinigte Wahrheit der Prämissen zu 0 machen, oder wir können bestreiten, daß der Schluß gültig ist. Das letztere erfordert die Bestreitung der Gültigkeit des *modus ponens*. Das sind die wahren Kosten der Unschärfe-Logik, denn wir werden sehen, daß sie die erste Option nicht wählen kann. Der Grund ist die Verbindung mit der Theorie der unscharfen Mengen.

Die naive Mengentheorie besteht zum größten Teil aus einer Darstellung der Kombinationen aus und Beziehungen zwischen Mengen. Gegeben zwei Mengen A und B, können wir ihre Vereinigung bilden, $A \cup B$, die Menge, deren Elemente die Objekte in entweder A oder B sind; ihre Schnittmenge, $A \cap B$, deren Elemente die Dinge sind, die A und B gemeinsam sind; und ihre Differenz, $A - B$, die Dinge, die in A, aber nicht in B sind. Halten wir fest, daß $A \cup B = B \cup A$, $A \cap B = B \cap A$, aber offensichtlich ist $A - B \neq B - A$. Das Komplement von A, geschrieben A', ist $U - A$, die Dinge im Gegenstandsbereich, die nicht in A enthalten sind. Die unscharfe Mengentheorie versucht, analoge Operationen für unscharfe Mengen zu definieren. Wenn A und B unscharfe Mengen sind, dann ist ihr Durchschnitt $A \cap B$ durch eine Elementbeziehung $f_{A \cap B}$ von $A \cap B$ nach V definiert, bezogen auf die Elementbeziehungen, die A und B getrennt definieren. Wie sollte $f_{A \cap B}$ definiert werden? Wir wollen der Einfachheit halber annehmen, daß $V = [0,1]$, das reelle Intervall, wie zuvor. Es gibt drei plausible Vorschläge für die Definition von $f_{A \cap B}$. Der erste ist, daß die Operationen $\cap$, $\cup$ usf. sich auf dieselbe Weise verhalten sollen wie die analogen Operationen für Wahrscheinlichkeitsfunktionen. Erinnern wir uns, daß p (A und B) = p (A). p (B / A), wo A und B Aussagen sind; p (A oder B) = p (A) + p (B), vorausgesetzt, A und B sind unabhängig, das heißt A hat nicht-B zur Folge. Das identifiziert das erste Problem: Die probabilistischen Gleichungen bestimmen nicht p (A und B) oder p (A oder B), sie schränken sie nur ein. Würde man dem probabilistischen Modell folgen, wäre eine einheitliche Darstellung der Vereinigung, des Durchschnitts usf. für unscharfe Mengen nicht möglich. Das zweite Problem betrifft die Grenzlinie p (A und nicht-A) = 0, für alle A. Aber wenn A unscharf ist, dann wird es eine unscharfe Überlappung zwischen A und nicht-A geben, wo irgend etwas zu einem bestimmten Grad sowohl A wie nicht-A ist. Die Gradverteilungen funktionieren nicht wie probabilistische Verteilungen.

Ein anderer Vorschlag ist, daß $f_{A \cap B} = f_A . f_B$, das Produkt der getrennten definierenden Funktionen. Das gibt die richtige Antwort für den *modus ponens* (es läßt ihn gültig), aber die falsche Antwort für Mengen. Betrachten wir $A \cap A$. Offensichtlich sollte der Durchschnitt einer Menge mit sich selbst unverändert bleiben: $A \cap A = A$. Aber nach dieser zweiten Darstellung ist $f_{A \cap A} = f_A . _A = f_A{}^2$ und allgemein $f_A \neq f_A{}^2$. Folglich können wir den Durchschnitt nicht durch das Produkt definieren. Das ist unglücklich, denn dieser Vorschlag würde die Prämisse der obigen Folgerung nach dem *modus ponens* gegen Null tendieren lassen (wie es auch intuitiv sein sollte), je mehr Bedingungssätze sie enthielte. Wenn der Grad der Wahrheit von ‹wenn A (n), dann A ($n + 1$)› beispielsweise $\delta < 1$ ist, dann gibt es für jedes $\varepsilon > 0$, wie klein auch immer, eine Zahl k, so daß $\delta^k < \varepsilon$. Das heißt, der Grad der Wahrheit einer Konjunktion von genügend nicht ganz wahren Prämissen wird nahezu Null sein. Wenn wir das Produkt der Grade der Wahrheit der Prämissen des *modus ponens* nehmen könnten, könnten wir den *modus ponens*-Schritt als gültig beibehalten, das heißt, der Grad der Wahrheit seiner Prämissen wäre geringer als der seiner Schlußfolgerung und würde trotzdem erklären, warum grün nicht rot ist.

Dasselbe gilt für die induktive Form des Sorites, wo die Prämissen A (0) und ‹für jedes n, wenn A (n), dann A ($n + 1$)› sind. Eine universale Quantifizierung ‹für jedes n› ist im wesentlichen eine lange Konjunktion, also wäre die Wahrheit dieser Prämisse praktisch gleich Null, genau wie die Schlußfolgerung. Aber die Konjunktion kann nicht durch das Produkt funktionieren – weil sich sonst keine adäquate Mengentheorie ergeben würde. Der einzige plausible Vorschlag für $f_{A \cap B}$ für eine unscharfe Mengentheorie ist Min (f_A, f_B), das heißt, daß $f_{A \cap B}$ den Wert des kleinsten der f_A und f_B annimmt. Dann $f_{A \cup B} =$ Max(f_A, f_B) und $f_A{}' = 1 - f_A$. Die unscharfe Mengentheorie geht jetzt schnell voran; aber der *modus ponens* bleibt auf der Strecke. Der Grad der Wahrheit seiner Prämissen (im Sorites) ist größer als der seiner Schlußfolgerung. Wenn der Wert jedes Bedingungssatzes ‹wenn A (n), dann A ($n + 1$)› zumindest δ ist (und der von A (0) 1 ist), dann ist der Grad der Wahrheit aller Prämissen immer noch δ, das heißt Min $(1, \delta)$, aber der der Konklusion ist (nahezu) Null. Ähnlich für die Induktion: Der Grad der Wahrheit von ‹für jedes n, wenn A (n), dann A ($n + 1$)› ist δ, nahe bei 1, aber der von A (k) ist Null, für ein hinreichend großes k.

Wie aus den vorangehenden Kapiteln deutlich geworden sein sollte, ist selbstverständlich keine Folgerungsregel unbezweifelbar richtig, selbst der *modus ponens* nicht. Wir haben selbst das *Ex Falso Quodlibet*, den disjunktiven Syllogismus (und also implizit den *modus ponens* oder die Abtrennung für die materiale, das heißt wahrheitsfunktionale Implikation), die Existenzverallgemeinerung usf. in Frage gestellt. Aber die Unschärfe-Logik liefert keinen klaren logischen Grund für ihre Verwerfung. Angenommen, wir hätten keinen Bedingungssatz und folglich keine Sorites-Paradoxie. Welchen Einwand gäbe es gegen die Einführung einer neuen Verknüpfung (das bedingte ‹impliziert›) durch die Regel, daß man behaupten könnte ‹A impliziert B›, wann immer man B von A ableiten könnte? Denn dann wäre der *modus ponens* gültig für ‹impliziert›; das heißt, wann immer sowohl ‹A impliziert B› wie A behauptet werden könnten, wäre man gerechtfertigt, B zu behaupten (denn A ist behauptet worden, und die Tatsache, daß ‹A impliziert B› behauptet werden kann, zeigt, daß wir B davon ableiten können). Aber das würde uns unmittelbar in die Sorites-Paradoxie führen. Wollten wir gegen die Einführung einer solchen Verknüpfung einfach aus dem Grund protestieren, weil sie zu einer Paradoxie führt, wäre der Einwand gänzlich *ad hoc*. Es gäbe keine Erklärung oder Diagnose des Problems. Trotzdem ist die Behauptung der Unschärfe-Logik, daß der *modus ponens* ungültig ist, nichts anderes.

Diese etwas lang geratene Analyse der Behandlung des Sorites in der Unschärfe-Logik bestätigt den anfänglichen Punkt. Die Unschärfe-Logik und die Theorie unscharfer Mengen geben nicht die richtige Erklärung für vage Prädikate. Es muß eine andere Erklärung der Natur von Prädikaten wie ‹groß›, ‹rot› und ‹wenig› gegeben werden, welche die Unschärfe ihrer Grenzen besser respektiert.

Toleranz

Die Unschärfe legt den Gedanken nahe, daß das Raster, das wir über die Realität legen, nicht genau unseren Begriffen korrespondiert. Unsere Unterscheidungsfähigkeit weist eine gewisse Toleranz auf, aber unsere Begriffe sind auf dieser Grundlage nicht definierbar (siehe Figur 7.3). Dieses Bild hat zur Entwicklung des Begriffs der ‹rauhen Menge› geführt, deren Elemente und nicht deren Zugehörigkeitsrelation unscharf sind. Der Sorites zeigt, daß viele unserer Begriffe rauhe Mengen identifizieren, Mengen, die nicht klar unterscheidbaren Klassen von Elementen entsprechen. Nehmen wir einen Gegenstandsbereich U und eine Relation R darüber. U könnte eine Menge von Farbflecken sein oder von Menschen oder von Zahlen. R ist eine Toleranzrelation, das heißt, sie faßt Elemente von U, die nicht unterschieden werden können, in Gruppen zusammen. R muß reflexiv (jedes Element ist von sich selbst ununterscheidbar) und symmetrisch (wenn ein Element von einem anderen

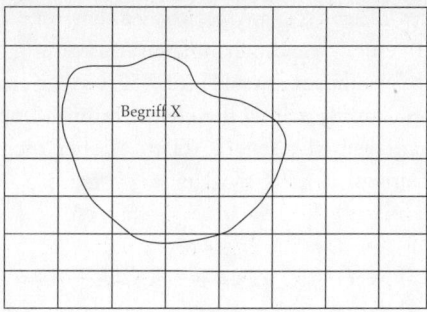

Begriff X

Figur 7.3

ununterscheidbar ist, ist das letztere auch ununterscheidbar von dem ersteren) sein. Für jedes Element x in U soll $[x]_R$ die Menge der Elemente von U sein, die durch R in einer Beziehung zu x stehen (das heißt, von x ununterscheidbar sind). Zum Beispiel könnte R sein ‹hat dieselbe Anzahl von Haaren› über dem Gegenstandsbereich der von Menschen, so daß R den Gegenstandsbereich in Äquivalenzklassen aufteilt – eine erschöpfende und exklusive Erfassung des Bereichs. In diesem Fall ist R auch transitiv, so daß es eine Äquivalenzrelation ist, die wie üblich eine Menge von Elementarklassen in U bereitstellt, wodurch jedes Element von U zu einer und nur einer Äquivalenzklasse gehört.

Aber es gibt keinen besonderen Grund, weshalb die Elementarklassen getrennt sein sollten, vorausgesetzt, sie decken U ab. Wenn beispielsweise U die Menge der ganzen Zahlen ist, könnte R jede beliebige Zahl x mit denjenigen Zahlen in Beziehung setzen, die von x um höchstens 5 abweichen. Dann teilt R U in ebenso viele Elementarklassen, wie es ganze Zahlen gibt, wobei jede elf Elemente enthält. Man erinnere sich auch an unser Beispiel der Farbflecke: Die Relation der Ununterscheidbarkeit – selbst wenn sie durch eine Ununterscheidbarkeit mittels einer dritten Partei modifiziert ist – teilt die Reihe auf in eine Abfolge von einander überlappenden Mengen, wahrscheinlich mit wechselnden Anzahlen von Elementen. Das Bild der Elementarklassen über einem Definitionsbe-

233

reich, das wir gegeben haben (Figur 7.3), zeigte getrennte Äquivalenz-klassen. Im Fall von Farbflecken (oder von Zahlen) ist das Bild mehr wie das in Figur 7.4. In einer zweidimensionalen Anordnung hätte man über-lappende Kreise oder Ellipsen, siehe Figur 7.5. R möge eine Toleranzrela-tion sein und $[x]_R$ für alle x in U die elementaren Mengen in U. Dann decken die elementaren Mengen U, teilen es aber nicht notwendig in unverbundene Klassen.

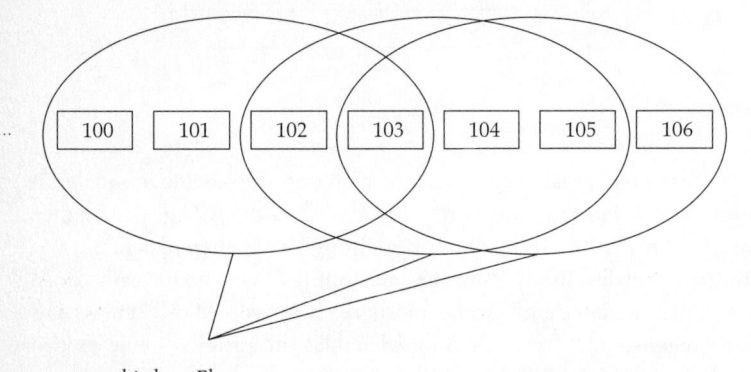

verschiedene Elementarmengen

Figur 7.4

Eine Teilmenge X von U ist definierbar, wenn X die Vereinigung einer Menge von elementaren Mengen in U ist; andernfalls ist sie nicht defi-nierbar. Die Mengen sind rauh, die nicht so definierbar sind. Eine rauhe Menge X kann durch elementare Mengen nur angenähert werden. Die obere Approximation von X ist die Vereinigung von elementaren Men-gen von U, von denen jede ein Element von X enthält; ihre untere Appro-ximation ist die Vereinigung aller elementaren Mengen von U, die ganz in X enthalten sind. Die untere Approximation von ‹rot› besteht aus den Objekten, die definit rot sind. Die obere Approximation enthält Dinge, die entschieden nicht rot sind. Rot selbst ist eine rauhe Menge. Das ist die

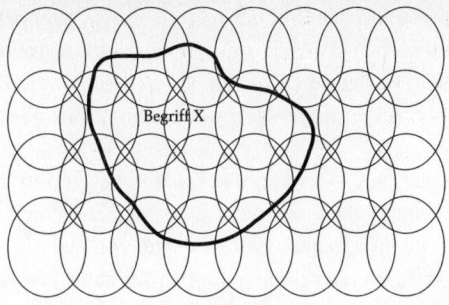

Unterscheidungsraster

Begriff X

Figur 7.5

Lehre des Sorites. Es gibt elementare Mengen an der Grenze von ‹rot›, die Elemente enthalten, die einerseits nicht unterschieden werden können, andererseits auf entgegengesetzte Seiten der Unterteilung zwischen rot und nicht-rot fallen.

Im Fall von Farbprädikaten sind die elementaren Mengen Farbtöne. Michael Dummett und andere haben argumentiert, daß der Begriff des Farbtons inkohärent ist – zumindest wenn er, wie es zuerst plausibel erscheint, drei Eigenschaften hat:

1. unterscheidbar verschiedene Objekte haben verschiedene Farbtöne;

2. Objekte, die nicht unterscheidbar verschieden sind, haben denselben Farbton;

und

3. kein Objekt hat mehr als einen Farbton.

Die dritte Klausel bedarf der Erläuterung: Kein Objekt hat zu einer gegebenen Zeit, für einen gegebenen Beobachter, unter normalen – oder zu-

235

mindest konstanten – Lichtbedingungen an einem gegebenen Punkt seiner Oberfläche mehr als einen Farbton. Tatsächlich ist es die dritte Klausel, die aufgegeben werden muß. Denn Ununterscheidbarkeit ist nicht-transitiv, wie wir gesehen haben. Es ist eine Toleranzrelation, und Toleranzrelationen teilen ihren Definitionsbereich in überlappende Elementarklassen.

Es folgt, daß wir den Obersatz des Sorites bestreiten müssen. Es ist falsch, daß das Hinzufügen von 1 oder die Bewegung von einem Farbfleck zu dem rechts von ihm liegenden uns nicht von ‹wenig› zu ‹viel›, von ‹kahl› zu ‹nicht kahl›, von ‹rot› zu ‹gelb› führen kann. Trotzdem bedeutet das nicht, daß Begriffe scharfe Grenzen haben, daß es einen scharfen Schnittpunkt gibt. Der Rand ist verschwommen aufgrund der Tatsache, daß er durch Klassen von ununterscheidbaren Elementen hindurchgeht. Sorites-Prädikate charakterisieren rauhe Mengen. Nahe an ihren Grenzen werden Sorites-Prädikate durch elementare Klassen nur approximiert. Aber rauhe Mengen können durch elementare Mengen nicht definiert werden – sie erreichen nicht die Vereinigung aller elementaren Mengen, die beliebige ihrer Elemente enthalten, ihre obere Approximation. Die obere Approximation enthält Objekte, die nicht unter den Begriff fallen, enthält aber nichts, was nicht zur selben elementaren Klasse gehört wie etwas, was darunter fällt – das heißt nichts, für das es nicht etwas Ununterscheidbares von ihm gibt, das unter den Begriff fällt.

Es schien früher, als müßten wir dies bestreiten, weil andernfalls Prädikate wie ‹rot› zu Nicht-Beobachtungsprädikaten werden. Das beruht auf der Vorstellung, daß Beobachtungsprädikate sich auf alles erstrecken müßten, was ununterscheidbar von dem ist, worauf sie sich erstrecken. Dieser Gedanke ist tatsächlich die treibende Kraft des Sorites – und deshalb ist er inkohärent. Beobachtungsprädikate müssen anders funktionieren als so, wie wir es anfänglich vermuten möchten. Hier ist ein Vorschlag: Beobachtungsprädikate (und andere ebenfalls, aber konzentrieren wir uns im Augenblick auf die Beobachtungsprädikate) arbeiten dadurch, daß sie Paradigmata lokalisieren und Paradigmata von Gegensätzen kontrastieren. ‹Wenig› und ‹viel› sind ein Paar wie auch ‹groß› und ‹klein›, ‹lang› und ‹kurz›. Farbprädikate konstituieren ein ganzes System von kontrastierenden Paradigmata: ‹rot›, ‹blau›, ‹grün›, ‹gelb›, ‹braun› usf. Wenn man sich eine Reihe von Farben anschaut – zweidimensional angeordnet, etwa auf der Oberfläche eines Zylinders, wie es oft der Fall ist –, sieht man eine kontinuierliche Veränderung von Farbe. Müßte man Ununterscheidbarkeitsklassen auf dieser Oberfläche abbilden, würde man eine überlappende Menge von Flecken erhalten – unterschiedene Farbtöne. Die beiden Lektionen des Sorites sind erstens, daß sich die Farbtöne überlappen, und zweitens, daß die hauptsächlichen Farbbeschreibungen nicht durch Farbtöne definierbar sind – es gibt keine Menge von Farbtönen, deren Vereinigung irgendwelche dieser Farben abbildet. Denn diese Ununterscheidbarkeitsklassen haben scharfe Ränder, die den Farben fehlen.

Eine letzte Bemerkung über die Vagheit höherer Stufe. Die oberen und unteren Approximationen eines Begriffs haben nach diesem Modell scharfe Ränder. Aber früher haben wir argumentiert, daß die Grenzlinie eines Begriffs selbst unscharf sein muß. Können rauhe Mengen rauhe Grenzlinien haben? Wenn man die Aufmerksamkeit von einem Begriff auf seine Grenze verlagert, hat das, metaphorisch gesprochen, eine Veränderung des Brennpunkts zur Folge. Aber diese Metapher enthält die Antwort. Es gibt verschiedene Toleranzrelationen für verschiedene Kontexte und Zwecke. Wenn ich nur wissen will, ob jemand klein oder groß ist, kann meine Meßlatte ganz grob sein. Wenn ich gefragt bin, ob er ziemlich groß oder kaum groß oder wirklich groß ist, muß ich genauer sein. Wenn ich noch genauer nach seiner Größe gefragt werde, muß ich meine Methoden und Unterscheidungen noch weiter verfeinern. Vagheit höherer Stufe kann in der Sprache rauher Mengen abgebildet werden und besteht in der Veränderung der Größe der Toleranzmaschen.

Zusammenfassung und Hinweise auf weitere Lektüre

Der Sorites nimmt die Form einer Abfolge von Anwendungen des *modus ponens* oder einer Induktion an und führt uns von einem klaren Beispiel der Anwendung eines Begriffs, etwa ‹Kind›, durch eine Folge von kaum wahrnehmbaren Schritten – jeder, der nach n Herzschlägen ein Kind ist, wird auch nach $n + 1$ Herzschlägen ein Kind sein – zu einem klaren Beispiel einer inkorrekten Anwendung – Neunzigjährige sind Kinder, jeder ist ein Kind. Einen exemplarischen Überblick über das Sorites-Argument in der Antike gibt Jonathan Barnes, ‹Medicine, Experience and Logic›.

Wir haben in Kapitel 6 bemerkt, daß man in Antwort auf eine Paradoxie eine oder mehrere Prämissen bestreiten, den Folgerungsschritt selbst verwerfen oder versuchen kann, die Schlußfolgerung schließlich doch akzeptabel zu finden. Die dritte Option ist hier genausowenig verfügbar wie im Fall von Currys Paradoxie – der Schlußsatz trivialisiert die beteiligten Begriffe und muß verworfen werden.

Die Unschärfe-Logik verwirft den Folgerungsschritt – sie behauptet, der Sorites zeige, daß der *modus ponens* nicht universal gültig ist. Die kombinierten Prämissen sind, wenngleich jede weniger als ganz wahr, dem Grad nach nahe an der Wahrheit, sowohl individuell wie zusammen – denn in einer Konjunktion muß das Minimum der vereinten Grade so verstanden werden, daß es den Durchschnitt in der Theorie der unscharfen Mengen definiert. Aber die Schlußfolgerung ist falsch. Es ist deutlich, daß der *modus ponens* den Grad der Wahrheit der Prämissen nach unten gehen läßt – nicht stark, aber stark genug, um seine Gültigkeit in Frage zu stellen. Hinreichend viele Reduktionen durch die Anhäufung eines Haufens von Anwendungen des *modus ponens* führen schließlich zur Falschheit der Schlußfolgerung, daß 10000 wenig ist oder daß ein grüner Fleck rot ist. Die klassische Darstellung ist J. Goguen, ‹The Logic of Inexact Concepts›, die auf Zadehs ursprünglicher Idee von 1965 aufbaut. Eine nützliche Sammlung von Zadehs Aufsätzen findet sich in *Fuzzy Sets and Applications*, hg. v. R. Yager.

Aber diese Reaktion auf den Sorites ist *ad hoc* – daraus entsteht keine allgemeine Theorie des Bedingungssatzes und seines Verhaltens in der Folgerung –, und zusammen mit den anderen Nachteilen des mengentheoretischen Ansatzes der Unschärfe-Logik legt sie nahe, daß wir hier nicht die wirkliche Ursache des Sorites-Phänomens gefunden haben. Andere Diagnosen konzentrieren sich auf den Obersatz, die Aussagen von der Form ‹wenn $A(n)$, dann $A(n+1)$› oder in ihrer virulentesten Form ‹wenn a F ist und b von a ununterscheidbar ist, dann ist b F›. Gewisse Begriffe scheinen vage zu sein, und es ist unmöglich, ihnen eine genaue Grenze zu ziehen. Außer den klaren positiven und negativen Fällen gibt es einen Halbschatten, ein Grenzgebiet. Der Sorites erweitert tückischerweise das Prädikat über diese Grenze hinaus, indem er uns herausfordert, eine Grenze zu ziehen, um einen Schnitt zu identifizieren, der über unser Unterscheidungsvermögen hinausgeht.

Frege und Russell glaubten, dies zeige, daß unsere Alltagssprache inkohärent sei und durch eine Idealsprache mit präzisen und genauen Begriffen ersetzt werden müßte. J. van Heijenoort gibt einen Überblick über Freges Argumente in ‹Frege and Vagueness› in seinen *Selected Essays*. Aber van Heijenoort unterscheidet nicht sorgfältig genug zwischen Vagheit und anderen, wenngleich ähnliche Phänomenen der Mehrdeutigkeit, Allgemeinheit usf., Unterscheidungen, die von Max Black in seinem Aufsatz ‹Vagueness› herausgearbeitet werden. Dieser Vorwurf der Inkohärenz gegen vage Begriffe wurde in den 70er Jahren von Michael Dummett in ‹Wang's Paradox› wiederholt, in einer Sonderausgabe von *Synthese* (1975), die auch andere Aufsätze über Vagheit enthielt, beispielsweise von Fine, Wright und Zadeh. Wangs Paradoxie wendet den Sorites auf den Begriff ‹kleine Zahl› an, um zu dem Schluß zu kommen, daß alle Zahlen klein sind. Crispin Wright hat dieses Argument zu einem Großangriff auf eine weitverbreitete Erklärung der Idee ausgebaut, daß die Sprache von Regeln beherrscht werde; siehe seinen Aufsatz ‹Further Reflections on the Sorites Paradox›.

Wenn vage Begriffe wirklich inkohärent sind, dann ist ein heldenhafter Ansatz die Leugnung, daß unsere Sprache dergleichen Prädikate enthalte. Vielleicht entspringt der Sorites einfach der Unkenntnis – es gibt immer einen scharfen Schnittpunkt, wir wissen nur nicht, wo er kommt. Irgendeine Zahl ist klein, und ihr unmittelbarer Nachfolger ist groß, irgendeine Anzahl von Steinen ist nicht ausreichend, um einen Haufen zu bilden, und ein weiterer genügt und so fort. Tim Williamson gab eine kompetente Verteidigung einer solchen Lösung in ‹Vagueness and Ignorance›. Eine Alternative, die wir uns in diesem Kapitel nicht angesehen haben, besteht darin, die Technik der Globalbewertungen aus Kapitel 5 zu verwenden: vage Prädikate nicht als Prädikate mit unscharfen Grenzen und ohne Schnittpunkt zu verstehen, sondern als Prädikate, die irgendwo einen Schnittpunkt haben, aber nicht an einem bestimmten Ort. Es gibt keine bestimmte Zahl, wo der Obersatz des Sorites fehlschlägt, sondern in jeder Anwendung des Begriffs muß irgendeine Zahl gewählt werden. Die Logik der Vagheit resultiert dann also daher, daß man die Globalbewertung über alle klassischen Erweiterungen hinaus nimmt, in denen jeweils ein bestimmter, aber willkürlicher Schnitt gemacht wird. (Siehe zum Beispiel K. Fine in *Synthese* 1975).

Aber das sind Notlösungen, Reparaturversuche ohne schlüssigen Beweis der Mangelhaftigkeit. Die wirkliche Frage ist, ob eine kohärente Erklärung von vagen, aber auf Beobachtung basierenden Begriffen gegeben werden kann. Es gibt einen Grund, warum Begriffe, deren Anwendung auf Beobachtung beruht, vage Grenzen haben – Beobachtungen können keine unendlich scharfe Grenze unterscheiden. Unsere Begriffe müssen so sein, daß wir sie verwenden und anwenden können.

Das stärkste Argument für eine Inkohärenz in vagen Begriffen ist der Sorites. Aber der Sorites erhält einen Großteil seiner dramatischen Kraft durch illegitime Schritte. Der deutlichste ist die Behauptung, daß der Obersatz ‹wenn A (n), dann A $(n+1)$› nur falsch sein kann, wenn es einen scharfen Schnittpunkt gibt, das heißt eine Zahl k, so daß ‹A (k)› wahr ist und ‹A $(k+1)$› falsch. Das freilich beruht darauf, daß man den Bedingungssatz material und wahrheitsfunktional auffaßt, eine Theorie des Bedingungssatzes, die, wie wir in Kaptiel 3 sahen, nicht aufrechterhalten werden kann. Sie beruht auch auf Rhetorik: Wie viele Haare braucht ein Mann? Wie können diese Farbflecke, isoliert betrachtet, unterschieden werden? Wie viel ist, ohne Rücksicht auf den Kontext, wenig?

Die Erkenntnis dieser Eigenschaften dient nicht dazu, den Sorites zu vertreiben, sondern eher, den wesentlichen Punkt zu klären. Wir wählen einen Gegenstandsbereich. Dann können unsere Beobachtungsfähigkeiten und unser Begriffsarsenal Unterscheidungen zwischen den Elementen treffen – aber nicht unendlich. Wir behalten ‹Elementarklassen›, Gruppen von Elementen zurück, zwischen denen wir nicht, oder wenigstens nicht im Moment, unterscheiden können. Diese elementaren Klassen decken den Definitionsbereich ab, das heißt, jedes Element des Definitionsbereichs gehört zu mindestens und möglicherweise zu mehr als einer Klasse von ununterscheidbaren Elementen. Wir legen über den Definitionsbereich eine Menge von Begriffen, die durch Paradigmata charakterisiert sind – Gruppen von Elementen, die als perfekte Beispiele gelten, im Unterschied zu anderen, die negative Beispiele ausmachen. Zwischen ihnen gibt es kein Kontinuum von Fällen, eher eine unendlich große Gruppe, von denen viele ununterscheidbar sind. Wo immer eine Linie gezogen wird, sie wird durch eine elementare Menge hindurchgehen, denn diese überlappen einander. Betrachten wir zum Beispiel Dummetts Bild vom Uhrzeiger, der sich unmerklich rund ums Zifferblatt bewegt. Nach zwei Sekunden erscheint seine Stellung unverändert; nach vier Sekunden erscheint seine Stellung nicht anders als nach zwei Sekunden, aber wahrnehmbar anders als zu Beginn. Es gibt endlich viele unterscheidbare Positionen für den Zeiger. Aber diese Positionen ‹überlappen› sich – seine Stellung nach zwei Sekunden gehört sowohl zur Elementarklasse, die über der Stunde definiert ist, wie zu der, die über dem Vier-Sekunden-Augenblick definiert ist – und umgekehrt gehören beide Stellungen zur Elementarklasse, die über dem Zwei-Sekunden-Augenblick definiert ist. Ist das inkohärent? Es ist verwirrend, vielleicht paradox. Aber hier ist eine Paradoxie, deren Schlußfolgerung wir verkraften können, nämlich daß verschiedene Stellungen oder Farbtöne und andere Beobachtungsbegriffe verschiedene Ununterscheidbarkeitsklassen identischer Elemente des Definitionsbereichs umfassen können, ja müssen. Ununterscheidbarkeit ist nicht transitiv.

Diese Theorie, die Theorie der rauhen Mengen, wurde zuerst von Zdisław Pawlak entwickelt. Ihre Anwendung auf Vagheit kann nachgelesen werden in Ewa Orłowskas Aufsatz ‹Semantics of Vague Concepts›. Eine ausführliche Darstellung der rauhen Mengen wurde gegeben in Z. Pawlaks *Rough Sets*. Pawlaks Toleranzrelation ist eine Äquivalenzrelation; sie ist von Orłowska gelockert worden, um überlappende Elementarklassen zuzulassen. Die Idee, vage Begriffe durch einen Bezug auf Paradigmata zu lokalisieren, wurde sehr wirkungsvoll verteidigt in Mark Sainsburys Antrittsvorlesung ‹Concepts Without Boundaries›.

8 Über die Linie: die Herausforderung der Konstruktivisten

Im ersten Kapitel charakterisierte ich die Korrespondenztheorie der Wahrheit als sowohl ontologisch wie epistemologisch realistisch. Ontologisch realistisch ist sie insofern, als sie die Existenz eines Bereichs abstrakter Objekte, der Tatsachen, behauptet, deren Existenz zur Existenz der sie konstituierenden Entitäten hinzukommt und auf sie nicht reduzierbar ist. Es gibt nicht nur Schwarzbären, Krankheiten, Längengrade und Violinkonzerte, sondern außerdem diese Bären, Krankheiten usf. betreffenden Tatsachen. Was Aussagen über diese Dinge wahr und falsch macht, sind nicht die Dinge selbst, sondern die sie betreffenden Tatsachen. Es ist nicht der Bär, welcher ‹Der Bär ist schwarz› wahr macht, sondern die Tatsache, daß der Bär schwarz ist.

Ich habe dann behauptet, daß man eine befriedigende Wahrheitstheorie – die Tarskis formalen und materialen Einschränkungen genügt – ohne die ontologische Bindung an Tatsachen geben könnte. Aber die philosophische Grundlage der Korrespondenztheorie ist keineswegs auf sie allein beschränkt und entsteht aus ihrem epistemologischen Realismus. Der letztere beruht auf dem Glauben an objektive Wahrheitswerte, das heißt auf dem Glauben, daß Aussagen wahr oder falsch sind unabhängig von unserer Fähigkeit zu entdecken, welches von beiden der Fall ist. Nach dem realistischen Bild ist Wahrheit nicht an unsere Erkenntnis gebunden. Aussagen haben Wahrheitswerte ungeachtet unserer Möglichkeit, sie herauszufinden. Es kann im Prinzip Wahrheiten geben, die wir nicht erkennen können.

Das Verbindungsglied zum ontologischen Realismus besteht in dem Versuch, diese Unabhängigkeit zu erklären. Was macht wahre Aussagen unabhängig von uns wahr? Die Objektivität beruht auf Objekten, nämlich Fakten. Zugegeben, das Problem verlagert sich dadurch von den objektiven Wahrheitswerten von Aussagen auf die objektive Existenz von Tatsachen. Es besteht aber nichtsdestoweniger die Hoffnung, daß auf diese Weise leichter eine akzeptable Darstellung der letzteren zu erreichen ist. Es wird manchmal unterstellt, daß die Existenz von Tatsachen eine Trivialität ist, die ohnehin keiner bestreitet. Was aber für den Realismus charakteristisch ist, ist seine bestimmte Auffassung von Tatsachen und ihrer Beziehung zu Aussagen. ‹Harte› Tatsachen werden von ‹weichen› Tatsachen unterschieden, so daß Realismus in einem bestimmten Redebereich die Behauptung ist, daß Wahrheit dort in einer substantiellen Beziehung zu harten Tatsachen besteht; globaler Realismus bedeutet, daß dies der Fall für alle (*bona fide*) Aussagen ist. Gewiß kann man auf diese Weise vorgehen, und alltägliche Formen des Sprechens (zum Beispiel ‹Ist das eine Tatsache?›) unterstützen das. Meiner Ansicht nach ist es freilich klarer und ökonomischer, das Wort ‹Tatsache› nicht auf Trivialitäten zu verschwenden samt der daraus folgenden Notwendigkeit, eine Unterklasse ‹harter Tatsachen› davon abzutrennen. Die Begründung einer Theorie auf selbständige, ontologisch autonome Objekte (in diesem Fall Tatsachen) war historisch die übliche Art, einen Glauben an die Objektivität auf irgendeinem Diskursgebiet zu untermauern.

Der Minimalismus, falls er in irgendeiner Form möglich ist, zeigt, daß dieser Gedanke verworren ist. Er schreibt objektive Wahrheitswerte zu, ohne einen zusätzlichen Bereich von Objekten anzunehmen. Die Aussage, daß beispielsweise a durch R auf b bezogen ist, ist genau dann wahr, wenn a durch R auf b bezogen ist; und das gilt für jede Form von Aussage. ‹S ist genau dann wahr, wenn p› ist ein Schema, das gilt, wann immer das, was S ersetzt, der Name einer Aussage ist, die selbst oder (falls sich Metasprache und Objektsprache unterscheiden) deren Übersetzung p ersetzt. Man erinnere sich, daß Minimalismus die These ist, über Wahrheit gebe es nicht mehr zu sagen, als was im W-Schema enthalten ist. Der gesamte Sinn von Wahrheit erschöpft sich darin, daß das W-Schema die Wahrheitsbedingung der darin zitierten Aussage enthält. Diese Wahrheitsbedingung fügt der Aussage nichts hinzu; sie entkleidet sie ihrer Anführungszeichen und stellt sie nackt dar. Gleichzeitig besteht weder epistemisch noch ontologisch irgendeine Einschränkung der

243

Wahrheit, weder eine Forderung, daß die Wahrheit erkennbar sein noch daß sie auf der Existenz irgendeines Objektbereichs beruhen müsse. Die Aussage wird für uns wiederholt, nackt und unverändert. Keine zusätzliche Ontologie ist nötig; trotzdem gibt es auch keine epistemische Einschränkung der Begriffs der Wahrheit. Minimalismus ist Realismus ohne den Ärger.

Die konstruktivistische Herausforderung trifft deshalb den Minimalismus genauso wie ontologisch verschwenderischere Theorien. Denn der Konstruktivismus nimmt sich vor zu zeigen, daß ein epistemisch zwangloser Begriff von Wahrheit inkohärent ist, nicht in seinen ontologischen, sondern in seinen epistemischen Implikationen. Der Fehler, so meint er, liegt in der Objektivität des realistischen Begriffs der Wahrheit, nicht in seiner Bindung an irgendwelche Objekte. Deshalb fordert der Konstruktivismus den Realisten auf zu zeigen, daß die Idee sinnvoll ist, eine Aussage sei wahr, selbst wenn es unsere Kraft übersteigt zu entdekken, welchen Wahrheitswert sie hat. Das zentrale Problem betrifft die Bindung des Realisten an die Möglichkeit sogenannter ‹verifikationstranszendenter› Wahrheiten, Aussagen, deren Wahrheit zu beweisen oder zu verifizieren wir keinerlei Mittel haben. Der Konstruktivist verlangt von dem Realisten, diese Bindung zu verteidigen – oder seinen Realismus aufzugeben und eine epistemische oder konstruktivistische Wahrheitstheorie zu übernehmen.

Das Ziel dieses Kapitels ist es zu versuchen, diese Debatte zu klären. Viele Fragen ergeben sich unmittelbar aus der kühnen Formulierung der Herausforderung: Was ist eine epistemische Auffassung von Wahrheit, und wie ist sie mit ‹Konstruktion› verbunden? Warum gilt es als so schwierig, die Idee von ‹verifikationstranszendenten› Wahrheiten zu verstehen? Und insbesondere, gibt es eine bestimmte Klasse von Wahrheiten, die das Hauptschlachtfeld zwischen den beiden Seiten bildet? Diese und andere Fragen werden ihre Antwort im Laufe der Betrachtung dreier Argumente erfahren, die der Konstruktivist gegen den Realisten ins Feld führt. Ich werde sie die mathematischen, die logischen und die linguistischen Argumente nennen.

Das Unendliche

Das mathematische Argument betrifft die Natur der Unendlichkeit. Unendlichkeit tritt in der Mathematik an zwei Stellen auf: erstens in den zählenden oder, wie sie gewöhnlich genannt werden, den natürlichen Zahlen. Wie weit man auch immer gezählt hat, es ist immer möglich, eins weiter zu zählen. Es gibt keine größte natürliche Zahl – jeder Kandidat für eine solche größte Zahl könnte unmittelbar übertroffen werden, indem man 1 hinzuzählt. Folglich kann es nicht nur eine endliche Menge natürlicher Zahlen geben. Die Menge ist unendlich. Der andere Kontext, in dem Unendlichkeit entsteht, ist in der Geometrie, in der Untersuchung des Raums. Eine Strecke kann unendlich unterteilt werden. Jedes Intervall kann weiter in Unterintervalle unterteilt werden. Wieder gibt es keine Grenze für diesen Prozeß. Wie weit auch immer ein Prozeß der Unterteilung gegangen ist, immer ist eine weitere Teilung möglich.

Man beachte, daß diese Unendlichkeit der Wiederholung beider Prozesse begrifflich und ideal ist, aber nichtsdestoweniger wesentlich. Angenommen, es gibt – wie es heißt – nur 10^{80} Elementarteilchen im Universum. Wir können ihnen immer noch die Anzahl der Moleküle und Sterne, die aus ihnen bestehen, hinzufügen, die Anzahl der Paare und Ketten von Partikeln, die Ketten von Ketten usf. Ähnlich, selbst wenn der physikalische Raum ‹körnig› ist (keine Unterscheidungen jenseits von etwa 10^{-40} m zuläßt), ist der ideale Raum der Geometrie nicht so beschränkt; und, wichtiger noch, die ‹ideale Gerade›, der Begriff der räumlichen Ausdehnung, dient als Modell für die mathematische Behandlung von Zeit, Geschwindigkeit, Masse, Wellenlänge und Frequenz, um nur einige wenige zu nennen.

Freilich führt die Idee, daß ein Prozeß (der Hinzufügung von 1 oder einer weiteren Unterteilung) unendlich fortgeführt werden kann, Unendlichkeit nur als potential ein. Nach diesem Modell kann Unendlichkeit niemals erreicht werden. Tatsächlich ist eine derartige Annahme inkohärent; denn unsere Vorstellung ist die Vorstellung eines Prozesses, der, sooft er auch angewendet worden ist, immer wieder angewendet werden kann. Deshalb kann es keinen Punkt geben, an dem alle mög-

lichen Anwendungen vollendet sein werden. Unendlichkeit ist ein un-
vollendbares, ein nie erreichbares Ziel.

Andererseits sind unsere Auffassungen vom Standardmodell der
Arithmetik, ω, (aus Kapitel 2) und der idealen Geraden Auffassungen
von dem Unendlichen als wirklich. ω die Menge der natürlichen Zahlen,
ist eine vollendete Totalität, das Resultat der unendlichen Wiederholung
der Addition von 1. Sie enthält alle natürlichen Zahlen. Ähnlich ist die
ideale Gerade mehr als ein Intervall; sie ist eine Menge von Punkten, von
unendlich vielen Punkten. Die ideale Gerade ist aktual oder wirklich vollständig und stetig. Es besteht nicht nur die Möglichkeit, Punkte auf ihr
zu lokalisieren – sie sind wirklich da. Zwischen zwei beliebigen Punkten
gibt es einen dritten (Dichte); und jede begrenzte Folge von Punkten
(oder Intervallen) hat eine Grenze – sie ist kontinuierlich.

Diese Auffassungen von den natürlichen Zahlen und der idealen Geraden sind relativ neu. Denn die Behandlung unendlicher Mengen als aktual schien zu einem Paradox zu führen. Man nehme zum Beispiel die
natürlichen Zahlen. Jede natürliche Zahl ist entweder ungerade oder gerade. Wenn wir uns die Menge als eine vollendete Totalität denken, erscheint sie als die Vereinigung zweier Teilmengen – der Menge aller ungeraden und der aller geraden Zahlen. Aber diese Mengen sind ebenfalls
unendlich. Ist es nicht paradox, daß zwei Mengen dieselbe Größe haben –
unendlich – und trotzdem die eine kleiner ist als die andere? Denn in
gewissem Sinn gibt es weniger ungerade Zahlen als natürliche Zahlen, da
nicht alle natürlichen Zahlen ungerade sind.

Auch die Behandlung der Strecke als einer aktualen Unendlichkeit von
Punkten schien zu Paradoxien zu führen. Einige von ihnen werden Zenon aus Elea im 5. Jahrhundert zugeschrieben. Wenn eine Rennbahn aus
einer aktualen Unendlichkeit von Punkten besteht, muß ein Läufer eine
aktuale Unendlichkeit von Aufgaben erledigen, bevor er das Ziel erreichen kann – zuerst zum Beispiel die halbe Strecke durchqueren, dann die
Hälfte des Rests usf. Anders betrachtet, bevor er irgendeinen Punkt erreicht, muß er erst den halben Weg davor zurücklegen, aber davor den
halben Weg davor usf.; er kann also nicht einmal anfangen, denn bevor
er irgendeinen Schritt tut, muß er eine unendliche Anzahl von früheren
Aufgaben erledigen. Diese Probleme haben eine mathematische ‹Lösung›

246

– die Zeit, die nötig ist, um einen Punkt zu erreichen, ist die endliche Summe von zunehmend kleineren Zeitintervallen (rückwärts oder vorwärts), die genau der endlichen Summe immer kleinerer räumlicher Intervalle entspricht –, aber das geht an der philosophischen Problematik vorbei. Letztere beruht auf der Tatsache, daß eine unendliche Menge als eine Menge definiert war, die sich, wieviel man auch immer davon hat, immer noch weiter vergrößern läßt – sie ist *per definitionem* unvollständig. Wenn es also aktual unendlich viele Aufgaben zu erledigen gibt, bevor man ein Intervall durchquert hat, dann kann dieses Intervall nicht durchquert werden.

Diese und andere Probleme der Unendlichkeit und des Kontinuums (der idealen Geraden) wurden erst gelöst (wenn sie überhaupt ‹gelöst› wurden), als gegen Ende des 19. Jahrhunderts der Prozeß der Arithmetisierung der Analysis in Angriff genommen wurde. Die Entwicklung der Punktmengen-Topologie, die das von Descartes im 17. Jahrhundert begonnene Werk, algebraische Methoden in die Geometrie einzuführen, ausweitete, führte zu einem Begründungsprogramm, dessen Ziel es war, Unklarheiten, Abhängigkeit von der Anschauung und Paradoxien zu beseitigen. Betrachten wir die einfache, aber weitreichende Entdeckung der Inkommensurabilität durch die Griechen. Man nehme den Graph der Funktion $y = x^2 - \frac{1}{2}$; sie teilt das Einheitsintervall (auf der x-Achse) in zwei Segmente ein, in die Werte von x, deren Quadrat kleiner als $\frac{1}{2}$ ist, und in die, deren Quadrat größer als $\frac{1}{2}$ ist. Aber der Teilungspunkt kann nicht durch irgendeinen Prozeß rationaler Teilung, der Unterteilung der Strecke durch Verhältnisse und Brüche erreicht werden. Eine adäquate Behandlung der idealen Geraden als einer Menge von Punkten, einer aktualen Unendlichkeit, erfordert die Ergänzung der Menge der Brüche durch eine weitere Unendlichkeit von Punkten, die auf diese Weise durch ‹Schnitte› erlangt werden, die Postulierung irrationaler Punkte, die jeder möglichen Teilung der Menge rationaler Punkte in zwei Klassen entspricht, wobei die erste jede rationale Zahl enthält, die kleiner ist als jede rationale Zahl, die sie enthält, die zweite jede rationale Zahl, die größer ist als jede rationale Zahl in ihr.

Diese Zähmung der Unendlichkeit der Mathematik bedurfte zweier entscheidender Neuerungen und warf eine tief beunruhigende Frage auf.

Eingeführt wurden diese Neuerungen von Richard Dedekind und Georg Cantor. Das Ziel war, das Unendliche dem Endlichen so ähnlich wie möglich zu behandeln. Der erste Schritt bestand darin, die Definition des Unendlichen zu verändern, so daß wir, statt es als das Unvollendbare zu definieren und uns dadurch die Galileische Paradoxie einzuhandeln (daß es genau so viele ungerade Zahlen gibt wie natürliche), das Unendliche durch eben diese Paradoxie definieren, als jede Menge, die anzahlgleich mit einer echten Teilmenge ihrer selbst ist (da die ungeraden Zahlen anzahlgleich mit den natürlichen Zahlen oder die Punkte des Intervalls [0,1] anzahlgleich mit denen in dem Intervall $[\frac{1}{4} \frac{3}{4}]$ oder tatsächlich jedem Intervall sind), und uns dann fragen, ob alle dergleichen Mengen unvollendbar sind. Cantors Behauptung, welche die Theorie des ‹Transfiniten› einführte, war, daß nicht alle unvollendbar seien. Das Transfinite kann – durch die Methoden, die wir für das Endliche verwenden – als eine vollendete Totalität behandelt werden, als eine aktuale Unendlichkeit. Betrachten wir zum Beispiel den Prozeß, eine Grenze zu erreichen, etwa den Fortschritt des Läufers durch das Stadion. Die zurückgelegte Strecke ist $\sum_{n=0}^{\infty} \frac{1}{2^n}$. Das Symbol ‹$\infty$› braucht hier nicht – das war tatsächlich die wesentliche Einsicht des 19. Jahrhunderts – als Name eines Werts von n betrachtet zu werden. Die Summe ist ein Grenzwert, sie ist diejenige Zahl (nämlich 2), die immer weniger von jeder Teilsumme $\sum_{n=2}^{k} \frac{1}{2^n}$ abweicht, wenn k wächst. Diese Technik ist unter dem Namen der ‹ε, δ›-Definition bekannt: $\sum_{n=2}^{\infty} \frac{1}{2^n} = \gamma$, wenn es zu jedem $\varepsilon > 0$ (wie klein auch immer es sein mag) ein $\delta = \frac{1}{k}$ gibt, so daß $\left| \gamma - \sum_{n=2}^{k} \frac{1}{2^n} \right| < \varepsilon$. Also $\gamma = 2$.

Angenommen, wir haben einen Prozeß, den wir wiederholt anwenden können, etwa auf eine Teilmenge des Intervalls [0,1] (das Beispiel, das Cantor ins Auge faßte, war die Bildung der abgeleiteten Menge von Häufungspunkten), wodurch aufeinanderfolgende Teilmengen P, $P^{(1)}$, $P^{(2)}$, ..., $P^{(n)}$ entstehen. Durch die Analyse der Grenzen mittels der ‹ε, δ›-Technik können wir die Grenze dieses Prozesses, $P^{(\infty)}$, für jede Menge P betrachten. Sie kann leer sein, oder sie kann eine andere nicht leere Teilmenge von [0,1] sein. Wenn das der Fall ist, können wir die Technik wiederum anwenden und $P^{(\infty+1)}$ bilden. An diesem Punkt nun führte Cantor die Notation ω für das Ergebnis ein, einen solchen Prozeß einmal auf jede natürliche Zahl anzuwenden – bis zur Grenze. Also schreiben wir $P^{(\omega)}$ für die Grenzmenge, $P^{(\omega+1)}$, $P^{(\omega+2)}$, ... für das Ergebnis einer immer erneuerten Anwendung des Prozesses, der – für hinreichend reiche anfängliche Teilmengen, $P^{(\omega \cdot 2)}$, – die abgeleiteten Mengen $P^{(\omega+\omega)} = P^{(\omega \cdot \omega)} = P^{(\omega^2)}$, $P^{(\omega^\omega)}$ usf. ergibt. Die Indizes ω, $\omega.2$, ω^ω usf. waren Cantors transfinite Zahlen, das Unendliche als Endliches behandelt.

Die zweite Neuerung war die Vollendung der idealen Geraden durch die irrationalen Zahlen, die durch ‹Schnitte› der früher erwähnten Art erreicht wurde. Wenn wir uns die ideale Gerade als ein Kontinuum denken sollen, müssen wir annehmen, daß, wo immer man sie schneidet – wie in Euklids berühmten Beweis der Inkommensurabilität die Seite eines Quadrats die Diagonale ‹schneidet›, oder wie der Graph des $\cos x$ die x-Achse bei $\frac{\pi}{2}$, $\frac{3\pi}{2}$ ‹schneidet› –, es einen Punkt auf der Geraden gibt, durch den der Schnitt hindurchgeht. Die Gerade ist kontinuierlich und enthält eine Grenze für jede begrenzte monotone Folge, das heißt, eine Grenze für Folgen, deren Elemente kleiner (bzw. größer) als eine bestimmte Zahl sind, das heißt, oben (bzw. unten) begrenzt und so, daß folgende Elemente größer (bzw. kleiner) als frühere Elemente sind, das heißt, monoton steigen (bzw. fallen); denn die Folge selbst definiert einen Schnitt auf dem Kontinuum, der selbst als Grenze oder zu deren Definition dient, die kleinste obere (bzw. größte niedrige) Schranke.

Worin besteht nun also das Problem? Es wird auf folgende Weise deutlich: Wir haben jetzt zwei unendliche Mengen, zwei Arten von aktualer Unendlichkeit, die natürlichen Zahlen, ω, die als vollendetes Ganzes betrachtet werden; und die ideale Gerade, sagen wir, das Intervall [0,1] wiederum als vollendetes Ganzes betrachtet. Jede ist unendlich, insofern jede anzahlgleich mit einer echten Teilmenge ihrer selbst ist. Andererseits sind sie auch sehr verschieden. ω ist eine diskrete Menge, in der jedes Element (außer dem ersten) einen unmittelbaren Vorgänger und einen unmittelbaren Nachfolger hat. Technisch ist es eine Wohlordnung, das heißt, jede Teilmenge hat unter der Ordnung ein kleinstes Element. Das Einheitsintervall andererseits ist keine diskrete Ordnung – man

sollte es sich nicht so wie Perlen auf einer Kette vorstellen, die unglaub-
lich eng aneinander gedrückt worden sind. Kein Element hat einen unmittelbaren Vorgänger oder Nachfolger – zwischen je zwei Elementen
gibt es unendlich viele andere. Tatsächlich gibt es zwischen beliebigen
zwei rationalen Zahlen unendlich viele irrationale Zahlen wie auch rationale Zahlen. Die Frage, die Cantor stellte, lautete: Sind diese beiden
Mengen anzahlgleich?

Tatsächlich ist es nicht so sehr die Frage als vielmehr die Antwort, die
verwirrend ist. Denn Cantor konnte zeigen, daß sie nicht anzahlgleich
sind. Das bedeutet, daß es keine paarweise Zuordnung (oder eineindeu-
tige Abbildung) ihrer Elemente gibt, zum Beispiel zwischen den ungeraden und den natürlichen Zahlen oder dem Einheitsintervall und jedem
beliebigen Segment daraus. Denn man betrachte jede beliebige reelle
Zahl zwischen 0 und 1, das heißt, jedes Element von (0,1) – 0 und 1
ausgeschlossen. Es kann, wie üblich, als eine unendliche Dezimalzahl
dargestellt werden und, um Verdopplungen zu vermeiden (da zum Beispiel $0,5 = 0,4999 \ldots$), als eine unendliche Dezimalzahl ohne eine
unendliche aufeinanderfolgende Folge von Nullen

$$\frac{1}{\pi} = 0,318309886 \ldots$$

$$\frac{1}{2} = 0,4999 \ldots$$

$$\frac{1}{\sqrt{2}} = 0,707106781 \ldots$$

$$\frac{13}{83} = 0,156626506 \ldots$$

Jede Stelle hinter dem Komma enthält ein Zahlzeichen zwischen 0 und 9.
Angenommen, es gäbe eine Abbildung der reellen Zahlen auf die natürlichen Zahlen, das heißt eine erschöpfende Liste der Elemente von (0,1)
mit einem ersten Element, einem zweiten usf. (Die obige Darstellung
könnte der Anfang einer solchen Liste sein und ihre ersten vier Elemente
zeigen.) Dann können wir aus jeder solchen Liste ‹diagonalisieren› (eine
Diagonale bilden), wodurch wir eine reelle Zahl in (0,1) aufweisen, die
nicht in der Liste steht. Die ‹neue› reelle Zahl wird folgendermaßen gebildet. Ihre erste Dezimalstelle ist eins größer als die erste Dezimalstelle der
ersten reellen Zahl in der Liste, wenn dies Zahlzeichen nicht 9 ist, andernfalls 8; ihre zweite Dezimalstelle ist wiederum eins größer als die

zweite Dezimalstelle, diesmal der zweiten reellen Zahl in der Liste, wenn sie nicht 9 ist, andernfalls 8 usf. Mit anderen Worten, sie unterscheidet sich an der $n$ten Stelle von der $n$ten Dezimalzahl in der Liste. Wenn beispielsweise die obige Darstellung der Anfang unserer Liste ist, dann ist die reelle ‹Diagonalzahl› 0,4887 ... Die Betrachtung zeigt, daß diese reelle Zahl nicht irgendwo auf der Liste sein kann, da sie sich von jeder reellen Zahl darauf an mindestens einer Stelle unterscheidet.

Wie sollte dieses Resultat interpretiert werden? Man erinnere sich an Cantors transfinite Ordnungs-Typen, ω, $\omega + 1$, ... $\omega.2$, ... ω^ω usf. Diese Reihe, welche die natürlichen Zahlen ins Transfinite erweitert, ist wohlgeordnet. Die Abbildung der ungeraden Zahlen auf die natürlichen Zahlen zeigt die Gleichmächtigkeit von ω und $\omega.2$, das heißt von $\omega + \omega$, denn sie sondert die ungeraden Zahlen aus (als eine Menge vom Ordnungstyp ω) und läßt nur die geraden Zahlen übrig – eine weitere Menge vom Typ ω. Das heißt, es läßt sich zeigen, daß jeder dieser höheren Ordnungs-Typen $\omega + 1$, ω^2, ω^ω mit ω anzahlgleich ist. Cantor interpretierte sein Diagonalargument so, daß es zeige, daß die reellen Zahlen einer noch höheren Ordinalzahl entsprechen, die nicht eineindeutig auf ω abgebildet werden könne. Das heißt, er bezweifelte nicht, daß die reellen Zahlen wohlgeordnet sein – in einer Liste dargestellt werden – könnten. Aber eine solche Liste müßte unweigerlich länger sein als ω. Jede Liste vom Typ ω läßt einige reelle Zahlen aus; folglich muß eine vollständige Liste über ω hinaus weitergehen, und zwar auf eine radikale Art und Weise, eine Weise, wie es ω^2 zum Beispiel nicht tut, denn ω^2 (zum Beispiel die Teilung der natürlichen Zahlen in Teilmengen, die den kleinsten Primteiler gemeinsam haben) können neu geordnet werden, so daß sie ω entsprechen.

An diesem Punkt haben wir uns weit von Zenons Paradoxien und dem Inkommensurabilitätsbeweis der Griechen entfernt. Wir scheinen eine kohärente Theorie zu haben, die arithmetische, analytische und geometrische Methoden vereint. Mathematik ist, in der ordinalen Theorie der Grenzwerte, zur Theorie des Unendlichen geworden, der sukzessiven Anwendung von Operationen vom Endlichen bis hin zum Transfiniten und, in der Punktmengen-Topologie, zur Theorie des Kontinuums als einer Menge von individuellen Elementen, indem sie aus einer Ansammlung von unausgedehnten Punkten eine Metrik der Extension geschaffen hat. Das Datum ist etwa 1890, und die Paradoxien, die Weierstraß, Dedekind, Cantor und andere für immer verbannt glaubten, stehen im Begriff, verstärkt zurückzukehren.

Die erste der modernen Paradoxien war die von Burali-Forti. Sehen wir uns Cantors Ordinalreihe an. Wie weit wir auch immer in der Ordinalreihe vorangegangen sind, so können wir jede Operation, die wiederholt wird, noch einmal anwenden. Die resultierende Ordinalzahl ist größer als die vorangehenden Ordinalzahlen. (‹Größer als› bedeutet hier nicht ‹nicht anzahlgleich›, denn offensichtlich kann ‹$\alpha + 1$› auf α abgebildet werden, indem man 1 auf das erste Element von α abbildet und die Nachfolger nach rechts verschiebt. Vielmehr ist ‹$\alpha + 1$› niemals ordnungs-isomorph zu α, das heißt, es bezeichnet einen Ordnungstyp, von dem α einen echten Teil darstellt – ein echtes Anfangssegment.) Nehmen wir die Menge aller Ordinalzahlen. Sie ist wohlgeordnet – denn so sind die Ordinalzahlen konstruiert. Also hat sie einen Ordnungstyp; das heißt, sie ist selbst eine Ordinalzahl, sagen wir θ. Dann können wir $\theta + 1$ bilden, die eine Ordinalzahl größer als die Menge aller Ordinalzahlen ist. Das ist ein Widerspruch.

Offensichtlich ist die Annahme der Menge aller Ordinalzahlen widersprüchlich. Sie ist eine absolute Unendlichkeit. Cantor hatte behauptet, die Unendlichkeit zu zähmen – das Transfinite. Aber es muß jenseits des Transfiniten eine absolute Unendlichkeit geben (die all den alten Problemen wieder ausgesetzt ist). Cantor erkannte das. Das Problem besteht freilich darin, einen vernünftigen Grund, eine Erklärung dafür zu geben, warum es keine Menge aller Ordinalzahlen geben kann. Zu sagen, es könne sie nicht geben, weil diese Annahme zu einer Inkonsistenz führe, heißt die Verwerfung gänzlich ad hoc zu machen. Wir suchen eine Erklärung, einen Grund, warum es sicher und konsistent zu sein scheint, wenn man einige Objekte zusammenfaßt, zum Beispiel alle natürlichen Zahlen, während die Zusammenfassung anderer, zum Beispiel die aller Ordinalzahlen, zu einem Widerspruch führt.

Die berühmteste aller Paradoxien, die in die Mathematik hineinplatzten, im wesentlichen alle in der Dekade von 1895 bis 1905, war Russells Paradoxie, die von Bertrand Russell im Jahre 1903 veröffentlicht wurde.

Russell stieß auf sie, als er über Cantors Beweis der Nichtabzählbarkeit der reellen Zahlen nachdachte – daß es keine Liste (vom Ordnungstyp ω) der reellen Zahlen gibt (oder der reellen Zahlen in einem beliebigen Intervall, da letztere gleichzahlig sind mit der Gesamtmenge der reellen Zahlen). Der Beweis arbeitet, wie wir sahen, mit Hilfe der ‹Diagonalisierung› aus einer gedachten Liste, das heißt, indem er die Liste benutzt, um eine weitere reelle Zahl zu konstruieren, die sich von jeder reellen Zahl auf der Liste unterscheidet. Der Beweis verallgemeinert: Gegeben eine beliebige Menge, gibt es mehr Eigenschaften von Dingen in der Menge, als es Dinge in der Menge gibt. Denn gegeben eine beliebige gedachte Zuordnung von Eigenschaften zu Dingen in der Menge, betrachte man die Eigenschaft, die von irgend etwas gilt, genau dann, wenn es die Eigenschaft nicht hat, der es zugeordnet ist. Nehmen wir einen einfachen Fall, wo wir nur zwei Dinge betrachten, a und b (zwei Felsen zum Beispiel), und denken wir uns Eigenschaften extensional, das heißt einfach als die Menge von Dingen, die sie haben. Dann gibt es also vier Eigenschaften, die, welche weder von a oder b wahr sind (zum Beispiel von Seemöwen), die, welche von a (a sein), von b und von beiden (Felssein) wahr sind. Wir können die Felsen nicht mit ihren möglichen Eigenschaften zu Paaren ordnen – es gibt zu viele.

Die entscheidende Konstruktion in beiden Beweisen – Cantors und Russells – ist die Diagonalisierung, die Verwendung der gedachten eineindeutigen Abbildung, um eine Zahl oder Menge oder Eigenschaft zu erzeugen, die nicht in der ursprünglichen enthalten ist. Für Russells Paradoxie nehme man die Menge aller Eigenschaften (oder Mengen) und betrachte die Eigenschaft (oder Menge) von Eigenschaften (bzw. Mengen), die nicht von sich selbst gelten (bzw. dazu gehören) – das heißt, man diagonalisiere über die Identitätsabbildung. Nennen wir sie die Russelleigenschaft (oder Russellmenge). Sie kann nicht von sich selbst gelten, da sie die Eigenschaft ist, die nur dann von Eigenschaften gilt, wenn sie nicht von sich selbst gelten. Aber dann muß sie von sich selbst gelten, da sie von allen Eigenschaften gilt, die nicht von sich selbst gelten (*mutatis mutandis* für Mengen). Das ist ein Widerspruch: Die Russelleigenschaft gilt von sich selbst und kann nicht von sich selbst gelten; die Russellmenge gehört zu sich selbst und kann nicht zu sich selbst gehören.

Intuitionismus

Russell und Zermelo – der anscheinend ganz unabhängig auf ‹Russells Paradoxie› gestoßen war – waren führend bei den Reparaturarbeiten an der klassischen Mengenlehre. Russell führte eine Hierarchie von Typen ein, Zermelo eine Hierarchie von Mengen, und beide schränkten die Skala des Transfiniten ein. Aber in den Augen Brouwers und der von ihm angeführten und inspirierten konstruktivistischen Gruppe, der Intuitionisten, erschienen die Paradoxien der Mengentheorie als weit mehr als ein nur lokales Problem in der Mengentheorie, das mit logischen und mengentheoretischen Begriffen behandelt werden konnte. Sie unterminierten das gesamte, mindestens auf Descartes zurückreichende Unternehmen, mit geometrischen Begriffen algebraisch zu verfahren, sowie die Einführung des Aktual-Unendlichen, zu der diese Bewegung geführt hatte.

Wenn wir es mit endlichen Mengen zu tun haben, können wir sie extensional wie intensional behandeln. Das heißt, ebenso wie wir sie als Extensionen eines Begriffs beschreiben können, können wir auch jedes Element der Reihe nach getrennt betrachten. Nehmen wir ein Beispiel: Angenommen, wir behaupten, jedem Gast im Flugzeug nach Fiumicino sei eine Mahlzeit serviert worden. Wir könnten diese Behauptung als eine allgemeine Tatsache über Passagiere in Alitalia-Flugzeugen äußern – die Menge intensional behandeln. Jedes Element der Menge fällt unter einen bestimmten Begriff, eine Intension, und wird als solches eine Mahlzeit serviert bekommen haben. Aber wir hätten es auch als Ergebnis der Handlung behaupten können, der Reihe nach zu jedem einzelnen Passagier hinzugehen und zu verifizieren, daß ihm eine Mahlzeit serviert wurde – da wir die allgemeine Behauptung auf diese Weise überprüfen könnten. Das hieße, die Menge extensional zu behandeln. Das ist bei endlichen Mengen möglich. Aber bei unendlichen Mengen ist es nicht möglich. Sie können nur intensional behandelt werden, als Beispiele für einen allgemeinen Begriff. Das ist mit der Unvollendbarkeit einer unendlichen Menge gemeint – wie viele Beispiele auch immer man geprüft oder aufgezählt hat, es gibt immer noch weitere.

Der Realist versucht, an der Fiktion festzuhalten, daß unendliche

Mengen nichtsdestoweniger weiterhin auf extensionale Weise gedacht werden können. Selbst wenn wir sie aufgrund unserer menschlichen Beschränktheit nicht alle überblicken können, existieren sie objektiv – und vielleicht kann sie ein anderes Wesen mit größeren Kräften (Gott) alle der Reihe nach durchgehen. In Russells berühmter Wendung stellt die Beschränkung unserer Kräfte eine ‹lediglich medizinische Unmöglichkeit› dar. Der Realist glaubt, daß es eine wirklich vollständig definite Extension für Begriffe wie ‹natürliche Zahl›, ‹reelle Zahl› usf. gibt.

In seiner nüchternsten Form umfaßt der Realismus das volle Komprehensionsprinzip, daß jeder wohldefinierte Begriff eine Menge bestimmt. Burali-Fortis und Russells Paradoxien zeigten, daß dem irgendeine Restriktion auferlegt werden mußte. Nichtsdestoweniger, in der kumulativen Hierarchie, welche Mengen von unten her in der axiomatischen Mengentheorie konstruiert, behaupten die Axiome der Unendlichkeit und das Potenzmengen-Axiom insbesondere die Existenz der Extensionen der Begriffe ‹natürliche Zahl› und ‹reelle Zahl› als bestimmter Totalitäten.

Der Intuitionist bestreitet dies. Diesen Begriffen entsprechen Operationen oder Verfahren – intensionale Begriffe. Zum Beispiel wird der Begriff ‹natürliche Zahl› durch den Prozeß oder die Operation, sukzessiv die Zahl 1 hinzuzufügen, konstituiert. Jede reelle Zahl ist der Grenzwert einer Folge von Annäherungen, wobei ihre dezimale Darstellung auf immer mehr Stellen erweitert wird. Das heißt, sowohl natürliche wie reelle Zahlen werden durch eine Konstruktion erreicht. Es gibt keine präexistierende objektive Totalität von Entitäten, die wir erforschen. Zahlen werden durch die sukzessive Anwendung einer Operation geschaffen. Wo der Realist sagt, daß jede potentiale Unendlichkeit eine aktuale Unendlichkeit voraussetzt, entgegnet der Konstruktivist, daß jede potentiale Unendlichkeit eine Operation voraussetzt und zur Folge hat, daß es keine objektive Realität gibt. Was wahr ist, ist wahr nur dank unserer Fähigkeit, die Operation zu einem erfolgreichen Abschluß zu führen, nicht dank irgendeiner Korrespondenz mit irgendeiner derartigen Realität.

Das Bild, welches das Vorgehen des Konstruktivisten im Fall unendlicher Mengen untermauert, ist also radikal verschieden von dem des Realisten. Insbesondere führt es ihn zu einer ganz anderen Erklärung von Existenzbehauptungen. Tatsächlich neigt der Realist dazu, in dieser Frage zweideutig zu sein. Auch er spricht oft von ‹Konstruktionen›, zum Beispiel der rationalen Zahlen als geordneten Paaren von ganzen Zahlen, der reellen Zahlen als Dedekindscher Schnitte von rationalen Zahlen. Aber er nimmt den Begriff der Konstruktion nicht ernst, so als erlege er wirklich irgendeine Einschränkung auf. So kann er – zumindest in metaphorischen Ausdrücken – ‹Gott› als den großen Konstrukteur anrufen, der solchen Konstruktionen bis zu ihrer (medizinisch unmöglichen) Vollendung nachgehen kann. Am Ende erlaubt ihm sein philosophisches Credo die Postulierung jeder beliebigen Entität, deren Addition nicht zur Inkonsistenz führt. Das war das treibende Motiv bei der Arithmetisierung der Analysis in den 60er und 70er Jahren des vorigen Jahrhunderts; und als die Paradoxien zum Ausbruch kamen, war es das Ziel der Revision, so viel davon zu bewahren, wie es die Konsistenz erlauben würde.

Der Konstruktivist nimmt, wie sein Name zeigt, die Beschränkungen, die durch die Methoden der Konstruktion auferlegt werden, ernst. Existenz hat keine Anwendung oder keinen Sinn über das hinaus, was konstruiert und dargestellt werden kann. Ein Existenzbeweis ist erfordert, um tatsächlich Zeugnis für ihre Wahrheit abzulegen – das heißt, um eine Konstruktion zu liefern, durch die sie berechnet werden kann. Ein vielzitiertes Beispiel eines solchen konstruktiven Beweises ist der Beweis der Unendlichkeit der Primzahlen – zu jeder gegebenen Primzahl gibt es eine größere. Der Beweis zeigt, wie man von einer gegebenen Primzahl aus eine größere konstruieren kann. Angenommen, p ist eine Primzahl. Man betrachte $p! + 1$ (das heißt den Nachfolger von p Fakultät, wobei p Fakultät das Produkt von p mit allen seinen Vorgängern ist – zum Beispiel $2! = 2 \times 1 = 2$; $3! = 3 \times 2 \times 1 = 6$; $(n + 1)! = (n + 1) \times n!$). Wenn man $p! + 1$ durch jede Primzahl kleiner als oder gleich p teilt, bleibt der Rest 1. Also muß $p! + 1$ einen Primfaktor größer als p haben, da jede Zahl einen Primfaktor hat. Wenn wir jede Zahl zwischen p und $p! + 1$ auf Primzahligkeit hin untersuchen, können wir diese neue Primzahl finden, das heißt konstruieren. Auf diese Weise haben wir einen konstruktiven Beweis der Unendlichkeit der Primzahlen – das heißt ihrer potentialen Unendlichkeit, was bedeutet, daß, wie viele Primzahlen auch immer wir gefunden (oder konstruiert) haben, es immer eine weitere gibt (das heißt, wir eine weitere konstruieren können).

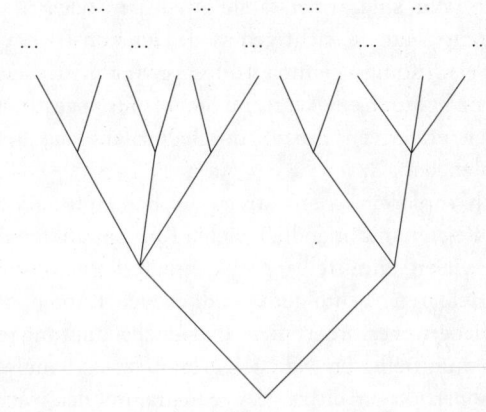

Figur 8.1

Kontrastieren wir diesen Beweis mit dem Beweis von Königs Lemma: Angenommen, wir haben einen unendlichen, sich endlich verzweigenden Baum (siehe Fig. 8.1). Der Baum wächst nach oben, wobei sich jeder Knotenpunkt in eine endliche Anzahl von Zweigen verzweigt. Königs Lemma behauptet, daß es einen unendlichen Zweig in dem Baum gibt. Wir ‹konstruieren› ihn folgendermaßen. a_0 sei der Wurzelknoten, und wir wollen annehmen, a_n ($n > 0$) sei so konstruiert worden, daß a_0 unendlich viele Knotenpunkte über sich hat (offensichtlich hat a_0 unendlich viele Knotenpunkte über sich, denn der Baum ist unendlich). Dann hat mindestens ein unmittelbarer Nachfolgerknoten von a_n unendlich viele Knotenpunkte über sich. Wir definieren $a_n + 1$ als einen solchen Knotenpunkt. Auf diese Weise können wir fortfahren, den unendlichen Zweig $a_0, a_1, a_2, \ldots$ zu ‹konstruieren›.

Ich habe das Wort ‹konstruieren› in diesem Beweis in Anführungszeichen gesetzt, denn der Beweis ist konstruktiv inakzeptabel. Es ist eine ‹Konstruktion›, die nur der große Konstrukteur ausführen könnte – sie übersteigt unsere Möglichkeiten. Denn gegeben ein Knoten mit unendlich vielen Knotenpunkten über sich, so gibt es keine konstruktive Methode, einen unmittelbaren Nachfolgerknoten mit derselben Eigenschaft auszuwählen. Wir sind außerstande zu prüfen oder zu kontrollieren, welche Knotenpunkte die richtigen sind. Der Konstruktivist wird nicht akzeptieren, daß Königs Lemma gültig bewiesen ist. Sein Existenzanspruch wird nicht durch eine legitime Konstruktion gestützt, denn es gibt keinen (realen, effektiven) Prozeß, durch den der behauptete Zweig konstruiert werden kann.

Tatsächlich wird der Konstruktivist die Behauptung verwerfen, daß, gegeben ein Knoten mit unendlich vielen Knotenpunkten über sich, aber nur endlich vielen unmittelbaren Nachfolgerknoten, zumindest einer dieser unmittelbaren Nachfolger unendlich viele Knotenpunkte über sich hat. Denn wiederum erfordert diese Existenzbehauptung (es gibt mindestens einen unmittelbaren Nachfolgerknoten …) eine Unterstützung durch eine Konstruktion, die zeigt, wie man unter den Nachfolgerknoten einen mit dieser Eigenschaft identifizieren kann. Da wir keine Möglichkeit haben, die Existenzbehautpung zu verifizieren – eine Kontrolle würde die Erledigung der unendlichen Aufgabe erfordern, den Baum bis zur Unendlichkeit zu verfolgen –, ist sie intuitionistisch inakzeptabel.

Das ist sehr verwirrend. Wie kann der Intuitionist diese Position behaupten? Denn wir wissen, daß es unendlich viele Knotenpunkte über a_n gibt und nur endlich viele Nachfolger, beispielsweise $a_{n,0}$, $a_{n,1}$, $a_{n,2}$, $a_{n,3}$, (siehe Figur 8.2). Wenn es nur endlich viele Knotenpunkte über jedem der $a_{n,0}$, …, $a_{n,3}$ gäbe, dann gäbe es nur endlich viele Knotenpunkte über a_n – ihrer Vereinigung. Und in Kontraposition, wenn es unendliche viele Knotenpunkte über a_n gibt, dann muß es doch gewiß auch unendlich viele über mindestens einem der a_{n0}, …, $a_{n,3}$, seinen unmittelbaren Nachfolgern, geben?

Der Schritt der Kontraposition an dieser Stelle ist intuitionistisch inakzeptabel. Wir wissen, daß, wenn jedes der $a_{n,0}$, …, $a_{n,3}$ endlich viele Nachfolger hätte, dies auch für a_n der Fall wäre. Da dies nicht der Fall ist, folgt, daß nicht alle der $a_{n,0}$, … $a_{n,3}$ endlich viele Nachfolger haben. Der

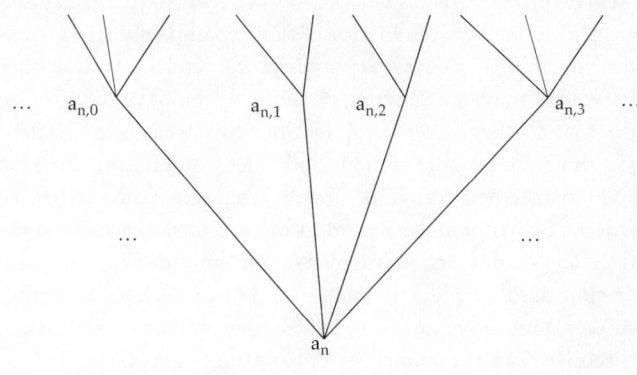

... ...

... $a_{n,0}$ $a_{n,1}$ $a_{n,2}$ $a_{n,3}$ ...

...   ...

a_n

...   .

...   ...

Figur 8.2

– konstruktiv gesprochen – unzulässige Schritt ist der Schritt von ‹nicht
jedes x, Fx› (nicht jeder unmittelbare Nachfolger von a_n hat endlich viele
Nachfolger) zu ‹für einige x, nicht Fx› (irgendein unmittelbarer Nachfolger von a_n hat unendlich viele Nachfolger). In Ermangelung einer passenden Konstruktion dürfen wir nicht auf diese Art und Weise zu einer
Existenzbehauptung übergehen.

In gewissem Sinn sind wir hier durch ein Bild irregeführt worden. Das
in Figur 8.2 dargestellte Diagramm erweckt den Eindruck einer objektiven Realität, eines wirklich unendlichen Baums, der über a_n sitzt. So
gesehen, ist es nicht glaublich, daß es nicht einen unendlichen Baum über
einem seiner unmittelbaren Nachfolger gibt. Aber das ist nicht das richtige Bild, das konstruktiv gesehen werden sollte. Von a_n aus gibt es eine

259

unendliche Reihenfolge endlicher Entscheidungen, die getroffen werden müssen. Aber wir haben keine Methode, die uns garantiert, daß wir eine Wahl treffen, die niemals in eine Sackgasse führt.

Es ist leicht, sich den Baum in extensionalen, aktualistischen Begriffen zu denken. Wir denken, daß der Baum entweder (aktual) unendlich ist oder der Intuitionist behaupten muß, daß der Baum endlich ist – daß nur ein Baum von endlicher Größe konstruiert werden kann. Tatsächlich behauptet der Intuitionist, daß aktuale Bäume, das heißt vollendete Bäume, alle endlich sind. Aber dieser Baum ist unendlich – das heißt, es gibt eine Methode, ihn zu bauen, die niemals vollendet werden kann, eine Operation, die niemals einen Abschluß findet. Wogegen er sich wehrt, ist der aktualistische Schritt von der Behauptung, daß die Konstruktion über a_n niemals endet, zu der Behauptung, daß für eines der $a_{n,0}, \ldots, a_{n,3}$ die Konstruktion darüber niemals enden wird. Es gibt keinen (endlichen) sicheren Weg, eins der $a_{n,0}, \ldots, a_{n,3}$ zu wählen, der dies garantiert.

Klassisch ist Königs Lemma der Behauptung äquivalent, daß es eine obere Grenze für die Längen der Zweige im Baum gibt, wenn jeder Zweig in einem endlich sich verzweigenden Baum endlich ist. Dieses Resultat ist konstruktiv beweisbar – es ist Brouwers berühmtes ‹Fächer-Theorem› –, aber es ist konstruktiv aus den genannten Gründen nicht Königs Lemma äquivalent. Es illustriert ein häufiges Ergebnis der intuitionistischen Rekonstruktion der Mathematik und Analysis: Wo die klassischen analytischen Methoden eine nicht-konstruktive Methode verwenden, gibt es oft eine intuitionistisch akzeptable Alternative – wenn auch das konstruktive Resultat schwerer zu beweisen ist und größere Sorgfalt bei der Sicherung der Verfügbarkeit passender Konstruktionen erfordert.

Das Scheitern des Beweises von Königs Lemma illustriert ein anderes – man kann sagen zentrales – Scheitern eines wichtigen Zugs des klassischen realistischen Bildes. Gewiß, wird der Realist sagen, entweder hat einer der unmittelbaren Nachfolger, $a_{n,0}, \ldots, a_{n,3}$ unendlich viele Nachfolger oder nicht; aber wenn nicht, dann ist der Baum endlich. Also muß es einen passenden Nachfolgerknoten geben. Wieder hat uns das Bild irregeführt, wir denken, es gebe eine bestimmte Tatsache in dieser Frage. Entweder ist es *so*, sagt der Klassizist – wobei er auf eine Eigenschaft verweist –, oder es ist *nicht* so. Der Konstruktivist ist gezwungen, oder besser, gibt sich Mühe, diese Bestimmtheit zu bestreiten. Der Baum hat keine Realität über das hinaus, was wir konstruktiv daran zeigen können. In Ermangelung jeder Methode zu zeigen, daß diese Alternativen erschöpfend sind, haben wir keine Grundlage für die Behauptung ihrer Disjunktion. Wir haben keine Konstruktion, die, auf a_n angewendet, zeigt, daß entweder *ein* unmittelbarer Nachfolger einen unendlichen Baum über sich hat oder *keiner*. Der mythische große Konstrukteur könnte vielleicht die (unendliche) Suche ausführen – oder den unendlichen Baum als ein Ganzes ‹sehen› und den richtigen Knoten entdecken. Aber dieser Gesichtspunkt eines Auges Gottes und der aktual unendliche Baum, den es ‹sieht›, ist ein Mythos.

Das Gesetz vom ausgeschlossenen Dritten, daß für jede Aussage A entweder A oder nicht-A, ist ein zentraler Glaubenssatz des klassischen realistischen Bildes. Damit einher geht das Gesetz der Zweiwertigkeit, daß jede Aussage entweder wahr oder falsch ist. (Gewiß, die freie Logik und Kripkes Wahrheitstheorie schienen das zu bestreiten; aber nicht ihrem Geist nach. Unter jeder Darstellung gibt es eine bestimmte Einteilung in die Wahrheiten, die Falschheiten und die wahrheitswertlosen Aussagen.) Diese Behauptungen sind intuitionistisch inakzeptabel. Die Wahrheit einer Behauptung erfordert einen Beweis, daß sie wahr ist. Das klingt verwirrender, als es wirklich ist. Aus einer klassischen Perspektive scheint der Intuitionist Wahrheit mit Beweis gleichzusetzen; ‹A oder nicht-A› wird zu ‹Entweder ist A beweisbar oder «nicht-A» ist beweisbar›; ‹für einige n, A (n)› wird zu ‹wir können n konstruieren und A (n) beweisen›. Aber diese Paraphrasen sind einfach ein heuristisches Hilfsmittel, die jemandem, der immer noch vom klassischen Bild bezaubert ist (wo Beweis und Wahrheit getrennt sind), helfen sollen, die Einwände des Konstruktivisten zu verstehen. Für den Konstruktivisten selbst gibt es keine solche Scheidung. Die Wahrheit von A wird durch eine angemessene Konstruktion konstituiert – nicht durch einen Beweis, daß es wahr ist, denn das ist offenbar regressiv, sondern einen Beweis von A. Es gibt keine A korrespondierende Realität jenseits dessen, was bewiesen werden kann.

Die Bestreitung des ausgeschlossenen Dritten und der Zweiwertigkeit hat nicht die Behauptung ihrer kontradiktorischen Gegensätze zur Folge.

Es ist keine These der intuitionistischen Logik, daß für einige A weder A noch nicht-A (wie für die freie Logik oder Kripke). Denn wir haben ja unter Umständen Erfolg bei der Bestätigung oder Widerlegung von A. Die intuitionistische Position ist etwas besser geschützt. Wir können ‹A oder nicht-A› nur behaupten, wenn wir in der Lage sind, A entweder zu behaupten oder zu verneinen. Insbesondere dürfen wir in einen Beweis keine Blankobehauptung ‹A oder nicht-A› einführen. Ein anderes berühmtes nicht-konstruktives Beispiel ist der Beweis, daß es zwei irrationale Zahlen a und b gibt, so daß a^b rational ist. Denn nach den klassizistischen Gründen ist $\sqrt{2}^{\sqrt{2}}$ entweder rational, in welchem Fall wir $a = b = \sqrt{2}$ sein lassen; oder $\sqrt{2}^{\sqrt{2}}$ ist irrational, in welchem Fall wir $a = \sqrt{2}^{\sqrt{2}}$, $b = \sqrt{2}$ sein lassen (woraufhin $a^b = 2$, was rational ist). Die Disjunktion von Alternativen hier ist konstruktiv inakzeptabel. Wir haben keine Konstruktion, durch die wir bestimmen können, ob $\sqrt{2}^{\sqrt{2}}$ rational ist oder nicht. Deshalb sind wir nicht berechtigt, den Fall des ausgeschlossenen Dritten zu behaupten, auf dem der Beweis beruht. (Wiederum gibt es hier eine konstruktive Alternative, in diesem Fall, konstruktiv dasselbe Resultat zu beweisen und uns zu erlauben, a und b zu bestimmen.)

Das ausgeschlossene Dritte ist deshalb intuitionistisch eine substantielle Behauptung. Man nehme beispielsweise die Behauptung ‹$x = y + z$›, daß eine (natürliche) Zahl die Summe von zwei anderen Zahlen ist. Dies ist entscheidbar; das heißt, wir haben ein effektives Verfahren, gegeben x, y und z, zu bestimmen, ob x tatsächlich die Summe von y und z ist. Wir können deshalb für beliebige x, y und z behaupten, daß entweder $x = y + z$ oder nicht; denn x, y und z gegeben, können wir bestimmen, was der Fall ist. Aber schauen wir uns die Behauptung an, daß, wenn x gleich oder größer 2 ist, es dann y und z gibt, die Primzahlen sind und deren Summe x ist. Wieder sind ‹gleich›, ‹größer als 2› und ‹Primzahl› entscheidbare Prädikate: Wir können von jeder Zahl sagen, daß sie entweder gerade oder ungerade ist, daß sie größer 2 ist oder nicht oder daß sie entweder eine Primzahl ist oder nicht, denn es gibt Algorithmen, um sie zu bestimmen (Division durch 2 bzw. Subtraktion von 2 und Eratosthenes' Sieb). Aber die allgemeine Behauptung, die allgemein als die Goldbachsche Vermutung bekannt ist, daß jede gerade Zahl größer 2 die Summe zweier Primzahlen ist, ist nicht entscheidbar. Das heißt, wir haben ein Prädikat $A(x)$, das entscheidbar ist (‹x ist gerade, größer als 2, und es gibt y und z, die Primzahlen sind, so daß $x = y + z$›), denn wir können systematisch alle Paare y, z kleiner x durcharbeiten und überprüfen, ob sie Primzahlen sind. Aber ‹für jedes x, $A(x)$› ist nicht entscheidbar. Wir haben keine Methode, um diese universale Behauptung für jede Zahl x garantiert zu bestätigen oder zu widerlegen. Also können wir zwar ‹$A(x)$ oder nicht-$A(x)$› für jede Zahl x behaupten, aber wir dürfen nicht behaupten ‹für jedes x, $A(x)$ oder nicht für jedes x, $A(x)$›, das heißt, wir dürfen nicht behaupten, daß Goldbachs Vermutung entweder wahr ist oder nicht. Denn keiner hat bisher gezeigt, welches davon der Fall ist, und wir besitzen keinen Algorithmus, um es zu bestimmen. Wenn sie falsch ist, trifft vielleicht jemand eines Tages auf eine Zahl, die sie widerlegt; wenn sie wahr ist, kann jemand einen allgemeinen Beweis führen, daß für jedes x, $A(x)$. Aber bis zu jenem Zeitpunkt hütet sich der Konstruktivist davor, ihre Disjunktion zu behaupten.

Ein letzter Punkt, bevor wir die intuitionistische Rekonstruktion der Mathematik verlassen und uns den anderen Argumenten für den Konstruktivismus zuwenden. Konstruktivisten präsentieren oft weitere sogenannte ‹schwache Gegenbeispiele› gegen das ausgeschlossene Dritte. Das vielleicht überraschendste ist folgendes: Wenn a eine reelle Zahl ist (eine konstruktive reelle Zahl), ist ‹$a = 0$› nicht entscheidbar, und folglich kann der Konstruktivist nicht behaupten, daß alle reellen Zahlen entweder identisch mit 0 sind oder nicht (das heißt, für jedes a, $a = 0$ oder $a \neq 0$). Man muß hier aber vorsichtig sein, damit man erkennt, worum es geht, im wesentlichen nämlich um die Darstellung. Jede natürliche Zahl hat eine kanonische Darstellung. Wenn wir einräumen, daß ‹x ist eine Primzahl› für natürliche Zahlen entscheidbar ist, verstehen wir dies relativ auf die kanonische Darstellung dieser Zahlen. Wenn zum Beispiel x als ‹7, wenn die Goldbachsche Vermutung wahr ist, andernfalls 8› charakterisiert ist, dann scheitert die Entscheidbarkeit. Tatsächlich kann selbst jene Zahl, die 7 ist, wenn Goldbachs Vermutung wahr ist, 11, wenn nicht, nicht als Primzahl behauptet werden, denn das hängt von der Anerkennung ab, daß die Zahl entweder 7 oder 11 ist (beides Primzahlen), was wiederum von dem ausgeschlossenen Dritten für Goldbach abhängt.

‹Gerade›, ‹Primzahl› usf. sind für natürliche Zahlen relativ auf ihre kanonische Darstellung entscheidbar, zum Beispiel arabische Ziffern. Reelle Zahlen andererseits haben für den Konstruktivisten keine kanonische Repräsentation. Sie können entweder als Äquivalenzklassen von Cauchy-Folgen entwickelt werden oder auf der Basis von Dedekindschen Schnitten (konstruktiv ergeben diese etwas andere Theorien). Aber Cauchy-Folgen (das heißt Folgen von rationalen Zahlen, deren aufeinanderfolgende Termini sich nach einem gewissen Punkt um weniger als einen bestimmten modulus voneinander unterscheiden) können in vielen Formen dargestellt werden. Es sei $A(x)$ das Goldbach-Prädikat (das heißt ‹wenn x gerade ist und größer als 2, dann ist x die Summe zweier Primzahlen›). Dann ist es möglich, eine reelle Zahl zu definieren, die gleich 0 ist genau dann, wenn Goldbachs Vermutung wahr ist. Daraus folgen zwei Dinge: erstens, daß es keine kanonische Repräsentation dieser reellen Zahl gibt – man kann sie nicht mit einer unendlichen Dezimalzahl identifizieren, wie man es mit allen klassischen reellen Zahlen tun kann; zweitens, daß die Identität dieser reellen Zahl mit 0 um nichts mehr entscheidbar ist als die Wahrheit von Goldbachs Vermutung. Also können wir nicht von allen reellen Zahlen behaupten, daß sie entweder 0 sind oder nicht. Ähnlich können wir nicht behaupten, daß die reellen Zahlen linear geordnet sind (von jedem nicht identischen Paar ist eins kleiner als das andere) usf. Die konstruktive Theorie der reellen Zahlen unterscheidet sich radikal von der klassischen.

Nichtsdestoweniger kann eine Theorie entwickelt werden, die für Standardzwecke adäquat ist. Ich schlage nicht vor, an dieser Stelle über das mathematische Argument, soweit es die konstruktivistische Herausforderung unterstützt, zu einer Entscheidung zu kommen. Die klassische Arithmetisierung der Analysis führte mit der Entdeckung der mengentheoretischen Paradoxien zu einer Krise. Auf diese Krise sind sowohl klassische wie konstruktivistische Antworten vorgeschlagen worden. Die klassische Antwort behält so viel wie möglich, tatsächlich praktisch alles von Weierstraß' und Cantors Konstruktion bei innerhalb einer Mengentheorie, deren Einschränkungen philosophisch verwirrend sind. Die konstruktivistische Antwort ist insofern weit radikaler, als sie die philosophische Streitfrage des Aktual-Unendlichen ernst nimmt, aber nicht nur zu einer viel härteren Mathematik der idealen Geraden führt, sondern zu logischen Revisionen, da sie die universale Gültigkeit des Gesetzes vom ausgeschlossenen Dritten verwirft. Wir wollen nun zum logischen Argument zurückkehren, das sich direkt mit dem Sinn der logischen Verknüpfungen befaßt.

Das logische Argument

Der Konstruktivist ist Anti-Realist; das heißt, er sieht Wahrheit nicht als objektive Eigenschaft einer Aussage an, als etwas, das sie unabhängig von uns hat und das aus einer objektiven Struktur folgt – etwa der natürlichen Zahlen oder der idealen Geraden als einer vollendeten Totalität von Objekten. Vielmehr ist Wahrheit ein epistemischer Begriff, insofern die Wahrheit einer Aussage in unserer Fähigkeit besteht, sie zu beweisen und zu verifizieren. Daher spielt der Beweis für den Konstruktivisten eine zentrale Rolle. Eine Aussage als wahr zu behaupten heißt, einen Beweis für sie zu haben. Für den Augenblick können wir wie er die Mathematik als das Paradigma nehmen, obwohl wir im nächsten Abschnitt sehen werden, wie dieses Modell erweitert wird, um ebenso auch empirische Aussagen einzuschließen.

Von klassischem Gesichtspunkt aus wird der Beweis mit der Semantik kontrastiert. Der Beweis gilt als rein syntaktischer Begriff, als eine Methode, logische Wahrheiten (Theoreme) durch ein Verfahren zu erzeugen, das nur die formalen Eigenschaften logischer Ausdrücke berücksichtigt, ohne sich um die Bedeutung zu kümmern. Im Unterschied dazu durchtränkt, wie man glaubt, die Semantik Formeln mit Bedeutung, indem sie sie mit Eigenschaften verschiedener Strukturen in Beziehung setzt. Wie auf vielen anderen Gebieten ist dieser Gesichtspunkt dem Konstruktivisten vollkommen fremd, und folglich ist es nicht hilfreich, sich dem Konstruktivismus mit dieser Dichotomie vor Augen zu nähern. Für den Konstruktivisten ist Beweis ein semantischer Begriff; es ist der Beweis, der Ausdrücken ihre Bedeutung gibt. Mathematische Strukturen haben keine Realität über das hinaus, was wir von ihnen beweisen können. Im endlichen Fall ist dies trivial und uninteressant – der Beweis kann hier einfach darin bestehen, Fall für Fall zu überprüfen. Aber im unendlichen Fall ist es von entscheidender Bedeutung. Das Unendliche ist potential, es besteht in der nicht endenden Möglichkeit weiterer Erzeugung. Was wirklich ist, sind die Verfahren, die weitere Fälle erzeugen, und die Beweise, welche sie verifizieren. Der Konstruktivist könnte eine ähnliche Unterscheidung zwischen formalen Beweisen und formalen Systemen und dem informellen Begriff des Beweises, den sie zu artikulieren versuchen, treffen wie der Klassizist. Manchmal gelingt es ihm; aber meistens versteht er unter ‹Beweis› einen intuitiven, erweiterbaren und informellen Begriff von Beweis und Verifikation.

Es folgt, daß sich die epistemische Einschränkung der Wahrheit, die der Konstruktivist vornimmt, in eine epistemische Konzeption der Bedeutung verwandelt. Eine realistische Theorie der Bedeutung wird oft als wahrheits-konditional charakterisiert, im Gegensatz zu der anti-realistischen Verknüpfung der Bedeutung mit irgendeinem epistemisch eingeschränkten Begriff wie gerechtfertigter Behauptbarkeit. Denn ‹Wahrheit› wird in ‹wahrheits-konditional› als realistische, verifikationstranszendente Wahrheit identifiziert, als Glaube an Tatsachen, welche die Bedeutung ohne Bezug auf unsere Fähigkeiten, diese Tatsachen zu entdecken, bestimmen. Argumente für eine epistemische Auffassung von Bedeutung, welche die Bedeutung auf der Basis von Verfahren expliziert, die Wahrheit von Aussagen zu bestätigen, sind auf dasselbe Ziel gerichtet wie Argumente für einen epistemisch eingeschränkten Begriff von Wahrheit, der die Verifikationstranszendenz verwirft.

Vor diesem Hintergrund entwirft der Konstruktivist ein Argument gegen die klassische Ansicht und insbesondere gegen die klassische Theorie der Negation. Wir haben gesehen, daß der Intuitionist das Gesetz vom ausgeschlossenen Dritten verwirft, die Behauptung, daß jede Aussage von der Form ‹A oder nicht-A› wahr ist. Einige Beispiele können behauptet werden, nämlich diejenigen, für die man die Mittel besitzt, A zu verifizieren oder zu widerlegen. Im allgemeinen akzeptiert der Intuitionist ‹A oder B› nur, wenn man einen Beweis von A oder einen Beweis von B hat – oder zumindest eine Methode, eines der Disjunktionsglieder zu verifizieren oder zu beweisen. Der Intuitionist sieht es als Bestandteil der Bedeutung von ‹A oder B› an, daß jemand, der ‹A oder B› behauptet, verpflichtet ist, entweder A oder B zu verifizieren.

Warum geht der Klassizist darüber hinaus und behauptet, daß ‹A oder nicht-A› universal gültig ist, selbst wenn es keine Methode gibt zu entscheiden, welches von beiden der Fall ist? Es beruht auf einem Paar von Schlüssen – tatsächlich genügen beide. Die Beweismethode, die als *reductio ad absurdum* bekannt ist, hat zwei Formen, die der Klassizist als im wesentlichen dieselben ansieht. Erstens, angenommen, daß man aus A einen Widerspruch ableiten kann, irgendeine Aussage von der Form ‹B und nicht-B›, für irgendeine Formel B. Dann würde, wenn A wahr wäre, folgen, daß ein Widerspruch wahr wäre, was unmöglich ist. Also kann A nicht wahr sein; das heißt, wir können schließen ‹nicht-A›. Ähnlich, angenommen, daß wir aus ‹nicht-A› einen solchen Widerspruch ‹B und nicht-B› herleiten können. Dann kann ‹nicht-A› nicht wahr sein – also, schließt der Klassizist, muß A wahr sein.

Aber dies setzt voraus, daß die Alternativen durch A und ‹nicht-A› erschöpft sind, das heißt, daß wir in der Lage sind, ‹A oder nicht-A› zu behaupten. Wir haben aber schon gesehen, daß der Intuitionist dies bestreitet. Wenn also ‹nicht-A› widersprüchlich ist (das heißt, ‹B und nicht-B› für einige B zur Folge hat), dürfen wir gültig schließen, daß ‹nicht-A› nicht wahr ist, das heißt, nicht-nicht-A, aber wir dürfen nicht weitergehen und A behaupten. Der Intuitionist verwirft sowohl die klassische *reductio*, daß wir aus der Ableitung eines Widerspruchs aus ‹nicht-A› A folgern dürfen, wie die Eliminierung der doppelten Negation, daß wir aus der Behauptung von ‹nicht-nicht-A› A folgern dürfen.

In den Augen des Intuitionisten erweitern diese klassischen Folgerungen tatsächlich unerlaubterweise die Gründe für die Behauptung von beispielsweise ‹A oder B› oder ‹für einige x, A (x)›. Denn angenommen, wir können zeigen, daß die Annahme, daß ‹nicht-(A oder B)› (das heißt ‹weder A noch B›) für einige A und B kontradiktorisch ist (wie wir es tun könnten, wenn B einfach ‹nicht-A› selbst wäre), oder daß die Annahme, daß wir für kein x A(x) haben, kontradiktorisch ist (wie die Annahme, daß es keinen unendlichen Zweig in einem sich endlich verzweigenden Baum gibt, der Behauptung widerspricht, daß der Baum unendlich viele Knoten hat): zu folgern, daß entweder A oder B wahr sein muß oder daß für einige x, A(x) gelten muß, ist nicht-konstruktiv, insofern die Behauptung nicht durch einen Beweis gestützt wird, welches Disjunktionsglied wahr ist oder welches Objekt x $A(x)$ wahr macht. Wir scheinen zusätzlich zu einem Beweis von A oder B einen weiteren Grund eingeführt zu haben, ‹A oder B› zu behaupten, und zusätzlich zum Aufweis eines Objekts x, von dem A (x) wahr ist, einen weiteren Grund ‹für einige x, A (x)› zu behaupten.

Die klassische *reductio* ist gewiß nicht-konstruktiv. Die Frage ist, ob sie inkohärent ist. Dieses Argument möchte ich überprüfen. Wenn man zeigen kann, daß die klassische Darstellung der Negation, jener Extra-Zug, den sie über die intuitionistische *reductio* hinaus besitzt (daß man ‹nicht-A› behaupten darf, wenn die Behauptung von A zu einem Widerspruch führt), in einer Weise inkohärent ist, wie es die intuitionistische Negation nicht ist, dann wird man ein starkes Argument zugunsten des intuitionistischen Gesichtspunkts haben. Die konstruktivistische Herausforderung wird dann selber unwiderleglich sein. Hier ist das Argument. Es leitet sich von einer Antwort her, die Nuel Belnap auf ein Problem gab, das Arthur Prior aufgeworfen hatte. Prior beschäftigte der Holismus, der in der Behauptung enthalten war, daß die Bedeutung einer logischen Verknüpfung wie ‹oder› oder ‹für einige› durch die Folgerungsstrukturen bestimmt sei, in die es gültig hineinpaßt. Das, sagte Prior, hieße, den Karren vor das Pferd spannen. Zuerst müsse man die Bedeutung der Verknüpfung festlegen; dann und erst dann könne man bestimmen, ob angebliche Folgerungsstrukturen, die sie enthielten, gültig seien oder nicht (nämlich ob sie drohten, von Wahrheit zu Falschheit zu führen – nur wenn wir schon wüßten, welches die Bedeutung der Verknüpfung wäre, könnten wir wissen, ob die Prämissen und die Schlußfolgerung wahr oder falsch seien). Um diese Überlegungen zu stützen, unternahm es Prior zu zeigen, daß die Auffassung von der ‹analytischen Gültigkeit› absurd ist – daß es keine *carte blanche* geben könne, Verknüpfungen einzuführen und ihnen eine Bedeutung zu geben, indem man einfach festlegt, welche Folgerungsstrukturen für sie gültig seien. Sein bekanntes Beispiel war ‹*tonk*›, eine zweistellige Verknüpfung, die aus den Aussagen A und B eine Aussage ‹A tonk B› bildet (ganz wie die Konjunktion, Disjunktion und Bedingungssätze). Die Regeln, die ‹*tonk*› definierten, waren nach Prior folgende: aus A darf man auf ‹A tonk B› schließen; und aus ‹A tonk B› darf man B folgern. (Analog ist beispielsweise die Konjunktion, wie ein Vertreter der Ansicht der analytischen Gültigkeit sagen würde, durch die Schlüsse definiert, daß man aus A und B ‹A und B› und aus ‹A und B› A oder gleichermaßen B folgern darf.)

So weit, so gut. Wir haben ein Paar von Regeln, von denen eins die Gründe für die Behauptung von ‹A *tonk* B› gibt, das andere die Verwendung beim Übergang zu weiteren Folgerungen aus einer solchen Behauptung – die Einführungs- bzw. die Eliminierungsregeln, wie sie oft genannt werden. Aber hier zeichnet sich eine Katastrophe ab. Denn wenn man die Gültigkeit dieser beiden Folgerungsstrukturen zuläßt, dann darf man von A zu ‹A *tonk* B› übergehen und von letzterem zu B, das heißt, man darf jede Aussage (B) aus jeder anderen (A) folgern. Das aber ist absurd. Wie kann die einfache Einführung einer neuen Verknüpfung zur Folge haben, daß ein beliebiges Paar von Aussagen (das im allgemeinen nicht ‹*tonk*› enthalten wird) äquivalent ist? Prior will damit sagen, daß die postulierten Folgerungen hinsichtlich ‹*tonk*› ungültig sein müssen – sie führen zur Absurdität. Wenn wir erführen, was ‹*tonk*› bedeutet, würden wir sehen, daß die eine oder andere Folgerung nicht wahrheitserhaltend ist. Aber – und dies ist Priors Herausforderung – der Vertreter der Ansicht der analytischen Gültigkeit kann das nicht sagen, denn er hat keine unabhängige Erklärung der Bedeutung von ‹*tonk*›, bezüglich welcher er zeigen könnte, daß die Folgerungen ungültig sind. ‹*tonk*› war als die Verknüpfung definiert worden, für welche sie gültig waren. Prior schließt, daß die Ansicht der analytischen Gültigkeit schlüssig widerlegt worden ist. Die Bedeutung, selbst die logischer Verknüpfungen, muß unabhängig von und vor der Bestimmung der Gültigkeit der Folgerungsstrukturen spezifiziert werden.

Belnap kam der Ansicht der ‹analytischen Gültigkeit› (die er verwirrenderweise die ‹synthetische Ansicht› nannte) zu Hilfe. Was hier fehlt, sagte er, ist jeder Beweis, daß es eine solche Verknüpfung wie ‹*tonk*› überhaupt gibt. Das ist ein Problem für Definitionen allgemein. Man kann nichts in die Existenz hinein definieren. Man muß zuerst zeigen, daß es ein und nur ein solches Ding gibt. Ein berühmtes Beispiel ist die ‹Pro-Summe› zweier Brüche,

$\left(\dfrac{a}{b}\right) ! \left(\dfrac{c}{d}\right)$ definiert als $\dfrac{a+c}{b+d}$. Man betrachte $\left(\dfrac{2}{3}\right) ! \left(\dfrac{3}{4}\right)$. Es scheint $\dfrac{5}{7}$ zu sein. Aber $\frac{2}{3} = \frac{4}{6}$, so daß $\left(\frac{2}{3}\right)! \left(\frac{3}{4}\right) = \left(\frac{4}{6}\right)! \left(\frac{3}{4}\right) = \frac{7}{10} \neq \frac{5}{7}$. Eine Definition muß darstellungsunabhängig sein, und diese ist es nicht. Die Verwendung verschiedener Darstellungen führt zu Inkonsistenz. ‹!› ist hier nicht gut definiert. Wir haben nicht gezeigt – und können nicht zeigen –, daß es eine derartige Funktion gibt. Dasselbe gilt für ‹tonk›; wir haben nicht gezeigt, daß es eine einzigartige Formel gibt, die aus einer willkürlichen Formel A gefolgert werden kann und eine beliebige andere Formel B zur Folge hat. Tatsächlich kann es eine solche nicht geben, wie die Inkonsistenz zeigt.

Ein Problem bleibt freilich bestehen. Welche Analogie sollte eigentlich zwischen Verknüpfungen und der Existenzbehauptung für Definitionen bestehen? Was ist mit der Forderung gemeint, daß es eine solche (einzigartige) Verknüpfung geben müsse? Schließlich fügen wir der Sprache eine Verknüpfung hinzu, die nicht schon in einem klaren Sinn existiert. Es kann nicht immer falsch sein, eine Sprache durch eine neue Verknüpfung zu erweitern. Tatsächlich hatte Prior – oder zumindest seine späteren Verteidiger – wahrscheinlich die Klasse von Wahrheitsfunktionen vor Augen, Zuordnungen von Mengen von Wahrheitswerten zu Wahrheitswerten (wie ‹und› dem Paar ‹wahr-falsch› ‹wahr› zuordnet usf.). Aber dies ist zu eng. Wir sahen in Kapitel 4, daß man die klassische Logik durch eine Verknüpfung für Notwendigkeit, ‹es ist notwendig, daß ...› erweitern kann, die nicht wahrheitsfunktional ist; und ich habe in Kapitel 3 argumentiert, daß ‹wenn ... dann› nicht wahrheitsfunktional ist.

Belnaps Vorschlag war, die Hinzufügung einer neuen Verknüpfung mittels Folgerungsregeln, die ihre Bedeutung definieren, unter der Voraussetzung als legitim anzusehen, daß das Resultat eine konservative Erweiterung des ursprünglichen Systems ist. Das bedeutet, daß, wenn man einer Sprache ein neues Symbol hinzufügt und Folgerungsregeln für es festlegt (sei es durch Wahrheitswerttabellen oder durch Axiome oder durch einen Machtspruch) und wenn infolgedessen eine Formel B aus einer Formel A folgt, beide im alten Vokabular, diese Folgerung dann schon gegolten haben soll, bevor die Erweiterung vorgenommen wurde. Das heißt, es ist eine notwendige Bedingung für die Erweiterung eines Folgerungssystems durch neue Verknüpfungen, daß keine neuen Folgerungen im alten Vokabular zugelassen werden. Neue Folgerungen, die aus der Erweiterung resultieren, müssen sämtlich das neue Vokabular enthalten. ‹Tonk› genügt dieser Bedingung nicht. Denn offensichtlich trivialisiert die Hinzufügung von ‹tonk› die Folgebeziehung, so daß sie zwischen beliebigen zwei Formeln gilt, einschließlich derer im alten Vokabular allein.

Belnaps Restriktion ist gewiß wirkungsvoll. An anderer Stelle habe ich gefragt, ob sie richtig ist (siehe mein Buch *Relevant Logic*, Kapitel 9) – sie ist zu stark. Aber ich möchte jetzt betrachten, welcher Gebrauch davon zugunsten des Konstruktivismus als einer Kritik der klassischen Logik gemacht worden ist und ob, selbst angenommen, Belnaps Bedingung ist die richtige Bedingung für neue Verknüpfungen, dies zeigt, daß die klassische Negation illegitim ist. Hält sich die klassische Negation nicht an Belnaps Bedingung? Ist die klassische Logik eine konservative Erweiterung ihres negationsfreien Fragments? Wenn sie es nicht ist, dann sind die Regeln der klassischen Negation, insbesondere die klassische *reductio* und die Eliminierung der doppelten Negation, illegitim. Sie sind ungerechtfertigt und bei der Erweiterung der negationsfreien Folgerungsbeziehung unzuverlässig.

Offensichtlich erlauben uns die klassischen Regeln, Formeln wie das ausgeschlossene Dritte, ‹A oder nicht-A›, die eine Negation enthalten, zu beweisen. Aber erweitern sie das negationsfreie Fragment? Die Konstruktivisten behaupten, daß sie es tun. Beispiele sind ‹Wenn P, dann Q, oder wenn Q, dann R› und das bekannte Peircesche Gesetz ‹Wenn P, dann Q, nur wenn P, nur wenn Q›. Nehmen wir das erste: Es ist klassisch gültig, denn wenn Q wahr ist, dann ist das erste Disjunktionsglied wahr (nach einer ‹Paradoxie der materialen Implikation›), während, wenn Q falsch ist, das zweite Disjunktionsglied wahr ist (durch die andere ‹Paradoxie›). Dies paßt zum ausgeschlossenen Dritten; aber es ist negationsfrei, gleichwohl nicht, wie der Konstruktivist behauptet, Teil des negationsfreien Fragments. Ähnlich mit Peirces Gesetz: Wenn P wahr ist, ist das Ganze nach der ersten Paradoxie der materialen Implikation wahr (jeder materiale Bedingungssatz mit wahrem Dann-Satz ist wahr); und wenn P falsch ist, ist der Wenn-Satz falsch (und so ist das Ganze wahr nach der zweiten ‹Paradoxie›), weil es selbst einen wahren Wenn-Satz hat, den Bedingungssatz ‹wenn *P*, dann *Q*›, der wahr ist nach der ersten Paradoxie, und einen falschen Dann-Satz (*P*).

Die entscheidende Frage ist deshalb, ob diese Prinzipien Teil des negationsfreien Fragments sind – und das wirft die Frage auf, wie man es identifiziert. Die Erweiterung einer Logik durch zusätzliche Verknüpfungen ist eine wohldefinierte Operation; aber die Beseitigung von Verknüpfungen ist es nicht. Der Konstruktivist drängt darauf, daß Peirces Gesetz nicht Teil des negationsfreien Fragments ist, weil es in einer bestimmten Formulierung des klassischen Kalküls nicht bewiesen werden kann, ohne die klassischen Negationsregeln zu benutzen. Diese Formulierung tritt in einer Vielfalt von Formen auf, die sich aber alle letztlich von Gerhard Gentzens natürlichem Deduktionskalkül *NK* von 1934 herleiten. In vielfacher Hinsicht ist dies nicht überraschend, denn Gentzen war einer der ersten Autoren, welche die Ansicht der analytischen Gültigkeit der logischen Verknüpfungen betont haben. Er schrieb: ‹Die Einführungen stellen sozusagen die «Definitionen» der betreffenden Zeichen dar, und die Beseitigungen sind letzten Endes nur Konsequenzen hiervon.› Wenn man die Paare von Regeln der *NK* für die Verknüpfungen außer der Negation nimmt, Paare von Einführungsregeln, welche die Gründe dafür spezifizieren, eine Formel zu behaupten, und Eliminationsregeln für die Verwendung einer solchen Behauptung, dann ergibt dies das negationsfreie Fragment der intuitionistischen Logik. Deshalb ergeben die intuitionistischen Negationsregeln (die intuitionistische *reductio* und *Ex Falso Quodlibet*) die intuitionistische Logik, die klassischen Negationsregeln die klassische Logik. Aber die letzteren Regeln erweitern auch die Menge der Gültigkeiten und Folgen unter negationsfreien Formeln und unterlaufen auf diese Weise Belnaps Bedingung.

Das Problem an diesem Argument ist, daß es zu stark von der Art und Weise abhängig ist, wie das negationsfreie Fragment der klassischen Logik identifiziert wird – wenn man Gentzens Formulierung der natürlichen Deduktion, *NK*, als Rahmen nimmt. Beinahe jede andere Formulierung ergibt eine andere Antwort – das heißt, sie schließt Peirces Gesetz und dergleichen in das negationsfreie Fragment ein. Zum Beispiel erlaubt Gentzens andere Methode, die klassische Logik darzustellen, sein späterer Kalkül *LK*, einfache Beweise dieser Aussagen ohne Verwendung der

Negation. Der entscheidende Schritt in allen Fällen liegt sichtlich darin, daß die Folgerung ‹wenn P, dann Q, oder R› aus ‹Wenn P, dann Q oder R› zugelassen wird, ein Schritt, den die Einrichtung der multiplen Konklusion, die LK vorsieht, erlaubt und die Einrichtung des einzelnen Schlusses im Rahmen von Gentzens natürlichem Schließen nicht. Der Konstruktivist erhebt gegen einen solchen Schritt Einwände, denn er führt eine Disjunktion auf eine Weise ein, die nicht garantiert, daß man weiß, welches Disjunktionsglied die Rechtfertigung ist. Zum Beispiel ist ‹Wenn P, dann Q oder P› klassisch und intuitionistisch akzeptabel; nur der Klassizist ist glücklich, zu ‹Wenn P, dann Q, oder P› weiterzugehen, das heißt, ‹P oder, wenn P, dann Q› – entweder P ist wahr oder nicht, in welchem Fall ‹wenn P, dann Q› wahr ist.

Das natürliche Schließen mit multipler Konklusion, das aus LK hergeleitet ist, und axiomatische Formulierungen wiederholen denselben Punkt, wie auch die klassische Semantik. Man erinnere sich, daß für den Realisten die Untersuchung der semantischen Strukturen vor dem Studium der Beweise kommt. In höherstufiger Logik muß das so sein, denn die Logiken sind unvollständig (vgl. die Bemerkungen zur ω-Regel in Kapitel 2). Peirces Gesetz und die anderen sind gültig nach Wahrheitswerttafeln, ob die Negation vorhanden ist oder nicht. Natürlich bleibt der Konstruktivist durch den Appell an derartige semantische Argumente unbeeindruckt. Aber das zeigt, wo die wahre Meinungsverschiedenheit jenseits von Konstruktivismus und Realismus liegt. Belnaps Bedingung kann nicht zeigen, daß die klassische Negation illegitim ist.

Das linguistische Argument

Schließlich sollten wir uns der dritten Argumentationslinie zuwenden, auf welcher der Konstruktivist den Realisten herausfordert, die ich das ‹linguistische Argument› nenne. Ihr Brennpunkt ist die sogenannte ‹Manifestationsherausforderung›: Welches Recht haben wir, Sprechern ein Verständnis von Ausdrücken zuzusprechen, das über das hinausgeht, was sie in ihrem sprachlichen Verhalten zeigen können? Die Form dieser

Herausforderung, falls sie zwingend ist, liegt in der Frage, was als Manifestation zählen darf.

Man erinnere sich an das Problem des Spracherwerbs aus Kapitel 5, an die Frage, wie ein Kind auf der Grundlage einer relativ kleinen Menge an sprachlichen Daten, denen es ausgesetzt ist, Kompetenz in einer Sprache erlangen kann, die Fähigkeit, eine unendlich große Klasse bedeutungsvoller Ausdrücke hervorzubringen und zu verstehen. Wir beantworteten sie damals durch die Annahme des ‹Zusammensetzungsprinzips›, der funktionalen Abhängigkeit, wonach eine endliche Menge von Postulaten rekursiv eine potentiell unendliche Ausgabe erzeugen kann. Aber das beantwortete eine andere Frage als die, wie wir jetzt gestellt haben; es erklärt, wie eine endliche Basis eine unendliche Kapazität haben kann. Das Problem, das sich jetzt herausbildet, ist dies: Wie kann das Kind oder der Sprachenerlerner sich exakt auf diejenige bestimmte endliche Basis fixieren, wenn es nicht dieser endlichen Basis selbst, sondern deren Manifestationen durch andere Sprecher ausgesetzt ist? Der Sprachenlernende hört die Ausgabe, nicht den Erzeuger. Wie stellt er seinen eigenen Erzeuger her, einen Erzeuger mit derselben Ausgabe wie diejenigen, die das Beweismaterial hervorbringen?

Dieses Problem beschäftigte Chomsky und andere Linguisten in den 60er Jahren. Sie schlugen eine realistische Lösung vor – ja, sie waren nach eigenem Zugeständnis Rationalisten. Es mußte eine dem Menschen eigene artspezifische Fähigkeit geben, die sie befähigt, Sprache zu lernen. Der Unterschied zwischen Menschen und Affen oder Marsbewohnern ist nicht einfach eine Sache von größerer oder geringerer angeborener Intelligenz; unabhängig von der intellektuellen Fähigkeit der Kreatur haben menschliche Sprachen eine Struktur – nahmen sie hypothetisch an –, deren allgemeiner Charakter nicht erlernt wird, sondern der ‹vorprogrammiert› ist, das heißt, aus einer angeborenen Tendenz des Menschen folgt, sich sprachlich auf bestimmte Weise zu verhalten. Diese Hypothese bildete den Auftakt zu einer empirischen Suche nach diesen linguistischen Universalien.

Die Lücke zwischen Beweismaterial und Theorie braucht freilich nicht auf diese Weise geschlossen zu werden. Der Antirealist schließt sie dadurch, daß er bestreitet, daß die Theorie derartig über die Daten hinausgeht. Der Spracherwerb ist wesentlich an Manifestation gebunden. Bedeutung kann nichts anderes sein – es kann nicht mehr zu erwerben geben –, als Sprecher der Sprache in ihrem Gebrauch manifestieren können. Zwei Dinge werden hier bestritten: erstens, daß Bedeutung ein privates Element haben kann, eine introspektible Qualität, die nicht öffentlich gemacht werden kann. Die Phänomenologie der Bedeutung wird oft so verstanden, als strafe sie diese Behauptung Lügen; wir erleben, daß wir wissen, was wir meinen, obwohl wir in unseren Versuchen, unsere Ideen auszudrücken und eine Verständigung zu erzielen, scheitern. Aber die Logik der Situation spricht eine andere Sprache. Wittgensteins Privatsprachenargument ist der berühmteste Versuch, diesen Punkt zu bestätigen. Eine private Sprache würde private, nicht mitteilbare Regeln erfordern; private Versuche, diesen Regeln zu gehorchen, würden nicht zwischen korrekter Beachtung und Brechen der Regeln unterscheiden; alles, was dem privaten Linguisten richtig erschiene, würde richtig sein. Aber der Begriff der Regel erfordert genau diese Unterscheidung zwischen korrektem und unkorrektem Gebrauch, zwischen dem, was nur richtig zu sein scheint und was wirklich richtig ist. Infolgedessen kann es keinen Aspekt der Bedeutung geben, der nicht öffentlich manifestierbar ist.

Der zweite Einwand bestreitet, daß Wahrheit, als beweis-transzendenter Begriff verstanden, der zentrale Begriff in der Bedeutungstheorie sein kann. Der realistische Begriff von Wahrheit hat, wie ich wiederholt betont habe, zur Folge, daß eine Aussage wahr sein, uns aber gleichwohl auf ewig unbekannt bleiben könnte. Wahrheit besteht in den Eigenschaften einer Struktur, die als unabhängig von unserer Fähigkeit gilt, etwas von ihr zu wissen. Hier dagegen wird behauptet, daß ein solcher Wahrheitsbegriff im Begriff der Bedeutung keine Rolle spielen könnte. Wir müssen imstande sein, unser Verständnis einer Aussage in dem Gebrauch, den wir von ihr machen, zu manifestieren. Diese Manifestation besteht in der Behauptung oder Bestreitung der Aussage im Lichte des Beweismaterials dafür oder dagegen. Deshalb, heißt es, muß ihre Bedeutung in einem Begreifen dessen bestehen, was als ihre Verifikation oder ihre Widerlegung zählen würde. Das heißt, ihre Bedeutung kann nicht in dem Vorliegen einer Situation bestehen, ohne Rücksicht darauf, ob wir überhaupt imstande sind, diese Situation als bestehend zu erkennen; sie muß in einer Fähigkeit bestehen, diese Situation als bestehend zu erkennen, wenn sie besteht.

Das Bild hat sich jetzt erweitert. Das Problem ist nicht länger auf den engen Fall der Mathematik beschränkt – es umfaßt auch empirische Aussagen. Aussagen über die Vergangenheit, die Zukunft, offene Klassen (zum Beispiel ‹alle Smaragde sind grün›), irreale Bedingungssätze, Zuschreibungen von Bewußtseinszuständen, alle müssen, sagt der Konstruktivist, an eine effektive Methode der Verifikation gebunden sein. Um ein Verständnis solcher Aussagen zu manifestieren, muß eine Verbindung zu dem hergestellt werden, was als schlüssiger Beweis oder Widerlegung zählen würde. Das bedeutet nicht, daß man notwendig in der Lage ist, ihre Wahrheit auf die eine oder andere Weise zu bestätigen. Die Aussagen, für die das gilt, sind effektiv entscheidbar. Aber selbst für diejenigen, die nicht effektiv entscheidbar sind, muß der Sinn in einer Erklärung dessen bestehen, was sie als wahre oder falsche Aussagen begründen würde, sollte man das Beweismaterial erhalten.

Die Herausforderung an den Klassizisten ist diese: Seine Philosophie verpflichtet ihn auf die Existenz von Aussagen, deren Wahrheit möglicherweise von uns nicht bewiesen werden kann. Nehmen wir als Beispiel ‹Jones war mutig›. Jones ist jetzt tot, und er war niemals in seinem Leben in der Lage zu zeigen, ob er mutig war oder nicht. Die Aussage hat Sinn, sagt der Konstruktivist. Ihr Sinn ist, daß er mutig gehandelt hätte, wenn er in eine derartige Situation geraten wäre. Wir können den Sinn solcher Aussagen manifestieren, nämlich indem wir jemanden, den wir sich in einer bestimmten Weise verhalten sehen, als mutig anerkennen. Dieser Sinn erstreckt sich auf die unentscheidbare Aussage ‹Jones war mutig›. Wäre er geprüft worden, hätte seine Reaktion gezeigt, ob er mutig war oder nicht. Aber der Konstruktivist weigert sich zu behaupten, daß Jones entweder mutig war oder nicht. Bis es irgendeine Methode gibt zu entscheiden, welches Glied der Disjunktion das richtige ist, gibt es, sagt er, keine Tatsache. Ihre Wahrheit hängt daran, wie er reagiert, nicht an irgendeiner verborgenen Eigenschaft, die ruhend und verborgen daliegt. Trotzdem müsse die Annahme des Klassizisten von dieser Art sein. Der Klassizist antwortet, daß Jones entweder mutig war oder nicht – er ist universal auf das ausgeschlossene Dritte festgelegt. Es muß deshalb irgendeine Tatsache in dieser Frage geben, welche die Wahrheit auf die eine oder die andere Weise entscheidet. Trotzdem könnte diese Wahrheit – der Klassizist kann das nicht bestreiten – uns ewig verborgen bleiben.

Das linguistische Argument behauptet, daß ein solches klassisches Verständnis der Aussage nicht mitgeteilt, nicht manifestiert und folglich nicht erworben werden könnte. Die klassische Erklärung versucht, die Bedeutung auf möglicherweise beweistranszendente Tatsachen zu gründen, auf semantische Strukturen, die von Methoden der Verifikation getrennt sind. Die Herausforderung liegt darin, daß eine derartige Identifikation von Bedeutung mit Wahrheitsbedingungen, die von Bedingungen der Verifikation getrennt ist, solche Aussagen bedeutungsleer lassen wird.

Gut an dem linguistischen Argument ist das, was es mit den früheren Problemen über Unendlichkeit gemeinsam hat; schlecht daran ist das, was es mit dem Skeptizismus allgemein teilt. Das Argument des Spracherwerbs stellt eine rhetorische Frage: Wie könnte der Sprachenerlerner auf der Grundlage des Sprachverhaltens, das von kompetenten Sprechern gezeigt wird, irgendein Element der Bedeutung entdecken, das sich nicht in den Behauptungen dieser Sprecher, in ihrer Empfänglichkeit für das verfügbare Beweismaterial zeigt? Es ist eine rhetorische Frage, insofern der Konstruktivist keine Antwort erwartet; es wird als selbstverständlich angenommen, daß es darauf keine Antwort gibt. Es ist gewiß keine Antwort, so verlockend es auch ist, einfach mit der Beobachtung zu antworten, daß wir solchen Aussagen einen realistischen Sinn beimessen, der durch unsere Bejahung des ausgeschlossenen Dritten im allgemeinen und für die unentscheidbare Klasse im besonderen bewiesen wird. Das ist deshalb keine Antwort, weil der gegenwärtige Streit ja gerade um die Frage geht, ob diese Bejahung gerechtfertigt ist und ob es einen derartigen kohärenten realistischen Sinn gibt. Andererseits macht gerade die Tatsache, daß es einen solchen Sinn zu geben scheint, das heißt, daß wir nicht anders können, als so zu handeln, als gäbe es ihn, die Situation paradox und nicht zu einer Situation des unmittelbaren Sieges für den Konstruktivisten. Wir scheinen Aussagen wie ‹Jones war mutig› einen Sinn beizulegen, der uns verpflichtet, dafür das ausgeschlossene Dritte zu behaupten; trotzdem würde ein solcher Sinn der Manifestation zu widerstehen scheinen. Wer hat recht, der, welcher am realistischen Sinn zweifelt oder wer an beweistranszendente Tatsachen glaubt?

Die behavioristische Reaktion in den 30er Jahren auf das allzu große Vertrauen auf phänomenologische und introspektive Berichte war heilsam. Solche Berichte können nicht immer wörtlich genommen werden, und es bedarf einer adäquaten Methodologie, um sie zu sieben. Ihre Verengung dessen, was als Beweis genommen werden konnte, war falsch. Ein Ergebnis innerhalb der Philosophie war die Skepsis gegenüber Bedeutung überhaupt, die wir bei Quine und bestimmten Interpretationen von Wittgensteins Bemerkungen sowie in dem linguistischen Argument für den Konstruktivismus finden. Der Skeptiker fordert uns mit Recht auf zu sagen, wie solche Aussagen als wahr erwiesen werden können. Er lehnt es zu Unrecht ab, auf eine Antwort zu warten. Eine kanonische Art und Weise, Mut zu beweisen, besteht darin, Mut im Handeln zu beobachten. Nicht so offensichtlich ist, ob wir nicht denken, daß es andere Beweismittel gibt, an die man sich halten kann, wenn die kanonische Beobachtung versagt. Mut ist eine Qualität, die eine menschliche Persönlichkeit ausmacht, die aus einer komplexen Matrix von Tugenden und Lastern besteht. Solche Eigenschaften sind keine Teile aus einem Baukasten, ihre Zusammensetzung ist nicht beliebig. Die Tatsache, daß Jones andere Qualitäten hat oder nicht hat, kann auch als Grund zählen, ihm Eigenschaften wie Mut oder Feigheit zuzuschreiben.

Solche kurzen Bemerkungen sind keine Widerlegung des Konstruktivisten, der an der Bedeutung zweifelt. Sie sollen nur die Debatte auszubalancieren, damit wir sehen, daß es um die Kohärenz gewisser Konzeptionen geht. Ich habe das Kapitel damit begonnen, die realistische, objektivistische Auffassung von der Wahrheit mit der konstruktivistischen, epistemisch eingeschränkten Auffassung zu kontrastieren. Die Streitfrage, bei der wir enden, ist die zentrale Frage in dieser Debatte: Ist die realistische Auffassung kohärent, und insbesondere, kann sie verständlich erhellt und erklärt werden?

Zusammenfassung und Hinweise auf weitere Lektüre

Nach realistischer Auffassung besitzen Aussagen Wahrheit als objektive Eigenschaft, als eine relationale Eigenschaft, die sie dank der Eigenschaften in ihnen erwähnter Objekte erwerben. Ein metaphysischer Realist wird, wie wir in Kapitel 1 sahen, nach einem einzelnen Korrelat suchen, nach einer nicht auf andere Objekte reduzierbaren Tatsache, deren Existenz die Aussage wahr macht; ein minimaler Realist wird bestreiten, daß Wahrheit eine derart substantielle Eigenschaft ist, und wird versuchen, Wahrheit darauf zu reduzieren, daß die in der Aussage erwähnten Objekte die ihnen zugewiesenen Eigenschaften besitzen. Aber in jedem Fall ist Wahrheit objektiv, insofern es keinen Hinweis gibt, daß die Wahrheit einer Aussage in irgendeiner Weise von unserer Fähigkeit oder Unfähigkeit, sie zu entdecken, berührt wird. Tatsachen könnten existieren, oder Objekte könnten ihre Eigenschaften haben, ohne daß die geringste Notwendigkeit besteht, daß uns dies evident ist.

Der Anti-Realist bestreitet, daß dieses klassische, realistische Bild verständlich oder kohärent ist. Traditionell wurde es als ein spezielles Problem der Unendlichkeit angesehen; in jüngster Zeit ist es durch Analogie auf andere Gebiete ausgedehnt worden – freilich auf Gebiete, auf denen selber schon lange Zeit der Disput über Skeptizismus und Idealismus getobt hat –, auf die Vergangenheit, die Zukunft, das Fremdbewußtsein, universale Verallgemeinerungen usf. Es wird diskutiert in Pascal Engels *La Norme du Vrai*, Kapitel 6. Zwei klassische Quellen sind Michael Dummetts ‹Was ist eine Bedeutungstheorie?› (II) und Crispin Wrights Rezension von Dummetts gesammelten Aufsätzen, ‹Anti-Realism and Revisionism›, wiederabgedruckt in *Realism, Meaning and Truth*. Der Schwerpunkt der Kritik liegt auf der sogenannten ‹verifikations-› oder ‹evidenztranszendenten Wahrheit›, der realistischen Idee, daß eine Aussage wahr sein könnte, deren Wahrheit zu entdecken oder zu bestätigen wir keinerlei Möglichkeit besitzen. Angenommen zum Beispiel, Goldbachs Vermutung, jede gerade Zahl größer als 2 sei die Summe zweier Primzahlen, ist wahr. Nach realistischer Auffassung könnte es sein, daß es keinen allgemeinen Beweis gibt, keinen Beweis, der eine beliebige gerade Zahl nimmt und zeigt, wie sie in zwei Primzahlen zerfällt. Vielleicht

279

ist es eine einzigartige und partikuläre Tatsache für jede gerade Zahl, daß sie sich so zusammensetzt. Wenn das so wäre, könnten wir deren Wahrheit nicht bestätigen, denn wir könnten die Aufgabe nicht vollenden, jede gerade Zahl der Reihe nach zu überprüfen und ihre Zerlegung in Primzahlen zu verifizieren. Ihre Wahrheit könnte evidenz- oder beweistranszendent sein.

Nach antirealistischer Auffassung ist dies unverständlich. Es gibt keine Realität, die der Menge gerader Zahlen jenseits unserer Fähigkeit, immer größere durch 2 teilbare Zahlen zu erzeugen, zukommt. Im Fall einer endlichen Menge – sei es von Zahlen oder von Schafen oder Elektronen oder Narzissenarten – ist es im Prinzip möglich, sie sich eine nach der anderen vorzunehmen und zu prüfen. Also kann jede einzigartig sein, jede kann eine Besonderheit mit ganz eigenen Eigenschaften sein, die es zu entdecken gilt. Bei einer unendlichen Menge liegt der Fall – unter einem antirealistischen Gesichtspunkt – anders. Der Realist befindet sich im Irrtum, wenn er von einem Fall auf einen anderen extrapoliert. Die Vorstellung einer Struktur, einer unendlichen Menge von Zahlen beispielsweise, ist von der Vorstellung einer Konstruktion abgeleitet, im Fall der Zahlen von einer Konstruktion oder Operation, durch die der Nachfolger einer Zahl erzeugt wird. Deshalb muß alles, was von derartigen Zahlen wahr ist, in der Konstruktion begründet sein. Alles, was von ihnen wahr ist, muß durch einen generellen Beweis verifizierbar sein, die Kontrolle, daß die Konstruktion einer bestimmten Zahl in der vermuteten Eigenschaft resultiert.

Warum zeigt der Konstruktivist eine solche Furcht vor einer Struktur, welche die Operation untermauert, vor einer Totalität, auf welche die realistische Wahrheit gegründet werden kann? Seine Ängstlichkeit hat einen guten Grund, nämlich eine Reihe von Paradoxien, alte wie neue. Die Paradoxien der Linie gehen zurück auf Zenon aus Elea im 5. Jahrhundert vor Chr. – siehe zum Beispiel Aristoteles, *Physik*, Buch 3, Kapitel 4–8, oder A. Grünbaum, *Modern Science and Zeno's Paradoxes*. Das philosophische Problem des Begriffs der Unendlichkeit – des Unvollendbaren – wird sehr gut beschrieben in Mary Tiles' *The Philosophy of Set Theory*. Aber Mathematik schien mehr zu verlangen, als die Griechen mit ihren Konstruktionen und ihrer Theorie der Brüche liefern konnten.

Der Schritt zur Arithmetisierung, zur Behandlung der Geraden als einer aktualen Unendlichkeit von Punkten, war der Anlaß für die Integral- und Differentialrechnung und die Erfolge ihrer Anwendung in der mathematischen Physik seit dem 17. Jahrhundert. Sie erreichte ihren Zenit im 19. Jahrhundert, in den Arbeiten von Cauchy, Bolzano, Weierstraß und anderen. Diese Arbeit wird sorgfältig von Morris Kline in den Kapiteln 40–41, 43, 51 seiner meisterhaften Untersuchung *Mathematical Thought from Ancient to Modern Times* abgehandelt.

Die zugrunde liegende philosophische Motivation ist die, daß jede potentiale Unendlichkeit eine aktuale Unendlichkeit voraussetzt – zum Beispiel legt die Erzeugung von Nachfolgern den Gedanken nahe, daß sie wirklich schon alle da sind; die Zerschneidung der Geraden suggeriert die Vorstellung, daß der Punkt, wo der Schnitt gemacht wird, schon da ist. Besonders die Gerade als eine kontinuierliche lineare Anordnung von Punkten beflügelte Cantors Werk, wie es so gut beschrieben wird in M. Hallett, *Cantorian Set Theory and Limitation of Size*. Unendliche Mannigfaltigkeiten – Mengen – schienen sich ebensogut für eine direkte extensionale Behandlung zu eignen wie endliche. Der realistische Ansatz, die Konzentration auf die Struktur, die wir durch unsere Untersuchung enthüllen, schien vollkommen gerechtfertigt zu sein. Aber dies hieß, die logischen Paradoxien nicht einzuberechnen, die Antinomien Cantors, Burali-Fortis und Russells. Diese und andere werden in einer wahren Goldmine an Information, in *Foundations of Set Theory* von Abraham Fraenkel und Yehoshua Bar-Hillel beschrieben, mit weiteren Beiträgen von A. Levy und D. van Dalen.

Die realistische Reaktion war konservativ, sie wollte so viel wie möglich von der Entwicklung der mathematischen Analysis bewahren, dem klassischen Werk von Weierstraß und anderen. Die Reaktion der Konstruktivisten war radikal; ihre Skepsis war, wie sie glaubten, gerechtfertigt, und sie hielten es für geboten, die Mathematik des Unendlichen unter konstruktivistischer Perspektive vollständig umzuarbeiten. Die Details werden dargelegt in A. Troelstra und D. van Dalen, *Constructivism in Mathematics: An Introduction*, wo intuitionistische und andere Konstruktionen parallel dargestellt werden. Die besondere Ausarbeitung, die von den Intuitionisten unter der Führung von L. E. J. Brouwer seit 1907 gegeben wurde, wird dargestellt in M. Dummett, *Elements of Intuitionism*, das auch ausgedehnte philosophische Diskussionen enthält. Eine nützliche Sammlung von Artikeln ist *Readings in the Philosophy of Mathematics*, hg. von P. Benacerraf und H. Putnam, wo der Intuitionismus im Zusammenhang mit anderen philosophischen Analysen und Erklärungen der Natur der Mathematik dargestellt wird.

Ein großer Teil dieses Kapitels befaßte sich mit der Entwicklung der Mathematik des Unendlichen, sowohl der realistischen wie der antirealistischen; denn sie ist nicht nur philosophisch am schwierigsten zu durchdringen, sie ist auch dasjenige Gebiet, wo meiner Ansicht nach die wesentlich philosophische Debatte liegt. Entweder ist der Konstruktivismus durch die Tatsache gerechtfertigt, daß Cantors Versuch, das Unendliche durch die realistischen Methoden der Mengentheorie zu behandeln, zu Paradoxien führte; oder der Realismus ist ein durchführbares Projekt, und die Mathematik kann als die Erforschung von Strukturen gelten, deren Eigenschaften unsere Untersuchungsverfahren unter Umständen hinter sich lassen können.

Nichtsdestoweniger haben neuere Fürsprecher des Antirealismus versucht, die Inkohärenz des Realismus durch andere Mittel zu zeigen. Die Hauptautoren dieser Argumente waren Dag Prawitz, in einer Reihe von Aufsätzen, einschließlich ‹Meaning and Proofs: On the Conflict between Classical and Intuitionistic Logic›, und Michael Dummett, wiederum in vielen Aufsätzen, insbesondere in seinem frühen Aufsatz ‹Wahrheit› (zu dem fast alle seine späteren Arbeiten eine ausführliche Fußnote darstellen) und in ‹The Philosophical Basis of Intuitionistic Logic›, beide wiederabgedruckt in seinem Buch *Truth and Other Enigmas*; und in seinem neuesten Buch (das auf Vorlesungen aus dem Jahre 1976 zurückgeht), *The Logical Basis of Metaphysics*. Ihre Ideen sind gut zusammengefaßt in G. Sundholm, ‹Proof Theory and Meaning›, in D. Gabbay und F. Guenthner (Hg.), *Handbook of Philosophical Logic*, iii. Es handelt sich im Grunde um zwei Argumente, die sie den obigen Erwägungen hinzufügen. Dummett kritisiert die klassische Negation, weil sie auf nicht konservative Weise die Theorie der Implikation ausdehnt; sowohl Prawitz wie Dummett kritisieren etwas vorsichtiger die klassische Logik, weil es ihr nicht gelinge, eine richtige (‹harmonische›) Verbindung zwischen ihren Negationsregeln zu bewahren. Das Argument läßt sich auf einen sehr kurzen, aber provokanten Aufsatz von Arthur Prior, ‹The Runabout Inference Ticket›, zurückverfolgen. Er behauptete, daß der Versuch (der durch eine beiläufige Bemerkung von Gentzen in ‹Untersuchungen über das logische Schließen› ausgelöst wurde), die Bedeutung logischer Konnektive durch Bezug auf die Folgerungsstrukturen zu geben, in denen sie erscheinen, absurd war, da ein derartiger Ansatz die Einführung von Verknüpfungen wie ‹tonk› und den nachfolgenden Ruin der Logik erlauben würde. Nuel Belnaps Antwort, in ‹Tonk, Plonk and Plink›, bestand darin, der Definition neuer logischer Konstanten durch Bezug auf Folgerungsregeln Einschränkungen aufzuerlegen, nämlich daß deren Einführung konservativ sein müsse, das heißt, daß dadurch keine neuen Konsequenzen im alten Vokabular ermöglicht werden sollten. Es ist offensichtlich eine starke und wirksame Einschränkung; nicht so klar ist, was sie rechtfertigt. Aber wenn sie akzeptiert wird, ist es verlockend, sie als einen Knüppel zu benutzen, um damit die klassische Logik zu schlagen; denn in ihrer natürlichen Deduktionsform, die auf Gentzen zurückgeht, ist die klassische Logik nicht eine konservative Ausdehnung ihres negationsfreien Fragments, das heißt, die klassischen Regeln für Negation, insbesondere die klassische *reductio* und die Eliminierung der doppelten Negation, erlauben die Rechtfertigung von Folgerungen in dem negationsfreien Vokabular, die durch die natürlichen Deduktionsregeln für dieses Vokabular allein nicht erlaubt werden.

Natürlich wird dieses Argument einen entschiedenen Realisten nicht beeindrucken, der nicht einräumen würde, daß Verknüpfungen durch Folgerungsregeln definiert werden sollten – das schmeckt schon nach Antirealismus und der Idee, daß die Operationen (hier, die folgernden Operationen) von höchster Bedeutung sind. Wir wollen erst einmal die Verknüpfungen durch Bezug auf die Strukturen definieren, auf die sie einwirken, wird man sagen (in Anlehnung an Prior); erst dann können wir bestimmen, ob die Folgerungen wahrheitserhaltend sind. Aber selbst wenn man sich von der Glätte und Eleganz der beweiskonditionalen Art, die Verknüpfungen zu definieren, angezogen fühlt (im Unterschied etwa zu der Komplexität und Rauheit der Semantik möglicher Welten), kann man trotzdem fühlen, daß Dummetts Einwand zu stark von einem besonderen Stil der Darstellung der relevanten Folgerungsstrukturen ab-hängt. Tatsächlich geht es dann nicht darum, daß die klassischen Nega-tionsregeln zu mächtig sind, sondern daß die andern Regeln, insbeson-dere die Regeln für die Implikation, zu schwach sind. Diese umstrittenen sogenannten ‹klassischen› negationsfreien Folgerungen hätten schon in das negationsfreie Fragment eingeschlossen worden sein sollen, und es ist der Fehler der negationsfreien Regeln, daß sie es nicht sind, nicht der der Negationsregeln, daß sie sie hinzufügen. Um dies zu erreichen, müssen wir uns einen anderen Stil des Beweises zu eigen machen. Wie D. Shoe-smith und T. Smiley in ihrem brillanten, aber schwierigen Buch *Multiple-Conclusion Logic* bemerken, ‹verursacht [die materiale Implikation] Schwierigkeiten ... Es stellt sich heraus, daß die offensichtlichen Einfüh-rungsregeln ... die intuitionistische, nicht die klassische Implikation cha-rakterisieren; und um die letztere einzuführen, ist es nötig, mehrfache Schlußfolgerungen zu haben. Tatsächlich würde man schließen müssen, daß klassische Logiker, wie Monsieur Jourdain, ihr ganzes Leben lang mehrfache Schlußfolgerungen geredet haben, ohne es zu wissen› (S. 4).

Das andere Argument für die Inkohärenz des Realismus ist wiederholt von Dummett vorgestellt worden, zum Beispiel in den schon erwähnten Aufsätzen und in Kapitel 13 seines Buchs *Frege: Philosophy of Language*. Der Vorwurf des Antirealisten gegen den Realismus bezieht sich auf dessen Bindung an die Verifikations-Transzendenz, an die Idee, daß eine Aussage wahr sein könnte, obgleich wir kein Mittel hätten, ihre Wahrheit zu erkennen. Diese Idee, heißt es, sei unvereinbar mit einer natürlichen Forderung, die man an die Bedeutung stellen muß, daß näm-lich das Verständnis der Bedeutung einer Aussage manifestiert werden kann und diese Manifestation als die einzige Eingabe für den Sprach-erwerb agieren kann. Der Realismus hat eine Scheidung zwischen dem, was Aussagen bedeuten können und dem, was sie wahr macht, zur Folge. Diese Lücke wurde durch Chomsky in *Cartesianische Linguistik* mit seiner Postulierung angeborenen artspezifischen Wissens überbrückt; und wurde von Quine in seinem Angriff auf die Idee der Bestimmtheit der Bedeutung in Kapitel 2 seines Buchs *Wort und Gegenstand* untergra-ben. Dummett praktiziert einen ähnlichen Schritt der Beschränkung und Begrenzung der Bedeutung, so daß sie von dem Sprecher eine Fähigkeit verlangt zu erkennen, wann die Aussage wahr ist. Das Verstehen einer Aussage muß in einer manifestierbaren Fähigkeit bestehen, eine Verifikation oder Demonstration der Wahrheit der Aussage zu erkennen, wenn man ihr gegenübersteht. Es ist nicht erforderlich, daß ihre Wahrheit effektiv entscheidbar sein muß. Es gibt viele Aussagen, deren Wahrheit zu entscheiden wir keine wirksamen Mittel haben. Nach Dummett manifestieren wir unser Verstehen dadurch, daß wir unsere Erkenntnis der Wahrheit von Aussagen durch irgendeinen angemessenen Ausdrucksmechanismus zeigen. Verstehen ist eine Erkenntnisfähigkeit.

Dummetts Behauptung ist von mehreren Autoren bestritten worden; Kapitel 2 von Simon Blackburns *Spreading the Word* bemüht sich um eine eigene Verteidigung und enthält Verweise auf andere. Die Verbindung mit Quines Skepsis gegenüber der Bedeutung soll uns an Saul Kripkes Wittgenstein (siehe sein *Wittgenstein über Regeln und Privatsprache*) und seine skeptische Paradoxie erinnern. Das soll auch der Verweis auf Chomsky, den Anreger eines Programms in der Linguistik, das von Jerry Fodor aufgenommen und erweitert worden ist, um für eine angeborene Sprachfähigkeit zu argumentieren – zum Beispiel in *The Language of Thought*, wo er behauptet, daß niemand eine Sprache lernen könne, dem sie nicht schon angeboren sei. Gegen dieses Augustinische Bild argumentierte Wittgenstein in seinen *Philosophischen Untersuchungen*. Aber Wittgenstein gibt dort eine Antwort auf den Skeptiker – eine Antwort, die verschieden interpretiert worden ist, in Interpretationen, die so paradox sein können wie das ursprüngliche Problem. Ich glaube, er will uns sagen, daß unsere zukünftige Praxis darüber entscheidet, was unsere früheren Äußerungen bedeuteten. Das Problem des Regelfolgens ist, daß viele Interpretationen (oder Interpretationsregeln) mit jeder endlichen Manifestation von Bedeutung vereinbar sind; was macht sie bestimmt? Fodor glaubt, es seien unsere inneren Gedanken, unsere Privatsprache; Kripkes Skeptiker glaubt, nichts ist gemeint. Wittgensteins Lösung besteht darin, daß wir durch unsere zukünftige Praxis entscheiden, was wir meinten, so daß die Ordnung der Erklärung (verwirrenderweise) von der Zukunft zur Vergangenheit geht, nicht umgekehrt.

Dort liegt für den Realisten ein Hinweis für eine Antwort an Dummett, die nun die Idee als sinnvoll erscheinen läßt, die früher verworfen wurde, daß unsere Praxis als Realisten bei der Verwendung der klassischen *reductio* usf. schließlich doch tatsächlich kohärent ist. Diese Praxis ist nicht durch unseren negationsfreien Gebrauch gerechtfertigt, sondern dient dazu, ihn neu zu interpretieren.

Ausgewählte Bibliographie

Ackermann, W., ‹Begründung einer strengen Implikation›, *Journal of Symbolic Logic* 21 (1956), 113–28.

Adams, E., *The Logic of Conditionals*, Dordrecht 1975.

Albert von Sachsen, *Perutilis Logica*, übers. in N. Kretzmann et al. (Hg.), *The Cambridge Translations of Medieval Philosophical Texts 1*, Cambridge 1988.

Anderson, A., und Belnap, N., *Entailment: The Logic of Relevance and Necessity*, 2 Bde., Princeton, NJ 1975, 1992.

Aristoteles, *Physik*, übers. von G. Zekl, 2 Bde., Hamburg 1987f.

Armstrong, D. M., *A Combinatorial Theory of Possibility*, Cambridge 1989.

Asimov, I., *Lunatico oder die nächste Welt*, München 1972.

Austin, J. L., ‹Wie man spricht›, in: *Wort und Bedeutung*, Philosophische Aufsätze, München 1975.

Barnes, J., ‹Medicine, Experience and Logic›, in: J. Barnes et al. (Hg.), *Science and Speculation*, Cambridge 1982.

Barwise, J., *The Situation in Logic*, Stanford 1989.

– und Etchemendy, J., *The Liar*, Oxford 1987.

– und Perry, J., *Situationen und Einstellungen*. Grundlagen der Situationssemantik, Berlin 1987.

Belnap, N., ‹Tonk, Plonk and Plink›, *Analysis* 22 (1961–62), 30–34.

Benacerraf, P., ‹Skolem and the Skeptic›, *Aristotelian Society*, supp. vol. 60 (1985), 85–115.

– und Putnam, H. (Hg.), *Readings in the Philosophy of Mathematics*, Oxford 1985.

Bencivenga, E., ‹Free Logics›, in: D. Gabbay und F. Guenthner (Hg.), *Handbook of Philosophical Logic*, iii, Dordrecht 1986.

Black, M., ‹Vagueness›, *Philosophy of Science*, 4 (1937), 427–55.

Blackburn, S., *Spreading the Word*, Oxford 1985.

Boh, I., ‹Consequences›, in: N. Kretzmann et al., *The Cambridge History of Later Medieval Philosophy*, Cambridge 1982, Kap. 15.

Bolzano, B., *Wissenschaftslehre*, in: Gesamtausgabe, Reihe I, Bd. 11 ff, Stuttgart 1985 ff.

Carnap, R., *Bedeutung und Notwendigkeit*, Berlin 1972.

Cervantes Saavedra, M. de, *Der sinnreiche Junker Don Quijote von der Mancha*, übers. von L. Braunfels, München 1956.

Chomsky, N., *Cartesianische Linguistik*. Ein Kapitel in der Geschichte des Rationalismus, Tübingen 1971.

Cicero, *Lehre der Akademie*, übertragen u. erläutert von J. H. Kirchmann, Leipzig 1874.

Cooper, W., ‹The Propositional Logic of Ordinary Discourse›, Inquiry, 11 (1968), 295–320.

Corcoran, J. und Shapiro, H., Rez. von J. Crossley et al., *What is Mathematical Logic?*, in: *Philosophia*, 8 (1978), 79–94.

Cornford, F. M., *Plato and Parmenides*, London 1939.

Crossley, J., et al., *What is Mathematical Logic?*, Oxford 1972.

Davidson, D., ‹Getreu den Tatsachen›, in: *Wahrheit und Interpetation*, Frankfurt 1994, S. 68–91.

Dawson, J., ‹The Compactness of First-Order Logic: From Gödel to Lindström›, *History and Philosophy of Logic*, 14 (1993), 15–37.

Devlin, K., *Logic and Information*, Cambridge 1991.

Dudman, V., ‹Interpretations of «If»-sentences›, in: F. Jackson (Hg.), *Conditionals*.

Dummett, M., *Elements of Intuitionism*, Oxford 1977.

– *Frege: Philosophy of Language*, London 1973.

– *The Logical Basis of Metaphysics*, London 1991.

– ‹The Philosophical Basis of Intuitionistic Logic›, wiederabgedruckt in: *Truth and Other Enigmas*.

– ‹Wahrheit›, in: *Wahrheit*. Fünf philosophische Aufsätze, Stuttgart 1982.

288

- *Truth and Other Enigmas*, London 1978.
- ‹Wang's Paradox›, *Synthese*, 30 (1975), 301–24.
- ‹Was ist eine Bedeutungstheorie?›, in: *Wahrheit*. Fünf philosophische Aufsätze. Stuttgart 1982.

Edgington, D., ‹Do Conditionals have Truth-Conditions?›, in: F. Jackson (Hg.), *Conditionals*.

Engel, P., *La Norme du Vrai*, Paris 1989.

Etchemendy, J., *The Concept of Logical Consequence*, Cambridge, Mass. 1990.

- ‹Tarski on Truth and Logical Consequence›, *Journal of Symbolic Logic*, 53 (1988), 51–79.

Evans, Gareth, ‹Pronouns, Quantifiers and Relative Clauses› (I), in: Collected Papers, Oxford 1985, S. 76 ff.

Field, H., ‹The Deflationary Conception of Truth›, in: G. Macdonald und C. Wright (Hg.), *Fact, Science and Morality*, Oxford 1986.

Fine, K., ‹Vagueness, Truth and Logic›, *Synthese*, 30 (1975), 265 bis 300.

Fodor, J., *The Language of Thought*, Brighton 1976.

Fraassen, B. van, ‹Singular Terms, Truthvalue Gaps and Free Logic›, wiederabgedruckt in: K. Lambert (Hg.), *Philosophical Applications of Free Logic*.

Fraenkel, A., Bar-Hillel, Y., Levy, A., und van Dalen, D., *Foundations of Set Theory*, Amsterdam 1973.

Frege, G., ‹Über Sinn und Bedeutung›, in: *Funktion, Begriff, Bedeutung*. Fünf logische Studien, Göttingen 1994.

- ‹Ausführungen über Sinn und Bedeutung›, in: *Nachgelasssene Schriften*, Hamburg 1983; ferner in: *Schriften zur Logik und Sprachphilosophie*. Aus dem Nachlaß, Hamburg 1990.

Gärdenfors, P., *Knowledge in Flux*, Cambridge, Mass. 1988.

Geach, P., ‹Ascriptivism›, wiederabgedruckt in: *Logic Matters*.

- ‹Assertion›, wiederabgedruckt in: *Logic Matters*.

- ‹On *Insolubilia*›, wiederabgedruckt in: *Logic Matters*.

- *Logic Matters*, Oxford 1972.

Gentzen, G., *Untersuchungen über das logische Schließen*, Darmstadt 1974.

289

Goguen, J., ‹The Logic of Inexact Concepts›, *Synthese*, 19 (1968–69), 325–73.

Grice, H. P., ‹Logic and Conversation›, in: F. Jackson (Hg.), *Conditionals*.

Grover, D., *A Prosentential Theory of Truth*, Princeton, NJ 1992.

– Camp, J., und Belnap, N., ‹A Prosentential Theory of Truth›, *Philosophical Studies*, 27 (1975), wiederabgedruckt in: D. Grover, A *Prosentential Theory of Truth*.

Grünbaum, A., *Modern Science and Zeno's Paradoxes*, London 1968.

Haack, S., *Philosophy of Logics*, Cambridge 1978.

Hallett, M., *Cantorian Set Theory and Limitation of Size*, Oxford 1984.

Harper, W., et al. (Hg.), *Ifs*, Dordrecht 1981.

Heijenoort, J. van, ‹Frege and Vagueness›, in: *Selected Essays*, Neapel 1985.

Hofstaedter, D., *Gödel, Escher, Bach*. Ein endloses geflochtenes Band, Stuttgart 1995.

Hughes, G., und Cresswell, M., *Einführung in die Modallogik*, Berlin 1978.

Jackson, F., *Conditionals*, Oxford 1987.

– (Hg.), *Conditionals*, Oxford 1991.

– ‹On Assertion and Indicative Conditionals›, in: F. Jackson (Hg.) *Conditionals*.

Keene, G. B., *Foundations of Rational Argument*, Lewiston, NY 1992.

Kline, M., *Mathematical Thought from Ancient to Modern Times*, Oxford 1972.

Kripke, S., *Name und Notwendigkeit*, Frankfurt 1993.

– ‹Outline of a Theory of Truth›, wiederabgedruckt in: R. L. Martin (Hg.), *Recent Essays on Truth and the Liar Paradox*.

– ‹Semantical Considerations on Modal Logic I›, wiederabgedruckt in: L. Linsky (Hg.), *Reference and Modality*.

– *Wittgenstein über Regeln und Privatsprache*. Eine elementare Darstellung, Frankfurt 1987.

Lambert, K., *Meinong and the Principle of Independence*, Cambridge 1983.

– (Hg.), *Philosophical Applications of Free Logic*, Oxford 1991.

Lewis, D., *Counterfactuals*, Oxford 1973.

– ‹Counterfactuals and Comparative Possibility›, wiederabgedruckt in: W. Harper et al. (Hg.), *Ifs*.

– ‹Counterpart Theory and Quantified Modal Logic›, wiederabgedruckt in: M. Loux (Hg.), *The Possible and the Actual*.

– *On the Plurality of Worlds*, Oxford 1987.

– ‹Probabilities of Conditionals and Conditional Probabilities› I und II, wiederabgedruckt in: F. Jackson (Hg.), *Conditionals*.

Lindström, P., ‹On Extensions of Elementary Logic›, *Theoria*, 35 (1969), 1–11.

– ‹On Characterizing Elementary Logic›, in: S. Stenlund (Hg.), *Logical Theory and Semantic Analysis*, Dordrecht 1974.

Linsky, L. (Hg.), *Reference and Modality*, Oxford 1971.

Loux, M. (Hg.), *The Possible and the Actual*, Ithaca, NY 1979.

Marcus, R. B., ‹A Backwards Look at Quine's Animadversions on Modalities›, in: R. Gibson und R. Barrett (Hg.), *Perspectives on Quine*, Oxford 1989.

Martin, R. L. (Hg.), *Recent Essays on Truth and the Liar Paradox*, Oxford 1984.

Meinong, A., ‹Über Gegenstandstheorie›, in: *Untersuchungen zur Gegenstandstheorie und Psychologie*, Leipzig 1904.

Montague, R., und Kaplan, D., ‹A Paradox Regained›, wiederabgedruckt in: R. Montague, *Formal Philosophy*, New Haven, Conn. 1974.

Moore, G. E., *Some Main Problems of Philosophy*, hg. v. H. D. Lewis, London 1953.

O'Connor, D. J., *The Correspondence Theory of Truth*, London 1975.

Orlowska, E., ‹Semantics of Vague Concepts›, in: G. Dorn und P. Weingartner (Hg.), *Foundations of Logic and Linguistics*, New York 1984.

Parry, W. T., ‹Analytic Implication: Its History, Justification and Varieties›, in: J. Norman und R. Sylvan (Hg.), *Directions in Relevant Logic*, Dordrecht 1989.

Pawlak, Z., *Rough Sets*, Dordrecht 1991.

Peacocke, C., ‹Are Vague Predicates Incoherent?›, *Synthese*, 46 (1981), 121–41.

Platts, M., *Ways of Meaning: An Introduction to a Philosophy of Language*, London 1979.

Prawitz, D., ‹Meaning and Proofs: On the Conflict between Classical and Intuitionistic Logic›, *Theoria*, 43 (1977), 2–40.

Priest, G., *In Contradiction*, Dordrecht 1987.

– ‹Can Contradictions be True?›, *Aristotelian Society*, supp. vol. 67 (1993).

Prior, A., ‹The Runabout Inference Ticket›, *Analysis*, 21 (1960–61), 8–39.

Putnam, H., ‹A Comparison of Something with Something Else›, *New Literary History*, 17 (1985–86), 61–79.

– ‹Models and Reality›, *Journal of Symbolic Logic*, 45 (1980), 464–482, wiederabgedruckt in: *Realism and Reason*, Philosophical Papers, 3, Cambridge 1983, 1–25.

– *Vernunft, Wahrheit und Geschichte,* Frankfurt 1990.

Quine, W. van O., *Grundzüge der Logik*, Frankfurt 1993.

– ‹Was es gibt›, in: *Von einem logischen Standpunkt*. Neun logisch-philosophische Essays, Berlin 1979.

– ‹Three Grades of Modal Involvement›, in: *Ways of Paradox and Other Essays*, New York 1966.

– *Wort und Gegenstand*, Stuttgart 1987.

Ramsey, F. P., ‹Tatsachen und Sätze›, in: *Grundlagen*. Abhandlungen zur Philosophie, Logik, Mathematik und Wirtschaftswissenschaft, Stuttgart 1980.

– ‹Allgemeine Sätze und Kausalität›, in: *Grundlagen*.

Read, S., *Relevant* Logic, Oxford 1988.

Russell, B., *Logic and Knowledge*, hg. v. R. C. Marsh, London 1956.

– ‹Über das Kennzeichnen›, in: *Philosophische und politische Aufsätze*, hg. von U. Steinvorth, Stuttgart 1971.

– ‹Die Philosophie des logischen Atomismus›, München 1976.

Ryle, G., ‹Heterologicality›, wiederabgedruckt in: *Collected Papers*, ii, London 1971.

- Discussion of Rudolf Carnap: ‹Meaning and Necessity›, wiederabgedruckt in: *Collected Papers*, i, London 1971.

Sainsbury, R. M., ‹Concepts Without Boundaries›, Lecture, King's College, London 1990.

- *Logical Forms*, Oxford 1991.
- *Paradoxien*, Stuttgart 1993.

Shoesmith, D. und Smiley, T., *Multiple-Conclusion Logic*, Cambridge 1978.

Sloman, A., ‹«Necessary», «*A priori*» and «Analytic»›, *Analysis*, 26 (1965–66), 12–16.

Smiley, T., ‹Can Contradictions be True?›, *Aristotelian Society*, supp. vol. 67 (1993).

Smullyan, A. F., ‹Modality and Description›, wiederabgedruckt in: L. Linsky (Hg.), *Reference and Modality*.

Stalnaker, R., ‹Probability and Conditionals›, wiederabgedruckt in: W. Harper et al. (Hg.), *Ifs*.

- ‹A Theory of Conditionals›, wiederabgedruckt sowohl in: F. Jackson (Hg.), *Conditionals*, wie in: W. Harper et al. (Hg.), *Ifs*.

Sundholm, G., ‹Proof Theory and Meaning›, in: D. Gabbay und F. Guenthner (Hg.), *Handbook of Philosophical Logic*, iii, Dordrecht 1986.

Tarski, A., ‹Der Wahrheitsbegriff in den formalisierten Sprachen›, *Studia Philosophica* 1 (1936), S. 261–405.

- *Collected Papers*, 4 Bde. Hg. v. V. Givant, R. Steven und R. McKenzie. Basel / Boston / Stuttgart 1986 ff.

- ‹Der semantische Wahrheitsbegriff›, in: *Wahrheitstheorien*, hg. v. G. Skirbekk, Frankfurt 1986.

Tennant, N., *Anti-Realism and Logic*, Oxford 1987.

Tharp, L., ‹Which Logic is the Right Logic?›, *Synthese*, 31 (1975), 1–21.

- ‹Three Theorems of Metaphysics›, *Synthese*, 81 (1989), 207–14.

Tiles, M., *The Philosophy of Set Theory*, Oxford 1989.

Troelstra, A., und Dalen, D. van, *Constructivism in Mathematics: An Introduction*, Amsterdam 1988.

Urmson, J., *Philosophical Analysis*, Oxford 1956.

Walker, R. C. S., ‹Conversational Implicatures›, in: S. Blackburn (Hg.), *Meaning, Reference and Necessity*, Cambridge 1975.

Williams, C. J. F., *What is Truth?*, Cambridge 1976.

Williamson, T., ‹Vagueness and Ignorance›, *Aristotelian Society*, supp. vol. 66 (1992), 145–62.

Wittgenstein, L., *Philosophische Untersuchungen*, Frankfurt 1984.

Wittgenstein, L., *Logisch-Philosophische Abhandlung*, Frankfurt 1970.

Wright, C., ‹Anti-realism and Revisionism›, wiederabgedruckt in: *Realism, Meaning and Truth*, Oxford 1987.

– ‹Further Reflections on the Sorites Paradox›, *Philosophical Topics*, 15 (1987), 227–90.

– ‹Language Mastery and the Sorites Paradox›, in: G. Evans und J. McDowell (Hg.), *Truth and Meaning*, Oxford 1976.

– ‹On the Coherence of Vague Predicates›, *Synthese*, 30 (1975), 325–65.

– ‹Skolem and the Skeptic›, *Aristotelian Society*, supp. vol. 60 (1985), 117–37.

– *Truth and Objectivity*, Cambridge, Mass. 1992.

Zadeh, L., ‹Fuzzy Sets›, *Information and Control*, 8 (1965), 338–53, wiederabgedruckt in: *Fuzzy Sets and Applications*, hg. v. R. Yager, Chichester 1987.

– ‹Fuzzy Logic and Approximate Reasoning›, *Synthese*, 30 (1975), 407–28.

– *An Introduction to Fuzzy Logic*, Dordrecht 1992.

Glossar

Addition   traditioneller Name für den Schluß einer Disjunktion aus einem ihrer Bestandteile, das heißt, von *A* auf ‹*A* oder *B*› und von *B* auf ‹*A* oder *B*›.

a posteriori   Kenntnis der Wahrheit von Aussagen, die empirisch erlangt worden ist, das heißt aus Erfahrung oder durch Beobachtung.

a priori   Kenntnis der Wahrheit von Aussagen, die unabhängig von der Erfahrung erlangt wird.

atomarer Satz   eine Aussage, die logisch nicht weiter auf der Basis von einfacheren Aussagen analysiert werden kann; zum Beispiel ‹Sokrates läuft› oder ‹Schnee ist weiß›.

ausgeschlossenes Drittes (Gesetz des)   die Behauptung, daß alle Aussagen der Form ‹*A* oder nicht-*A*› logisch wahr sind.

bedingtes ausgeschlossenes Drittes (Prinzip des)   üblicher Name für die Behauptung, daß der eine oder der andere Satz eines Paars von Bedingungssätzen mit demselben Wenn-Satz und kontradiktorischen Dann-Sätzen wahr sein muß, das heißt, daß alle Aussagen von der Form ‹wenn *A*, dann *B*› oder ‹wenn *A*, dann nicht-*B*› logisch wahr sind.

consequentia mirabilis   traditionelle Bezeichnung für die Schlußstrukturen ‹Wenn *A*, dann nicht-*A*, also nicht-*A*› und ‹wenn nicht-*A*, dann *A*, also *A*›. Als Bertrand Russell dafür kritisiert wurde, daß er seine Verwerfung des naiven Realismus auf dem Gebiet der Wahrnehmung auf die Physik gründete, die ihrerseits auf dem naiven Realismus beruht, konterte er, indem er die *consequentia mirabilis* benutzte: Wenn der naive Realismus wahr ist, dann (ist es auch die Physik und also) ist der naive Realismus falsch. Also ist der naive Realismus falsch.

disjunktiver Syllogismus   traditionelle Bezeichnung für den Schluß eines Disjunktionsglieds aus einer Disjunktion zusammen mit der Verneinung des anderen Disjunktionsglieds, das heißt aus ‹A oder B› und ‹nicht-A› auf B.

Empirismus   die Behauptung, daß alle wirkliche Erkenntnis sich letztlich aus empirischer Beobachtung herleitet, das heißt aus den Sinnen.

Essentialismus   die (oftmals Aristoteles zugeschriebene) Behauptung, daß einige Attribute ihren Subjekten notwendig zukommen, das heißt, daß einige singuläre Feststellungen notwendig wahr sind, zum Beispiel ‹Sokrates war ein Mensch›.

ex falso quodlibet   wörtlich: ‹Aus dem Falschen (folgt) alles Beliebige›. Traditionelle Bezeichnung für den Schluß einer willkürlichen Aussage aus einem expliziten Widerspruch, das heißt den Schluß von ‹A und nicht-A› auf B.

existentielle Generalisierung   übliche Bezeichnung für den Schluß einer Existenzbehauptung aus einem ihrer Beispiele, das heißt von ‹a ist F› auf ‹etwas ist F›.

‹Fido›-Fido-Prinzip   von Gilbert Ryle geprägte Bezeichnung für die Vorstellung, daß die Bedeutung eines Wortes oder eines Ausdrucks ein Gegenstand ist, der ihm korrespondiere, wie der Hund Fido dem Namen ‹Fido› korrespondiert.

Goldbachsche Vermutung   jede gerade Zahl größer als 2 ist die Summe zweier Primzahlen. (Bislang ist kein Gegenbeispiel bekannt, aber auch kein allgemeiner Beweis.)

Haecceitismus   der Glaube, daß alles ein individuelles Wesen besitzt, eine Menge von Eigenschaften, die ihm wesentlich sind und es von allem anderen unterscheiden.

Konditionalisierung   übliche Bezeichnung für das Verfahren, sich von einer Wahrscheinlichkeitsfunktion zu einer anderen weiter zu bewegen, indem die zweite mit der bedingten Wahrscheinlichkeit identifiziert wird, die auf der ersten relativ auf eine bestimmte Information beruht. Sie mißt das Resultat, daß die frühere Wahrscheinlichkeit dieser Information von einem von Null unterschiedenen Wert zu 1 erhoben wird.

Konditionalität   in diesem Buch geprägter Ausdruck für die Beziehung zwischen Bedingungssätzen und Folgerung, daß ein Bedingungssatz aus anderen Aussagen genau dann folgt, wenn sein Dann-Satz in Verbindung mit seinem Wenn-Satz aus diesen anderen Aussagen folgt. Manchmal auch als Deduktionsäquivalenz oder Deduktionstheorem bezeichnet.

Königs Lemma Theorem der nicht-konstruktiven Mathematik, das besagt, daß jeder unendliche sich endlich verzweigende Baum einen unendlichen Zweig hat.

konnexive Logik jede Logik, welche die sogenannte These des Aristoteles beinhaltet, daß keine Aussage ihre eigene Negation impliziert oder von dieser impliziert wird. Diese These kann nicht konsistent der klassischen Logik hinzugefügt werden, in der zum Beispiel das Nicht-Widerspruchsprinzip seine eigene Negation (und alles andere) impliziert. Konnexive Logiken verfügen gewöhnlich nicht über die Addition und die Vereinfachung.

Konstruktivismus eine antirealistische Position, primär in der Philosophie der Mathematik, die verlangt, daß jede Behauptung durch eine explizite Konstruktion unterstützt wird. Die in der Hauptsache betroffenen Behauptungen sind Existenzbehauptungen, wo das Vorzeigen oder die Konstruktion eines Objekts, welches die Wahrheit der Behauptung bezeugt, erfordert ist; und Disjunktionen, wo ein Beweis des einen oder des anderen Disjunktionsglieds erfordert ist und sich der Konstruktivist infolgedessen weigert, die universale Gültigkeit des Gesetzes vom ausgeschlossenen Dritten zu behaupten.

Kontraktion oder Absorption übliche Bezeichnung für das Schlußprinzip, das die mehrfache Verwendung einer Annahme als eine identifiziert. Es wird oft in der Form benutzt, aus ‹Wenn A, dann, wenn A, dann B› zu schließen ‹wenn A, dann B›.

Korrespondenztheorie der Wahrheit die Behauptung, daß Wahrheit in der Übereinstimmung mit den Tatsachen bestehe. Daß eine Aussage (Meinung usf.) genau dann wahr ist, wenn sie einer Tatsache korrespondiert.

Metasprache die Sprache, die benutzt wird, um über eine andere (möglicherweise dieselbe) Sprache zu sprechen.

Minimalismus Bezeichnung für neuere deflationistische und reduktionistische Tendenzen in Kunst, Musik, Philosophie und anderen Bereichen. Er verwirft jeden Versuch, linguistische und andere Elemente mit besonderen expressiven, darstellenden oder transzendenten Eigenschaften zu versehen. Minimalismus hinsichtlich der Wahrheit ist die Behauptung, daß Tarskis W-Schema (siehe unten) alles sagt, was man über Wahrheit wissen kann.

modaler Platonismus   die Behauptung, daß die Art, wie die Dinge sind (diese Welt), nur eine unter zahllosen, wirklich existierenden, konkreten, möglichen Welten ist.

modus (ponendo) ponens   traditionelle Bezeichnung für den Schluß des Dann-Satzes eines Bedingungssatzes aus dem Bedingungssatz und seinem Vorderglied, das heißt, aus ‹wenn A, dann B› und A auf B.

Nichtwiderspruch (Gesetz des)   die Behauptung, daß keine Aussage und ihr kontradiktorisches Gegenteil zusammen wahr sein können, das heißt, daß keine Aussage von der Form ‹A und nicht-A› wahr ist.

Ockhams Rasiermesser   methodologisches Prinzip: Vervielfältige die Entitäten nicht unnötig, das heißt, fordere nicht mehr Dinge in einer Erklärung als strikt notwendig.

parakonsistente Logik   jede Logik, welche die Formulierung inkonsistenter, aber nicht-trivialer Theorien erlaubt. In der klassischen Logik hat ein Widerspruch nach dem *Ex Falso Quodlibet* eine willkürliche Aussage zur Folge (siehe oben) und ist deshalb nicht parakonsistent.

partikulär   technischer Terminus für einen partikulären Gegenstand, für etwas, das selbst keine Beispiele haben kann, obgleich es selbst ein Beispiel von etwas anderem sein kann, nämlich einem Universale, zu dem es im Gegensatz steht.

Platons Bart   die Behauptung, daß alles, selbst das, was nicht existiert, in irgendeinem Sinn sein muß; denn wie können leere Namen eine Bedeutung haben?

Prinzip der Unabhängigkeit   die Unabhängigkeit des So-Seins vom Sein: Ob ein Objekt gewisse Eigenschaften hat, ist unabhängig davon, ob es Sein hat oder existiert.

Prosentential   Neologismus in Analogie zu ‹pronominal›, um Ausdrücke zu charakterisieren, welche die Kraft eines Satzes haben, aber deiktisch oder anaphorisch benutzt werden, um auf andere Sätze zu verweisen.

Ramseys Test der Vorschlag (von Frank Ramsey), daß man einem Bedingungssatz in den Fällen Glauben schenken sollte, in denen man den Dann-Satz glauben würde, wenn man den Wenn-Satz hypothetisch seinen anderen Überzeugungen hinzufügen würde.

Realismus allgemeine Bezeichnung für den Glauben, daß eine Klasse von Entitäten unabhängig von unserer Kenntnis von ihnen existiert und nicht nur scheinbar ist oder einfach das Ergebnis unserer Art zu denken oder zu forschen.

reductio oder reductio ad absurdum übliche Bezeichnung für den Schluß auf die Falschheit einer Aussage aus dem Beweis, daß ihre Wahrheit zu einem Widerspruch führt, das heißt für Schlüsse der Form ‹wenn A, dann sowohl B wie nicht-B, also nicht-A› und in der klassischen, aber nicht der intuitionistischen Logik, ‹wenn nicht-A, dann sowohl B wie nicht-B, also A›.

Reduktionismus Vorschlag, ein philosophisches Problem dadurch zu lösen, daß man problematische Ausdrücke, möglicherweise im Kontext, durch andere weniger problematische ersetzt, die aber nachweislich nichtsdestoweniger den ersteren äquivalent sind.

Transitivität als Schlußregel kann sie zwei Formen annehmen: entweder die eines hypothetischen Syllogismus, aus ‹wenn A, dann B› und ‹wenn B, dann C› zu ‹wenn A, dann C›; oder das Prinzip des Lemmas, daß, wenn wir einen Beweis haben, daß B aus A folgt und wir einen Beweis von A haben, wir dann einen Beweis von B haben.

Universale das, was, wenn überhaupt etwas, all den Dingen gemeinsam ist, die wir mit demselben Namen bezeichnen. Der Glaube, daß es in allen solchen Fällen wirklich etwas gibt, ist Realismus (hinsichtlich von Universalien), daß es nichts Wirkliches außer unserem Begriff davon gibt, ist Konzeptualismus, und daß es nichts Wirkliches außer dem Namen gibt, ist Nominalismus.

universale Spezifizierung übliche Bezeichnung für den Schluß einer singulären Aussage aus einer korrespondierenden universalen, das heißt aus ‹alles ist F› auf ‹a ist F› für jeden Terminus a.

Ununterscheidbarkeit des Identischen (Prinzip der) übliche

Bezeichnung für die Behauptung, daß alles, was von irgend etwas wahr ist, davon wahr ist, gleichgültig, wie darauf Bezug genommen wird, das heißt, daß, wenn *a* F ist und *a b* ist, dann *b* F ist.

Vereinfachung   traditionelle Bezeichnung für den Schluß eines Konjunktionsglieds aus einer Konjunktion, das heißt, aus ‹*A* und *B*› auf *A* und aus ‹*A* und *B*› auf *B*.

Verstärkung des Wenn-Satzes   übliche Bezeichnung für den Schlußschritt, Extraannahmen zu dem Wenn-Satz eines Bedingungssatzes hinzuzufügen, das heißt, aus ‹wenn *A*, dann *B*› zu ‹wenn *A* und *C*, dann *B*›.

W-Schema oder W-Satz   jedes Beispiel des W-Schemas ‹*S* ist wahr genau dann, wenn *p*›, wo das, was *p* ersetzt, der Satz ist, oder eine Übersetzung des Satzes, dessen Name *S* ersetzt, ein W-Satz ist. Tarskis Bedingung der sachlichen Angemessenheit für Wahrheitstheorien bestand darin, daß aus ihnen alle Beispiele des W-Schemas folgen sollten.

Zweiwertigkeit (Gesetz der)   die Behauptung, daß jede Aussage entweder wahr oder falsch ist.

Deutsch-englisches Glossar

in Abhängigkeit von	conditionally
Aussage	proposition
Bedeutung	meaning
Beispiel	token
sich beziehen auf	refer to, range over
Bezug(nahme)	reference
Definitionsbereich	domain
existentielle Generalisierung	existential generalisation
zur Folge haben	entail
Folgebeziehung	entailment
Folgerung	consequence
freie Logik mit Außenbereich	outer domain free logic
Gegenstandsbereich	universe of discourse
Globalbewertung	supervaluation
Konditionalitätsprinzip	‹conditionality› principle
Reichweite	scope
Schließen	inference
schließen	infer
Schluß	inference
Schlußfolgerung	conclusion
Sinn	meaning
Typus	type
universale Spezifizierung	universal specification or instantiation
Wertebereich	range

Index

10/97

rowohlts enzyklopädie

Siegfried Zielinski
Audiovisionen
Kino und Fernsehen als Zwischenspiele in der Geschichte
(kulturen und ideen 489)

Volker Zotz
Geschichte der buddhistischen Philosophie (537)